# 학습이론 및 심리

안범희

# 학습이론 및 심리


**발행**  2007년 2월 24일 1쇄
2015년 2월 25일 4쇄

**지은이**  안범희
**펴낸이**  박민우
**기획팀**  송인성, 김선명, 박민하
**편집팀**  박우진, 박영숙, 김영주, 김정아, 최미라
**관리팀**  임선희, 정철호, 김성언, 라영일, 권주련
**펴낸곳**  (주)도서출판 하우
**주소**  서울시 중랑구 망우로68길 48
**전화**  (02)922-7090
**팩스**  (02)922-7092
**홈페이지**  http://www.hawoo.co.kr
**e-mail**  hawoo@hawoo.co.kr
**등록번호**  제306-2004-22호

**값 23,000원**
ISBN 978-89-7699-475-2   93180

학습(learning)에 대한 정의로는 1)경험, 또는 연습의 결과 생기는 비교적 영속적인 행동의 변화(Morgan & King, 1971)와, 2)경험의 결과 생기는 비교적 영속적인 정신 표상, 또는 정신 연합의 변화(Ormrod, 2004)를 들 수 있다. 두 가지 정의 모두 학습이 '경험의 결과 생기는 변화'라는 데는 동의하고 있다. 그러나 변화된 내용에는 차이가 있다. 전자는 그 변화를 관찰 가능한 외부적으로 드러나는 행동의 변화로 본데 비해 후자는 직접 관찰하기는 어려운 정신 표상 체계, 또는 정신 연합의 변화로 보고 있다. 전자의 정의는 행동주의 학파의 견해를 대변하는 것이고, 후자의 견해는 인지주의 학파의 견해를 대표하는 것이다. 이들의 견해는 강조하는 점만 다를 뿐 학습에 대한 정의로는 둘 다 옳다고 보아야 할 것이다.

학습에 대한 그 밖의 정의로는 다음과 같은 것이 있다. 가네(Gagné, 1985)는 '학습이란 일정기간 이상 인간의 성향이나 능력에 변화를 가져오는 현상을 말하며, 이에는 단순한 성장 과정에 기인하는 변화는 포함되지 않는다.'고 했다. 힐가드와 바우어(Hilgard & Bower, 1981)는 학습을 새로운 행동이 일어나거나 어떤 행동이 변용되는 과정으로 보았고, 에스테스(Estes, 1975)는 학습이란 어떤 특수한 상황에서의 경험의 결과로 생기는 행동, 또는 행동성향의 체계적 변화라는 정의를 내리고 있다.

이러한 학습에 대한 정의는 다음과 같은 세 가지 측면에서 풀어 생각해 볼 수 있다.

첫째, 학습이 추구하는 것은 변화라는 점이다. 교육이 전제로 하는 것은 인간의 변화 가능성이며, 인간의 가변성에 대한 가정 없이 교육은 존재할 수 없다. 교육에서 말하는 변화는 물론 바람직한 방향으로의 변화를 뜻한다. 교육은 가치 지향적이고, 따라서 바람직한 변화는 그러한 가치 기준에 합당한 행동 또는 이 범위내에서 가치적인 것이며, 그러한 변화에는 통찰, 지각, 동기, 태도 등이 포함되며 이들 간의 통합된 행위로 포함된다.

둘째, 이러한 변화는 경험이나 연습을 통해 일어나는 것이며, 성장이나 성숙, 또는 반응 등으로 인한 변화는 학습으로 간주하지 않는다는 것이다. 성장이나 성숙은 유기체가 지니고 있는 생득적인 규정성에 의해 자연적, 단계적으로 발달하는 현상이므로 학습된다고 보지는 않는 것이다. 이 때의 성숙이란 주로 생리적인 측면이 강조되는 것으로 발달의 일정한 시기에 이르러 어떤 특성이 발휘되는 것을 의미하는 바, 성숙한 행동, 성숙한 태도 등에서의 성숙이라는 의미와는 다른 것이다.

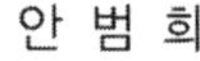

안 범 희

# 머리말

잘 가르치는 일은 쉬운 일이 아니다. 잘 배우는 일도 쉬운 일이 아니다. 잘 가르치고 잘 배우면 좋겠는데 현실은 그렇지 못한 경우가 많다. 잘 가르치기 위해서는 우선 가르치고자 하는 내용에 통달해야 한다. 그 분야에 전문성을 가져야 하는 것이다. 그리고 가르치는 기술이 필요하다. 그 분야를 다루는 것이 교수법이다. 수업을 설계하고 교수 기술을 동원하여 효율적인 수업이 되도록 돕는 것이다. 그런데 이것만으로는 수업의 효율성을 기대하기 어렵다. 교수의 효율성을 기하기 위해서는 학습이 뒷받침 되어야 하기 때문이다.

교수가 가르치는 사람의 입장을 대변하는 것이라면, 학습은 배우는 사람의 입장을 고려하는 것이다. 수업(instruction)은 교수와 학습이 동시에 고려되는 상황이다. 교수와 학습을 분리해서 생각하기 어려우므로 예전에는 교수-학습 이라는 표현을 많이 썼다. 요즘에는 'Learning for teaching'(교수를 위한 학습). 'Learning theories for teachers'( 교사를 위한 학습이론), 'Psychology of learning for instruction'(수업을 위한 학습심리), 'Learning and instruction'(학습과 수업) 등의 책 제목에서 보듯 교수의 선결 요건으로 학습이론과 학습심리가 이전보다 더 강조되고 있다.

학습이론서나 학습심리학 책을 보면 내용을 이해하기가 만만치 않은 경우가 많다. 외국 서적이나 논문을 번역하는 과정에서 생경하거나 의미전달에 어려움을 느끼는 표현이 많을 뿐 아니라, 각종 실험의 결과가 많이 소개되고 해설되어 핵심을 놓치기 쉽기 때문인 것으로 보인다.

필자가 강의를 하면서 가장 신경을 써온 일은 어떻게 하면 의미 전달을 제대로 할 수 있을까? 하는 문제이다. 가르치면 알아들어야 하고, 알아듣게끔 가르쳐야 할 것 아닌가? 학생들의 눈높이를 맞추고, 예나 비유를 많이 들고, 전달된 내용을 재 진술해 보고, 질문하고 토론하면서 이해를 돕기 위한 갖가지 방법을 동원한다.

이 책을 쓴 이유도 여기에 있다. 다소 복잡하고 딱딱해 보이는 학습이론과 심리를 보다 쉽고 편하게 대할 수는 없을까? 그리고, 브루너(Bruner)가 말한 대로 어떠한 학적 배경을 가진 사람이라도 쉽게 대하고 이해할 수는 없을까? 라는 소박한 소망에서 이 책을 집필했다.

필자는 같은 소망에서 10여년 전에 '학교 학습심리학' 이라는 책을 쓴 적이 있다. 다행히 많은 독자들로부터 좋은 호응을 얻었음은 본인의 행운이었다. 학교 현장과의 연계에 꽤 도움이 되었다는 분도 있었다. 이 기회를 빌어 격려에 감사드린다.

인문·사회과학의 성격이 그러하듯 그 때의 학습이론이나 학습심리와 지금의 이론과 심리에 큰 변화가 있었던 것은 아니다. 자연과학과 뇌에 관한 연구 성과 등에 힘입어 인지심리 쪽에서는 괄목할만한 변화가 있었다. 지적 능력과 인지 및 초인지(超認知)에 대한 연구물이 증가하고 있고, 학습에서의 개인 차에 대한 관심이 높아졌다. 피아제(Piaget)와 비고츠키(Vygotsky)가 화려하게 재조명되며 구성주의 학습이론도 진화하고 있다. '학습하는 방법을 학습' 하는 자기 주도적 학습에 대한 관심도 높아졌다. 이의 일환으로 이 책에서도 프로젝트 학습법을 다소 장황하게 설명하였다.

이 책에서는 이런 부분을 첨가하였으나 뜻한 만큼 잘 기술되지는 못하였다. 필자가 이에 대한 충분한 식견 없이 의욕만 앞 세웠기 때문임을 반성하고 있다. 겨울방학 내내 긴장의 끈을 놓지 않았으나 학습이론과 학습심리를 함께 다루느라 분량에 압도되고, 시간에 쫓겼다. 앞으로 꾸준히 보완해 나갈 생각이다.

출판계의 어려운 상황에도 불구하고 매번 흔쾌히 출판에 응해주신 도서출판 하우의 박영호 대표님께 감사드린다.

2007년 2월
안범희 識

# 차례

# 제 1 장
## 학습의 개념 및 관점

# 1. 학습의 개념

학습(learning)에 대한 정의로는 1)경험, 또는 연습의 결과 생기는 비교적 영속적인 행동의 변화(Morgan & King, 1971)와, 2)경험의 결과 생기는 비교적 영속적인 정신 표상, 또는 정신 연합의 변화(Ormrod, 2004)를 들 수 있다. 두 가지 정의 모두 학습이 '경험의 결과 생기는 변화' 라는 데는 동의하고 있다. 그러나 변화된 내용에는 차이가 있다. 전자는 그 변화를 관찰 가능한 외부적으로 드러나는 행동의 변화로 본데 비해 후자는 직접 관찰하기는 어려운 정신 표상 체계, 또는 정신 연합의 변화로 보고 있다. 전자의 정의는 행동주의 학파의 견해를 대변하는 것이고, 후자의 견해는 인지주의 학파의 견해를 대표하는 것이다. 이들의 견해는 강조하는 점만 다를 뿐 학습에 대한 정의로는 둘 다 옳다고 보아야 할 것이다.

학습에 대한 그 밖의 정의로는 다음과 같은 것이 있다. 가녜(Gagné, 1985)는 '학습이란 일정 기간 이상 인간의 성향이나 능력에 변화를 가져오는 현상을 말하며, 이에는 단순한 성장 과정에 기인하는 변화는 포함되지 않는다.' 고 했다. 힐가드와 바우어(Hilgard & Bower, 1981)는 학습을 새로운 행동이 일어나거나 어떤 행동이 변용되는 과정으로 보았고, 에스테스(Estes, 1975)는 학습이란 어떤 특수한 상황에서의 경험의 결과로 생기는 행동, 또는 행동 성향의 체계적 변화라는 정의를 내리고 있다.

이러한 학습에 대한 정의는 다음과 같은 세 가지 측면에서 풀어 생각해 볼 수 있다.

첫째, 학습이 추구하는 것은 변화라는 점이다. 교육이 전제로 하는 것은 인간의 변화 가능성이다. 인간이 지닌 가변성에 대한 가정 없이 교육은 존재할 수 없다. 교육에서 말하는 변화는 물론 바람직한 방향으로의 변화를 뜻한다. 교육은 가치 지향적이고, 따라서 바람직한 변화는 그러한 가치 기준에 합당한 것임을 뜻한다. 이 변화는 체계적인 것이며, 그러한 변화에는 통찰, 지각, 동기, 태도 등이 포함되며 이들 간의 결합된 행위도 포함된다.

둘째, 이러한 변화는 경험이나 연습을 통해 일어나는 것이며, 성장이나 성숙, 또는 상해 등으로 일어난 변화는 학습으로 간주하지 않는다는 것이다. 성장이나 성숙은 유기체가 지니고 있는 생득적인 규정성에 의해 자연적, 단계적으로 발달하는 현상이므로 학습된다고 보지는 않는 것이다. 이 때의 성숙이란 주로 생리적인 측면이 강조되는 것으로 발달의 일정한 시기에 이르러 어떤 특성이 발휘되는 것을 의미하는 바, 성숙한 행동, 성숙한 태도 등에서의 성숙이라는 의미와는 다른 것이다.

셋째, 이러한 변화는 어느 정도 영속성을 지녀야 학습된 것으로 간주되는 것으로, 그 시간적 길이는 일률적으로 적용하기는 어렵다. 다만 피로나 약물 중독 등에 의해 일시적으로 일어나는 행동이나 정서의 변화 등은 학습에서 제외된다.


## 2. 학습에 대한 예비적 관점

철학사조 중에서 합리주의(rationalism)와 경험주의(empiricism)는 심리학에서도 대립되는 관점을 낳게 한 바, 현대 학습이론의 분류와 비교에 있어서도 합리주의적 관점과 경험주의적 관점은 크게 견해를 달리하고 있다.

학습이론을 크게 두 가지 범주로 나눈다면 1) 인지계열 이론과 2) 연합주의계열 이론으로 대분된다. 인지계열 이론과 연합주의 계열이론은 다시 여러 분파로 나누어지고 그 강조하는 바가 각기 다르긴 하지만, 그 기본적인 철학적 배경은 1)의 경우에는 합리주의, 2)의 경우에는 경험주의의 관점을 지니고 있다. 양자 간의 큰 차이점은 다음과 같은 몇 가지 상반된 견해에서 비롯된다(Viney & King, 2003).


### 1) 선험적 지식과 경험적 지식(priori & posteriori knowledge)

'선험적'이라는 용어는 무언가의 이전을 의미하는 것으로, 무언가의 이후를 의미하는 '경험적'이라는 의미와는 상반되는 개념이다. 칸트(Immanuel Kant) 이후 근대적 의미에서 '경험적'이라는 용어의 의미는 경험으로부터 도출된 것을 의미하며, '선험적'이라는 용어는 경험에 의존하지 않는 자명한(self-evident) 진리를 의미한다. 예컨대, "A가 B보다 크고, B가 C보다 크다면, A는 반드시 C보다 클 수밖에 없다."는 명제는 경험과는 관계없이 항상 참이다. 즉, 그 명제의 진리성 여부는 경험이 아닌 선험으로 판명될 수 있다. 경험 없이 우리의 지적 통찰만으로도 A와 B, 그리고 C의 관계의 진리성을 파악할 수 있다는 것이다.

이와 대조되는 견해를 가진 사람들은 모든 지식은 경험 없이 독립적으로 인식될 수 없다고 주장한다. 비록 심리학자들이 일반적으로 지식의 기초로서 경험의 중요성을 강조하지만, 철학자들과 같은 사람들은 학습이나 경험 이전에 식별 가능한 관계들이 가능하다는 증거들을 부단히 찾아왔다.

## 2) 생득론(nativism) 대 경험론(empiricism)

지각에 있어서의 생득론과 경험론 간의 논쟁은 전술한 선험적 지식과 경험적 지식의 논쟁과 유사한 측면이 있다. 생득론자들은 출생 시부터 작동하는 지각의 세계가 있다고 주장하며, 그것은 신경계의 고유한 구조적 기능적 속성에 근거하기 때문에 선천적으로 결정된 결과라고 주장한다. 이와 달리 경험론자들은 모든 지각은 경험으로부터 학습되고 발달한다고 주장한다. 생득론자들과 경험론자들간의 논쟁은 '깊이에 대한 지각'에서 잘 드러난다. 우리는 깊이를 인식하도록 학습되었는가 아니면, 깊이 지각은 타고난 선천적인 능력인가?

고전적인 연구들은 신생동물들이 학습에서 비롯되었다고 보기 어려운 지각적 능력들을 가졌다고 주장한다. 예컨대, 어린 염소나 병아리들은 태어 난지 몇 시간도 되지 않아서 시각을 동원하여 낭떠러지를 피할 수 있다. 또한 신생아는 단지 몇 분도 되지 않아서 소리가 나는 방향으로 그들의 머리를 향한다. 이처럼 신생아가 소리가 나는 곳을 잘 분별하는 능력이 학습이나 경험에서 비롯되었다고 보기는 어려울 것이다. 이에 대해서 경험론자들은 낭떠러지를 회피하거나 소리의 위치를 알아채는 능력이 태어나기 전에 태내에서 학습되었을 가능성을 주장한다. 하지만 그러한 가능성은 다소 설득력이 떨어지는 것 같다.

## 3) 본능(instinct) 대 학습(learning)

본능 대 학습의 논쟁은 또 다른 중요한 논쟁거리로 부각되었다. 이 문제는 근대에 이르기까지 매우 혼란스러운 역사를 가지고 있다. 초기 심리학자들 중 상당

수는 동물뿐만 아니라 인간 심리학에 있어서도 본능의 역할을 매우 강조하였다. 맥도갈(William McDougall)은 본능이 인간의 삶에 있어서 핵심적인 역할을 한다고 믿었던 대표적인 사람이었다. 그는 호기심, 싸움, 회피, 그리고 모성 행동은 인간 삶에 있어서 작용하는 본능들의 대표적인 예라고 보았다.

행동주의 심리학의 출현으로 이러한 극단적인 본능의 역할에 대한 개념은 호소력을 잃어 갔고, 그 대신에 학습에 대한 강조가 두드러졌다. 행동주의 심리학자들은 우리의 호기심, 공격성, 모성 및 부성도 학습된 결과라고 주장한다. 행동주의적 연구들은 본능적인 것으로 여겨지던 몇몇 행동들이 실제로 학습될 수 있다는 점을 실증해 보였다.

쿠오(Kuo; Viney & King, 2003 재인용)가 행한 연구에서 보면 고양이의 쥐잡기 성향 역시 본능이라기보다는 학습된 결과라는 점을 보여주었다. 실제로 어린 고양이들은 그들의 양육 조건에 따라 각기 다른 모습을 보여줄 수 있는데, 일부는 쥐잡기 성향을 보일 수 있으며, 또 다른 일부는 쥐를 무서워하도록 자랄 수 있고, 또 다른 일부는 쥐에 대해서 매우 관용적이고 협조적으로 성장할 수 있으며, 심지어는 같은 우리 안에서 쥐와 함께 평화스럽게 살도록, 그리고 그들과 함께 음식을 공유할 수도 있도록 성장할 수도 있다는 것이다. Kuo는 어린 고양이들 각각의 조건화(conditioning) 역사가 그들의 장래의 쥐와의 상호작용 방식을 결정하는 핵심적 요소라는 점을 보여주었다. 이러한 Kuo의 학습에 대한 열정은 그로 하여금 '유전론 없는 심리학'이라는 제하의 논문을 쓰도록 하였다.

비록 행동주의심리학이 학습의 중요성을 예증하는데 성공적이었지만, 본능 없는 심리학을 활성화 시키지는 못하였다. 20세기에 본능 이론에 대한 지속적인 관심이 있었고, 특히 로렌쯔(Konrad Lorenz)와 틴버겐(N. Tinbergen)과 같은 동물행동학자들과 윌슨(Edward O. Wilson)과 같은 사회생물학자들의 업적으로 인해 제 2차 세계대전 이후 본능에 대한 관심은 크게 고조되었다. 또한 모리스(Desmond Morris, 1967)가 쓴 "털 벗은 원숭이(The Naked Ape)"라는 책이 베스트셀러가 되었는데, 이는 본능 이론에 대한 일반인의 사회적 인식을 자극하였다.

앞서 제시한 선험성(priori), 생득론(nativism), 본능(instinct)은 그것들이 모두 유기체의 선천적 요소이거나 혹은 그것에 기반하여 구축된 인간의 능력을 의미한다는 점에서 서로 매우 밀접히 관련되어 있다. 하지만 이 세 용어들은 능력에 대해서 그것들 각각이 지시하는 의미에 있어 다소 차이를 보인다. 예컨대 선험적 지식은 본능보다는 보다 더 인지적이며, 훨씬 더 자동적으로 작동하는 능력이다. 깊이를 인식할 수 있는 선천적인 능력과 같은 생득적 능력은 어떤 궁극적인 관계를 파악할 수 있는 능력이나 실제의 지적 통찰력을 의미하는 선험적 지식보다 덜 인지적인 특성을 가진다. 경험적(posteriori)지식, 경험론(empiricism), 학습(learning)과 같은 용어들은 그것들이 모두 다양한 습득과 능력 획득에 있어서 경험의 중요성을 강조하였다는 점에서 다소 유사하다고 할 수 있을 것이다.

이러한 심리학사적 흐름을 감안하여 합리주의와 경험주의의 학습을 보는 차이점을 살펴보면 다음과 같다(Hilgard & Bower, 1981).


## 3. 학습에 대한 관점

### 1) 합리주의

'이성이 지식의 제일의 원천'이라고 주장한다. 경험주의자들이 관념은 감각을 수동적으로 받아들인 것이라고 본 반면, 합리주의자들은 감각이란 그 자체로는 생경한 것으로서 이는 선천적인 지각(=이성)을 통해 해석될 때에만 비로소 의미를 갖는다는 것이다.

이성은 선례나 이미 밝혀진 정신적인 요소, 직관, 감각 등과 같이 지식이나 신념 및 행위에 대해 타당한 근거를 제시하는 이상의 유일한 것이라고 합리주의자들은 주장한다. 따라서 철학적인 연구는 물론이거니와 경험적인 연구도 지식이 이성으로부터 비롯된다는 것을 이해해야 한다는 것이다.

합리주의의 특징은 다음의 네 가지로 요약된다(Hulse, Egeth & Deese, 1981).

(1) **생득론** : 학습 및 기억 능력의 대부분은 타고난다는 것. 생후에 발생하는 여러 가지 사태에 대해 미리 결정된 일정한 방식으로 구조화하고, 지각하고, 반응하는 선천적 경향성을 지닌 것으로 봄.

(2) **총체론** : 경험의 재료는 보다 광범위하고 보다 전체적인 수준에서 가장 잘 이해되는 것임을 강조하고 있다. '전체는 부분의 총화 이상의 것이다'라는 입장을 취하고 있다.

(3) **직관** : 추리, 사고, 육감에 의해서도 행동에 관한 많은 것을 효율적으로 알

수 있음을 강조한다.

　(4) **생기론** : 행동은 목적을 띠고 있으며, 학습과 기억의 작용이 능동적이고 지향적, 유목적적일 수 있음을 주장한다.

## 2) 경험주의

　'경험은 지식의 유일한 원천'이라는 견해를 갖고 있다. 수많은 경험 사이의 관계를 맺어주는 것으로 간주되는 지적인 반응으로부터 지식이 생긴다고 보는 이러한 견해가 특히 강조하는 것은 감각경험(sensory experience)이다. 여러 가지 개념이나 관념은 감각인상 자체이거나, 또는 몇 가지 단순한거나 복잡적인 관념들이 결합되어서 생기는 것으로 보는 것이다.

　이러한 경험주의의 표면적인 특징 역시 다음의 네 가지로 요약된다.

　(1) **감각주의** : 모든 지식은 감각 경험을 통해서 생기는 것이다.

　(2) **환원주의** : 모든 복합적인 관념은 단순한 관념의 기본 바탕 아래 구축되는 것이며, 그것들은 차례로 이러한 원초적인 요소들로 환원될 수 있는 것이다.

　(3) **연합주의(聯合主義)** : 관념이나 정신적인 요소들은 경험의 접근에 의한 결합(=연합)행위를 통해 연결된다.

　(4) **기계주의** : 마음에 신비한 구성요소란 없는 것이며, 기계와 같이 단순한 요소들로 구성되어 있다.

　쾰러(Köhler)의 통찰설과 같은 형태 심리학자들과 레빈(Lewin)의 장이론, 켈리(Kelly), 린제이(Lindsay) 등의 정보처리이론, 피아제, 비고츠키, 브루너 등의 인지이론 등 인지계열 학습 이론가들은 합리주의적 배경을 지니고 있다. 인지이론과는 구별되지만 인본주의 심리적 이론도 이 범주에 포함시킬 수 있다.

　손다이크(Thorndike), 파블로프(Pavlov), 거스리(Guthrie), 헐(Hull), 스키너(Skinner) 및 기능주의에 속하는 연합주의(聯合主義) 계열의 학습이론가들은 경험주의적 배경을 갖고 있다.

　한편, 가녜(Gagné)나 반두라(Bandura) 같은 학자는 행동주의적 입장을 기초로 하면서 동시에 절충적 입장에서 자신의 학습이론을 소개하고 있다.

# 제 2 장
## 연합주의 계열 학습이론과 그 적용

## 1. 결합설

실험적인 검증을 통해 학습을 자극(stimulus)과 반응(response)의 결합으로 본 최초의 심리학자는 손다이크(E. L. Thorndike)이다. 1898년 그는 자신의 학위 논문에서 자극-반응의 결합을 강하게 하거나 약하게 하는 경험의 역할에 대해 소개했다. 그는 학습을 습관의 형성으로 보았고, 습관들이 더욱 더 결합되는 방식에 의해 복잡한 행동도 학습된다고 보았다. 그는 상자 속에 굶주린 고양이를 넣고 숨겨진 장치(지렛대)를 밟으면 밖으로 나와 먹이를 먹을 수 있게 한 실험을 통해, 학습이란 시행착오(trial and error)의 과정을 통해서 선택되고 결합되는 것으로 보았다.

고양이는 수많은 무선적(random, 無選的)이고 불규칙적인 시행착오를 되풀이하는 중에 우연히 성공에 이르게 되어 정확한 반응, 따라서 만족스럽고 성공적인 행동은 각인되고, 부정확한 반응, 따라서 불만족스럽거나 실패한 행동은 배제(stamping out)된다고 보았다. 이러한 시행착오를 통해 학습에 이르는 과정에서 손다이크는 어떠한 지능도 필요하지 않으며, 추리에 의한 행동이라 할 만한 어떠한 사실도 발견할 수 없었다고 함으로써 자극과 반응이 중재변인(=매개변인) 없이 직접 결합되는 것으로 보았다.

문제 상자를 통한 고양이 실험으로부터 동기, 상, 벌의 개념이 도출되었는데, 예를 들면 보상받는 상황에 대한 반응은 그 상황에 대한 습관적인 반응으로써 강화되거나 각인되고, 성공적이 아닌 행동은 그 상황에 대한 반응을 약화시키거나 소멸시킨다는 것(효과의 법칙) 등이다.

자극-반응이론(S-R theory)의 효시로서 흔히 시행착오설(試行錯誤說)로도 일컬어지는 손다이크의 결합설의 주요 학습 법칙 및 종속법칙은 다음과 같다.

## 1) 주요 법칙

(1) **준비성의 법칙**(law of readiness) : 어떤 행동을 행할 준비가 미리 갖추어져 있을 때 행동을 하면 만족감을 주고, 준비가 갖추어지지 않은 상태에서의 행동은 불만족을 야기 시키며, 행동이 자율적이 아니고 강요될 때에는 행동을 하지 않게 되거나 적극성을 띠지 못한다는 것이다. 즉, 행동경향은 예비적 적응, 태세, 태도로서 그것이 만족스러울 것으로 예상되면 그 행동을 취하게 된다는 것이다.

준비성은 달리 표현하면 문제 사태에 대해 문제의식을 갖는 것으로도 볼 수 있는 바, 이러한 문제의식이 적극적인 반응을 촉발하는 것으로도 볼 수 있다.

(2) **연습의 법칙**(law of exercise) : 상황, 또는 자극에 대한 반응의 결합은 사용의 횟수가 많으면 강화되고(사용의 법칙), 사용하지 않으면, 또는 사용횟수가 적으면 약화된다(불사용의 법칙)는 법칙이다. 연습의 법칙에 부수적으로 영향을 끼칠 수 있는 요인으로는 자극의 강도와 자극의 최근성을 들 수 있다. 전자는 주의집중 정도를 결정하는 요인이 되며, 후자는 과거의 자극보다는 최근의 자극이 자극-반응 간의 결합에 더 큰 영향을 미친다는 것이다.

그런데, 눈을 가리고 결과를 알려 주지 않은 채 3cm의 선을 긋는 연습을 시켜 본 결과 아무리 반복 연습을 해도 효과가 없었는데, 연습할 때마다 결과를 알려 주었을 때는 진보(=효과)가 있었다는 실험에 의해 연습의 법칙은 1930년대 이후 그것이 효과를 가져다주는 다른 요인, 즉 곧 말하게 될 효과의 법칙이 작용할 때 비로소 유효한 것으로 수정되었다.

(3) **효과의 법칙**(law of effect) : 반응의 결과가 만족스러우면 자극-반응간의 결합이 잘 일어나고(즉 학습이 잘되고), 불만족스러우면 결합은 약화된다는 것이다. 따라서 벌보다는 칭찬이나 상이 학습에 보다 효과적이다. 효과의 법칙은 특정한 자극에 대한 반응이 성공적일 때 특정한 결합의 강화를 이룬다는 점에서 뒤에 말하게 될 스키너의 강화이론(=조작적 조건형성이론)의 근거가 되고 있으며, 손다이크 자신이 이를 매우 중요한 것으로 여겼다.

그는 위의 세 가지 법칙 외에 학습과 관련된 다섯 가지 법칙을 종속법칙이라 하여 제시한 바 있다(Hergenhan, 1988).

## 2) 종속법칙

(1) **다양반응의 원칙** : 학습자가 문제에 직면했을 때 그는 한 가지 일을 해보고 또 다른 방법을 강구한다. 이렇게 적절한 방법이 나타날 때까지 다양한 반응을 시도하게 되고, 그 중 우연히 나타난 적절한 반응이 결합된다.

(2) **태도의 법칙** : 학습은 학습자의 전반적인 태도, 또는 배경에 의해 좌우된다. 태도 또는 배경(set)은 개인이 무엇을 할 것인가 뿐만 아니라, 무엇이 그를 만족하게, 또는 불만스럽게 할 것인지를 규정한다.

(3) **요소의 우월성** : 학습자는 여러 가지 문제, 또는 자극에 대해 그냥 반응하는 것이 아니라 그 중에서 우월하고 중요하다고 생각되는 요소를 나름대로 선택하여 반응하는 것이다. 이는 어떤 장면에 있어서는 몇 가지의 요소만이 행동을 지배한다는 사실을 말한다.

(4) **유추에 의한 반응** : 이전에 한 번도 겪어본 적이 없는 장면에 대한 반응은 이미 겪은 반응과 비교, 관련지우는 등 유추에 의해 반응한다는 것으로 친근한 장면과 그렇지 않은 장면의 전이의 양은 두 장면이 공통적으로 가지고 있는 요소의 수에 따라 결정된다(=전이의 동일 요소설)는 것이다.

(5) **연합적 이동** : 연합적 이동은 어떤 장면과 어떤 반응간의 연합에서 시작하여 점차 원래의 장면의 부분이었던 자극 요소를 감축시키고, 점차 다른 요소를 첨가시키는 방법으로 처음과는 아주 다른 요소끼리의 결합이 가능해진다는 원리이다. 광고에 예쁜 모델을 제시하고 상품과 결합시켜 상품에 좋은 느낌(예쁜 모델에서 받은 것)을 갖게 하는 것과 같은 방법으로 이를 파블로프의 고전적 조건형성과 유사한 면을 지니고 있다.

손다이크는 수학과목의 교수-학습에 있어서 결함을 돕는 일곱 가지 수칙을 밝힌 바 있다(Hergenhan, 1988, p. 73). 이는 다른 과목에서도 마찬가지로 적용될 수 있을 것이다.

(1) 학생이 당면한 상황을 십분 고려한다.
(2) 새로운 사실과 기존의 사실을 결합하기 위해 어떠한 조치를 취해야 할지를 생각한다.
(3) 결합을 시도함에 있어서는 꾸준해야지 그것이 기적처럼 일시에 일어날 것

으로 기대하지 말라.

(4) 다른 것들과 조건이 같은 상황이라면 깨뜨려질 결합은 시도하지 않을 것이 좋다.

(5) 결합된 것이 한 가지만 유효할 것으로 기대되는 상황에서 두세 가지 방법으로 결합을 시도하기보다는 한 가지 방법으로만 결합시키는 것이 오히려 좋다.

(6) 결합은 나중에 실행하게 될 것으로 기대되는 방식을 택한다.

(7) 따라서 생활 자체가 제공해 주는 상황과 생활 중에 부딪치게 되는 반응을 결합시키는 것이 효과적이다.

## 3) 실제에의 적용

손다이크의 결합설을 학습 실제에 적용하면 다음과 같다.

첫째, 연습하는 중에 정반응(正反應, 옳은 반응, 또는 바람직한 반응)이 나타날 때마다 교사는 어떤 종류이건 보상을 해주어야 한다. ---- **연습의 법칙**

둘째, 현재 어떤 과제를 수행할 능력이 비효과적인 수준이라고 판단될 때는 이를 진행시키지 말고 일정 능력의 수준에 도달할 때까지 기다렸다 수행토록 하는 것이 바람직하다. ----**준비성의 법칙**

셋째, 학습자에게 무엇을 가르치려 할 때에는 학습자 스스로가 그 문제를 풀거나 거의 풀 수 있을 때까지 기다렸다가 보상하는 것이 효과적이며, 그 과정에서 바람직한 반응을 보이면 즉시 보상하는 것이 효과적이다. ----**효과의 법칙**

넷째, 학습하고자 하는 내용이 개인적으로 매력적인 것으로 여겨지게끔 동기지움으로써 학습하고자 하는 내용을 개인적으로 의미 있게 만들어 주는 것이 좋다. ----**태도의 법칙, 요소의 우월성**

다섯째, 학습장면에 동일한 요소가 포함된 변형된 장면을 반복 제시함으로써 전이와 연합의 이동을 통한 진전을 도모할 수 있다. ----**유추에 의한 반응, 연합의 이동**

## 2. 고전적 조건형성이론

흔히 조건반응설이라 일컫는 이 이론은 러시아의 생리학자 파블로프(Ivan Pavlov)가 개를 사용하여 소화에 관한 연구를 하는 중에 우연히 발견하게 된 이론이다. 여기서 고전적이라는 형용사가 붙은 것은 파블로프 이후 스키너 등이 다른 조건형성이론(조작적 조건형성)을 창안해 냈기 때문이다.

이 이론의 요지는 처음에는 중립적이던 자극(neutral stimulus)이 무조건 자극 (unconditioned stimulus)과 결합되어 나중에는 무조건 자극의 제시 없이 조건자극만으로도 반응을 일으키게 된다는 것이다.

즉, 굶은 개에게 먹이를 주면 무조건적으로 침을 흘린다. 먹이가 아닌 메트로놈 소리(처음에는 중립자극이다)를 듣고는 침을 흘리지 않는다. 그러나 먹이를 줌과 동시에 메트로놈 소리를 들려주면(30초간) 처음에는 아무런 반응도 하지 않지만, 여러 번 반복하면 나중에는 먹이 없이 메트로놈 소리만 듣고도 침을 흘린다.

먹이는 자극이고 침의 분비는 반응이다. 먹이는 무조건 자극이고, 메트로놈 소리는 조건자극(conditioned stimulus)이다. 먹이와 조건형성(결합)이 되어야만 자극(조건부적인) 구실을 하여 반응을 일으키게 됨으로 그렇게 부른다.

따라서 조건반응설은 무조건 자극(먹이)과 조건자극(메트로놈 소리)이 결합되어 나중에는 무조건 자극 없이 조건자극만으로도 반응을 유발케 하는, 즉 학습이 이루어지게 하는 현상을 뜻한다. 이를 표로 나타내면 다음과 같다(Gage & Berliner, 1984, p. 255).

〈표 2-1〉 고전적 조건형성의 모델

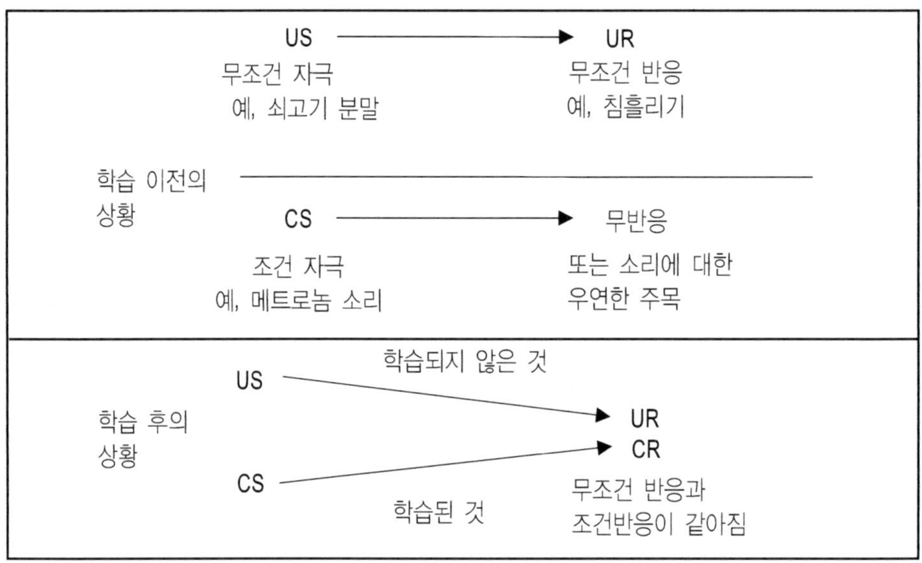


조건형성의 기본 원리 중 중요한 몇 가지를 소개하면 다음과 같다.

## 1) 조건 형성의 기본 원리

(1) 시간의 원리(근접의 원리) : 조건형성의 과정에서 자극을 제시하는 시간을 뜻하는 바, 조건자극은 무조건자극의 제시와 거의 동시에 이루어져야 한다(동시 조건반응이 가장 효과적임).

(2) 강도의 원리 : 무조건 자극의 강도(强度)와 감각역(感覺閾)과의 관계로서 자극의 강도가 감각역을 넘어야 한다는 것이다. 즉, 침을 분비시키는 무조건 자극(쇠고기 분말 등)의 강도가 강하면 강할수록 조건 형성이 용이하게 이루어진다.

(3) 일관성의 원리 : 동일한 조건자극을 통해 일관성 있게 강화해 주어야 조건반응이 쉽게 이루어진다는 것이다. 그러나 조건자극(메트로놈 소리)이 일관성 있게 제시될 경우 조건화는 효율적으로 일어나지만, 일반화는 한정된 범위 내에서만 이루어지게 된다.

## 2) 조건형성의 제 양상

(1) **강화** : 조건형성이 일어나도록 조건자극과 무조건 자극을 결합시키는 일

(2) **소거** : 소멸이라고도 하며, 조건 형성이 된 후 무조건 자극의 제시 없이 일정기간 계속 조건자극만 주어질 때 조건반응이 일어나지 않는 현상을 말한다.

(3) **제지** : 금지라고도 하며 조건형성이 된 후 최초의 조건자극이 아닌 다른 유사한 자극이 주어졌을 때 조건반응이 약화되는 현상.

(4) **자발적 회복** : 소거된 조건반응이 일정 기간이 지난 후 저절로 재생되는 현상

(5) **일반화** : 강화과정에서는 처음에 제시된 조건자극과 유사한 자극(강도가 다른 메트로놈 소리, 부자소리, 종소리 등)에도 반응(침 흘림)을 보이는 현상, 조건자극과 유사한 정도가 높을수록 일반화가 잘 진행된다.

(6) **분화, 변별** : 일반화의 상태에서 강화를 계속하면 점차 최초의 조건자극과 그 이외의 유사자극을 구분하여 전자의 것에만 반응을 보이게 되는데, 이를 변별(discrimination)이라 하며, 그 과정을 분화(differentiation)라 한다.

아파트에 사는 어린이가 처음에는 구둣발 소리만 들으면 '아빠인가 보다'하다가 나중에는 아빠의 독특한 발자국 소리에만 반응을 보이게 되는 것과 같다. 변별은 곧 완전한 학습이 된 상태이다.

(7) **2차적 조건화** : 조건 형성이 된 후 조건자극을 무조건자극에 대치시켜 다른 자극과 조건화를 이루는 경우를 말하며, 이를 고차적 조건화라고도 한다.

(8) **간헐적 강화** : 부분적 강화라고도 하며 일정한 조건형성 상태를 유지하기 위해 불규칙적으로 무조건 자극을 제시하는(강화를 시키는) 일.

파블로프는 손다이크와 마찬가지로 이러한 조건반응의 과정에 정신활동을 개입시킬 필요는 없다고 하였다. 조건반응이 일단 형성되면 얼마 동안은 먹이를 주지 않아도 메트로놈 소리만 나면 분비 반응을 한다. 그러나 먹이를 오랫동안 주지 않으면 반응이 없어지는 바, 이러한 소멸을 막기 위해서는 먹이를 적절하게 주어 강화해야 한다.

## 3. 조작적 조건형성 이론

조건형성은 고전적 조건형성과 도구적(조작적) 조건형성의 두 가지로 구분된다. 고전적 조건 형성은 외부의 자극에 의해 유출된(이끌려진) 반응인 데 비해 조작적 조건형성은 자발적, 또는 우연적으로 방출된 반응이다(Prokasy, 1965). 즉, 행동은 제시된 자극에 의해서만 유발되는 것이 아니라 유기체 스스로가 자발적으로 수행하는 것도 상당수 있다. 이러한 행동을 조작적(operant) 행동이라 하는데, 그 이유는 그러한 행동이 유기체 스스로가 행한(작동시킨-조작한) 것이기 때문이다.

고전적 조건형성은 동물을 피동 상태에 두고 외부에서 자극을 가하는 일로부터 출발하지만 조작적 조건형성은 동물을 능동 상태에 두고 그 동물이 할 수 있는 행동목록(behavioral repertory)에서부터 출발한다.

행동목록을 $R_1$ , $R_2$ , $R_3$ ,----Rn이라 하면 그 동물이 특정 상황에서 특정 행동을 할 최초의 확률은 1/Rn이라 할 수 있다. 문제의 반응이(바라는 반응) 우연히 나왔을 때 이를 즉시 강화하면 그 반응이 반복되어 일어날 확률이 높아지게 되며, 강화(보상을 통한)가 계속되면 마침내 그 반응은 특정자극과 완전히 연결된다. 최초에는 우연적인 반응을 강화를 통해서 통상적인 반응형태로 변화시키는 과정이 조작적 조건형성의 특색이다. 유기체가 바람직한 반응을 보였을 때 보상을 통해 이러한 반응이 계속해서 일어나도록 강화한다는 것이다. 이 과정은 다음과 같은 3R로 설명될 수 있다.

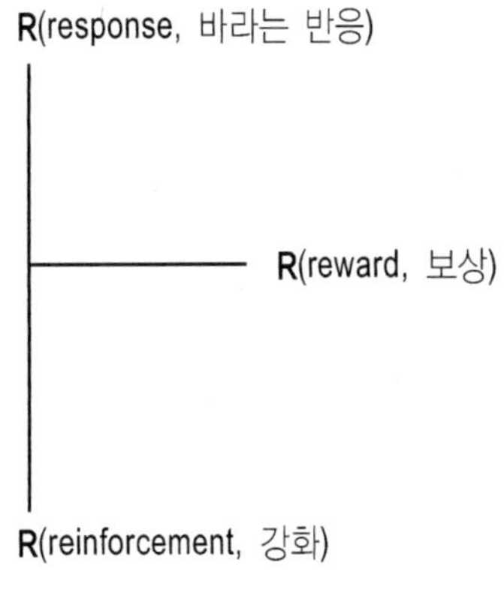


(그림 2-1) 반응과 보상, 강화의 관계

　참고로 고전적 조건형성과 도구적(조작적) 조건형성을 대비시켜 보면 다음과
같다(Hergenhan, 1988).

〈표 2-2〉 고전적 조건 형성과 조작적 조건형성의 비교(1)

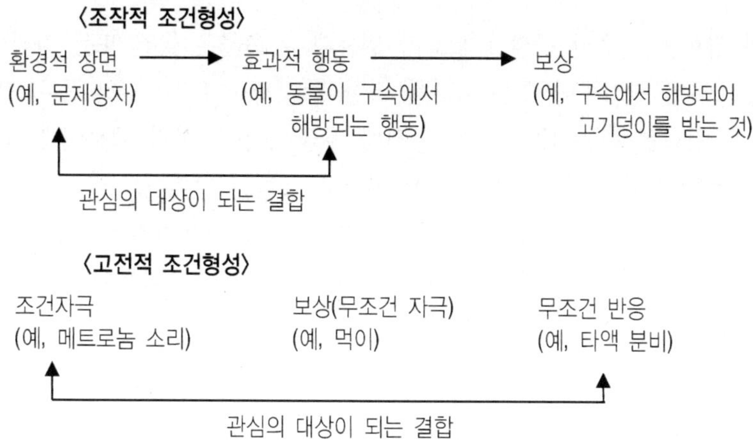


　또한 양자를 다른 방식으로 비교하면 다음과 같다.

〈표 2-3〉 고전적 조건형성과 조작적 조건형성의 비교(2)

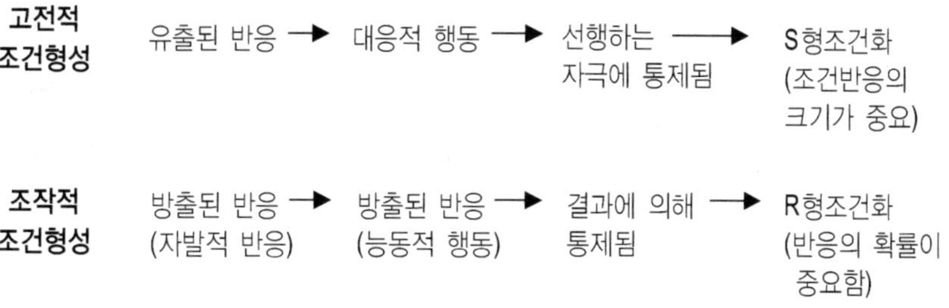


　* S= size(크기)　R= reliability(확률, 신뢰성)

## 1) 조작적 조건형성의 원리

스키너는 강화와 행동 간의 관계를 밝히는 일에 주력했다. 그의 이론 중 주요 사항 몇 가지를 정리하면 다음과 같다.

### (1) 강화(reinforcement)와 강화물(reinforcer)

강화와 강화물을 우선 구별할 필요가 있는데, 강화물은 물건 또는 자극이라 할 수 있고, 강화란 강화물이 주는 효과를 말한다. 사탕이나 돈, 칭찬 등은 강화물인데, 이것은 강화를 하는 데 쓰이는 동시에 자극 구실을 하기 때문이다. 즉, 강화물이란 반응할 확률을 증가시키는 모든 자극을 일컫는 말이다.

그러나 강화물이 누구에게나 다 같이 등가(等價)로 작용하지는 않는다. "참 잘했어요"라고 쓰여진 스티커는 초등학생에게는 효과적인 강화물이 될 수 있으나 대학생에게는 그렇지 못한 것이다.

강화물에는 정적 강화물과 부적 강화물이 있다. 전자는 이것이 주어졌을 때 반응이 발생할 확률을 높여 주는 자극을 말하고, 후자는 어떤 상황에서 어떤 바람직한 수행을 했을 때 예정된 처벌적인 요소를 제거(면제)시켜 주는 자극(예 : 전기쇼크, 굉음, 체벌 등)을 말한다.

강화물은 또한 일차적 강화물과 이차적 강화물(조건 강화물, 일반화된 강화물이라고도 함)로 구분하기도 하는데, 전자는 학습에 의하지 않고도 강화의 효과를 갖는 자극을 말한다. 이것은 학습과 관련 없는 일상적인 요구(need)나 추동, 동기와 관련된 것으로 음식을 예로 들 수 있다. 배우지 않고도 사람은 즐겨 먹는다.

이차적 강화물은 원래는 중성자극이던 것이 강화하는 능력을 지니고 있는 다른 자극과 반복되어 짝지어짐으로써 강화 능력을 갖게 된 자극이다. 따라서 이차적 강화물은 학습된 강화물이며, 이의 예로서는 돈이나 승인, 칭찬, 미소 등을 들 수 있다.

### (2) 강화와 벌

#### ① 정적 강화(보상 : reward)

유쾌한 자극, 즉 보상을 줌으로써 강화하는 방법이다. 교사가 학생에게 미소를 짓는 일, 고개 끄덕임, 기분 좋은 말을 해 주는 일, 추천, 좋은 점수 등 교사가 줄 수 있는 긍정적 강화물은 꽤 많다.

② **부적 강화(경감 : relief)**

벌이나 실패, 나머지 공부, 비웃음, 부모의 화, 굴욕, 기아 등과 같은 위협적이며 불유쾌한 부적 강화물로 작용하는 것 역시 많다.

바람직한 행동이 나타나면 위에서 예로든 위협적인 것들을 제거(면제)시키는 것이 바로 부적 강화이다. 그러나 어떤 상황에서 회피하거나 소극적인 행동성향을 보이는 등 부정적이고, 부정적인 행위는 흔히 과도한 부적 강화를 사용할 경우 생길 수 있으므로 이의 사용에는 각별한 주의를 요하는 사항이기도 하다. 틀릴 때마다 때려 준다면 공부를 잘하기보다는 오히려 공부에 겁먹거나 식상한 학생을 만들기 쉬운 것이다.

이는 이론적으로는 부적 강화가 반응의 확률을 높이는 결과를 가져오지만(쥐가 전기 쇼크를 피하기 위해 바퀴를 돌림) 인간의 경우에는 오히려 상황의 회피(공부 포기, 가출, 자살 등)라는 결과를 낳을 수도 있는 것이다.

③ **제 1 유형의 벌**

벌은 부적 강화와는 다른 형태의 것이다. 정적 강화나 부적 강화는 반응을 강화시키지만, 벌은 반응 확률을 감소시킴으로써 그 반대 효과를 갖는다. 스키너 상자에서 쥐가 막대를 누를 때마다 전기 쇼크(벌)를 주게 되면 막대 누르기 반응은 감소된다.

체벌과 같은 유해한 자극을 가함으로써 어떤 바람직하지 않은 행동을 배제시키고자 하는 것이 벌이다.

④ **제 2 유형의 벌(철회 : penalty)**

벌의 다른 유형은 특정 행위에 대해 유쾌한 일(자극)을 철회시키는 방식이다. 정규수업이 끝난 후에 집에 못 가고(유쾌한 경험의 철회) 나머지 공부를 하게 하거나 청소를 하게 하는 일, 잘못했다고 저녁을 못 먹게 하는 일, 오락을 못 하게 하는 일 등이 이에 속한다.

이를 예를 들어 설명하면 <표 2-4>와 같다.

<표 2-4> 강화와 별의 유형

|  | 유쾌 | 불쾌 |
|---|---|---|
| 제시 | 정적강화<br>(보상)<br>교사가 잘하는 학생에게 공책을 한 권 줌 | 벌1<br>(처벌)<br>교사가 잘못한 학생의 코를 비틈 |
| 철회 | 벌2<br>(철회)<br>잘못한 학생으로부터 공책을 도로 뺏음 | 부적 강화<br>(경감)<br>"잘못했습니다"라고 말함으로써 코가 비틀리는 일을 면함 |

앞에서 살펴본 강화와 별은 스키너가 실험을 통해 밝힌 네 가지 조건형성의 유형에 따른 풀이이다. 스키너의 실험과 그 결과를 소개하면 다음의 <표 2-5>와 같다(이수원 외, 1986).

<표 2-5> 네 가지 조작적 조건형성의 유형

| 반응의 효과 | 강화물의 유형 | |
|---|---|---|
|  | 보상 | 처벌 |
| 제시 | 보상훈련 | 수동적 회피 |
| 철회 | 생략훈련 | 능동적 회피 |

반응의 결과에 대한 조치는 강화물을 제시하거나(정적 강화) 철회하는(부적 강화) 두 가지 경우가 있다. 또한 강화물은 정적 강화(보상)과 부적 강화물(처벌) 등 두 종류이므로 행동과 결과 간에는 네 가지 유형의 조건형성이 있게 되는 것이다.

각기의 유형에 대해 살펴보면 다음과 같다.

**보상훈련**: 1930년대에 스키너는 스키너 상자를 이용하여 쥐가 막대를 누르거나 비둘기가 창에 비친 표적을 좇는 실험을 했다. 마대누르기 실험에서는 배고픈 쥐가 상자 속에 있는 막대를 누르면 전기장치에 의해 먹이가 나오도록 되어 있

다. 이 실험에서 먹이는 강화물이 되고, 쥐는 먹이를 얻기 위해 막대누르기를 학습하게 된다. 비둘기 실험에서는 비둘기가 조명에 비치는 창을 쪼면 먹이 접시에 먹이가 나오도록 되어 있다.

이 경우도 비둘기는 먹이라는 강화물을 얻기 위해 조명된 창을 좇는 것을 쉽게 학습하게 된다.

**생략행동**: 이에 대한 실험연구는 그리 많지 않다. 이 경우는 특정반응에 실패했을 경우 보상이 주어진다. 이를 테면, 배고픈 개가 신호에 대해 타액반응을 나타내지 않을 때 먹이강화를 받게 되는 것이다. 생략훈련의 결과 개는 타액분비를 중단할 수 있었다.

**능동적 회피훈련**: 이는 특정한 반응의 결과로 동물이 처벌에서 벗어날 수 있게 하는 조작 절차이다. 전형적인 실험절차를 살펴보면, 쥐를 실험장치에 넣고 바닥에 전기쇼크가 나오기 5~10초 전에 빛이나 소리 같은 경고 신호를 준다. 이 시간 내에 쥐가 상자 속에 있는 바퀴를 돌리면 전류는 흐르지 않고 쥐는 쇼크를 피하게 된다.

**수동적 회피훈련**: 이 실험에서 동물은 특정반응을 보이면 처벌을 받게 된다는 것을 학습한다. 실험절차를 보면, 동물이 전류가 흐르는 마루판의 널빤지를 밟으면 전기쇼크를 받게 된다. 이 단순한 회피학습은 쉽게 획득되고, 동물은 곧 안전한 장소에 머물러 있으면서 전기쇼크를 피할 수 있다. 이 방법은 하등동물의 학습과 기억을 연구하는 데 널리 이용된다. 이러한 조작적 조건형성의 예를 수업상황에서 흔히 일어나는 경우를 들어보면 다음과 같다.

〈표 2-6〉교실에서의 조작적 조건형성의 예(Lefrancois, 1988, p. 33)

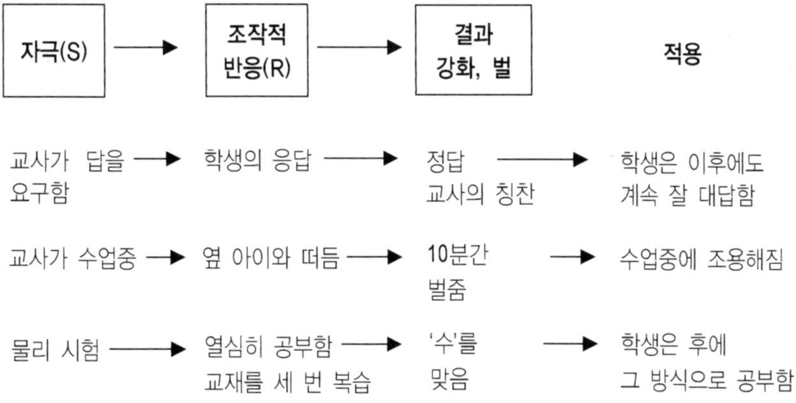

## 2) 강화계획

강화(reinforcement)란 반응의 빈도를 증가시키는 강화물(reinforcer)과 어떤 자극을 짝지우는 것이라고 정의할 수 있다.

강화계획이란 강화가 잘 일어나도록(즉, 학습이나 행동변화가 잘 이루어지도록) 취하는 조치를 말하는 데, 이에는 시간을 기준으로 하는 것과 비율을 기준으로 하는 것, 그리고 처벌 등이 있다.

**고정간격 강화**: 일정한 시간이 경과할 때마다 강화가 주어지는 방식이다. 매월 일정한 날짜에 보수를 받는 근로자의 봉급은 고정 간격 강화의 일종이다.

**변동간격 강화**: 일정시간을 기준으로 강화가 주어지나(즉, 보상이 따르나) 그 시간 간격이 평균시간을 전·후로 하여 불규칙성을 보이는 것이 특징이다.

**고정비율 강화**: 이 경우 학습자는 일정 수의 반응을 나타낼 때마다 보상을 받게 된다. 이를테면 매 3번째, 5번째, 100번째의 반응에 대해 강화를 하는 것이다. 이는 마치 삯일을 하는 근로자의 경우와 비슷하다.

**변동비율 강화**: 강화가 반응의 빈도를 기준으로 하여 주어지나, 그 빈도의 기준이 불규칙적이다.

이러한 강화계획의 효과를 살펴보면 고정비율 강화계획의 경우 쥐는 처음에는 열심히 반응을 보이나 먹이를 많이 먹고 나면 곧 반응이 중단되며, 특히 보상을 얻는 데 많은 반응이 요구되는 경우 반응률은 떨어진다. 고정간격 강화에서는 일단 경험을 획득하고 난 후 일정 기간마다 반응을 중단하며, 다음 먹이가 나올 시전에 가서야 반응을 보이게 된다. 그러나 변동비율 계획이나 변동간격 아래에서 쥐는 지속적으로 반응을 보인다. 카지노나 오락실의 도박장치는 변동비율 계획에 따라 상금이 지불되기 때문에 항상 손님은 긴장과 기대에 차있게 되고 따라서 항상 고객이 붐비기 마련이다.

조작적 조건형성 과정에서도 반응 후 일정기간 보상이 중단되면 소거현상이 일어난다. 소거는 연속적 강화(계속 강화)일 경우 쉽게 일어나고 부분강화(간헐적 강화) 아래에서는 학습된 반응이 소거에 대한 저항이 크므로 연속적 강화의 경우보다 소거현상이 적게 나타난다.

**처벌**: 보상은 정적 강화와 유사한 것으로 사용하고 있으나 처벌은 부적 강화와

동일한 것이 아니다. 강화든 부적 강화이든 양자는 반응을 강화시킨다. 그러나 처벌은 반응의 확률을 감소시킴으로써 그 반대 효과를 갖는 것이다.

조작적 조건행동의 원리는 여러 가지 장면에 적용할 수 있다. 행동수정의 원리도 마찬가지이다. 행동수정은

첫째, 수정하고자 하는 행동으로써 유기체에게 강화적(强化的)인 것이 어떠한 것인지를 찾아내야 하고,

둘째, 바라는 행동(수정하고자 하는 방향의 행동)이 나타날 때까지 기다리거나 그러한 행동이 나타나도록 유도를 하며,

셋째, 그러한 행동이 나타날 때 즉시 보상을 해주는 것이다.


## 3) 실제에의 적용

(1) **상과 벌**: 벌은 그 반응을 일시적으로 중단시키게 할 뿐이므로 학습에 큰 효과는 없다. 칭찬이나 상이 강화효과가 크며, 바람직한 행동의 강화는 그 행동 직후가 좋다.

(2) **계획적 강화의 필요**: 훌륭하게 계획된 강화는 학습효과를 높인다. 이의 예로서는 스키너의 프로그램 학습을 들 수 있다(아래의 프로그램 학습의 원리 참조).

(3) **부분강화**: 계속 강화와 부분 강화(간헐적 강화라고도 함)에 있어서 학습의 초기 단계에서는 바람직한 반응이 있을 때마다 강화하는 것이 효과적이지만, 일단 학습이 이루어진 단계에서는 때때로 강화를 생략하는 것이 좋다. 왜냐하면 부분 강화가 오히려 소거저항이 크기 때문이다.

(4) **2차적 강화**: 실제 학습에서 1차적 강화물을 쓰기 어려운 경우가 많으므로 주목해 주거나 애정을 보이거나 인정하는 말, 미소, 어깨 두드림, 고개 끄덕임과 같은 2차적 강화물(사회적 강화물이라고도 함)을 쓸 필요가 있다.

(5) **토큰 강화**: "참 잘했어요" 등의 스티커, 종이돈과 같이 장차 실물적인 보상과 교환하기 위해 축적할 수 있는 토큰강화(tuken economy)는 효과적인 강화법의 하나이다.

(6) **활동 강화**: 학생들이 하기를 좋아하는 활동들을 그들이 좋아하지 않는 일을 하도록 하는데 사용하는 강화물이다. 수학과목을 싫어하는 학생에게 수학과제를 다 마친 후에는 그가 아주 좋아하는 책읽는 시간을 주거나 축구를 할 시간을

주거나 하는 강화방법이다. 프리막(D.Premack)이 체계를 세워 정의했으므로 프리막의 원리라고도 하는 바, 고율행동(자주보이는 행동)을 미끼로 저율행동(싫어하거나 잘하지 않는 행동)을 촉진시키는데 사용된다.

### 4) 프로그램 학습의 원리

(1) **적극적 반응의 원리** : 좋은 학습이 이루어지려면 교재에 대해 학습자가 능동적으로 참가해야한다. 프로그램학습은 각 단계(step)마다 학습자의 학습활동을 요구하기 때문에 학습자의 적극적인 참여와 활동을 유도하기 좋게 되어있다.

(2) **자기구성의 원리** : 학습에는 인지양식과 구성양식이 있다. 제시된 여러 개의 답 가운데서 정답을 고르는 것은 인지양식이고, 문제에 대하여 자기 자신이 답을 작성하는 것은 구성양식이다. 프로그램학습은 인지양식학습보다 구성양식학습방법에 따라 각 단계에서 문답을 자기 자신이 구성, 또는 선택해가며 학습하게 된다. 특히 컴퓨터의 보급에 따라 다양한 프로그램이 제시되고 있다.

(3) **즉시 확인의 원리** : 좋은 학습은 반응의 옳고 그름, 즉 결과에 대한 확인이 즉시 행해질 때 이루어진다.

(4) **스몰 스텝(small step)의 원리** : 좋은 학습은 교재가 단계를 따라 점진적으로 조직되었을 때 일어난다. 따라서 하나의 학습과정을 잘 학습하려면 쉬운 곳에서부터 비약함 없이 점차 어려운 곳으로 나가야하며 이 단계가 적을 경우, 학습은 더욱 쉽게 된다.

(5) **자기 속도의 원리** : 학습에는 개인차가 있으며 빨리 진도를 나가는 학생과 그렇지 못한 학생이 있으므로 진도는 개개인에 맞게 고려되어야 한다. 자기 페이스(pace)대로 하라는 것이다.

(6) **학습자 검증의 원리** : 학습에서 한 단계의 학습을 마치고 다음단계로 넘어가려고 할 때에 학습의 결과(효과)에 대해서 학습자 자신이 알도록 하는 것이 학습의욕을 고조시킨다.

## 5) 프로그램 학습의 예

프로그램 학습의 예(생물과)

| | 정답 ⇩ |
|---|---|
| 1. 여러분은 생물들이 무엇으로 되어 있는지 궁금하게 생각해 본 일이 있었어요?<br>그들은 세포로 이루어져 있습니다.<br>다음 중에서 세포로 이루어져 있는 것에 ○표 하시오.<br>_____ 새 _____ 개구리 _____연필<br>_____ 종이 _____ 책상 _____ 사람 | 정답 ⇩ |
| 2. 어떤 것들이 세포로 구성되어 있는지 아십니까?<br>다음 중에서 세포로 이루어져 있는 것에 ○표 하시오.<br>_____나무 _____ 아메비 _____ 가방<br>_____ 고래 _____ 의자 _____ 양파 | 새, 개구리, 사람 |
| 3. 크건 작건 간에 모든 생물은 _____ _____로 되어 있습니다. | 나무, 아메바, 고래, 양파 |
| 4. 맞았어요. 세포예요.<br>정답을 맞춘 사람은 11번으로 가시오.<br>잘못한 사람은 5번을 계속 하시오. | 세포 |
| 5. 모든 생물은 세포로 되어 있습니다.<br>나무는 생물이예요. 그러니까 _____ _____로 되어 있어요. | |
| 6. 아주 작은 아메바는 생물입니다. 아메바는 단 하나의 _____ _____로 되어 있습니다. | 세포 |
| 7. 여러분의 몸도 역시 _____ _____ 로 되어 있습니다. | 세포 |
| 8. 연필은 세포로 되어 있을까요?(맞다고 생각되는 곳에 ○표를 하시오.)<br>_____ 예 _____ 아니오 | 세포 |
| 9. 연필은 세포로 되어 있지 않습니다. 왜냐하면 연필은<br>( _____ 생물이기 때문입니다. / _____무생물이기 때문입니다.) | 아니오 |
| 10. 이 세상의 모든 식물과 동물은 모두 ___ ___ 로 이루어져 있습니다. | 무생물이기 때문입니다. |

| | |
|---|---|
| 11. 여러분은 세포가 생물의 가장 작은 기본 활동단위라는 것을 알고 있나요?<br>세포는 영양분과 산소를 필요로 하고 그 영양분을 힘으로 바꿀 수가 있어요.<br>또한 세포는 스스로 번식할 수 있어요.<br>세포의 이러한 행동들 때문에 생물은 살고, 움직이고, 자랄 수<br>(_____ 있습니다. / _____ 없습니다.) | 세포 |
| 12. 자, 우선 하나의 세포를 보기로 해요.<br>만일 여러분들이 현미경을 통해 여러분들의 볼 안쪽의 살갗을 보았다면 다음과 같은 모양의 세포를 볼 수 있었을 거예요.<br><br>〈모여 있는 세포〉　　　〈하나의 세포〉<br>그림을 보면서 세포가 무엇으로 되어 있으며, 그 이름들은 무엇인지 알아보기로 합시다. | 있습니다. |
| 13. 각 세포에는 가운데 검은 점이 있지요?<br>이 점은 핵입니다.<br>여러분의 살갗의 세포들은 핵을<br>(_____가지고 있습니다. / _____ 가지고 있지 않습니다. | |
| 14. 세포 가운데의 점은 _____입니다. | 가지고 있습니다. |
| 15. 다음 그림을 보세요.<br>핵은 많은 물질로 둘러쌓여 있지요? 이 물질은 세포질이라고 합니다. 세포질은 세포 안의 (_____점 / _____물질)입니다. | 핵 |
| 16. 핵을 둘러싸고 있는 이 물질은 _____ _____ _____ 이라고 합니다. | 물질 |
| 17. 세포를 둘러싸고 있는 얇은 막은 세포막이라 부릅니다.<br>핵과 세포질은 세포 _____에 의해 둘러싸여 있습니다. | 세포질 |

| | |
|---|---|
| 18. 각각의 세포는 _____ _____ _____에 의해 둘러싸여 있습니다. | 막 |
| 19.<br><br>자, 이제 여러분의 살갗 세포의 각 부분을 말할 수 있어요? | 세포막 |
| 20. 다른 세포들도 역시 핵과 세포질, 세포막을 가지고 있다. 예를 들어 물고기의 세포는 핵과 세포질, 그리고 _____ _____ _____을 가지고 있다. | 막, 세포질, 핵 |
| 21. 아메바는 현미경을 통하지 않고서는 볼 수 없으리만치 작지만 하나의 동물이다.<br>그러므로 아메바는 핵, _____ _____ _____, _____ _____ _____을 가지고 있다. | 세포막 |
| 22. 모든 동물세포는 _____, _____ _____ _____, _____ _____ _____을 가지고 있다. | 세포질<br>세포막 |
| 23. 식물의 세포는 어떨까요?<br>동물세포와 꼭 같을까요?<br>자, 다음을 함께 보기로 해요. | 핵<br>세포질<br>세포막 |
| 24.<br><br>여기에 식물세포가 있어요. 동물세포와 같이 핵과 세포질과 세포막을 볼 수 있습니다. 그러나 여기에는 동물세포에서는 볼 수 없었던 것을 보게 됩니다. 가장 바깥쪽에 있는 매우 두꺼운 막이다. 이것은 세포벽이라고 불리운다. 세포벽은 단지 (_____동물 / _____식물) 세포에서만 볼 수 있다. | |
| 25. 소나무는 세포벽을 가지고 있다. 왜냐하면 소나무는 (_____ 동물 / _____식물)이기 때문이다. | 식물 |

| | |
|---|---|
| 26. 여러분의 살갖세포에도 세포벽을 볼 수 있습니까?<br>______예        ______ 아니오 | 식물 |
| 27. 살갖세포는 동물세포이므로 세포______이 없습니다. | 아니오 |
| 28. 동물세포는 세포벽을 가지고 있지 않으며 단지 식물세포만이 ______<br>______ ______을 가지고 있습니다.<br>이것이 바로 동물세포와 식물세포의 다른 점입니다. | 벽 |
| 29. 동물세포와 식물세포가 공통적으로 가지고 있는 부문은 ______, 세포<br>______, 세포 ______입니다. | 세포벽 |
| 30. 다음 그림에서 각 부분의 이름을 써 넣으시오.<br><br>① (        )<br>② (        )<br>③ (        )<br>④ (        ) | 핵<br>질<br>막 |
| 31. 식물세포의 세포벽은 셀룰로즈로 되어 있습니다.<br>이것은 우리 주변에서 흔히 볼 수 있는 것이에요.<br>예를 들어 목재는 주로 셀룰 ______ ______ 로 되어 있어요. | ① 세포질<br>② 세포막<br>③ 핵<br>④ 세포벽 |
| 32. 목화나무의 솜도 주로 셀룰 ______ ______ 로 되어 있지요. 그것으로<br>우리는 면 옷을 만들 수 있습니다. | 로즈 |
| 33. 이 프로그램이 쓰여진 종이도 식물의 세포벽, 즉 ______ ______ ______<br>______로 되어 있습니다. | 로즈 |
| 34. 이러한 셀룰로즈로 되어 있는 세포벽은 무슨 일을 할까요? 세포벽은,<br>첫째 세포를 보호해 주고, 둘째 그 모양을 유지해 주는 일을 합니다. | 셀룰로즈 |
| 35. 세포벽은 세포를 보호하며 그 (모양 / 빛깔)을 유지시켜 줍니다. | |

| | |
|---|---|
| 36. 세포벽은 _____ _____를 보호하고 _____ _____을 유지시켜 줍니다. | 모양 |
| 37. 많은 연구 결과 과학자들은 핵이 세포 안에서의 대부분의 활동을 지배한다는 것을 발견하였습니다.<br>세포가 영양분이나 산소를 사용할 때 핵은 이러한 활동을 조절합니다.<br>또한 세포가 분열을 할 때에도 _____이 작용합니다. | 세포<br>모양 |
| 38. 핵은 세포의 가장 중요한 부분이라고 생각합니까?<br>_____ 예        _____ 아니오 | 핵 |
| 39. 핵은 세포의 가장 중요한 부분입니다.<br>만일 핵이 없어진다면 그 세포는?<br>_____ 죽는다.    _____살아 있다. | 예 |
| 40. 핵의 통제하에서 세포질은 세포의 활동을 대부분 수행합니다. 대부분의 세포활동을 행하는 물질을 무엇일까요?<br><br>_____ 세포벽          _____ 세포막<br>_____ 핵 _____세포질 | 죽는다 |
| | 세포질 |

프로그램 학습의 실제(영어과)

대상 : 중학교 1년

단원 : 11과 The Four Seasons. 중의 몇 차시를 프로그램으로 다루고 있음/

(1) 교정학습을 위한 프로그램

| 정답 ⇩ | (1) 「나무에 있는 저 새」라고 할 때<br>that bird in the tree라고 합니다.<br>「창가에 있는 공책」은 by라는 전치사를 앞에 붙여 by the window라고 합니다.<br>그것은 창가에 있다.<br>(It is bye the window)<br>다음 문제를 연습해 봅시다.<br>Is the book _____ the window hers? |
|---|---|
| (1)<br>by | (2)<br>「많다」라고 할 때는 many를 사용합니다.<br>너는 책을 많이 가지고 있다.<br>You have many books.<br>There are _____________________birds in the tree. |
| (2)<br>many | 「~에 ~이 있다」라고 할 때는 There is를 사용합니다.<br>책상 위에 책이 한 권이 있다.<br>There is a book on the desk.<br>필통에 연필 한 자루가 있다.<br>There ___________ a pencil in the pencil-case |
| (3)<br>is | (4)<br>너 펜을 가지고 있니?<br>Do you have a pen? 아리고 하여 You have a pen의 문장 앞에 Do를 붙여서 묻는 글을 만듭니다.<br>너 그 책을 가지고 있니?<br>Do you have the book?<br>이때 가졌으면 Yes, I do<br>안 가졌으면 No, I don't라고 합니다.<br>다음 문제를 연습해 봅시다.<br>___________ you have the notebook?<br>Yes, I ___________. No, I ___________. |

| | |
|---|---|
| **(4)**<br>**Do,**<br>**do, don't** | (5)<br>그가 너의 책을 가지고 있니?<br>Does he have your book?<br>이때 does는 do가 he나 she, 또는 it 등의 말과 쓰일 때는 does로 바뀌어진 것입니다.<br>그 여자가 네 시계를 가지고 있니?<br>________ she have your watch?<br>Yes, she does. No, she _________________. |
| **(5)**<br>**Does**<br>**does't** | (6)<br>몇 시냐?고 묻는 말은<br>What time is it?이라고 합니다. |
| **정답**<br>⇩ | (7)<br>There are many animals at the zoo. many 대신에 사용할 수 있는 말은?<br>There are _____ ________ ________ animals at the zoo. |
| **(7)**<br>**a lot of**<br>정답을 한<br>사람은<br>(9)번으로<br>가시오. | (8)<br>many는 a lot of와 같은 뜻입니다.<br>There are many birds in the tree.<br>There are ________<br>________ ________<br>birds in the tree. |
| **(8)**<br>**a lot of** | (9)<br>책상 위에 많은 책이 있다.<br>________ are ________ ________ ________<br>books on the desk. |
| **(10)**<br>**There**<br>**a lot of** | (11)<br>There ____________ a leaf on the desk.<br>There ___________ a _______ of flowers in the spring.<br>(봄에는 꽃이 많습니다.) |

| | |
|---|---|
| **(11)**<br>**is**<br>**are, lot**<br>정답을 한<br>사람은<br>**(14)번**으로<br>가시오. | (12)<br>「많은 ～이 있다」는 표현에는 There are .....가 쓰입니다.<br>There _________ a lot of birds in the tree.<br>(나무에 새가 여러 마리 있습니다.) |
| **(12)**<br>**are** | (13)<br>그 나무는 나뭇잎이 많이 있다.<br>There ________ a lot of ________ on the tree. |
| **(13)**<br>**are**<br>**leaves** | (14)<br>다음 밑줄 친 부분의 발음이 셋은 같고 하나는 다르다.<br>다른 것은 어느 것인가?<br>green, leaves, spring, evening |
| **(14)**<br>**spring** | (15)<br>  I have much time this week.<br>  I have a lot of time this week.<br>위의 두 글은 같은 뜻입니까? 다른 뜻입니까? |
| **(15)**<br>**같은 뜻이다.**<br>정답을 한<br>사람은<br>**(19)번**으로<br>가시오. | (16)<br>윤희는 이번 주말에 시간이 많다.<br>Yunhi has _________ _______ ______ time this weekend.<br>a lot of와 much는 같은 뜻입니다. |
| **(17)**<br>**a lot of** | (18)<br>이 강에는 물이 많다.<br>There is ________ ________ ______ water in this river.<br>There is much water in this river. |

| | |
|---|---|
| **(18)**<br>**a lot of** | (19)<br>I don't have _________time today.<br>(난 오늘 시간이 많지 않다.)<br>There is not _______ food on the table.<br>(상 위에 음식이 많지 않다.)<br>셀 수 없는 것에는 much를 씁니다. |
| **(19)**<br>**much**<br>**much** | (20)<br>다음 문장에 much와 many 그리고 there is나 there are를 넣어 봅시다.<br>I don't have __________ notebooks.<br>(나는 노트를 많이 갖고 있지 않습니다.)<br>_______ _________ not _______ snow on the mountains.<br>(산에 눈이 많지 않습니다.) |
| **(20)**<br>**many**<br>**There is,**<br>**much**<br>정답을 한<br>사람은 (24)로<br>가시오. | (21)<br>  셀 수 없는 것은 아무리 많이 있어도<br>There is를 사용합니다.<br>There is much air.<br>~~many~~<br>There is much rain in the summer.<br>~~many~~<br>셀 수 있는 것이 많이 있을 때<br>much가 아닌 many를 사용합니다.<br>I have many flowers.<br>~~much~~<br>flowers는 셀 수 있는 것이므로<br>many를 사용합니다.<br>I have __________ books. |
| **(21)**<br>**many** | (22)<br>그러나 a lot of는 <u>셀 수 있는</u> 것에나 <u>셀 수 없는</u> 것에나 다 사용합니다.<br>There are a lot of desks in this room.<br>There is a lot of rain today.<br>두 글에서 달라진 것은 there are와 there is입니다.<br>There _______ a lot of birds this trees.<br>There _______ a lot of homework this week. |
| **(22)**<br>**are**<br>**is** | (23)<br>I don't have _________ time tonight.<br>There is not _________ food on the table.<br>I don't have _________ notebooks. |

| | |
|---|---|
| **(23)**<br>much<br>much<br>many<br>오답을 한 사람은 (21)로 가시오. | (24)<br>좀더 연습해 봅시다.<br>There __________ not __________ air.<br>There __________ a lot of work.<br>There __________ not __________ bananas.<br>There __________ not __________ time. |
| **(24)**<br>is, much<br>is<br>are, many<br>is, much | ※ 요일 이름, 월 이름은 언제나 대문자로 씁니다.<br>Saturday, Sunday, Friday..... 등<br>September, June, April ........ 등 |
| (2)<br><자습> | 다음 자료를 자습할 때는 왼편 정답란을 가리개로 가리고 합니다. 왼편 한 칸 아래의 정답과 비교하여 완전히 이해하였을 때 다음 연습을 시작합니다. |
| 정답<br>⇩ | (25)<br>Can you swim on Monday?<br>(너 월요일에 수영갈 수 있니?)<br>Yes, ______ __________.<br>No. ______ __________.<br>__________ you skate in<br>the winter? |
| **(25)**<br>I Can<br>I Can't<br>Can<br>정답을 한 사람은 (30)으로 가시오. | (26)<br>__________ you go there<br>on __________?<br>(너 화요일에 거기에 갈 수 있니?)<br>요일은 언제나 대문자로 시작됩니다.  |

| | |
|---|---|
| **(26)**<br>**Can**<br>**Tuseday** | (27)<br>__________  __________  _______________.<br>(윤희는 스케이트를 탈 줄 안다.)<br>__________ your mother __________ English?<br>(너의 어머님은 영어를 읽을 줄 아니?) |
| **(27)**<br>**Yunhi can**<br>**skate**<br>**Can, read**<br>**정답을 한**<br>**사람은 (29)로**<br>**가시오.** | (28)<br>Can Mr. Kim __________ me at 10 : 00 on __________?<br>(미스터 김은 토요일 10시에 나를 만날 수 있니?)<br>요일은 언제나 대문자로 씁니다. |

프로그램 학습의 실제(국어과)
대상 : 중학교 2학년
단원 : 중학교 국어 2-1   4. 단어

| | 정답 ⇩ |
|---|---|
| 1. 말할 때에 꼭 붙여서 발음하는 '말의 마디'를 어절이라고 한다.<br>다음 문장은 4개의 ___ ____로 이루어져 있다.<br>잣나무에 잣이 많이 열렸다. | |
| 2. 보통 _____ _____ 은 띄어쓰기 단위와 일치한다 | 어절 |
| 3. 뜻을 가지고 있는 가장 작은 말의 단위를 형태소라고 한다. 즉 더 이상 쪼개면 뜻을 잃어버리는 말의 단위를 ____ ___ ____라고 한다. | 어절 |
| 4. 다음 문장의 형태소는 모두 ____개이다.<br>잣나무에는 잣이 많이 열렸다. | 형태소 |
| 5. 모두 10개지요?<br>맞은 학생은 10번으로 가십시오.<br>틀린 학생은 6번을 계속 하십시오. | 10 |
| 6. 더 이상 쪼개면 뜻을 잃어버리는 말의 단위를 __ ___ ___라고 한다.<br>'에' 나 '이' 와 같은 조사도 뜻을 가지고 있다. 그러므로 하나의 ___ ___ ___가 될 수 있다. | |
| 7. '잣나무' 와 같은 합성어는 2개의 ____ ___ ____로 되어 있다. | 형태소<br>형태소 |
| 8. '열렸다' 는 '열리었다' 의 준말이다.<br>여기서 '었' 은 과거시제라는 뜻을 나타내고, '다' 는 문장의 종결을 뜻한다. 그러므로 '열렸다' 는 ____개의 형태소로 이루어져 있다. | 형태소 |

| | |
|---|---|
| 9. 다음 문장은 모두 ___개의 형태소로 이루어졌다.<br>잣나무에 잣이 많이 열렸다. | 3 |
| 10. 자립하여 쓸 수 있는 말의 단위를 단어라고 한다. 즉 ____ ___는 하나 이상의 형태소로 구성된다. 조사도 그 특이한 성격 때문에 ____ ____로 인장된다. 결국 하나의 문장 안에서 ____ ____ 의 수는 품사의 수와 일치한다. | 10 |
| 11. 다음 문장에서 단어는 모두 ____ 개다.<br>잣나무에 잣이 많이 열렸다. | 단어<br>단어<br>단어 |
| 12. 모두 6개지요?<br>맞은 학생은 15번으로 가십시오.<br>틀린 학생은 13번을 계속 하십시오. | 6 |
| 13. 하나의 문장에서 ____ ____의 수는 품사의 수와 같다.<br> '잣나무' 는 사물의 이름이므로 명사(名詞)이고, '에' 나 '이' 는 명사 뒤에 붙어 쓰이는 조사다. '열렸다' 는 사물의 동작을 나타내므로 동사이다. | |
| 14. 다음 문장에서 단어 수는 ____개다.<br>잣나무에 잣이 많이 열리었다. | 단어 |
| 15. 다음 문장에서 어절은 모두 ____개이다.<br>산도 푸르고 바다도 푸르다.<br>다음 문장에서 형태소는 모두 ___개이다.<br>저 꽃은 빛깔이 몹시 곱다.<br>다음 문장에서 단어는 모두 ____개이다.<br>아기가 방에서 잠을 잔다. | 6 |
| | 4<br>9<br>7 |

# 제 3 장
# 인지주의 학습이론과 그 적용

# 1. 개요

근래 교육학과 심리학, 언어학 분야 등에서 지대한 관심의 초점이 되고 있는 것이 인지(認知, cognition)에 관한 것이며 이를 주로 다루는 심리학을 인지심리학이라 일컫는다. 인지심리학을 한마디로 요약한다면 '인간의 정보처리(information processing)에 관한 과학'이라 할 수 있다.

인지심리학의 주제 즉, 인지라는 말은 기억 속에 있는 정보의 종류와 그러한 정보를 획득하고 파지(把持)하고, 활용하는 과정을 일컫는 말이다. 또한 이러한 과정을 묶어서 인지과정이라 한다.

인지를 연구함으로서 심리학자들은 인간이 지각(知覺)으로부터 기명(記銘) 및 문제해결에 이르는 일상 활동을 어떻게 수행하는가를 보다 깊이 이해하려고 한다. 또한 중요한 것으로서 심리학자, 교육학자들은 이러한 이해를 바탕으로 교육을 개선하고, 사고장애를 치료하며, 인지적 자원 활용의 최적화를 도모하고자 한다(Wessells, 1982).

인지론자들은 인간은 동물의 행동에서는 거의 찾아보기 어려운 인지과정을 보인다는 점에서 인간과 동물의 학습은 근본적으로 다르다는 입장을 취하고 있다. 인지심리는 일반적으로 형태심리학 및 레빈(Lewin)의 장이론(場 理論)등에 그 뿌리를 두고 있다. 그러나 인지심리학의 성격을 규정하기는 그리 쉽지 않다. 옐론 등은 (Yelon & Weinstein, 1977) 그 이유로 학습이 정보처리의 형태로 내적으로 진행된다는 견해를 대표할만한 뛰어난 저작물을 발견하기 어렵다는 점, 이 분야의 학자들이 단일한 주제를 다루기보다는 서로 다른 분야의 주제에 관심을 갖고 있다는 점(언어, 문제해결, 기억 등에 각기 관심 가짐)을 들고 있다.

이 책에서는 인지 심리학의 여러 분야 가운데 학교학습에 의미 있다고 여겨지는 몇 가지만을 간략하게 다루고자한다. 또한 그에 앞서 인지주의적, 또는 인지론적 학습이론으로 분류되는 기존의 이론을 소개하고 이에 현장적용문제를 다루고자한다. 이 경우의 인지주의적 학습이론은 지각, 기억, 사고와 같은 내적 과정을 통하는 학습이론을 모두 망라해 지칭하는 말이 된다.

그 내용은 1) 형태심리학과 통찰설 2) 브루너의 발견학습 이론 3) 구성주의 학습이론 4) 오슈벨의 설명적 학습이론 5) 정보처리 이론 등이다.

## 2. 형태심리학과 통찰학습

형태심리학은 1920년대를 전후하여 독일에서 움튼 심리학파이다. 이들은 경험이란 감각적 요소를 통해 생기는 것이지만, 그 경험의 질은 원래의 감각 요소 그 자체와는 다르다는 점에 착안하여 이론을 전개해 나갔다. 현상적 경험은 그것을 이루고 있는 부분과는 다르다는 것이다. 형태주의의 형태(Gestalt)라는 말은 배치, 조직을 뜻한다. 우리는 사물을 분리된 요소(감각)로 보는 것이 아니라, 유의미한 배치, 즉 형태들로 모여진 자극으로 본다는 것이다. 우리는 사람, 의자, 나무, 꽃 등을 우선은 전체로 보지 코, 재질, 줄기, 잎, 색깔 등으로 구분한 다음 보는 것은 아니라는 것이다.

따라서 "전체는 부분의 합 이상의 것이다"라는 것이 형태주의자들의 기본 명제가 되고 있다. 어떤 대상이나 자극은 전체와의 관련 아래 지각된다.

형태주의자들은 지각에 많은 관심을 기울여 백 개가 넘는 지각원리를 소개하고 있다. 지각에 있어서 가장 기본적인 사항은 우리는 장면을 '도형'과 '배경'으로 구분한다는 것이다. 우리가 한 장면을 볼 때 주의를 기울여서 보는 장면은 도형이 되고, 주의를 기울이지 않는 부분은 배경이 된다. 지각 장면의 어느 면이 도형이 되고 어느 면이 배경이 되느냐 하는 것은 주의집중을 어느 것에 더 하느냐에 달려 있다.

지각의 원리 몇 가지를 소개하면 다음과 같다.

1. **접근의 법칙** : 가까이 있는 것들을 묶음으로 다른 것과 분리하여 지각하는 경향

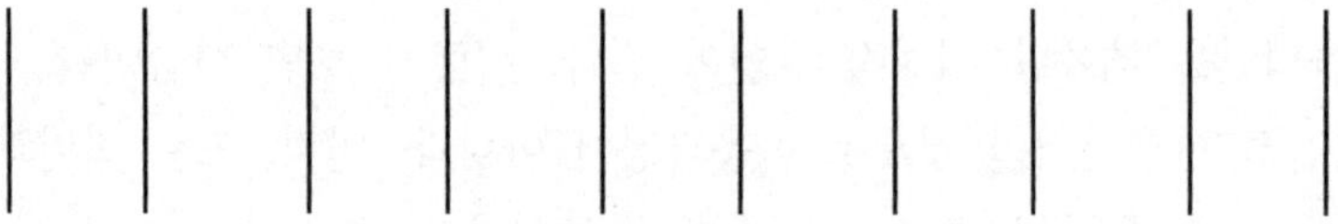

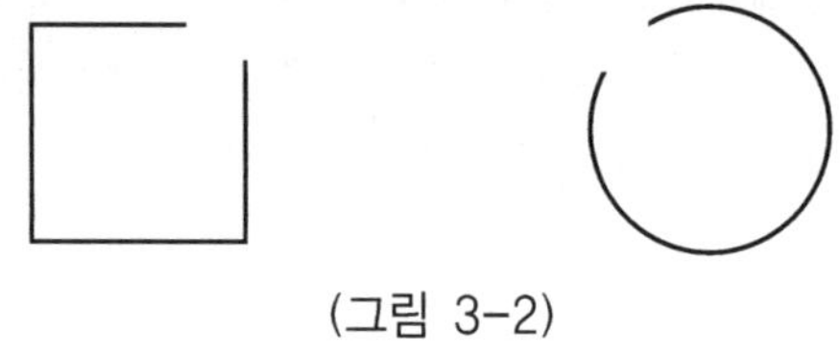

(그림 3-1)

2. **폐쇄의 법칙** : 불완전한 것을 완전한 모양으로 지각하고자 하는 성향(그림 3-2)의 사각형, 원의 트인 부분을 무시하고(스스로 폐쇄시켜) 하나의 완전한 사각형, 원으로 지각한다.

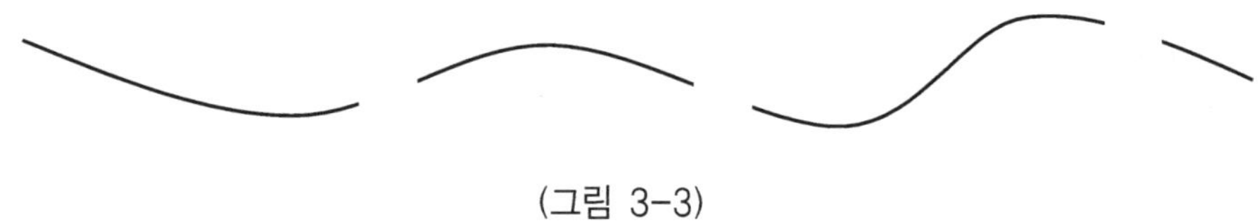

(그림 3-2)

3. **좋은 연속의 법칙** : 연속선상에 있는 틈을 메워 좋은 연속이 되는 것으로 지각하고자 하는 특성

(그림 3-3)

4. **유사의 법칙** : 유사한 부분들을 같이 묶음지워 지각하는 경향

× × × × ×<br>
O O O O O<br>
× × × × ×<br>
O O O O O<br>
× × × × ×

(그림 3-4)

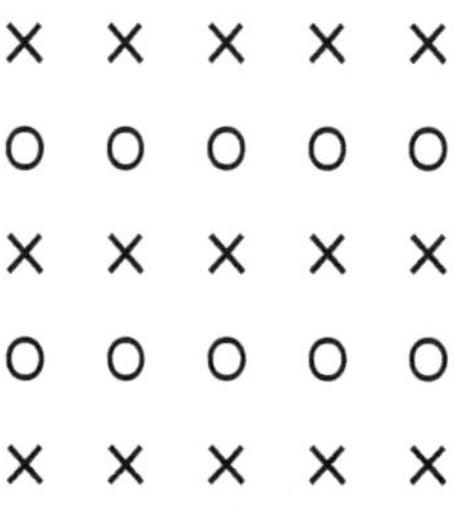

이러한 지각의 원리를 연구하는 중에 이들의 관심은 학습으로 쏠렸다. 지각은 그 자체만으로는 학습을 결정하는 요인이 되지 못하고, 발전된 형태로서 구조화, 재구조화되었을 때에만 결정적 요인이 된다. 이렇게 보면 학습이란 연합 이상의 보다 복잡하고 추상적인 것으로 반응과정이 아니라, 인지, 또는 변별과정이다. 새로운 상황에 접했을 때 학습자는 문제를 분석하고, 본질적인 것과 아닌 것을 변별하고 나서 관계를 지각하게 된다.

환경은 계속적으로 변화하는 것이므로 학습자는 그의 지각을 계속적으로 재조직해야 한다. 이러한 관점에서 보면 교수나 학습은 학생들에 의해 선택되는 과정으로 이해될 수 있을 것이다. 학습자는 전체와 결부시켜 어떤 것을 지각하고, 그가 무엇을 지각하고 어떻게 지각하느냐 하는 것은 이전의 경험에 좌우된다.

레빈을 비롯한 장 이론가(場 理論家)들은 학습자는 상황에 따라 그의 환경 및 자신에게 개인적으로 의미 있는 것만을 지각하는 것으로 보고 있다.

## 1) 레빈의 장 이론과 학습

초기의 형태주의자의 한 사람인 레빈(K. Lewin)은 장 이론을 제시하여 형태심리학의 폭을 넓히는 데 기여하였다. 그의 이론은 위상학적(位相學的) 이론이라고도 불리운다.

레빈의 위상학적이론은 수학적인 개념에 기초를 둔 것으로서 형태심리학에서 파생된 것이다. 이 이론에서 행동은 개인을 둘러싸고 있는 환경의 다양한 힘(forces)의 상호작용이며, 그가 이 힘에 어떻게 반응하는가 하는 측면에서 이해된다. 레빈은 학습을 생활공간(life space)이 보다 고도로 분화하면서 장(場)의 인지구조가 변화하는 것으로 보았다. 그는 행동의 공식으로 B=f(P·E) 또는 B=f(L)를 제시했는데, 이 때의 환경(E)이나 생활공간(L)은 상황(situation)으로 보면 된다.

이 공식에서 보는 바와 같이 그의 행동을 생활 공간의 함수로 보아 행동의 장 이론적 입장에서 학습을

① 인지구조의 변화로서의 학습

② 동기 유발의 변화로서의 학습

③ 집단 소속, 또는 이데올로기의 변화로서의 학습

④ 근육 조직의 자의적 통제 및 정교성의 획득 등의 네 가지 종류로 나누었다.

인지구조의 변화, 즉 학습이 어떻게 이루어지는가를 예를 들어 설명해 보겠다.

가령 P라는 사람이 시골에서만 살다 처음으로 서울에 사는 친척을 찾아간다고
하자. 처음 서울역에 내려서 동서남북의 방향 감각도 모르고 거리 감각도 없고
다만 주위가 어떻다는  것만을 안다. 이것을 그림으로 그려 보면 다음과 같다.

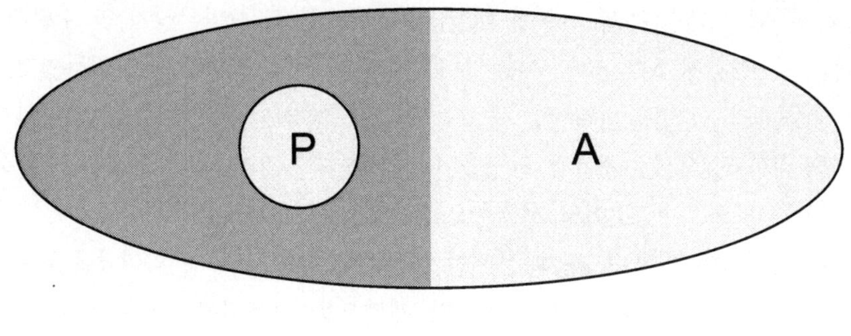

(그림 3-5)

레빈은 이것을 생활영역, 또는 생활공간이라 일컫는다. P를 둘러싼 동그라미는
지금 당장 P의 머리 속에 그려지는 환경 영역이고 이해된 영역이다. 그런 경우
머리 속에 그려진 영역, 즉 이해된 영역을 인지구조라 한다. 따라서 큰 둘레는
아직 본인에게 그려지지 않고 곧 그려져야 할 영역으로 미구조화한 영역이다. 이
것이 어떤 노력의 결과 머리 속에 그려지는 일을 구조화라고 한다. 그런 후 길을
물어서 P가 A로 가는 길을 알게 되면, 다음 그림과 같이 처음 역에 내렸을 당시
와는 다른 구조가 생기게 된다. 즉, 인지구조의 변화가 생긴 것이다.

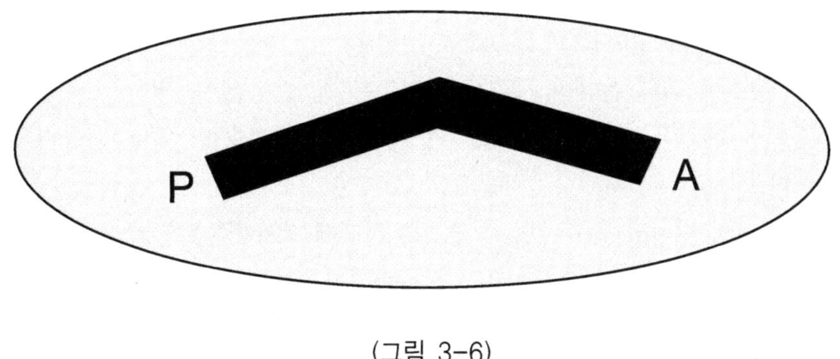

(그림 3-6)

동기유발의 변화는 생활공간의 어떤 국면에서 좋고 싫음을 학습하는 것을 뜻
한다. 그는 이것도 인지구조의 변화로서 이루어진다고 하였다.

## 2) 쾰러의 통찰학습

통찰학습에서의 통찰(insight)은 유기체의 인지적 구조에 의해 장의 재체제와, 재구조화가 이루어질 때 즉시 나타난다. 즉, 쾰러(Köhler)의 원숭이 실험에서 원숭이들은 목표에 대한(문제 해결에 대한) 수단으로서 도구(나무상자)의 수단적 가치를 불현듯 깨닫게 되었는데, 이는 문제 사태를 전체 장면에서 고려하였고, 바나나, 상자 등의 관련성을 분석, 구체화시키고, 환경의 구조를 바꾸면(재체제화 또는 재조직화)되겠다는 종합적 판단을 내린 것이다. 쾰러는 이 과정에서 원숭이들은 지적인 시도를 한 것이지 시행착오를 하지는 않았다고 했다.

행동은 목적성이 있으며, 전체 문제를 통찰하고, 재구조화가 일어났음을 볼 수 있다. 재구조화는 형태심리학에서 중요한 개념으로 사용되고, 그 구조는 구성요소를 구성하고 배열하며, 복잡한 전체 구조를 조직하고 경험단위를 형성하고 있다.

버어치(H. G. Birch, 1945 ; O'Connel, 1973)는 원숭이의 통찰학습에서 과거의 경험이 중요하다는 것을 자신의 실험을 통해 논증한 바 있다. 이전 상황과 새로운 상황간에 유사성이 클수록 통찰은 쉽게 일어나고 적용도 잘 된다는 것이다.

통찰은 다음과 같은 특징이 있다.

1. 통찰은 문제 장면의 배열에 의존한다.
   해결과 관계되는 본질적인 요소들이 지각될 수 있도록 배열이 잘 되어 있을 때 통찰은 쉽게 일어난다.
2. 한 번 통찰에 의해 문제가 해결되면 그것은 곧 반복될 수 있다.
   점진적인 해결이 시행착오의 법칙인 데 비해 (불현듯)인 해결은 통찰의 법칙이다.
3. 통찰에 의해 달성된 해결방법은 새로운 장면에 적용될 수 있다.
   통찰에 이해 학습된 것은 특정한 운동습관이 아니라 수단과 목적간의 인지적 관계이다. 따라서 어떤 한 도구는 다른 장면에서 다른 도구로 대치될 수 있는 것이다.

쾰러의 연구는 침팬지와 관련을 갖고 있으나, 베르타이머(Wertheimer, 1961,

김정규외, 1987 재인용)는 그와 유사한 과정이 아동들에게도 일어난다는 점을 증명하였다. 한 예로 그는 아이들에게 직사각형의 면적 구하는 방법을 이해시킨 후에 평행사변형의 면적 구하는 방법을 가르쳤다. 그는 교사가 직사각형의 면적을 수정하여 평행사변형의 면적 구하는 방법을 아이들에게 가르치고 있는 교실을 방문하여 설명하였다. 이것은 (그림 3-7)과 같이 두 개의 수선을 내리는 일반적인 방법에 의해 얻어진 것이다.

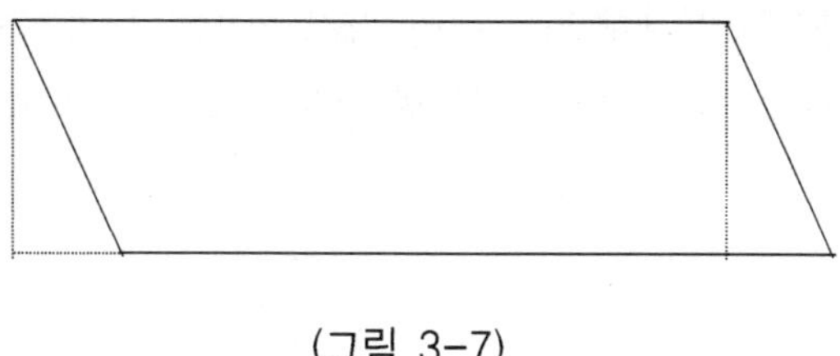

(그림 3-7)

이 그림의 도움을 얻어 평행사변형의 면적구하는 방식을 설명 하면 원래의 직사각형의 가로에 (수선)높이를 곱한 것이다. 그 예를 들어 주었더니 극히 만족스런 결과를 얻게 되었다. 베르타이머는 학생들이 이해할 수 있도록 유사한 예를 들어 설명하였다. 그는 (그림 3-8)과 같은 평행사변형을 그렸다. 이것은(그림 3-7)과 같이 맹목적으로 수선을 내리려 하는 대다수의 학생들을 대단히 당황하게 만들고 있다.

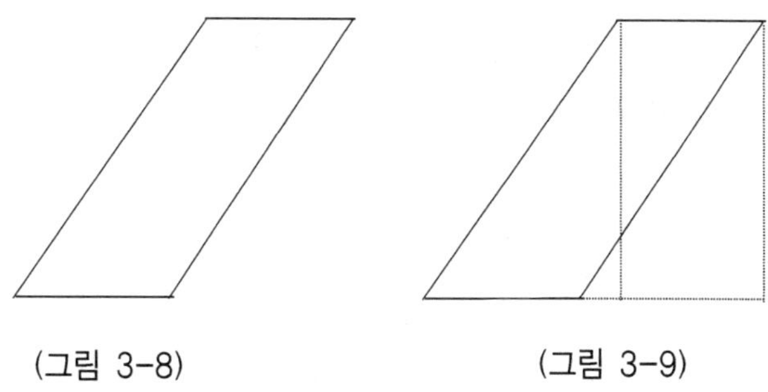

(그림 3-8)  (그림 3-9)

극히 소수의 학생들만이 (그림 3-8)과 (그림 3-9)가 회전되어 그려졌을 뿐 유사한 것이라고 답했다. 그들은 (그림 3-10)에서처럼 이것을 45°로 돌려서 만족스럽게 문제를 해결했다.

(그림 3-10)

　베르타이머는 통찰적인 문제해결이 여러 가지 방법으로 제시되어진 문제의 구조적 특징에 의존한다고 주장한다. 학생들이 다른 크기의 여러 문제들을 배웠을지라도 그들은 지각적으로 (그림 3-10)과 같이 서로 유사하다는 것을 알 수 있다. 그는 유클리드 기하학을 모르는 아동들이 그림을 직사각형으로 변환시킨 (그림 11, 12, 13)과 같이 사다리꼴의 면적과 관련되어 있는 그와 유사한 문제들을 풀 수 있고, 그러므로 이의 지각적 구조를 이해할 수 있다는 것을 증명하였다.

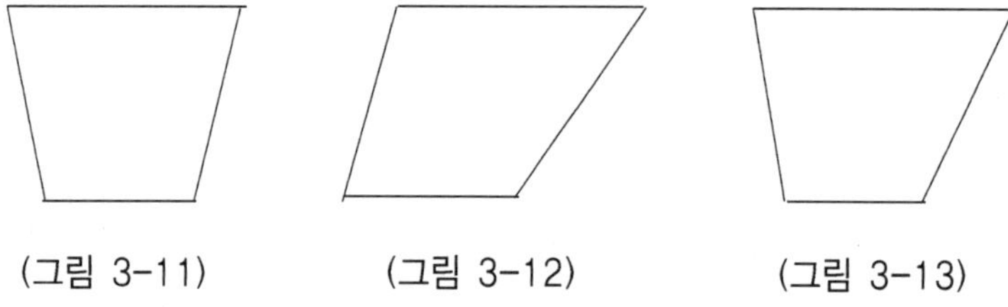

(그림 3-11)　　　　　(그림 3-12)　　　　　(그림 3-13)

　이상의 형태심리학에 근거한 통찰학습이론이 어떻게 활용될 수 있는 지를 힐가드와 바우어(Hillgard & Bower, 1981)는 다음과 같이 여섯 가지로 요약하고 있다.

### 3)실제에의 적용

　1. 학습의 중요한 조건은 학습자에게 제시하는 문제 장면의 지각적 특성이다. 그러므로 학습문제는 본질적인 특징을 학습자가 탐색할 수 있도록 공개적으로 구성되고 제시되어야 한다.
　2. 지식의 조직화(organization of knowledge)가 교사나 교육 입안자들의 본질

적인 관심이 되어야 한다.

3. 이해로서의 학습이 기계적 학습보다 더 영속성이 있고 전이도 잘 된다.

4. 인지적 송환(cognitive feedback)은 지식을 교정해주고 잘못된 학습도 교정해 준다.

5. 학습자에 의한 목표 설정이 학습을 위한 동기로서 매우 중요하며, 그의 성공과 실패는 다음 목표를 어떻게 설정하는지를 결정하는 결정요인이 된다.

6. 문제의 발명적 해결이나 새롭고도 가치 있는 소산을 창조하도록 하는 발산적 사고(=확산적 사고)가 논리적인 정답을 유도하는 수렴적 사고와 함께 길러져야 한다. 발산적 사고는 학생의 독창성의 시험적 추구에 대해 적절한지지, 또는 환류(feedback)를 통해 학생 스스로가 창의적 잠재력이 있음을 주지시킬 필요가 있다.


## 3. 브루너의 교수-학습에 대한 인지적 관점과 발견학습

브루너는 발견학습을 제창한 외에 그의 교수-학습에 대한 제반 관점이 오늘날의 교육에 상당한 영향을 미치고 있고, 학교 학습에 시사하는 바가 크므로, 그가 생각하는 교육의 목적과 수업이론의 배경적 요소들을 검토할 필요가 있다. 이에 대한 설명은 비기(Bigge & Shemis, 1999)의 책에서 발췌, 요약하면서 일부 첨삭하였다.


### 1)교육의 목적

브루너는 학교 교육이 지적 기술의 증폭을 통해 문화를 전수, 함양하는 특별히 중요한 도구적 가치를 지닌 것으로 보고 있다. 따라서 교육에서 특히 강조되어야 할 것은 사물을 다루고, 지각하고 상상하며, 상징적 조작을 수행할 수 있는 기술을 학생들이 연마하도록 해야 한다는 것이다.

인지 연구를 통해 브루너는 지력이란 주어진 문화가 제공하는 도구(tools)를 넓게 내면화시킨 것이며, 문화의 변용은 사고의 양태를 변화시키는 현상으로 보았다. 따라서 이러한 문화적 요소들이 수업형태 속에 적절히 반영되어져야 할 것임을 주장하면서, 그는 교육이 지향해야 할 목적으로 다음의 다섯 가지 사항을 꼽고 있다.

**첫째, 학생들이 그 이론의 핵심적 사항을 파악할 수 있도록 이론의 본체가 구조로 변용되어지는 교육을 해야 하는 바, 고도의 직관력과 표상력(representation)을 높이는 교육이어야 한다.**

브루너는 오늘날의 학교 교육 방식은 학생들의 상상력을 약화시킨다고 지적하면서 개인의 잠재력 개발을 막는 요인은 개인적 능력의 부족이 아니라 그 능력을 개발시킬 수 있다는 자신감의 결여라 하였다. 그러므로 학교는 무엇보다 학생들로 하여금 자신의 생각이 가치로운 것일 수 있고 개선될 수 있다는 사실을 깨닫게 하고, 어떤 문제에 직면했을 때 일단 문제해결을 시도하는 것이 유용하다는 사실을 인식하게 해야 한다.

**교육의 두 번째 목적은 지력(mind)을 통해 문제를 해결할 수 있다는 확신감을 불어넣어 주는 일이다.**

이러한 자신감을 얻기 위해 학생들은 지식이 어떻게 획득되고 변용되는 지에 대해 알아야 한다. 예를 들어 역사과목을 가르칠 때 교사는 학생들에게 역사가가 사용하는 방법과 가정에 대한 실제적인 감각을 부여해야 한다.

**셋째, 목적은 학생들이 다양한 학습 자료를 스스로 조작할 수 있게끔 자기 추진력을 길러주는 것이다.**

문제의 형태가 어떠한 것인지를 파악할 수 있도록 자료를 직접적으로 다루는 일이 허용되어야 한다. 현존하는 문제의 발견자이자 해결자로서 취급하고 있는 학습 자료의 옳고 그름을 결정하고, 학습 자료의 적절성 여부를 스스로 판단할 수 있도록 학생 개개인은 물론 학생들 간의 상호작용을 격려해야 한다.

**넷째, 지력을 사용함에 있어서 경제성을 증진시키는 일이다.**

교사는 학습자로 하여금 제시된 과제에 대한 적절성과 구조를 파악하고자 하는 욕구를  증진시켜야 한다. 그러한 의욕은 학생들로 하여금 과제의 표면적인 첫 인상에 의존하는 태도를 버리고, 표면적인 것보다는 덜 분명하긴 하지만 보다 강력한 문제해결을 가능케 하는 기저적 요소에 주목하게 하는 사고, 즉 반성적 사고를 가능하게 한다.

**다섯 번째, 교육의 목적은 지적 엄정성을 길러주는 데 있다.**

지적 엄정성(intellectual honesty)이란 학생들이 제시한 해결책이나 아이디어, 관점 등이 정확한 것인지를 확인하고 검토하기 위해서 자발적으로, 그리고 기꺼이 학문적 절차와 자료, 장치 등을 활용하는 태도를 의미한다. 학생들은 다양한 학문 분야에서 다루어지는 지적 엄정성의 형태를 평가할 수 있고 또한 마땅히 평가해야만 하는 것이다.

브루너는 학문의 구조화, 지력의 증진, 추진력, 자신감, 지적 엄정성, 문제해결 기법 등을 학생들이 적극적으로 활용하도록 훈련시키는 일이 학교 교육의 주목적이라는 견해를 피력하고 있는 것이다.

## 2) 수업에 대한 브루너의 견해

브루너는 수업이론은 1) 인지 주체로서의 인간의 특성 2) 지식의 본질 3) 지식 습득 과정의 본질 등을 설명할 수 있는 것이어야 한다는 주장을 담고 있다.

그는,

인간은 단순히 털 빠진 원숭이가 아니라 문화로 치장을 한 존재로서 문화가 제공해 주는 보조 장치 없이는 보잘 것 없는 무력한 존재에 지나지 않는다. 바로 이러한 인간의 속성이 적절한 교육을 필요로 하게 하는 것이다(Brunner, 1973, p. 131).

브루너는 교육자들이 지식의 본질에 대해 극단적으로 중립적이거나 객관적인 입장을 취하고자 하는 자세를 버려야 한다는 주장을 하고 있다. "아는 것(지식)이 힘이다."라는 말은 증명이 불필요한 행위로 드러나는 일이다. 따라서 우리는 학생들이 본래부터 상당한 흥미를 가지는 문제들, 예를 들면 인종차별의 문제, 범죄 문제, 오염문제, 전쟁과 침략, 결혼, 가족문제 등을 해결하는 기술을 익히는 기회를 부여함으로써 문제해결 전략을 터득할 수 있도록 도와야 한다.

교육은 학문의 폭을 넓히는데 유용한 사색과 같은 부분에 더욱 많은 관심을 보여야 할 것이다. 특히 실제적으로 중대 일로에 있는 문제이지만 분명한 해결책을 갖지 못한 생활과학에서의 문제나 인문과학에서의 문제에 집중할 필요가 있다. 그러나 이러한 분야에 대한 적절한 학습은 필연적으로 예술이나 문학, 철학,

과학, 수학 및 논리학 등의 학습을 수반하게 마련이다.

지식의 습득 과정과 관련된 핵심적인 질문은 다음과 같은 것이다. "만약 당신이 학생들이 다양한 상황에서 정확히 학습한 자료를 사용하여 어떤 새로운 것을 배울 수 있을 것으로 믿고 학습지도를 하고자 한다면, 당신은 학생들에게 어떤 것을 가르칠 것이며, 학생들에게 무엇을 요구할 것인가? 이러한 학습방법이란 제시된 자료만을 학습하는 것이 아니라 문제해결에 그 정보를 이용할 수 있는 방식의 학습 능력을 심어주는 방식이 될 것이다.

브루너는 수업이론은 다음의 5가지 국면을 포괄할 수 있는 것이어야 한다고 주장한다.

1. 학습자가 학습하기를 좋아하도록 하는 최적의 경험 제공(학습의욕 고취, 선행경향성의 자극)
2. 최적의 이해를 돕는 지식의 구조화
3. 학습하고자 하는 자료의 최적 계열화
4. 성공과 실패가 하는 역할, 상과 벌의 역할(강화의 방법)
5. 학습장면에서 사고를 자극하기 위한 절차

각기의 내용을 구체적으로 살펴보면 다음과 같다.

### (1) 학습의욕 고취

학습이 제대로 이루어지기 위해서는 학습자 자신이 그 과제에 의욕을 갖고 도전해야 한다. 학습과 문제해결은 여러 가지 대안에 대한 탐색을 요구하는 바, 이러한 탐구 기능을 촉진시키는 수업은 마땅히 탐구에 포함된 위험을 극소화시키고, 오류가 지니는 교육적 유익성을 최대한으로 활용해야 한다. 탐구과정은 활력화, 지속, 방향성의 세 국면이 있다. 탐구에 활력을 불어넣기 위해서는 최적 수준의 불확실성(최적수준의 경험)을 부여해야 한다. 너무 쉬운 과제나 지나치게 어려운 과제는 탐구를 자극하지 못한다. 탐구를 지속시키기 위해서는 탐구에 따른 위험을 극소화시키는 일이 필요하며, 탐구가 방향성을 갖기 위해서는 과제의 목표에 대한 확실한 이해와 검증, 현재의 위치에 대한 정보가 제공되어야 한다.

권위를 내세우지 않는 교사의 수용적 태도, 실수를 인정하는 허용적인 학습 분위기도 필요하다. 또한 가족이나 기존문화에 의해 지적 호기심이나 탐구심이 저해 받지 않도록 고무, 격려해야 한다. 문제를 해결한 데 따르는 보상이란 후에 그가 어떤 이득을 볼 것이라는 기대보다는 그 자신이 문제를 해결했다는 데 대한 만족감을 갖는 데 있다.

### (2) 지식의 구조화

교과를 가르치는 궁극적 목적은 학생들이 교과목의 구조를 이해하는 데 있다고 브루너는 주장한다. 교과의 구조를 이해한다는 것은 그 교과와 의미 있게 관련된 많은 다른 것들을 받아들이는 방식으로 그 교과를 이해함을 뜻한다. 지식의 구조에 대한 파악은 정보를 단순화시키고, 새로운 명제를 산출하며, 지식의 조작능력을 증진시킨다.

브루너는 지식의 구조화에 대해 다음과 같은 설명을 하고 있다.

첫째, 어떠한 관념이나 문제, 지식도 특정 학습자가 충분히 이해할 수 있는 방식으로 단순화시켜 제시할 수 있다. "어떤 교과라도 지적 성격을 그대로 두고 발달의 어떤 단계에 있는 어떠한 아동들에게도 효과적으로 가르칠 수 있다."(Bruner, 1960, p. 30)는 것이 그의 주장이다.

둘째, 지식 구조의 세 가지 특징은 표상양식(mode of representation), 표상의 경제성, 표상의 생성력 등이다. 표상양식은 1) 작동적 표상 - 사물의 활동(움직임)을 통해 표상(표현)하는 단계, 2) 영상적 표상 - 그림이나 심상으로 표상하는 단계, 3) 상징적 표상 - 언어를 통한 추상적 표상단계로 구분된다.

같은 내용이라도 어느 단계의 표상양식을 택하느냐에 따라 이해의 가능성과 정도가 달라지는데 이것이 바로 "어떤 교과 내용이든지 그 내용의 지적 성격에 충실한 형태로 어떤 발달 단계에 있는 아동에게도 가르칠 수 있다"는 앞서의 가설을 가능하게 하는 이론적 배경이 되는 것이다.

브루너의 표상양식과 단계는 피아제(J. Piaget)의 인지발달 단계의 아이디어를 빌린 것으로 대체적으로 1단계는 피아제의 인지발달 단계의 감각운동 및 전조작 단계에 해당하며, 2단계는 구체적 조작단계에, 3단계는 형식적 조작단계(12세 이후)에 해당한다. 영상적 표상이 가장 왕성한 시기는 5~7세 사이이다.

브루너는 천칭을 이용해 각 표상방식을 설명하고 있다.

어린 아이는 천칭의 원리에 기초한 행동을 할 수 있다. 그는 시이소에 위치를 잡고 앉아 있는 것으로 자신이 그 원리를 알고 있음을 표상(표현)할 수 있다. 그는 훨씬 더 아래로 내려가기 위해서는 중앙으로부터 멀리 떨어져 앉아야만 한다는 사실을 안다(작동적 표상).

좀 더 나이 든 아이들은 고리를 매달아 균형을 잡는 모형을 다루거나 그림을 통하여 천칭을 표상한다(영상적 표상).

끝으로 천칭은 어떠한 형상적 자료의 도움 없이 일상적인 언어로 상징적으로 묘사될 수 있다. 또한 그것은 관성물리학에서 뉴톤의 역률의 법칙을 참조함으로써 수학적으로 잘 설명될 수 있는 것이다(Brunner, 1966, p. 45).

표상의 경제성이란 어떤 문제를 해결하기 위해 학습자가 소유해야 할 정보의 양을 가리킨다. 물론 상징적 표상을 할 수 있을 때가 가장 경제성이 높다. 표상의 생성력은 일련의 명제나 지식이 그와 관계되는 다른 명제나 지식을 찾아내기 쉬운 정도를 말한다. 표상양식과 경제성, 생성력이 학습자의 연령, 학습양식, 교과의 성질 등을 고려하여 적절히 조절될 때 학습은 효과적으로 이루어진다고 브루너는 주장하고 있다.

한편 브루너는 구조의 이해가 갖는 장점을 다음의 네 가지로 요약한 바 있다(Bruner, 1960, pp. 23-26).

1) 기본적인 것을 이해하면 교과를 쉽게 이해한다. 즉, 교과목이 논리적으로 조직되어 있으면 그 내용을 쉽게 이해할 수 있다.

2) 낱낱의 사실들이 구조화된 형태(structured pattern)에 위치 지워지지 않으면 그것은 쉽게 잊혀진다.

3) 기본적인 원리나 아이디어의 이해는 적절한 전이를 촉진시킨다.

4) 초-중등학교에서 가르치는 교재를 부단히 음미해 보면 고등지식과 초보지식 간의 간격을 좁힐 수 있다.

### (3) 지식의 계열화

교사의 중요한 임무 중의 하나는 지식을 성장하는 아동의 지력 수준에 맞추어(전환시켜) 제공해야 한다는 것이다. 학습 자료는 정교하게 짜 맞춰져야 하고, 계열화되어야 하며, 학생들의 표상양식(단계)에 적절한 형태로 제시되어야 한다. 어떠한 아이디어나 문제, 지식체(body of knowledge)는 어떤 특정의 학습자라 할지라도 이해 가능한 형식으로 단순화시킬 수 있다는 것이다. 최적의 계열화에 대한 브루너의 기본 정신은 다음과 같다.

첫째, 모든 학습자에게 통용되는 최적의 계열은 없다.

최적의 계열은 학습자의 누적된 학습경험, 발달단계, 학습자료, 개인차 등에 따라 차이지게 마련이다. 각기의 상황에 따른 최적의 계열화가 필요한 것이다.

둘째, 최초의 수업에 완벽을 기하기 위해서는 3가지 지식의 표상체계에 부합하는 계열화가 이루어지는 것이 바람직하다.

일반적으로 아동의 발달과정은 작동적 표상으로부터 시작하여 상징적 표상에 이르므로, 이에 맞춘 계열화가 최적한 것일 수 있다. 그러나 각기의 표상을 적절히 혼용할 수도 있다.

수학을 전공하지 않은 대학생들에게 확률과 통계를 가르치는 경우에 대해 연구한 오스틴(Austin, 1972 ; Yelon & Weinstein, 1977)의 예에서 보면, 과제를 언어적으로만 다루고 도표나 도형이 제시되지 않는 경우에는 학습효과가 시원치 않았으나, 그림과 언어를 적절히 혼용했을 때에는 학습효과가 매우 높았다는 것이다. 개념적 관계를 이해시킬 때 너무 일찍 상징적 표상에만 의존하면 사물간의 관계를 파악하지 못하는 경우가 생길 수 있다.

셋째, 여러 가지 가능한 행동의 탐구는 학습 자료의 계열에 따라 영향을 받는다.

가능한 행동을 광범위하게 탐구하도록 해야 할 때와 한 가지 가설의 적용에만 집중해야 할 때를 판단하여 계열화시켜야 하는 바, 이의 판단에는 경험적인 증거가 필요하다. 그러나 어느 경우이든 불확실성과 긴장 수준을 잘 유지시켜 탐구의 활력이 지속되도록 해야 한다.

넷째, 최적 계열화는 다음과 같은 준거에 입각해 조직되어야 할 것이다.

그 기준이 되는 것은 1) 학습속도, 2) 망각에 대한 저항력, 3) 기존 지식의 새 사례에 대한 전이성, 4) 이미 학습한 내용을 표현하는 표상양식, 5) 학습된 내용의 경제성, 6) 새로운 가설의 일반화 및 조합이라는 견지에서의 학습된 내용의 효능성 등이다.

이러한 학습목표 중에서 어느 하나를 빨리 달성한다고 해서 다른 목표도 빨리 달성되는 것은 아니다. 학습속도는 종종 전이나 경제성과 반대 효과를 내기도 하는 것이다. 그러므로 이에 관한 전략은 개인과 교과에 적절한 독특한(개개인의) 표상양식을 찾는 일이다. 목수 일을 가르칠 때 고도의 상징적 기하학을 동원하지는 않는 것과 같은 이치이다.

계열화하는 좋은 방법은 나선형 교육과정을 개발하는 것이다.

**(4) 강화**

브루너는 학습의 증진을 도모하기 위해 외적인 보상과 내적인 보상의 가치를 어느 정도 인정하고는 있지만, 내적 보상이 더 중요한 역할을 수행하는 것으로 보고 있다. 그는 내적 동기와 이에 따른 보상(강화)이 다음과 같은 측면에서 유효한 것이라 주장한다.

1) 새로운 사실을 인식하고 이해하는 데 따르는 만족감
2) 자신의 지적 능력을 십분 발휘하는 데 따르는 도전감
3) 흥미와 몰입의 증대
4) 자신의 정체성을 확인하는 데 따르는 만족감
5) 자신의 지적·인지적 성숙에 따른 쾌감
6) 자신의 능력과 성취에 대한 자존감
7) 다른 사람과 교감을 나누고 어떤 목적에 도달하기 위해 그들과 가까이 상호작용하려고 하는 인간의 깊은 욕구를 충족시키는 상호의존성의 발달 강화에 대한 그의 기본 입장을 정리하면 다음과 같다.

첫째, 만일 상이나 벌이 부모나 교사와 같이 외부에서 가해지면 그만큼 성취 자체로부터 받은 보상은 줄어든다. 문제 해결이 부모나 교사로부터 칭찬을 받는 수단이 되어 버린다면 문제 해결 과정 그 자체는 부차적인 일이 되고 만다.

둘째, 실패는 다음의 성공을 위한 디딤목이 될 수 있다. 그런데 실패에 대해 외적인 벌이 가해지면 실패의 교육적 가치는 상실된다.

셋째, 성공에 대한 강한 외적 보상은 성공한 수준의 행동만 다음에 되풀이하게 할 가능성이 높다. 문제 해결의 과정은 낮은 차원에서부터 높은 차원에 이르기까지 다양한 것이 일반적이다. 만일 중간 단계 정도의 성취에 대해 강한 외적 보상이 이루어지는 경우 이 같은 수준의 성취만을 반복케 하여 고도의 성취를 막는 결과를 가져 올 수 있다.

넷째, 외적인 벌은 행동을 와해시킬 가능서이 높으므로 시정과 향상의 기반으로 작용하기 어렵다.

다섯째, 내적 보상과 외적 보상의 균형을 유지하는 일이 필요하다.

### (5) 사고의 자극 절차

브루너는 개인이 지각하고, 어떤 개념을 습득하며, 문제의 해결, 과학적 이론의 발견, 기술을 숙달시키는 일 등 인간이 지식을 획득하는 몇 가지 방식은 모두가 문제 해결 과정의 사례에 지나지 않는 것으로 보고 있다. 그러한 과정(제반 문제 해결과정)은 다음과 같은 두 가지 기본적인 단계로 구성된다.

1) 과거의 경험을 통해 내재된 안목으로 현재 대면하고 있는 정보를 활용하여 잠정적인 가설을 세우는 추론, 또는 직관적인 도약의 단계
2) 잠정적인 가설을 더 많이 확보된 자료에 견주어 검증함으로써 가설을 확정하는 단계

이 두 단계가 일치되면 그 가설은 채택될 것이고, 그렇지 않은 경우 그 가설의 모순성을 인정하여 기각되거나 변경될 것이다.

브루너는 직관적 도약이라는 개념을 '그것은 때로는 매우 급속하게, 때로는 긴 기간에 걸쳐 도출해 낸 비언어적 사고과정으로서 이것이 가설로서 다루어지고 언어화될 수 있는 통찰을 가능케 하는 것으로 보고 있다. 그는 이러한 방식으로 일어나는 사고의 획기적 진전을 재차 강조함으로써 직관의 중요성을 크게 부각시키고 있다. 그는 이에서 더 나아가 교사들이 학생들로 하여금 개량적인 제안은 물론이거니와 육감에 따른 제안, 대담무도한 제안도 격려해야 한다고 주장한다.

아이들은 그냥 놔두어도 스스로 무엇인가 발견하는 일을 한다. 그러나 가정이나 학교의 분위기는 발견의 질을 크게 좌우한다. 교사는 학생들이 자발적으로 자기 추진력에 의해 사고하는 태도를 갖고, 방과 후에도 스스로 공부할 수 있도록 학생들을 고무시키는 방식으로 교과지도를 해야 할 것이다.

교사는 탐구적 사고의 절차를 학생들에게 가르쳐야 한다. "교육은 지식의 활용에 대한 기술을 획득하는 것이다"(Bruner, 1960, p. 14)라는 그의 말이 이 모든 것을 함축하고 있다.

## 3) 발견학습과 발견학습 모형

### (1) 발견학습

발견학습이란 학습자에게 교과를 최종적인 형태로 제공하는 것이 아니라 그 최종형태를 학습자 스스로 조직하도록 요구되는 상황에서 일어나는 학습으로 정의된다.

브루너는 수업이론의 형성을 위하여서는 최소한 1) 학습의욕 2) 지식의 구조 3) 계열화 4) 강화의 방법 5) 사고의 자극 절차 등 다섯 가지 측면을 효율화하는 방법을 제시해야 한다는 주장을 한 바 있다. 그리고 이러한 다섯 가지 요소를 모두 가장 이상적으로 조작할 수 있는 수업방법이 바로 발견학습(discovery learning), 또는 탐구학습(inquiry training)이라 했다.

발견학습은 1) 사실이나 문제의 파악 2) 가설의 설정 3) 가설의 검증, 확인 4) 실제에의 적용 등의 과정을 밟는 것이 일반적 절차이나 이의 여러 변형이 가능하다. 발견학습은 원 발견의 과정을 짧게 하고, 복잡한 상태를 보다 구체화시켜서 진행하게 된다.

추리와 직관을 통해 지식을 발견하고, 한 교과의 기본적인 지식의 구조를 이해해 나가는 과정이 발견학습이다. 브루너는 "여기서 발견이라고 하는 것은 전에는 미처 생각하지 못했던 여러 가지 관계에서 찾아볼 수 있는 규칙성과 여러 관념 사이의 유사성을 발견하는 것"이라 말한 바 있다.

교사가 학생들에게 일련의 문제를 제시하게 되면, 학생들은 그 문제와 유사한 문제들을 해결하였을 때 사용하였던 법칙이나 방법으로 주어진 문제를 탐구하게 된다.

따라서 교사는 과학자들이 어떤 개념이나 이론을 발견하였을 때 사용하였던 사고과정과 유사한 탐구사고를 할 수 있도록 학생들을 지도해야 한다. 그 결과로 학생들은 자료를 재조직하거나 분류하게 된다. 그리고 그들은 거기에서 여러 개념들 간에 어떤 관계를 발견하게 되며, 그 개념들을 부호화 체계 속으로 조직하게 된다.

이러한 발견학습이 잘 되기 위해서는 몇 가지 조건이 필요한 바, 그것은 학습 태세, 요구상태, 관련 정보의 학습, 연습의 다양성 등 네 가지이다.

### (2) 발견학습의 조건

#### ① 학습태세

학습태세란 학습자가 학습에 임해서 보이는 내적 경향성을 의미한다(=선행경향성). 발견 지향적인 사람은 일상적으로 그가 가지고 있는 정보간의 관계를 찾으려고 노력한다. 학습자의 학습태세는 교사가 어떤 방식으로 수업을 이끌어 가느냐에 따라 달라질 수 있다. 교재의 구성 내용을 바로 이야기해서 기억해 내도록 할 수도 있고, 구성 내용간의 관계를 찾고 검토해 보도록 할 수도 있다. 발견학습을 촉진시키기 위해서는 발견하도록 하는 지시를 자주 하며, 스스로 발견할 수 있는 기회를 충분히 제공하는 것이 좋다.

#### ② 요구 상태

이는 학습자의 학습동기 수준을 가리키는 말이다. 너무 높거나 낮은 동기수준보다는, 보통의 동기수준이 발견학습을 촉진시키는 것으로 보고되고 있다.

#### ③ 관련 정보의 학습

이는 학습자가 문제 해결과 관련된 구체적 정보를 얼마나 가지고 있느냐 하는 것이다. 발견이란 전혀 뜻밖의 우연한 일은 아니다. 발견은 많은 구체적 정보를 가지고 있을 때 보다 쉽게 일어난다. 개인이 지닌 정보가 많으면 많을수록 정보간의 관계를 쉽게 발견할 수 있으므로, 많은 개념, 법칙, 원리의 학습이 발견적인 능력을 기르는 방법임을 시사해 준다.

#### ④ 연습의 다양성

같은 정보라 하더라도 그 정보에 접촉하는 사태가 다양해지면 다양해질수록 그 정보를 조직할 수 있는 부호화 체계의 개발이 용이해진다는 것이다. 따라서 다양한 예제를 다루는 것이 발견학습에 효과적이다.

## (3) 발견학습 모형

〈표 3-1〉 브루너의 발견학습 모형

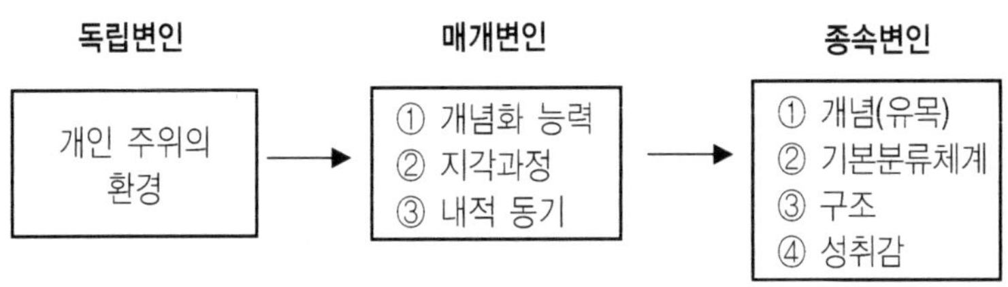


발견학습 모형에서 독립변인을 이루고 있는 것은 학습자 주위의 환경이다. 학습자가 처음 직면하는 환경은 얼른 보아서는 논리성이나 구조성이 없는 것이다. 이러한 학습자 주위의 환경은 학습을 통해서 주어진 대상간의 공통점과 차이점을 찾아 분류하고 유목화, 개념화하고 구조화되게 하는 환경이다. 학습자가 주위환경을 여하히 다루느냐에 따라 위에서 열거한 학습내용(종속변인)이 영향을 받으므로 이를 독립변인으로 본 것이다.

매개변인은 학습자가 학습목표(종속변인)를 달성해 나가는 과정변인으로서 개념화 과정, 개인의 동기와 학습의욕 등이 이에 속한다.

### ① 독립변인

학습자가 보이는 입장에서 구조화되어 있지 않고 불확실한 환경이 적절한 환경이 되기 위해서는 학습자의 내적 동기가 자극되어야 한다. 학습자의 내적 동기는 학습자의 호기심과 유능해지려는 동인(動因)으로 나타난다. 성취의 정도, 유능의 정도는 학습자의 연령이나 능력에 따라 다르므로 학습자에게 제공하는 환경은 어느 정도 적절한 수준의 곤란도를 지닌 것이어야 효과적 학습이 일어날 수 있다고 한다.

브루너의 학습 자료의 구조화 정도도 학습자의 성숙단계에 따라 구분할 필요가 있다고 하였는데, 이는 앞에서 다룬 바 있는 발달수준에 따른 표상양식(작동적-상징적 표상)을 고려하는 것이 대표적인 예가 될 것이다.

### ② 종속변인
### (가) 귀납적 사고와 유목화

브루너는 학교 학습이 귀납적으로 이루어지는 것이 바람직한 것으로 보았다. 귀납적 사고란 구체적이고 상세한 사실로부터 일반적인 것(원리)을 도출해 내는 (발견해 내는) 사고를 뜻한다. 발견학습에서 교사는 특수한 예를 제시하고, 학생들은 그것의 내적 상호 관련성을 발견하여 그 교과의 구조를 파악할 때까지 여러 가지 예제를 공부한다.

학생들이 발견학습 상황에 참여함으로써 배우게 될 귀납적 사고를 위해서는, 개념과 부호화체계로 구성되어 있는 학습구조를 마련하여 주어야 한다. 학생들은 외부 환경과의 접촉에서 알게 되는 개념들을 유목화(categorization), 또는 개념화(conceptualization)한다. 이러한 유목화 또는 개념화에 의하여 복잡한 환경을 이해하게 된다. 따라서 이러한 유목화나 개념화는 사물을 인지하는 데 도움을 준다.

브루너에 의하면 개념화(conceptualozation)란 유목화(categorizaion)를 의미하고, 유목화란 개념을 형성한다는 뜻이다. 그리고 사고한다는 것은 이렇게 형성된 개념간의 관계를 파악하거나 개념을 변형시키는 것을 의미한다. 유목화 작용은 인간과 환경 간의 상호작용 전반에 관련된다. 지각, 개념화, 의사 결정과 같은 작용은 유목의 형성과 사용에 의하여 가능해진다. 사람은 성장해가면서 점차 주위의 세계를 이해하는 능력이 확대되고, 이 이해의 확대는 개념화 능력의 확대를 가져온다는 것이다. 그러므로 브루너의 학습이론을 개념화이론이라고 부르기도 한다.

유목은 비슷한 속성을 지닌 일군의 대상이나 사태를 표현하기 위한 대상의 추상화를 의미한다. 따라서 하나의 유목은 그 유목이 포괄할 특성을 규정하는 기능을 하게 한다. 한 유목을 규정하기 위해서는 유목의 여러 특성 중에서 결정적인 준거를 찾아내야 한다. 한 대상이 가진 모든 속성이 필수적인 것은 아니기 때문이다. 한 유목을 규정하는 데 필수적인 것을 **결정적 속성**이라고 한다.

유목화는 학습에 다음과 같은 이점을 준다.

첫째, 유목화는 복잡한 현상을 보다 단순하게 기술할 수 있게 해 준다.

둘째, 유목화는 대상의 확인(또는 개인)을 가능하게 한다.

셋째, 유목화는 계속적인 학습의 필요성을 감소시킨다. 유목화는 어떤 구체적 대상에 대하여 실제적인 학습을 하지 않고서도 대상의 재인이 가능하게 되며, 제공된 정보를 넘어서 판단할 수 있게 만들어 준다.

넷째, 유목화는 도구적 활동의 방향을 결정지어 준다. 예컨대, 미친개를 보면, 도망해야 한다는 도구적 행동을 상상하게 해주는 것과 같은 것이다.

다섯째, 유목화는 대상과, 사태를 관계지우는 데 도움을 준다. 어떤 구체적인 대상이나 사태를 기억하기 위해서는 그것이 포함되는 부호화 체계(coding system)를 기억하는 것이 필요하다. 유목화 작용에 의하여 형성되는 유목은 일반성과 포괄성의 정도에 따라 하나의 부호화 체계를 이룬다.

### (나) 개념과 부호화 체계

개념들은 부호화 체계(coding system)로 조직하는 데, 부호화 체계란 아주 특수한 수준에서부터 일반적인 수준 범위까지의 개념의 구조를 의미한다. 일반적인 개념은 많은 특수한 개념으로 구성되어 있다. 예컨대 "나무"는 일반적인 개념이다. 그러나, 그 나무라는 개념은 여러 개의 특수개념 즉, 느릅나무, 떡갈나무, 단풍나무, 삼목, 파인애플 등을 내포하고 있다.

〈표 3-2〉 나무의 부호화 체계

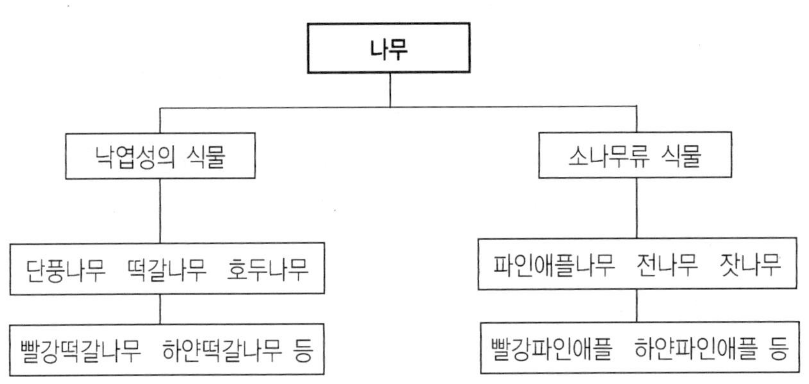


이러한 부호화 체계는 여러 가지 수준의 개념들을 의미하는데, 일반적인 수준처럼 포괄적일 수도 있고, 아주 구체적인 수준까지도 포함한다. 우리 인간의 사고과정에서 부호화 체계는 매우 중요한 역할을 한다. 즉, 정보의 파지, 전이, 그리고 발견 등이 모두 부호화 체계를 통해서 이루어진다.

브루너에 의하면 어떤 구체적인 대상이나 사태를 기억하기 위해서는 그것이 포함되는 부호화 체계를 기억하는 것으로 충분하다는 것이다. 예컨대 "파인애플은 과일이다.”라고 하면 파인애플은 먹을 수 있는 것이고, 재배되고, 씨앗을 뿌려서 얻게 되는 것이다 등을 생각할 수 있게 된다는 것이다.

이를 다른 각도에서 보면 부호화는 전이와 발견을 돕는 것임을 아울러 알 수 있다. 즉, 파인애플이 무엇인지 전혀 모르는 사람의 경우를 상정해 보자. 그는 파인애플을 어느 유목에 포함시켜야 할지를 전혀 모르는 사람이다. 그런데 그가 전나무와 비슷한 속성을 지닌 것으로 여겨, 잠정적으로 소나무류 식물분류(부호화)를 할 수 있고, 그렇게 되면 그는 나무의 부호화 체계에 입각해 발견자의 위치에 오를 수 있게 된다.

### (다) 지식의 구조

지식의 구조에 대해서는 이미 앞에서 설명한 바 있다. 지식의 표상양식, 경제성, 생성력이 그 골자이다. 잘 구조화된 지식이란 표상양식이 발달수준과 그 과제의 특성에 맞고, 경제성과 생성력이 있도록 조직한 것이다. 지식의 경제성이나 생성력 측면은, 수학이나 물리학에서의 공식이나 법칙을 생각하면 쉽게 이해가 갈 것이다. 삼각형의 넓이를 구하는 공식은 $S=1/2\ ah$인데, 이는 어떤 삼각형에도 적용할 수 있는 경제성 있는 개념이며, 생성력도 있는 것이다.

### ③ 매개변인

개념화 능력이란 개인이 주위의 환경을 묘사하고 기술하는 능력이다. 즉, 주의의 세계를 이해하여 표상해 내는 능력이다.

지각이란 대상을 유목으로 분류하는 과정으로 설명된다. 적절한 지각이란 대상을 적절한 유목 속에 분류한다는 뜻이고, 잘못된 지각이란 부적절한 유목화의 결과로 설명할 수 있다.

내적 동기는 앞에서 학습의욕, 강화와 관련해 설명한 바 있다.

발견학습의 특징과 장점을 들면 다음과 같다.

### 〈발견학습의 특징〉

(1) 학습자가 발견적인(엄밀히 말하면 재발견적인) 수속에 의하여 학습해 가는 학습 — 방법면

(2) 이때 원칙적으로 기본 교재를 내용으로 하는 학습 — 내용면

(3) 탐구적인 사고방법의 형성을 목표로 하는 학습 — 목표면

**〈발견학습의 장점〉**

1. 발견학습은 학습자로 하여금 학습에 자발적으로 참여하도록 하고 있으며, 그가 보다 적극적으로 참여한다면 그만큼 학습은 더 증진된다.

2. 여러 가지 지적인 노력을 촉구함으로써 당면한 과업의 가치를 증대시킨다.

3. 학습자로 하여금 다른 문제도 자신의 힘으로 해결할 수 있다는 기대감을 갖게 한다.

4. 학습자로 하여금 교사와 학생 간에 복종하기 쉬운 태도에서 벗어나 자유와 관용을 누리게 한다(Kagan, 1971).

**〈교사의 유념 사항〉**

발견학습이 잘 이루어지기 위해서는 교사는 다음 몇 가지 점에 유의하여야 한다.

① 학습목표를 협동적으로 학습할 수 있게 조직하여야 한다.

② 학습의 초점을 제시하여야 한다.

③ 학생들에게 질문을 주어야 한다.

④ 학생들이 탐구할 수 있는 자유를 주어야 한다.

⑤ 학생들이 탐구하는 동안에 교사는 이를 관찰하여야 한다.

⑥ 학생들에게 탐구적 기술을 가르쳐야 한다.

⑦ 학생들의 탐구적인 노력을 나타낼 수 있는 환경을 마련해 주어야 한다.

⑧ 학생들의 사고를 확대시키도록 자극을 주어야 한다.

## 4) 발견학습의 적용 예

예시 1.

수업이 시작되면서 다음과 같은 영화 장면이 나타난다. 놋쇠로 된 동그란 고리와 그 고리 속을 겨우 빠져나가는 놋쇠 공이 있다. 공을 불에 달군다. 아까와는 달리 공이 빠져나가지 않는다. 얼마간 지나자 공이 다시 빠져나간다. 여기서 영화(실험)는 끝난다. 수업은 대략 다음과 같이 진행된다.

학생 : 공과 고리의 온도는 원래 방안 온도와 같았나요?

교사 : 그렇다.

학생 : 원래 공은 고리를 빠져나갈 수 있었나요?

교사 : 그렇다.

학생 : 공을 불에다 달군 뒤에는 공이 빠져 나갈 수 없었나요?

교사 : 그렇다.

학생 : 만약 공을 달구지 않고 고리만 달구었다면 결과가 같았을까요?

교사 : 아니다.

학생 : 공과 고리를 모두 달구었다면 공은 빠져 나갈 수 있었을까요?

교사 : 모른다.

학생 : 만약 공과 고리를 같은 온도로 달구었다면 공은 빠져 나갈 수 있었을까
　　　요?

교사 : 그렇다.

학생 : 공의 크기는 달구기 전이나 달군 뒤에나 같았을까요?

교사 : 아니다.

학생 : 만약 공과 고리를 놋쇠가 아닌 다른 쇠붙이로 만들었을 경우에도 실험의
　　　결과가 같았을까요?

교사 : 그렇다.

이렇게 하여 학생들은 금속에 열을 가하면 팽창한다는 원리를 귀납적으로 발견해 낸다.

예시 2.

사회과 수업에서 여러 나라에 대한 학습을 한 후, 나라를 임의로 구분지은 다음 여기에 적용된 원리를 찾게 하는 수업장면을 예로 들어보자.

나라 이름을 제시한 후 각 나라 이름 뒤에 <예>, 또는 <아니오>를 표시하여 학생들에게 제시한다.

1) 가나　　예　　　　　　5) 챠드　　　예

2) 프랑스　아니오　　　　6) 덴마크　아니오

3) 케냐　　예　　　　　　7) 이집트　아니오

4) 독일　　아니오

　지금까지의 분류에서 유목화의 기초가 되고 있는 원리(결정적 속성)는 무엇일까? 덴마크까지를 보면 <아프리카 문화> 여부를 기준으로 한 것 같은데, 이집트에 '아니오' 표시가 있는 걸 보면 이 기준은 아닌 것 같다. 더 계속해 보자.

| | | | |
|---|---|---|---|
| 8) 페루 | 예 | 10) 영국 | 아니오 |
| 9) 일본 | 아니오 | 11) 에쿠아돌 | 예 |

　남미에 있는 페루와 에쿠아돌에 '예'가 표시됨으로써 다른 원리를 찾아야 함이 명백해졌다. 무엇에 의한 구분일까? 계속해 보자.

| | | | |
|---|---|---|---|
| 12) 미국 | 아니오 | 14) 인도네시아 | 예 |
| 13) 폴리네시아 | 예 | 15) 캐나다 | 아니오 |

　정치적 특징인가? 종교적 특징인가? 여기서는 경제발전의 수준이 기준이 되고 있다.

## 5) 슈우만의 탐구훈련 모형

　탐구훈련모형은 이례적인 현상을 조사하고 설명하는 과정을 가르치기 위해 슈우만(R. Suchman ; 윤기옥 외역, 1987)이 개발한 것이다. 브루너와 마찬가지로 슈우만은 학생들이 발전적 탐구를 할 수 있으며, 과학적 절차 역시 어떤 대상의 학생에게나 직접적으로 가르쳐 질 수 있는 것으로 믿고 있다.

　여기서 슈우만의 이론을 간략히 소개하는 것은 그의 기본적 아이디어나 수업모형이 브루너의 견해와 일치하기 때문이다. 즉, 탐구훈련 모형은 발견학습모형의 한 형태로 간주될 수 있기 때문이다.

　슈우만의 기본 가정을 요약하면 다음과 같다.

1. 사람들은 당혹한 사태에 처했을 때 자연스럽게 탐구한다.
2. 사람들은 자신의 사고전략을 의식하고 이것을 분석하는 것을 배울 수 있다.
3. 새로운 전략은 직접적으로 가르쳐지고, 학생들이 이미 가지고 있는 전략에

추가될 수 있다.

4. 협동적 탐구는 사고를 풍부하게 하며, 학생들이 지식의 잠정적이며 우발적인 성격을 배우고, 대안적 설명들의 진가를 인정하는 데 도움이 된다. 슈우만의 탐구훈련 모형을 요약하면 다음과 같다.

---

### 탐구 훈련 모형

#### 교수 단계

| | |
|---|---|
| ≪1단계≫<br>문제와 대면<br>탐구 절차를 설명한다.<br>이례적인 사태를 제시한다. | |
| ≪3단계≫<br>자료 수집-실험<br>관계된 변인을 분리 해낸다.<br>인과관계의 가설을 세우고 검증한다. | ≪2단계≫<br>자료 수집-확인<br>물체의 성질과 상황을 확인한다.<br>문제 상황의 발생을 확인한다. |
| ≪5단계≫<br>탐구과정의 분석<br>탐구전략을 정하고<br>보다 더 효과적인 것을 개발한다. | ≪4단계≫<br>설명<br>규칙을 형성하거나 설명한다. |

#### 사회체제

탐구 훈련 모형은 교사가 상호작용을 통하여 탐구절차를 지시하는 식으로 매우 구조적일 수 있다. 그러나 탐구 규범은 협동, 지적인 자유, 그리고 평등이다. 학생들 사이의 상호작용이 격려되어야 한다. 지적 환경은 모든 관련된 아이디어에 대하여 개방적이며 교사와 학생은 아이디어에 관한 한 동등하게 참여한다.

#### 행동 원칙

1. 질문은 "예" 나 "아니오" 로 대답할 수 있도록 만들어지고, 그 내용은 교사가 탐구하도록 하는 질문이 아니도록 한다.
2. 학생에 잘못된 질문은 바꾸어 말해 보도록 한다.
3. 확인되지 않은 점을 지적한다. 예를 들면 "우리는 이것이 액체라고 확정하지 않았다."
4. 탐구과정의 전문어를 사용한다. - 예를 들면, 질문을 이론과 동일시하고 검증(실험)하도록 한다.
5. 학생의 이론(理論)을 평가하지 않음으로써 자유로운 지적 환경을 제공한다.
6. 학생에게 보다 명백히 이론을 진술하도록 그들의 일반화를 지원해 준다.
7. 학생들 간의 상호작용을 장려한다.

#### 지원 체제

최적의 자원은 일련의 대면하게 되는 자료, 지적 과정과 탐구전략을 이해하는 교사, 그리고 문제와 관련된 자원이 되는 자료이다.

탐구훈련은 모든 연령 수준의 학습자에게 적용될 수 있으나 각 발달단계별로 강조점을 달리하는 것이 효과적인 것으로 보고되고 있다. 즉, 매우 어린 아동의 경우에는 인과관계를 밝히는 원칙의 도출보다는, 단순한 발견을 해내도록 하는 것이 효과적이라는 것이다. 연령수준에 맞게 단순한 것에서부터 복잡한 것으로 이행해 나가는 것이 바람직하다.

## 4. 구성주의 학습이론

### 1) 구성주의의 등장배경과 기본가정

구성주의(constructivism)는 객관주의(objectivism)를 비판하면서 등장한 대안적 인식론으로써 심리학과 철학 등 다양한 분야에 걸쳐 논의되어 왔으며, 최근 들어 교육학 분야에서도 활발하게 논의되고 있다. 구성주의가 객관주의를 비판하는 과정에서 형성되었기 때문에, 객관주의의 특징을 밝히고, 이를 구성주의와 비교하면 구성주의에 대한 이해가 보다 명확해질 것이다.

객관주의는 구성주의가 대두되기 이전에 서구의 인식론을 주도한 대표적인 관점으로써 인식주체 밖에 존재하는 세계가 실체(entities)와 속성(properties), 그리고 관계(relations)로 설명될 수 있다고 보는 입장이다. 따라서 어떤 대상을 인식한다는 것은 그 대상의 실체와 속성, 그리고 관계를 객관적으로 발견해 내는 것을 의미하게 된다(황윤환, 1995; 이화진, 2000). 객관주의는 어떤 대상이 동일하게 주어지고 그것이 온전히 인식되었다면, 그 대상에 대한 인식의 결과는 인식하는 주체들 간에 다를 수 없다는 입장을 가진다. 어떤 대상의 실체와 속성 그리고 관계를 인식하는데 있어서 인식주체의 주관적 경험과 주관적 해석은 가급적 피해야 하며, 가급적 객관적인 증거를 통해 사물이나 현상을 인식해야 한다는 것이다.

지식이란 외부세계에 존재하는 것으로써 문제를 해결하고 현재 진행되는 사상을 이해하기 위한 수단이 아니라, 그 자체가 목적으로 인식되고 취급되어야 한다는 입장을 취하고 있는 것이다(Driscoll, 1994).

이러한 객관주의 인식론은 교육행위에 대하여 다음과 같은 시사점을 제시한다.

　교육의 목적과 관련하여 인식론은, 세계는 구조화되어 있고 실재하는 것이기 때문에 교육은 학습자들로 하여금 외부세계에 실재하고 있는 명확한 구조를 있는 그대로 발견할 수 있도록 도와야 한다고 본다. 사고의 과정은 그 실재들을 표상하고 있는 추상적인 상징들을 받아들이고 조작하는 것이기 때문에 학습은 교사에 의해 이미 존재하는 지식이 전달되는 과정이며, 그러한 실체나 개념을 학습자들에게 각인시키는 과정이어야 한다.

　즉, 교육의 역할은 학습자들이 실재하는 세계에 대해 학습하는 것을 돕는 과정이며, 학습자들의 역할은 스스로 세계에 대한 의미를 해석하기보다는 교사에 의해 제시되는 것들을 있는 그대로 받아들이는 것이다. 따라서 교육평가의 체계는 객관화될 수 있고 관찰 가능한 행동을 측정할 것을 요구한다. 현대의 학습이론을 주도하고 있는 행동주의 학습이론과 전통적 인지주의 학습이론은 이러한 객관주의 인식론적 바탕에 근거하였다고 볼 수 있다.

　이와는 대조적으로 구성주의 인식론은 지식을 실재하는 것에 대한 인식으로 보기보다는 인식 주체가 외부 세계를 인식함에 있어서 적극적으로 그 지식을 구성하는 것으로 규정한다. Kant 이전의 인식론은 인식 대상 중심의 인식론이었다. 즉, 인식이란 객관적으로 존재하는 실재를 인식 주체가 수동적으로 받아들이는 것이었다. 그러나 칸트는 인식이란 있는 그대로의 실재를 받아들이는 것이 아니라, 인식 주체가 인식 대상을 구성하는 것이라고 주장함으로써, 구성주의 인식론의 출발을 예고하였다(목영해, 1998).

　굳맨(Y. M. Goodman; 목영해, 1998)은 이에서 더 나아가 인간의 지적활동이나 언어로부터 분리되어 존재하는 독립적인 세계를 거부한다. 인지 대상의 재현으로써 이미 주어진 세계는 의미 없으며, 실제로 존재하는 세계에 대하여 말하거나, 그러한 세계에 대한 우리의 경험에 대하여 말하는 것은 무의미하다는 것이다. 그에 의하면, 세계는 언어를 비롯한 여러 가지 상징과 부호로 만들어진다. 이미 외부에 존재하는 세계 그 자체보다 부호에 의해 만들어 가는 세계(world making)가 중요하다는 관점이다.

　그는 이러한 그의 극단적 구성주의적 관점을 부각시키기 위하여 세계 해석(world version)이라는 개념을 등장시킨다. 세계 해석이란 다양한 상징 및 부호체계를 사용하여 세계에 대해 가해진 기술, 묘사 및 지각된 세계를 의미한다. 따라서 세계 해석은 문화권에 따라, 또는 개인에 따라 다르게 나타날 수 있다. 물론

굳맨은 외부 세계에 존재하는 대상들 자체가 없다고 보는 것은 아니다. 다만 그 객관적 대상들은 그 세계에 대한 인간(개인)의 해석이 존재하지 않을 때 공허한 대상일 뿐이라는 것이다.

요컨대, 구성주의는 지식을 절대적인 것, 인식자와 분리되어 외부에 존재하는 것, 혹은 외적 실재와 일치하는 것으로 보는 전통적 인식론과는 달리, 개인이 자신의 경험을 기초로 지식을 적극적으로 구성하는 것으로 본다. 구성주의 입장에서 볼 때 세계에 대한 의미는 인간에 의해 부과되는 것이지 인간과 독립적으로 존재하는 것은 아니라는 것이다.

구성주의는 학습 결과보다는 학습자가 지식을 구성하는 방법에 관심을 두는데, 지식을 구성하는 방법은 사전 경험과 정신구조, 사물과 사건을 해석할 때 사용하는 개인의 신념체계에 의해 결정된다고 본다. 구체적으로 교육적 맥락에서 객관주의와 구성주의의 원리를 비교하면 다음의 표와 같다.

〈표 3-3〉 교육에서의 객관주의와 구성주의의 원리 비교

| 구분 | 객관주의 | 구성주의 |
|---|---|---|
| 철학 | 세계는 우리의 경험과는 별도로 외부에 객관적으로 존재함 | 우리가 경험하는 세계는 존재하지만, 그 의미는 인간에 의해 부여되고 구성된다 |
| 학습 | 외부의 절대적 진리가 학습자의 내부세계로 전이되는 것 | 개인적인 경험에 근거해서 의미를 개발하는 능동적인 과정 |
| 학습의 조건 | 절대적 진리 자체는 상황과 분리되어 가르쳐질 수 있음 | 어떤 사실은 그것이 사용되는 문제 상황과 독립적으로 해석될 수 없으므로 맥락화된 실세계를 반영하는 상황이 제공되어야 함 |
| 학습의 결과 | 모든 사람이 같은 이해에 도달 | 구성된 실제의 모습이나 의미는 개인에 따라 다름 |
| 교수 | 교사에 의해 기존의 진리가 전달되는 것 | 학습자가 세상에 대해 의미를 구성하도록 보조·지원하는 행위와 세계에 대한 의미 구성 방법을 보여주는 것 |
| 교수의 목적 | 가장 효과적이고 효율적인 방법으로 지식을 전달하는 것 | 학습자의 의미화, 문제해결력 배양 |
| 수업의 중심 | 교사 | 학생 |
| 교사의 역할 | 진리 전달자 | 학습보조자, 학습 촉진자, 코치 |
| 교수방법 | 강의식 | 문제중심, 토의식, 발견학습 |

## 2) 구성주의의 두 유형

구성주의는 지식의 구성 과정 및 학습의 과정에 미치는 요소들에 대한 강조점에 따라 다양한 방식으로 분류될 수 있다. 하지만 교육적 맥락에서의 구성주의는 피아제(J. Piaget)와 비고츠키(Vygotsky)와 같은 발달 심리학자들에 의해 보다 구체화되었으며, 이 두 발달 심리학자들의 이론에 근거하여 분류되는 것이 일반적이다(방선욱, 2002). 교육의 맥락에서 구성주의가 논의될 때 그 논의는 피아제의 발생학적 인식론(genetic epistemology)에 근거한 인지발달이론과 비고츠키의 사회 문화적 인지발달이론에서 출발한다고 할 수 있으며, 대부분의 논의가 그들의 이론에 근거하고 있다. 구성주의 학습이론은 크게 인지적 구성주의와 사회적 구성주의로 구별되는 바, 전자는 피아제의 이론을, 후자는 비고츠키의 사회 문화적 발달이론에 근거한다.

### (1) 인지적 구성주의 학습이론

피아제는 일반에게 가장 널리 알려진 심리학자 중의 한 사람이다. 피아제는 아동학자, 발달이론가, 인지발달이론가, 발생학적 인식론자 등 다양한 명칭으로 분류된다. 이는 그만큼 그의 이론이 광범위하고도 본질적인 문제들을 다루고 있기 때문일 것이다. 그러나 그의 이론이 교육적 맥락에서 논의될 때에는 극히 제한적인 부분에만 집중하는 경향이 있다. 그의 이론 중 일반인들에게 가장 친숙하고, 가장 우선적으로 떠오르는 것은 소위 '인지발달단계'이론이며, 이 발달 단계는 여타의 다른 심리학자들(예컨대, 스키너 등)과 구분되는 중요한 특징 중의 하나로 여겨져 왔다.

하지만 피아제의 이론 = 인지발달단계이론 으로 규정하는 것은 그의 이론을 지나치게 제한하는 것으로 그의 이론의 본질적 측면을 도외시하게 한다. 일반적으로 많은 사람들은 피아제를 아동심리학자로 분류하지만, 그가 추구한 본질적 과제는 발생학적 인식론을 탐구하는 것이었다. 그의 연구에서의 주된 질문은 '아동이 어떤 존재인가, 그리고 어떻게 발달하는가?'보다는 '인류가 지식을 어떻게 발달시켜 왔는가?'이다. 더 정확히 표현하자면, 인식주체(knower)와 인식대상(Known)간의 관계가 시간의 경과와 함께 어떻게 구성되고 변화하는가? 가 그의 주된 관심사였다(Thomas, 1996).

그의 이론에서 아동들의 각기 다른 나이 수준이나 발달 단계는 그의 발생학적 인식론 탐구를 수행하기 위한 하나의 도구였을 뿐인 것이다. 즉, 아동의 인지발달과정을 탐색함으로써 인류가 지식을 발달시켜온 과정을 축약해서 파악하고자 한 것이다. 따라서 그가 제안한 4단계의 인지발달과정은 지금까지 인류가 지식을 발전시켜온 4 단계의 패러다임적 변화과정을 반영하기 위한 것으로 이해될 수 있다.

물론 피아제 이전에도 인식론은 철학의 중요한 탐구영역으로 오랫동안 논의된 분야였다. 하지만, 피아제는 인식론을 탐구하는 방식으로 철학에서와 같이 사변적이고, 관념적 수준에서 논의하기보다는 과학적으로 탐구하려는 최초의 사람이었다. 특히 생물학에 대한 그의 풍부한 학적 배경 지식은 인식론의 문제를 과학적으로 탐구하게 하였을 뿐만 아니라 인식론에 대한 그의 독특한 관점을 드러내게 하였다. 사실 피아제는 생물학으로 박사학위를 받았고 20여 편의 생물학적 논문을 썼을 정도로 생물학에 조예가 깊었다. 그가 주창한 인식론을 '발생적 인식론'이라 명하는데, 그 '발생적(genetic)'이라는 수식어는 순전히 생물학적인 용어임을 주목할 필요가 있다.

### 가. 지식에 대한 Piaget의 관점

Piaget의 이론을 제대로 이해하기 위해서는 그가 지식을 어떻게 정의했는지를 알아봐야 한다. 지식에 대한 그의 정의는 일반적으로 받아들여지는 지식의 개념과 차이가 있다. 우리는 지식과 그 지식이 어떻게 습득되는가에 대한 네 가지 전통적인 신념들을 검토함으로써 그러한 신념들이 Piaget의 인식론과 어떠한 차이가 있는지를 보다 분명히 할 수 있다.

첫째, 지식은 개인이 직접적인 경험을 통해서 혹은 수업을 통해서 습득한 정보나 신념들의 결집체라는 상식이 있다. 이러한 생각은 "그는 일종의 지식 저장고야" 라든지 혹은 "나는 그가 가지고 있는 모든 지식을 가졌으면 좋겠어"와 같은 일상적 표현들에 반영되어 나타난다.

둘째, 어떤 개인의 지식은 그가 목격해 왔거나 배워왔던 것들을 충실하게 표현하는 것이라는 상식이다. 예컨대, 만약 똑같이 좋은 시력을 지닌 두 사람이 어떤 사건이나 사물을 똑같이 유리한 지점에서 관찰했다면, 그 사건과 사물에 대한 그들의 지식은 본질적으로 같을 것이라는 것이 이러한 신념에서 가정될 수 있다.

법정에서 증인을 채택하여 그의 증언에 의거하여 판결을 내리는 행위는 바로 이러한 신념에 기초한 것이라 할 것이다.

셋째, 우리의 지식 저장고는 우리가 일상생활을 통하여 습득한 정보에 또 다른 정보를 추가함으로써 증가된다는 생각이 있다. 다시 말하여, 우리는 정보의 조각들을 수용하고 그리고 나서 그것들을 지식 저장고의 적절한 위치에 쌓아 올리며, 각각 축적된 정보의 덩어리들이 삶의 각 국면과 관련된다는 것이다.

네 번째 신념은 우리가 기억 장소로부터 어떤 지식의 항목을 회상할 필요가 있을 때마다 그 항목은 처음에 그것이 습득될 때와 본질적으로 똑같은 조건에서 회복될 수 있다는 것이다. 물론 그 항목의 세부 사항들은 다소 불분명할 수도 있지만, 일단 우리가 그것을 회상할 수만 있다면, 그것은 그것의 원래 형식을 유지하고 있을 것이라는 것이다(Thomas, 1996; 233).

**Piaget의 지식에 대한 관점은 위의 네 가지 관점들과 어떻게 다른가?**

우선 그는 지식이 습득된 정보의 결집체라거나 그와 같은 정보들을 처리하는 상태라는 생각에 동의하지 않는다. 대신에 그는 지식을 하나의 구성되는 '과정'으로 인식했다. 무언가를 안다는 것은 그 무언가에 관해 행위(act)할 수 있다는 것을 의미한다. 그 행위는 물리적인 것일 수도, 있고 정신적인 것일 수도 있으며, 그 둘 모두일 수도 있다. 아동이 성장함에 따라 직접적이고도 물리적인 형태의 앎을 통해 보다 많은 경험을 얻을 것이고, 그 후 성장함에 따라 그들은 무언가를 알기 위해 직접적이고 물리적인 행동을 수행할 필요성을 점차 감소시킨다. 물체나 관계를 표현하는 심리적 표상이나 상징(단어 혹은 수학적 기호)을 생산 할 수 있게 되며, 정신적 활동에 크게 의존하게 된다.

Piaget는 지각에 대한 상식적 생각에도 동의하지 않는다. 그는 아동이 객관적 실재의 모습을 그냥 받아들이지 않는 것으로 보았다. 대신에 이동이 세상을 지각할 때, 그 세상의 모습은 아동의 지각적 메커니즘의 조건에 따라 변형될 수도 있다. 예컨대, 창문을 통하여 세상을 볼 때 아동은 무색의 창문을 통하여 사상들을 기록하고 지각하는 것이 아니라, 나름대로의 초점을 가진, 그리고 나름대로 채색된 렌즈를 통해 사상을 본다. 이때 아동의 과거 경험과 그의 현 단계의 내적 성숙도는 그 렌즈의 특성을 결정한다. 한 아동의 렌즈가 다른 아동의 렌즈와 초점과 색상에서 다소 다를 것이기 때문에, 두 아동이 똑같은 대상에 대하여 행위하고 알아 가는 방식은 같지 않을 것이다.

지식이 정보를 모아 놓은 것이라기보다는 우리가 지각 대상에 작용하는 일종의 과정이라 할 때, 피아제의 이론에서 기억이라는 것은 어떻게 설명될 것이고, 또 그것은 어떻게 작동할 것인가? 그는 개인의 과거 행위의 결과들이 필요할 때 인출될 수 있도록 기억의 형태로 저장된다는 생각에는 동의한다. 그는 또한 기억의 양은 경험이 증가하고 성숙함에 따라 증가한다는 생각에도 동의한다. 하지만 그는 기억이라는 행위를 단순히 사상들에 대한 과거 표상을 기억 장소로부터 인출하는 것이라거나 그 표상들을 의식의 진열장에 진열하는 것과 같은 것은 아니라고 본다. 그 표상들은 박물관에 진열된 물건들처럼 수동적인, 그리고 원래의 그 상태대로 보여질 수 있는 것들이 아니라는 것이다.

Piaget 가 '능동적 기억(active memory)'이라 불렀던 저장된 과거의 기억을 회생시키는 행동은 '내면화된 암송' 혹은 '과거의 재구성'이다. 이와 같은 행동은 원래의 앎의 단순한 반복으로 볼 수 없다. 아동의 마음은 추가적인 경험과 내적 성숙에 의해 계속적으로 변경되고 구성된다.

요컨대, Piaget의 이론에서 지식이란 아동의 지각적 렌즈가 그 아동에게 친숙한 형태로 투시한 대상, 표상, 상징에 대해서 아동이 물리적, 심리적으로 작용하는 일종의 계속적인 '과정'이다. 대상은 아동의 직접적 경험의 세계에서 발견되는 반면, 표상이나 상징들은 실제 세계뿐만 아니라 기억으로부터 유도될 수 있다. 정신적 성장 혹은 지적 발달은 자신의 지식을 확장하고 세련시키려는 아동의 끊임없는 노력으로 성취된다.

"모든 지식은 계속적인 발달의 과정에 있으며 협소하고 낮은 지식의 수준이 보다 완전하고 효과적인 고도의 지식으로 진행되는 과정을 거친다"(Piaget, 1972, p. 5)는 것이다.

### 나. 지식구성 및 발달의 기제

Piaget는 모든 행동과 사고의 목적과 동기는 유기체로 하여금 어느 때 보다도 더 만족스러운 방식으로 환경에 적응할 수 있도록 하는데 있다고 보았다. 그는 적응의 기법들을 설명하기 위해 도식(scheme), schema 혹은 schemata 라는 용어를 이용하였다. 도식이나 적응의 기법들은 생물학적인 것일 수도 있고 심리적인 것일 수도 있고 그 둘 모두 일 수도 있다. Piaget에 의하면, '도식(scheme)은 유사하거나 비슷한 상황에서의 반복에 의해 전이되고 일반화된 행위들의 구조, 혹은 조직을 의미한다' (Piaget & Inhelder, 1969, p .4). 예컨대 아동의 쥐기 (grasping) 운동은 이와 같은 도식의 한 예로서 그것은 그 아동이 병이나 장난감 딸랑이, 혹은 침대 테두리를 잡는데 일반화 할 수 있는 여러 행동의 육체적 조직 이다.

지적인 수준에서의 예로는, 시리즈(series)에 대한 청소년의 개념이 하나의 도 식(행위의 정신적 조직)으로 작용하는 경우이다. 그는 그 개념을 수열(series of numbers)을 구성한다거나 옷들을 색의 명암에 따라 배열한다거나, 자기 동료들을 키나 매력의 정도에 따라 배열하는 일에 적용할 수 있을 것이다. 도식은 아동의 손가락 빨기에 연루된 행동 패턴과 같이 매우 단순한 것일 수도 있고, 차의 시동 을 건다거나 운전을 하는데 요구되는 서로 연결된 일련의 행위들, 2차 방정식을 푸는데 요구되는 다양한 지적 활동들의 결합과 같이 여러 육체적·정신적 하위 도 식들을 포괄하는 복잡한 것일 수도 있다.

신생아의 도식은 그 수에 있어서 매우 제한되어 있다. 그들은 빨기, 울기, 재채 기, 손발 동작과 같은 주로 반사적인 행동들만을 보인다. 하지만 시간이 경과함 에 따라 다른 감각 동작적 행동들이 이러한 초기 조건반사적 행동에 추가된다. 한 살 이전에 이미 눈에 띄게 지적 도식들이 발달하고, 해를 거듭하면서 그 도식 들의 수는 기하급수적으로 증가한다. 그러므로 우리가 발달을 이와 같이 도식이 라는 관점에서 개념화 할 때, 발달은 점점 더 많은 양의 도식을 습득하는 과정으 로 볼 수 있으며, 그러한 도식들이 보다 점점 더 세련되고 정교한 형태에서 상호 관련되어 가는 것으로 볼 수 있다. 그렇다면 이와 같이 도식들이 발달하는 과정 은 어떻게 설명할 수 있는가? 그 과정을 이해하기 위하여 우리는 Piaget가 제시 한 동화(assimilation)와 조절(accommodation)이라는 개념에 주목할 필요가 있다.

### 다. 인지구성 및 발달의 과정

Piaget는 생물체의 환경 적응과정이 인간의 인지발달 과정에도 적용될 수 있는 것으로 보았다. 다시 말해서 생물체가 새로운 환경에 적응하기 위해 새로운 특성 을 발생시키고 발달시키는 것처럼, 인간의 지적 발달도 새로운 환경에 적응하는 과정에서 발달한다는 것이다. 인간은 그를 둘러싼 새로운 환경에 접하여 인지부 조화(cognitive dissonance)를 경험하게 되는데, 이 부조화는 동화(assimilation)와 조절(accommodation)이라는 두 가지 중요한 적응기제를 통하여 인지적 적응상태

를 의미하는 평형화(equilibrium)상태에 이른다. 그러나 이 평형화는 최종적인 적
응상태라기보다는 또 다른 인지부조화를 경험할 때까지만 지속되는 잠정적인 적
응상태이다. 그리고 이 과정은 유기체가 생존하는 한 반복적으로 계속된다. 동화
와 조절은 인지발달을 가능하게 하는 필수적이고도 보편적인 심리적 기제로서,
Piaget는 이들을 기능적 불변성(functional invariant)을 가진 심리적 기제로 보고
있다.

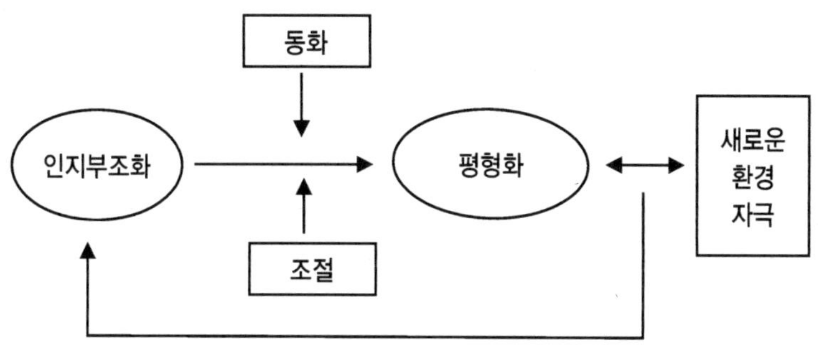


(그림 3-14)  피아제의 인지발달 기제

### ① 인지부조화(Cognitive Dissonance)

인지부조화란 현재의 인식대상이 인식주체의 인지구조나 개념에 부합되지 않아
서로 갈등을 일으키는 현상을 의미한다. 예컨대, 어떤 아동이 개, 사자, 호랑이를
접하면서 포유류가 '네발 달린 동물'이라는 하나의 개념을 형성하였을 경우, 그가
사람과 바다에 사는 고래와 같은 새로운 환경적 자극에 접하면서 그것들 역시 포
유류에 속한다는 사실에 직면하면, 개념적 혼동, 즉 인지부조화를 일으키게 된다.
또 다른 예로 영문법 학습에서 동사의 과거형을 만들기 위해 ed라는 접미어를
붙이면 된다는 사실을 알았을 경우(동사의 규칙적 과거형 변환 schema형성),
break나 make와 같은 동사의 과거형 변환(broke, made)을 접하게 되면, 인지적
갈등을 경험하게 된다.

부조화(dissonance)나 갈등(conflict)등은 조화나 적응이 안된 불안정한 상태를
일컫는 용어들이기 때문에 다소 부정적인 의미로 들릴지 모르지만 피아제에 있어
서 인지적 부조화는 발달을 위한 필수적 전제조건이기 때문에 부정적이기보다는
오히려 긍정적인 현상이다. 인지적 부조화는 저급한 사고에서 한층 고급 사고수

준으로 이행하기 위한 최초의 자극임과 동시에 근본적인 학습동기에 해당되는 것으로써 오히려 권장되어야 할 조건이다.

### ② 동화(Assimilation)와 조절(Accommodation)

유기체가 새로운 환경자극에 접해서 환경적 자극과 자신이 이미 형성한 인지도식간의 불일치를 경험할 때 이 문제를 해결하는 방법은 두 가지이다. 하나는 새로운 환경자극을 자신의 인지도식의 적용 대상에 포함시켜 그 불일치를 해결하는 것이며, 또 다른 방법은 자신의 인지도식을 환경적 자극에 맞추어 변경하는 것이다. 이때 전자를 동화라 하고, 후자를 조절이라 한다. 동화란 어떤 일단의 인지도식이 형성되고, 그 인지도식에 따라 주어진 인식대상을 인지도식에 포함시키고 해석하는 과정으로 인지도식의 적용대상을 넓히는 적응행위이다. 예컨대, 앞의 예에서처럼 어떤 학습자가 '포유동물=네발 달린 짐승'이라는 도식을 가질 경우이 도식은 개, 소, 염소, 양, 호랑이 등 다양한 새로운 인식대상을 그 도식에 포함시켜 도식의 적용범위를 확대시켜 나감으로써 새로운 환경적 자극에 접해 발생하는 인지적 부조화를 해결해 간다.

동화에는 다음과 같은 세 가지 형태가 있다(Lavatelli, 1973).

* **재생적 동화**(reproductive assimilation) - 인지 활동에 어떤 행동을 재생하는 것.
* **인지적 동화**(recognitive assimilation) - 특수한 도식 속에 동화될 수 있는 대상들을 걸러내는 것.
* **생성적 동화**(generative assimilation) - 동화될 수 있는 대상이나 사건들을 폭 넓게 포함시키기 위해 도식의 확대를 허용하는 것.

현재의 도식은 동화만으로 새로운 환경적 자극에 적응할 수 없는 경우에 직면한다. 이 때의 적응 방식은 역으로 새로운 환경적 자극에 접하여 현재의 도식을 변경하고 조절하는 것이다. 예컨대, 앞의 예에서와 같이 인간도 포유동물이라는 새로운 사실에 접하게 되면 그는 '포유류=네발 달린 짐승'이라는 기존의 도식을 변경할 수밖에 없다. 그 결과 그의 도식은 '포유류=새끼 낳는 네발이나 두발 가진 육지의 동물'로 변경함으로써 인지적 갈등을 해결하게 된다. 또한 바다에 사는 고래라는 동물도 포유류에 속한다는 새로운 사실에 직면하여, 새로운 인지적 갈등을 경험하게 되고, 이를 해결하기 위해 '포유동물=새끼 낳고 젖먹이는 동물'로 포유류에 대한 개념 도식을 변경해 감으로써 인지적 갈등을 해소해간다. 이처럼 동화와 조절은 인지도식의 적용 범위를 넓히고, 인지도식을 세련시키는 기능을 함으로써 인지적 성숙을 이끌어간다.

### ③ 평형화(Equilibrium)

평형화란 동화와 조절을 통해 잠정적으로 인지부조화를 극복한 상태를 말한다. 여기서 평형화가 '잠정적'인 적응상태라는 점을 주목할 필요가 있다. 구성주의에서 지식은 습득되고 발견된 사실적 내용의 축적이라기보다는 유기체가 다양한 방식으로 환경과 상호작용 하는 과정에서 지속적인 구성과 재구성의 과정을 거쳐 질적으로 개선된 인지도식의 형성을 의미한다. 따라서 환경과의 상호작용 과정에서 발생한 인지부조화의 해결을 의미하는 평형화는 또 다른 인지부조화의 시작점이 되는 것이기도 하다. 언뜻 생각하기에는 평형화가 인지부조화를 극복하고 인지적 적응을 이룬 상태를 의미하기 때문에 긍정적인 측면으로 해석될 수 있으나, Piaget에게 있어서 장기간의 평형화는 발달의 정체를 의미할 것이다. 지식은 끊임없는 재구성의 과정을 거치기 때문에 평형화는 가급적 빠른 시일 내에 인지적 부조화를 다시 경험하여 재구성될 시점에 놓여야 한다.

### 라. 인지발달의 조건

심리학사에서 가장 뜨거운 논쟁중의 하나는 유전-환경(nature-nurture) 논쟁이다. 이와 관련하여 Piaget는 상호 결정론적 입장을 지지한다. 유전은 유기체가 처음에 환경에 적응하는데 있어서 필요한 장치들(동화, 조절, 평형화)을 제공하며 아동의 발달가능성을 규율한다(예컨대, 학습의 준비성 개념). 하지만 이러한 가능성이 실현되는 정도는 유기체가 환경 속에서 어떠한 경험을 가지느냐에 달려있다. 다시 말하여 유전적으로 결정되는 성숙은 발달을 위한 필요조건이지 충분조건은 아니라는 것이다.

Piaget에 의하면 발달의 촉진, 또는 진정한 의미의 학습은 3단계의 과정을 거쳐 이루어진다.

첫째 단계는 저차원의 수준에서 당분간 인지적 균형을 유지하는 것이고,

둘째 단계는 이전에 주목하지 않았거나 미치지 못했던 모순된 환경적 자극을

접함으로써 인지 부조화를 경험하는 것이며,

마지막으로 그 부조화 상태를 해결하는 방식으로 인지구조를 재구성함으로써 보다 높은 수준의 인지적 평형상태를 성취하는 것이다.

그러나 이처럼 단순하게 보이는 평형화 과정은 매우 까다로운 조건들이 만족되어야만 비로소 순조롭게 진행될 수 있다. 어떤 새로운 경험이 주어질 때 학습자는 그 새로운 경험을 의미 있게 조작할 수 있는 정신적 구조를 먼저 갖추고 있어야 한다. 그렇지 않은 경우 그 경험은 단지 피상적인 효과만을 발휘한다. 주지하는 바와 학습자의 인지구조간의 간극이 크면, 두 가지 결과 가운데 하나가 일어난다. 그 하나는 학습자가 풍부한 경험을 너무 쉽게 단순화하고 변형시켜버림으로서 의도했던 바의 풍부한 학습이 일어나지 않는다. 다른 하나는 학습자가 유동성이나 안정성을 갖지 못한 어떤 특수한 반응을 피상적으로 학습하는 경우이다.

후자의 경우 그 학습된 반응은 외관적으로는 대단해 보이지만 그것은 넓게 일반화되지 않을 뿐만 아니라 그것이 기존의 인지구조와 관련을 갖지 못함으로서 그 의미성이나 효과는 오래 지속되기 힘들다. 하지만 특정 수준의 인지발달단계에서 그 수준과 적합한 다양하고도 풍부한 경험은 발달을 촉진하고 학습된 것들을 다양한 대상과 장면에 전이될 수 있도록 한다. 이 원칙을 Piaget는 수평적 데까라쥐(horizontal de'calages)라 하였다.

## 마. 발달단계의 원리

Piaget는 그의 발달이론이 근거하고 있는 원리로서 보편성(universality), 불변적 계열성(invariant sequence), 불가역성(irreversibility), 점진적 진화(gradual evolution), 발달의 개인차(individual difference)를 들었다.

보편성이란 그의 발달이론이 사회·문화적으로 다른 특성을 가진 모든 종족 및 인종과 모든 개인에 동일하게 적용될 수 있다는 가정이고, 불변적 계열성이란 순차적으로 이루어지는 발달의 과정이 변하지 않는다는 가정이며, 불가역성이란 발달의 과정이 절대로 역행될 수 없다는 것을 의미하고, 점진적 진화는 발달의 과정에 도약이 있을 수 없다는 의미한다. 하지만 그는 발달의 과정에서 발달의 속도는 개인마다 다를 수 있다고 보았다.

## (2) 사회적 구성주의 학습이론

사회적 구성주의는 러시아의 심리학자 비고츠키(Vygotsky)의 발달심리이론에 근거하고 있다. 비고츠키는 피아제와 동시대를 살았지만 다른 세계(러시아)에서 활동했던 관계로 피아제에 비해 서방 세계와 우리나라에 비교적 덜 알려졌었던 인물이다. 그의 이론은 피아제와 함께 구성주의라는 하나의 이론적 패러다임에서 함께 거론될 만큼 유사한 점들이 많으며, 특히 그는 기존의 객관주의와 대비되는 구성주의 인식론적 관점을 공유하고 있다. 그러나 비고츠키는 발달의 원리와, 인지발달에 영향을 미치는 요인들, 그리고 발달에 있어서의 교육의 역할과 기능에 대해 피아제와 견해를 다소 달리하고 있기 때문에 대해 특별히 논의할 가치를 가진다. 앞서 피아제의 이론을 통해 구성주의의 기본관점과 원리를 비교적 자세히 살펴보았으므로 본 절에서는 상호 대조를 이루거나 차이를 보이는 점 위주로 간략히 논의하고자 한다.

### Vygotsky 발달이론의 기본가정

Vygotsky에게 있어서 인지발달이란 고등정신기능(도구)을 획득하는 것이다. 고등정신능력이란 감각에 의존하고, 단순한 반응적 주의집중과 감각동작 지능에 의존하는 하등 정신능력에 대비되는 발달수준을 일컫는 것으로 의도적이고, 매개적이고, 내면화된 논리적 인지과정과 행동양식을 의미한다. 고등 정신기능은 개인에 의해서 통제되고, 개인의 사고와 선택에 따라 달리 사용된다는 점에서 의도적인 성격을 가진다. 또한 사고과정에서 행위나 환경 속에 있는 사물들을 나타내기 위해 기호나 상징을 대용한다는 점에서 매개적(간접적)이며, 구체적인 동작이나 외현적 행동(언어)을 통하지 않고도 내면화된 정신 과정을 통해 사물을 조작하고, 추론하고, 문제를 해결 할 수 있다는 점에서 내면화된 행동이다.

Vygotsky는 Piaget와 마찬가지로 유아들은 그들 자신의 이해를 구성해 가며, 그들에게 주어지는 것을 수동적으로 재생산하지 않는다고 보았다. 아동은 사회적인 어떤 활동을 그대로 복사하는 것이 아니라 내적 의식과 자기조절을 통한 고등정신기능의 내면화 과정을 통하여 능동적으로 계속적인 인지 발달을 이루어 간다. 그는 발달이나 학습을 지식의 내면화로 봄으로써 유아가 학습과정에서 취하게 되는 능동적인 역할을 강조했다.

그의 발달이론은 학습과 발달에 영향을 미치는 사회·문화적 요소를 강조한다는 점이 특징이다. Piaget가 아동을 자신의 세계를 스스로 구성하고 구조화하는 존재라고 생각하고 물리적 환경을 강조한 반면, Vygotsky는 아동의 인지적 발달을 사회적 상호작용의 결과로 보고, 인간발달에 있어서 물리적 환경과 더불어 사회, 문화, 역사적 측면을 강조한다. 인지적 구성은 항상 사회적으로 매개되며, 현재와 과거의 사회적 상호작용에 영향을 받게 된다. Vygotsky이론에서 사회적 맥락은 태도나 신념보다 학습에 더 많은 영향을 미친다는 것이다.

즉, 사회적 상황은 우리가 무엇을 또 어떻게 생각하는지에 영향을 미친다. 사회적 맥락은 인지과정을 형성하며 발달 과정의 일부이다. 사회적 맥락이란 전체적인 사회적 환경, 즉 문화에 의해 직·간접적으로 영향을 미치는 아동의 환경(유아가 순간 순간 상호 작용하는 사람들, 가정이나 학교처럼 유아에게 영향을 주는 사회적 구조, 전반적인 문화나 사회적 특성)속에 존재하는 모든 것을 말한다. 따라서 인지발달 과정에서 모든 하등 정신기능은 보편적이지만 고등 정신 기능은 하등 정신 기능의 토대 위에 문화마다 각각 다른 방식으로 세워지게 된다.

비고츠키는 인지발달에 있어서 언어가 중요한 영향을 미치는 것으로 보았다. 기본적인 문화적 도구로서 언어는 정신을 재구조화하고 자기조절적 사고과정 형성에 핵심적 역할을 한다. 언어습득은 고등정신기능으로의 전환을 촉진시켜 인지발달을 가져온다. 언어는 사고를 위한 실제적인 메카니즘이며, 정신적인 조작 도구이다. 언어는 사고를 더욱 추상적이고, 융통성 있고, 즉각적인 자극들로부터 독립적인 것으로 만든다(Riber & Robinson, 2004). 또한 언어는 '심리적 도구'로서의 기능을 가지는데 이는 언어가 단순히 사회 문화적 세계와 개인의 정신기능을 연결시켜주는 매개 역할을 수행할 뿐만 아니라 자신의 행동을 규정하거나 자발적으로 조절하게 하는 기능을 한다. 그는 언어를 외적 언어와 내적 언어(혹은 사적 언어)로 분류하였으며, 언어발달 도식은 외적 언어→자아중심적 언어→내적 언어로 이행해 가면서 발달하며, 이 내적 언어가 고등정신 능력을 가능하게 한다고 보았다.

인지발달이론에서 언어는 사고와 밀접히 관련되는 것으로 여겨지는 중요한 요소이다. 하지만 학자마다 그 관계의 강도와 방식에 대한 해석은 다른데, Piaget는 언어의 형태를 인지성숙도의 지표로 본 반면, Vygotsky는 언어가 인지발달에 영향을 미친다고 주장한다. 예컨대, 아동에게서 나타나는 '혼잣말(중얼거림)'에 대해 Piaget는 인지적 미성숙을 나타내는 전조작기 아동의 자기 중심적 사고가 자기

중심적 언어로 드러난 것으로 해석하는 반면, Vygotsky는 성인과의 참여 활동에서 주고받는 외적 언어를 내면화하여 어린이 자신이 내재적 사고로 바꾸어 가는 과정에서 자신의 사고를 표현하는 과도기적 특성으로 해석한다.

　Vygotsky는 사회적 상호작용의 수단인 언어가 인지성숙에 있어 필수적인 요소라고 주장하고, 언어와 인지적 활동은 인지발달과정에서 끊임없이 상호 작용하는 것으로 보았으며, 인지적 성숙이 진전됨에 따라 언어가 점차 인지적 활동과 협착하여, 최종적으로는 언어가 완전히 내면화되어 인지적 활동을 조절하는 역할을 한다(Vygotsky, 1996). 이 관계를 도시하면 다음의 (그림3-15)와 같다.

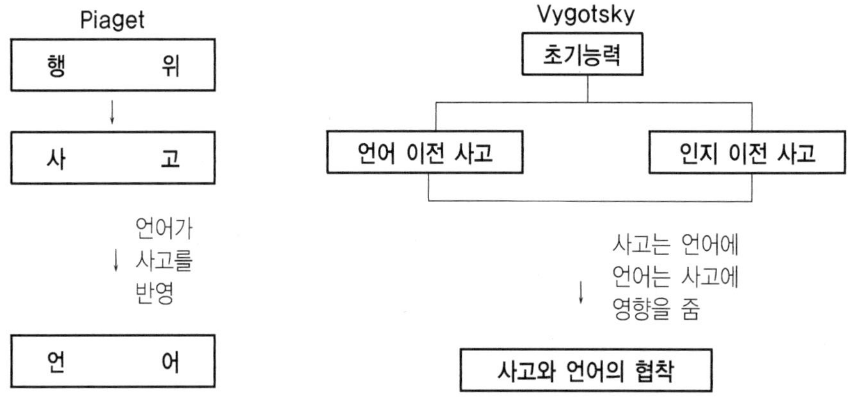


(그림 3-15) 언어와 사고의 관계에 대한 Piaget와 Vygotsky의 관점 비교

　Piaget의 이론과 Vygotsky 발달이론의 가장 두드러진 차이점은 학습과 발달과의 관계에 대한 견해에서 드러난다. 이 문제와 관련하여 발달 심리학계에는 발달이 학습에 선행되어야 한다는 주장과, 반대로 학습이 발달을 촉진하기 때문에 학습이 발달을 이끌어 가도록 하여야 한다는 주장이 대립하고 있다(Woolfolk, 1995). 전술하였듯이 Piaget는 학습의 준비성 개념을 강조하였으므로 전자의 입장을 취하는 대표적인 학자이다. 하지만 행동주의 심리학이 주류를 이루고 있는 영미 계통의 심리학자들은 후자의 입장을 지지한다. Bruner는 행동주의자는 아니지만 학습의 준비성 개념에 대해 Piaget의 입장과 대립된다. 그는 소위 나선형 교육과정이라는 개념을 도입하면서 다음과 같이 주장한 바 있다.

"우리는 어느 교과목이든 간에 어느 발달단계에 있는 어떤 아동에게도 모종의 지적으로 정직한 형태로 효과적으로 가르칠 수 있다는 가설에서 출발하자. 이는 대담한 가설이지만 동시에 교육과정의 성질에 관해서 생각하는데 본질적인 가설이기도 하다. 이를 논박할 아무런 증거도 찾아볼 수 없다. 오히려 이를 지지하는 상당한 정도의 증거가 누적되고 있다(Bruner, 1960, p.33)"

브루너가 발달단계를 고려한다면, 그것은 교과의 내용에서의 차이보다는 그 교과를 표현하는 방식(가르치는 방식)에서의 차이만을 고려할 뿐이다. 하지만, Piaget는 특정 인지적 조작능력은 일정한 인지적 성숙이 이루어졌을 때에만 가능하기 때문에 각 발달단계에 적합한 교과의 내용이 정해져 있다는 주장을 하고 있는 것이다. 실제로 Piaget의 연구에 따르면, 학습자가 논리적으로 사고하려면 구체적 조작기에 도달해야 한다. 이는 사고의 내면적인 재조직은 새로운 것을 학습하는 능력에 선행한다는 주장을 반영한다. 즉, 더 높은 수준의 정보가 주어진다고 하더라도 그 수준의 발달이 이루어지기 전까지는 그 정보를 학습할 수 없다는 것이다.

Vygotsky역시 Piaget와 마찬가지로 일정한 인지적 성숙이 전제될 때에만 학습이 가능하다는 입장을 취한다. 하지만, 그는 학습이 발달을 주도할 수도 있다는 입장을 취한다. 사실 Piaget의 이론을 이해하는데 있어 부딪치는 난점 중의 하나는 인지발달이 단계별로 진행된다고 했을 때, 한 단계에서 다음 단계로 이행이 어떻게 가능하냐에 대한 설명이 없다는 것이다. 이러한 이유 때문에, Piaget의 인지발달이론은 설명적이기보다는 다분히 기술적(記述的)이라는 비판이 가해진다.

Piaget는 관찰을 통하여 아동이 어떤 과정을 거쳐 발달하는가는 잘 기술해 주었지만, 그 과정을 설명하는 원인에 대해서는 집중적인 분석을 가하지 않았을 뿐만 아니라 교육적 질문, 즉, 어떻게 하면 인지적 발달을 촉진할 수 있는가? 와 같은 처방적(prescriptive) 질문에는 시원한 답을 하지 않았다. 예컨대, 전조작기 아동이 어떻게 하여 구체적 조작단계로 이행할 수 있는가? 그 이행은 어느 날 아무런 이유 없이 갑자기 이루어지는가?

Vygotsky는 소위 '근접발달영역(Zone of Proximal Development)'이라는 개념을 도입하여 이 문제에 대해 분명한 절충적 입장을 취하고 있다(Wertsch, 1991). 근접발달영역을 Piaget의 이론체계에서 설명하면, 한 발달단계와 다음 발달단계사

이에 놓인 완충적 단계를 의미할 것이다. Vygotsky는 인지발달의 과정을 실제적 발달 → 근접 발달영역→ 잠재적 발달 수준으로 보았다. 여기서 근접발달영역이란 학생 스스로 과제를 다룰 수 있는 실제적 발달수준(actual development level)과 잠재적 발달수준(level of potential development)의 사이에 놓인 영역을 말한다. 실제적 발달수준은 Piaget의 현 발달단계를 의미하고, 잠재적 발달수준은 아직 다다르지 못한 그 다음의 발달단계를 의미한다. 피아제는 유아가 새로운 정보를 학습할 수 있기 전에 특정한 발달 수준에 도달해 있어야 한다고 보았다. 이에 비해 Vygotsky는 성장과 성숙의 역할을 부정하지는 않았지만, 사회적으로 공유된 경험과 도전적인 과제에의 참여가 인지 발달을 촉진시킬 수 있다는 점을 강조하였다. 그렇다고 해서 Bruner처럼 인지적 성숙을 무시하고 모든 학습내용이 모든 연령 대에서 다 가르쳐 질 수 있다는 입장을 지지하는 것은 아니다.

요컨대, Vygotsky의 이론에서 발달은 학습에 영향을 줄뿐만 아니라 학습 역시 발달에 영향을 주기도 한다. 그는 새로운 정보를 학습하려고 하는 학습자의 능력을 제한하는 발달적인 선행 조건이 존재한다는 것을 의심하지는 않았지만, 학습이 발달을 촉진시키며, 발달을 일으키는 원인으로도 작용한다고 보았던 것이다. 특정한 인지 발달을 위해서 성숙이 전제되는 경우가 있지만, 성숙이 전적으로 발달을 결정하는 것은 아니라고 보았다. 이와는 대조적으로 피아제는 발달이 학습을 주도한다고 보았다.

### 3) 인지적 구성주의와 사회적 구성주의의 요약

| | | 인지적 구성주의(Piaget) | 사회적 구성주의(Vygotsky) |
|---|---|---|---|
| **공통점** | | 아동의 활동에서 경험으로부터 대상의 의미를 추출하는 내재적인 정신활동에 중요성 | |
| **차이점** | **이론적 측면** | 아동과 대상간의 심리적 차원에서 상호작용 | 아동과 성인간의 사회적 차원에서의 상호작용 |
| | | 반성적 추상을 통한 조작적 구조의 구성과정 | 기호적 기능에 의해 매개되는 고등정신작용으로 내면화되는 과정 |
| | **학습자** | 전학습 활동을 계획/통제하는 주관자 | 아동의 역할은 성인에 비해 보다 수동적 |
| | **학습 자료** | 반성적 활동을 촉진하는 자료로서 매우 중요한 의미 | 의미를 전달하는 성인의 역할이 더욱 중요시 |
| | **학습 활동** | 연역/추론/추상화 등의 반성적 사고 | 성인과 아동 간의 거래적 상호작용 (관찰/모방/조력/시범 중시) |

## 4) 구성주의 이론의 교육적 시사점

지금까지 우리는 구성주의의 특징을 Piaget 이론에 근거한 인지적 구성주의와 Vygotsky의 이론에 근거한 사회적 구성주의로 대별하여 살펴보았다. 사실 두 이론 간에는 몇 가지 점에서 중요한 차이가 있지만, 구성주의라는 큰 범위에서는 차이점보다는 공통점을 더 많이 가지고 있다. 피아제는 지식 및 지능의 기원과 발달에 대해 실로 혁명적인 이론체계를 형성하는데 성공했다. 교육은 지식의 발달과 지능의 발달과 직접적으로 관련되는 인간사의 한 국면이다. 따라서 그의 이론이 우리 교육에 던져주는 시사점을 탐색하는 것은 논리적으로나 실제적으로 의의있는 일이다. 뿐만 아니라 Vygotsky는 Piaget와 같이 지식과 학습은 구성되는 것이라는 동일한 인식론적 관점을 유지하면서도, 발달에 있어서 교육의 역할을 비중 있게 다루어 우리에게 많은 시사점을 제시하고 있다. 그들의 이론이 교육활동을 구성하고 있는 다양한 측면, 즉, 교육목표, 교사와 학습자의 역할, 교수-학습 활동, 학습의 준비성, 학습동기 및 교육평가와 관련하여 가지는 시사점을 제시하면 다음과 같다.

### (1) 교육목표에 대한 시사점

구성주의는 학습자 스스로가 문제 상황을 경험하고, 이를 해결하는 과정에서 자신의 지식과 인지구조를 확장하고 세련되게 한다는 인식론적 가정에서 출발하기 때문에, 행동주의 학습이론이나 여타의 전통적 학습이론과 같이 외부적으로 정해진 일정한 교육목표를 규정하여 이를 학습자들에게 일방적으로 제시하는 것을 거부한다. 구성주의는 교육의 목표에 대해 구체적인 언급을 하고 있지는 않지만 '교육받은 인간상'에 대한 Piaget의 진술은 구성주의의 교육 목표관을 가늠할 수 있는 좋은 지표가 될 것이다. 그는 교육받은 인간상에 대하여 다음과 같이 말한다.

> "교육의 주된 목표는 다른 세대가 이룩한 것을 단순히 반복하지 않고, 새로운 것을 학습할 수 있는 사람, 즉, 창의적이고, 창조적이고, 새로운 것을 발견해 낼 줄 아는 사람이다. 두 번째 목표는 비판할 수 있고, 검증할 수 있고, 그들에게 제공되는 어떤 것이라도 무조건 받아들이지 않는 정신을 길러주는 것이다. 오늘날의 가장 큰 위험성은 제반 슬로건, 제반 집단

적 견해, 기성화 된 사고경향 따위이다. 개인적으로 우리는 저항하고, 비판하고, 증명된 것과 증명되지 않는 것을 구별할 수 있어야 한다. 따라서 우리는 적극적인 학생, 한편으로는 그들 자신의 자발적인 활동에 의해서 그리고 다른 한편으로는 우리가 그들을 위해 마련해준 자료를 통해서 자신의 힘으로 발견할 수 있는 능력을 일찍부터 학습한 학생, 그리고 무엇이 증명될 수 있고, 그들에게 최초로 나타난 생각이 무엇인지를 말할 수 있도록 학습한 학생을 필요로 한다(장상호, 1982, p. 47)."

교육학자들이 제시한 교육목표는 다양하나 대체로 두 가지 흐름으로 구별해 볼 수 있다. 첫째는 기존의 사회적 표준과 현실에 비중을 두고 교육은 개인으로 하여금 현실에 수동적으로 순응하게 하거나 그 가치를 있는 그대로 내면화시키는 몫을 해야 한다는 주장이다. 사회학자 뒤르껭은 이러한 입장을 대변하는 학자로서 교육을 일종의 형식화된 사회화 과정으로 보았다. 다른 입장은 기존의 사회적 표준이나 가치들을 무시하고 아동의 자연적인 성향의 발현만을 강조하는 것으로 이는 루쏘와 인본주의 교육학자들의 교육 목표관을 반영한다.

Piaget는 뒤르껭과 마찬가지로 성인사회의 사회적, 지적, 도덕적 가치의 실재성을 인정한다. 그러나 그는 개인이 전적으로 사회적 산물이라거나, 교육이 그 구성원에게 기존의 지식과 가치를 피동적으로 전수시키는 역할을 해야 한다는 것에는 반대한다. 성장하고 적응하는 개인은 맹목적이고 수동적으로 기존의 현실을 반복하지 않는다. 이점에서 Piaget는 루쏘의 신념 즉, 아동은 나름대로 본성과 구조를 가진 존재이며, 그 개성의 성숙에 의해서 사회의 발전이 가능하게 된다는 생각에 동의한다.

그렇기는 하지만, 그는 루쏘의 또 다른 주장, 즉, 사회는 아동의 성장을 저해하는 세력이 될 수도 있으며, 따라서 옳은 교육을 위해서는 아동을 그 해악한 사회로부터 격리시킴으로써 이루어질 수 있다는 주장에는 동의하지 않는다. 성인들은 그들 나름대로 구성한 도덕률과 진리를 지니고 있지만, 그렇다고 해서 그것들이 반드시 강압적인 방식으로 다음 세대에 전수되는 것은 아니다. 교육자는 아동으로 하여금 성인사회의 가치관과 진리들을 자율성과 협동성이 보장되는 환경에서 시험해보도록 돕고 이를 통해서 단순한 복종이나 맹신이 아닌 더욱 적응적인 가치와 진리를 창출하는 능력을 갖도록 할 수 있다고 주장하는 것이다.

### (2) 교사와 학습자의 역할

Piaget는 지적구조의 형성을 설명하는데 있어 경험주의와 합리주의가 갖는 한계를 지적한 바 있다. 그가 지식의 구성에서 가장 핵심적인 역할을 할 것으로 기대한 것은 학습자 내부의 인지적 상태와 환경적 압력 간의 평형을 찾으려는 학습자의 적극적인 자기 조정적 활동이다. 학습자가 습득해야 할 지적능력이나 지식은 궁극적으로 학습자 자신의 활동에 의해서만 학습될 수 있으며, 그 누구도 그것을 대행해 줄 수 없다는 것이다.

그럼에도 불구하고 교실 내에서 일어나는 풍경들은 이 논리와 전혀 다른 방식으로 전개되고 있는 것이 현실이다. 학교는 교사의 적극적 개입을 중시하고 학생들을 피동체로 간주한다. Piaget는 이 같은 현실이 갖는 문제점을 지적하고 이른바 '능동적 방법(active method)'이 전통적 교육방법을 대체해야 한다고 제안한다. 이는 교사중심 방법도 아니고, 아동중심의 방법도 아니다. 학습자 자신의 활동과 그것에서 비롯되는 그 나름의 창조, 즉 구성에 있는 것이다.

한편 Vygotsky의 이론은 Piaget가 학습자의 능동적 활동만을 강조하는 것과는 달리 교수-학습과정에서 교사의 역할에 다소 비중을 두고 있다. 그가 제안한 근접발달 영역은 학습자의 지적 성숙을 향상시키기 위해 교수-학습활동이 적극적으로 이루어져 할 영역을 의미하는 바, 이 영역에서 교사의 적극적 개입은 효과적인 결과를 가져올 수 있다. 실제로 그는 근접발달 영역 내에서 성인(교사)이나 뛰어난 동료와의 활발한 상호작용 속에서 학습과 발달이 촉진될 수 있다고 역설하였다. 하지만, 교사의 역할은 전통적인 교실에서와 같이 학생들을 피동체로 보고 이들에게 단순히 사실적 지식을 전달해주는 것이 아니라 적극적인 학습자의 인지적 활동 속에 보조자나 촉진자, 혹은 코치로써의 역할을 수행하는 것이다. 어디까지나 학습자의 지적 성숙은 학습자 자신의 주도적 활동을 통하여 이루어져야 한다는 것이다.

### (3) 교수-학습활동

교육장면에서 지식을 전달하기 위해 절대적으로 사용되는 수단은 언어이다. 역사적으로 발전되어온 지식이나 관념들은 언어의 형식 속에 담겨있다. 따라서 학생이 교사가 전달한 언어를 유창하게 반복할 수 있다면 그것은 교육의 성공을 의미하는 것으로 해석되어 왔으며, 그 결과 학교에서는 이 방법을 습관적으로 사용해 왔다. 그러나 구성주의는 이것이 피상적인 관찰에 토대를 둔 신념에 불과하다고 비판한다. 사회적 상호작용이나 그로 인하여 얻어지는 언어가 중요하지 않다는 것이 아니라 언어 구사력 자체가 반드시 지능의 발달이나 지식 획득을 촉진하거나 반영하지는 않는다는 것이다. 언어 일변도의 학습을 지양하기 위해 시청각교육이나, 행동주의 학습이론이 개발한 교수기계, 혹은 시범(modeling)등의 방법이 개발되었으나 이는 역시 언어를 대체하는 또 다른 형태의 효과적 수단에 불과할 뿐 구성주의가 목표로 하는 고도의 지적 성숙에 별다른 도움이 되지 않는다는 것이다.

구성주의자들의 관심은 단순한 습관이나 지식과 사실을 효과적으로 습득하는데 있는 것이 아니라 지적 구조의 창조와 변형에 있다. 다시 말하여 지식의 양보다는 사고의 질적 성숙에 있다. 이를 위해서는 학생들의 적극적인 활동과 조작이 있어야 하며, 교사는 그들의 활동과 조작을 자극하는 환경을 마련해주어야 한다.

구성주의는 맥락에서 분리된 사실적이고 객관적 정보 대신에 지식이 사용되는 실제적인 과제와 맥락을 중시한다. 지식은 그것이 실제로 사용되는 맥락과 분리되어 가르쳐져서는 안 되고, 유의미한 학습을 위해 실제로 사용되는 맥락 속에서 구성되어야 한다. 그 맥락은 복잡하고, 비구조화된 실제의 상황과 유사한 것이어야 하며, 그 속에서 학습자들이 다루는 과제도 문제해결 중심이어야 한다. 실제적인 문제를 해결하는 과정 속에서 그 문제를 이해하고, 그 의미를 구성하며, 그 지식의 기능을 이해함으로써 실제 문제 상황이 발생했을 때 그 지식을 적용할 수 있도록 해야 한다는 것이다.

구성주의는 교수-학습활동에서 쌍방적인 상호작용을 가능하게 하는 협동적 활동을 강조한다. 협동을 통한 공유된 활동은 학습을 위해 의미 있는 사회적 맥락을 제공한다. 또한 공유된 활동은 참여자로 하여금 자신들의 생각을 명료화하고 정련하도록 한다. Vygotsky는 학습이 사회적 맥락에서 이루어진다는 점을 강조하였기 때문에 학습의 과정에서 동료간의 사회적 상호작용을 중시하였다. 특히 학습이 발달을 주도하고, 근접발달 영역을 제시함으로써, 인지적 능력수준에서 동질적인 동료보다는 이질적인 동료와의 상호작용이 인지발달에 긍정적인 영향을 미친다고 보았다. 즉, 좀 더 잘하는 사람과 못하는 사람이 서로 상호 작용하는 맥락 속에서 학습자들은 자신의 근접발달 영역 내에서 스스로 과제를 수행할 수 있도록 지원되어 학습이 촉진될 수 있다는 것이다. 따라서 사회적 안내와 모방이 보다 나은 기술을 가진 성인이나 또래로부터 요구된다.

단순히 지적 수준에서의 다양성만이 강조되는 것은 아니다. 수평적인 다양성 역시 지적 성숙에 중요한 역할을 한다. 이와 관련하여 Piaget는 발달을 촉진하는 환경으로써 또래 관계의 중요성을 강조한다. 비슷한 수준의 그러나 다양한 가치관과 시각을 가진 또래와의 대등한 사회적 상호작용은 인지적 미성숙의 한 징표인 자기중심성을 탈피하도록 해주며, 그 결과 문제 상황을 객관적 관찰하고 합리적으로 해결하도록 돕는다.

## (4) 학습의 준비성

사실 Piaget의 이론 중 교육적 맥락에서 가장 많은 논란이 되었던 것은 '학습의 준비성'에 대한 그의 견해였다. 잘 알려져 있듯이, Piaget의 이론은 단계이론(stage theory)으로 불리운다. 단계이론이란 인지발달이 질적으로 그 차원을 달리하는 여러 단계의 수준을 거쳐 이루어진다는 것으로 Piaget의 인지발달이론뿐만 아니라 Vygotsky의 사회문화적 발달이론, Freud와 Erikson의 성격발달단계 등에서 잘 나타나 있다.

그렇다면, 지적발달은 가속화될(accelerated) 수 있는가? 이에 대해 Piaget는 교육이 지적 발달의 필요조건이기는 하지만 충분조건은 아니라고 본다. 즉, 특정의 학습과제는 그 과제를 조작할 수 있는 최적의 시기가 정해져 있다고 보는 것이다. 따라서 학습자의 성숙수준과 내면적인 활동을 무시하고 지나치게 지적발달을 가속화하게 되면, 오히려 부작용을 일으킬 수 있다고 본다. 이는 마치 올챙이를 빠른 속도로 개구리가 되도록 기르려고 하는 성급함과 같은 오류를 범할 수 있다는 것이다.

하지만 학교 학습의 경우 아동의 학습 준비성에 지나치게 얽매여 지적 성숙의 가속화를 위한 교육적 처방이 무시될 수는 없다. 이와 관련하여 Vygotsky는 아동의 학습준비성을 고려하면서도 지적 성숙의 가속화를 가능하게 하는 근접발달영역의 개념을 제시했다. 문제는 각 개별 학습자의 근접발달 영역이 어떻게 설정될 수 있는가? 이다. 이를 위해 교사들은 보다 과학적이고 신뢰성 있는 근접발달영역을 파악하여 이 영역에서의 적극적인 개입을 통해 학습과 발달을 촉진시킬 필요성이 있는 것이다.

### (5) 학습 동기

학습 동기란 학습 활동을 일으키고 강도 높게 지속시키는 심리적 상태를 의미한다. 학습 동기는 흔히 내재적 동기(intrinsic motivation)와 외재적 동기(extrinsic motivation)로 구분되어 논의된다. 전자는 학습이 또 다른 목적을 달성하기 위한 수단으로 학습이 활성화되는 것을 의미하며, 후자는 학습 활동 자체가 개인에게 의미 있고 목적이 되어 그 활동을 지속하게 되는 것을 말한다. 전통적인 학교학습 과정에서는 학습자의 학습 동기는 유인이나 보상과 같은 외적 조건들에 의해 크게 결정되는 것으로 보았다. 행동주의 학습이론 역시 학습자의 반응을 촉진하기 위해 그 방법을 적극적으로 활용할 것을 권장해 왔다.

하지만 구성주의자들은 아동이 생래적으로 그의 주변 세계를 이해하려는 동기를 가진 존재로 인식한다. 이는 앞서 설명했듯이, Piaget에게 있어서 인지부조화가 지적 작용의 시발점이라는 점을 보면 분명해 진다. 따라서 행동주의 학습이론가들 처럼 학습을 활성화하기 위해 별도의 외적 보상이 필요치 않다. 아동은 인지적 불균형을 일으키는 사태에 직면하여 새로운 환경적 자극을 그의 기존한 인지구조에 동화하거나 그 자극에 맞추어 자신의 인지구조를 조절하는 과정을 거쳐 평형화하려는 생래적 경향을 가진다.

그렇다면, 교사는 학습자를 동기화시키기 위해서 아무것도 할 것이 없다는 뜻인가? 그건 아니다. Piaget는 내재적 동기가 어떤 특수한 조건에서 잘 발생할 수 있다고 보는데, 그것은 이른바 '최적 수준의 인지적 불균형(optimal discrepancy)'을 유지시켜 주는 것이다. 이러한 관점은 Vygotsky의 사회적 구성주의의 학습동기관이기도 하다. 따라서 구성주의 학습이론은 교사들에게 학습자의 현재 지적구조와 수준에 맞추어 어떤 불일치, 갈등, 파라독스, 한계 등을 촉발시키는 새롭고 다양한 도전적인 학습경험을 제시할 것을 권장하고 있는 것이다.


### (6) 교육평가

구성주의는 전통적인 교육평가 방법에 대해 신랄한 비판을 가한다. 우선 전통적인 교육평가 방식, 특히 시험이라는 방식을 통한 평가가 학습의 진단보다는 학습의 목표로 전도된다는 사실을 비판한다. 평가 행위는 목표달성의 정도를 진단하기 위한 것이지 결코 그 자체로서 목적이 되어서는 안 된다는 것이다. 이 점과 관련하여 Piaget는 지적 구조와 지적 내용을 구분하여 설명한다. 지적 내용은 지적 구조를 표현하는 단서에 불과하기 때문에 지적 내용을 주입한다고 해서 지적 구조에 변화가 오는 것은 아니라고 본다. 그런데 전통적 평가방법은 지적 구조보다는 지적 내용의 양을 측정하는데 집중함으로써 지적 구조와 성숙도를 파악하는 데 제한점이 따른다.

Piaget는 학습자의 지적 구조와 학구적 태도 및 지적 성숙도를 진단하기 위해 두 가지 구체적인 평가 방법을 제안한 바 있다.

첫째는 그가 지능 연구에 주로 사용하였던 임상적 방법이다. 이는 교사가 학생이 실제 학업에 임하는 장면에서 그들의 지적 구조를 계속 진단해나가는 방법으로 결과 위주의 양적이고 상대적인 전통적 평가 방법보다는 훨씬 복잡하기 때문에 별도의 수련과 자질을 요하게 된다. 오늘날 강조되는 수행 평가는 바로 이러한 점을 목표로 하는 평가 방법이다. 이 방법은 정답 반응 보다는 학생이 자연스럽게 나타낸 오답이나 학습 장애에서 더 많은 단서를 발견해 내며, 그 정보를 토대로 교사는 학생에게 필요한 교육적 처방을 가한다.

두 번째 방법은 소위 교재 공개시험(open-book examination)이다. 검사로 인한 정서적인 불안을 제거할 수 있다는 점만 보장된다면, 수험생들이 그의 교재와 노트 등을 자유롭게 사용하도록 하는 검사가 진정한 의미의 시험일 것이다. 그도 그럴 것이 우리는 일상 생활 사태에서 지적인 작업을 수행 할 때 자료를 자유롭고도 제한 없이 이용할 수 있다. 여기서 중요한 것은 그 자료들을 기억하는 것이 아니라 그 자료들을 해석하고 주어진 문제를 해결하는 능력인 것이다.


## 5. 오슈벨의 설명적 교수-학습이론

오슈벨(David Ausubel)의 주요 관심사는 교사가 많은 양의 정보를 가능한 한 의미있고 효율적으로 전달하는 방법에 있었다.

그는 각 학습과정은 서로 다른 교육목표 달성에 유효함으로 많은 형태의 학습과정이 필요하다고 한다. 예를 들어 탐구학습 절차는 어떤 목표(발견하는 방법의 학습)에는 유용하나, 다른 목표(자료를 완전학습하는 방법)에는 유용하지 않다. 모든 접근법에는 문제가 발생하게 되는데, 이는 어떤 특정한 수업방법이 본질적

으로 나쁘기 때문이 아니라 부적절한 목적에 사용되었기 때문이라는 것이다
(Ausubel, 1968).

설명적 수업, 또는 강의법은 흔히 현행의 암기 위주의 주입식 교육법의 모체인
양 비난의 대상이 되고 있다. 그러나 강의법은 경우에 따라 매우 효과적인 교육방
법일 수 있다. '강'(講)한다 함은 학문의 뜻을 쉽게 풀이하여 가르침을 뜻했고, 강
의법의 효율성을 연구한 코스틴(Costin, 1972)의 연구에 의하면 정보가 간단하고
쉬운 것들은 토의법이 효과적이지만, 내용이 복잡하고 어려우면 강의법이 보다 효
과적이라는 것이다. 오슈벨(Ausubel & Robinson, 1969)은 많은 교사들이 강의식
학습이 기계적 학습과 동의어로 인식하고 있는데, 이는 매우 그릇된 것으로 발견
학습이나 강의식 학습은 둘 다 의미 있는 학습이 될 수도 있고, 기계적 학습이 될
수도 있다는 양면성이 있음을 경고하고 있다.

어떤 경우에 의미 있는 학습(有意味學習)이 되고, 아니면 기계적인 학습이 되는
가에 대해 오슈벨의 견해를 굳윈 등(Goodwin & Klaumeir, 1975, p. 187)이 요약
한 바를 소개하면 다음의 <표 3-4>와 같다.

〈표 3-4〉 유의미 학습의 요건

| | 의미 있는 학습이 되는 경우 | 기계적인 학습이 되는 경우 |
|---|---|---|
| 강의식<br>(수용적<br>학습) | 의미 있는 수용적(강의식) 학습 : 논리적으로 조직된 정보가 학습자에게 제공될 때 ; 그런 경우 학습자는 그가 이미 알고 있는 지식에 그것을 연관시키게 된다. | 기계적인 수용적 학습 : 어떠한 형태도 갖추지 않은 단순한 정보가 학습자에게 제공될 때 ; 그런 경우 그는 그것을 암기해 버리고 만다. |
| 발견<br>학습 | 의미 있는 학습 : 학습하게 될 정보가 학습자에 의해 독자적으로 확인될 때 ; 그러면 그는 이를 그가 이미 알고 있는 지식과 연관시킨다(즉, 정보는 그의 인지구조에 통합된다). | 기계적인 발견학습 : 학습하게 될 정보가 학습자 자신에 의해 확인되지 못할 때 ; 그러면 그는 그것을 암기해 버리고 만다. |

결국 강의법이나 발견학습을 의미 있게 하기 위해서는 정보의 제시와 이의 인
지방식이 중요한 것인데, 학교 현장에서 이를 소홀히 하는 경우 주입식 교육이라

는 비난을 면치 못하고 있는 것이다. 오슈벨의 주장 중에서 '구조'에 대한 관심은 발견학습에만 있는 것이 아니라 강의법에서도 최우선적인 것이다 라는 말은 오늘의 주입식 교육을 개선하는 데 관건이 되는 것으로 여겨진다. 즉 현행의 주입식 교육방식은 교사가 조금만 성의를 기울이면(논리적 조직, 구조화 등) 훌륭한 유의미 학습으로의 전환이 가능하다. 그의 이론을 보다 구체적으로 살펴봄으로써 유의미 학습을 할 수 있는 방안을 강구해 보자.

## 1) 이해로서의 학습

오슈벨은 학습자들이 새로운 자료를 위계 체제화 시키거나 부호체계화 시키는 방식으로 학습한다는 브루너의 관점에 기본적으로 동의하고 있다. 그러나 오슈벨은 학생들은 발견을 통해서라기보다는 오히려 이해를 통해서 학습한다는 점을 강조하고 있다.

제시된 개념이나 원리, 관념은 발견되는 것이 아니라 학습자가 받아들이는 것이라는 것이다. 그의 이론을 '수용적 학습'으로 부르는 이유가 여기에 있다. 여러 가지 개념은 일반적 개념 하에 포섭되는 것이므로 그의 인지 학습과정은 포섭자라는 개념으로 설명된다.

### (1) 인지과정과 포섭자

인지구조는 학습자가 지닌 조직화된 개념이나 관념의 집합체이다. 새로운 학습내용이 개인의 인지구조에 포함(포섭)될 수 있는 관련성이 있으면 학습은 쉽게 촉진되고, 또한 유의미 학습이 가능해진다. 따라서 오슈벨에게 있어서 인지과정(학습과정)은 곧 포섭의 과정이다. 기존의 지식이 새로운 것을 점차 포섭하여 지식의 폭을 넓혀 간다는 것이다. 이러한 면을 다음의 (그림 3-16)을 참조하여 살펴보자.

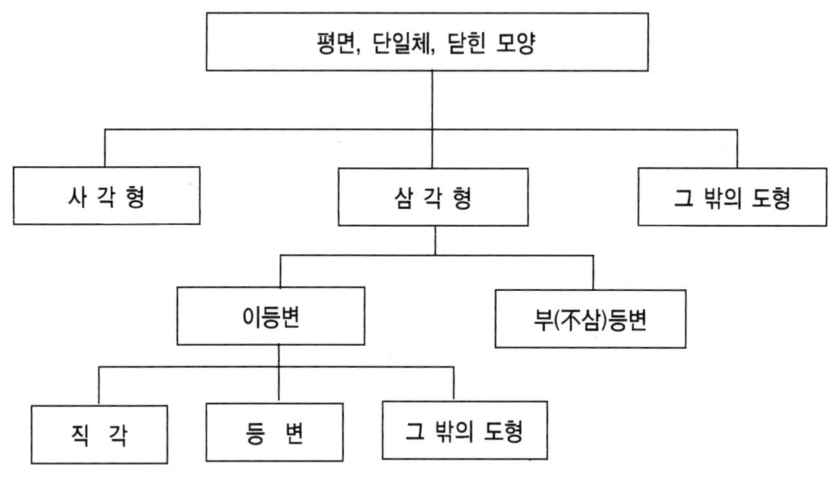


(그림 3-16) 삼각형에 대한 포섭 모형

그림에서 보는 바와 같이 모든 다른 개념들은 '평면, 단일체, 닫힌 모양'이라는 일반적 개념 아래에 포함되는 것이므로 '평면, 단일체, 닫힌 모양'이라는 개념은 그 하위에 속하는 개념들의 포섭자가 된다.

따라서 오슈벨은 학습은 귀납적인 방법이 효과적이라는 브루너의 견해와는 달리 학습은 연역적인 방법(일반적인 것에서 구체적인 것으로, 또는 법칙, 원리에서 예증으로 나아가는)이 효과적이라 주장한다.

### (2) 유의미 학습

오슈벨은 언어 정보, 관념, 관념들 간의 관련성, 또는 이들 간의 결합을 통해 일어나는 유의미 학습을 강조하였다. 유의미한 학습은 새로운 내용이 기존의 지식과 논리적인 관련성을 가질 때 일어난다는 것이다. 그리고 그러한 논리적 관련성은 학습과제가 실사성(實辭性)과 구속성을 가질 때 가능하다 한다.

실사성이란 명제를 여하히 표현하더라도 그 의미가 변하지 않는 것을 일컫는다. 이를테면, "내각의 합이 180도인 도형은 삼각형이다"라는 명제를 "삼각형의 내각의 합은 180도 이다"라고 바꾸어 말해도 그 내용 자체는 변하지 않는 경우이다.

구속성이란 임의적으로 맺어진 관계가 시간이 지남에 따라 하나의 습관으로

굳어지면서, 먼저 맺어진 관계를 임의적으로 변경할 수 없게 되는 경우의 것을
말한다.

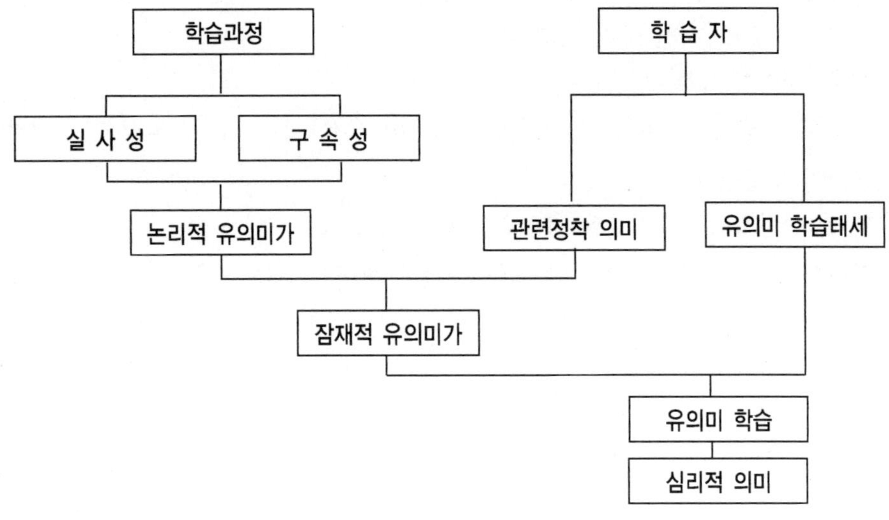


(그림 3-17) 유의미 학습의 과정

그림에서 보는 바와 같이 오슈벨은 학습과제가 실사성과 구속성을 가질 때 그
과제는 논리적 의미성(논리적 유의미가)을 지니게 되고, 논리적 의미성을 가진 과
제가 인지구조에 있는 관련 정착의미에 정착될 수 있을 때, 그 과제는 잠재적 의
미성을 갖게 되어 비로소 유의미 학습이 가능해진다는 것이다. 여기에 첨가되는
것이 학습자 변인으로 학습자는 학습과제를 인지구조에 있는 관련정착 의미에 실
사적이고 구속적으로 관련시키고자 하는 동기, 즉 유의미 학습태세를 가져야 한
다는 것이다.

## 2) 설명적 교수 - 학습의 단계

### (1) 설명적 교수 - 학습의 특징

오슈벨의 설명적 교수-학습이론은 네 가지 주요 특성을 지닌다.
첫째, 설명적 교수 - 학습은 교사와 학생간의 많은 상호작용을 요구한다.
비록 교사가 주도적인 제시를 하긴 하지만 학생들의 반응은 전 학습과정을 통

해 부단히 요구된다.

둘째, 설명적 교수 - 학습은 많은 예증을 사용한다.

오슈벨이 강조한 것은 유의미 언어학습이지만, 이러한 예증에는 언어적인 것은 물론 그림, 도표, 사진 등이 망라된다.

셋째, 설명적 교수 - 학습방법은 연역적이다.

따라서 가장 일반적이고 포괄적인 개념들이 우선 제시되고, 그로부터 구체적인 개념들이 도출된다.

넷째, 설명적 교수 - 학습은 계열화를 이루고 있다.

따라서 다음 단계로 이행하기 위한 순서가 정해져 있는 것으로 볼 수 있다.

한편, 설명적 교수법이 효과적인 경우를 오슈벨은 다음의 세 가지로 제시하고 있다.

첫째, 몇 개의 개념간의 관계를 이해시키기 원할 때 적합하다. 관계를 알기 이전에 학생들은 몇 가지 실제적인 지식을 알고 있어야 한다. 역사를 공부할 때 프랑스 혁명이나 산업혁명에 대해 학생들이 아는 바가 전혀 없다면, 혁명의 특성을 결정짓는 요소에 대해 더 나은 이해를 도모하기 위한 특수 사건에 대한 비교는 불가능한 것이다.

둘째, 이 접근법이 효과적인 연령 수준은, 아무리 단순하고 가시적인 수준의 것이라 할지라도 정신적인 조작이 가능한 연령 수준이면 족하다는 것이다. 따라서 초등학교 상급학교 수준(또는 그 이상)이면 이 방법이 적절하다 한다(Luiten & Ackerson, 1980).

셋째, 설명적 교수법에서 가장 철저히 연구된 것은 선행조직자에 대한 것인바, 이러한 연구의 일반적 결론은 선행조직자의 사용은 제시되는 자료가 매우 생소하거나 복잡하고, 어려울 때 특히 효과적이라는 것이다.

그러면 선행조직자에 대해 살펴보기로 하자.


## (2) 선행조직자

오슈벨의 수업이론에서 매우 주요한 위치를 차지하는 것이 선행조직자 (advanced organizer)라는 개념이다. 일반적으로 의미 있는 학습은, 학습하게 될 자료와 학습자의 인지구조 사이에 잠재적 적합성이 있어야 한다는 사실은 앞에서 살펴 본 바와 같다. 이러한 (잠재적)적합성을 더 높이기 위해 오슈벨의 수업전략에서 선행조직자라는 개념이 쓰인다.

선행조직자는 제시될(된) 새로운 정보를 포함할 만큼 넓은 관련성, 또는 상위수준의 입문적 자료를 뜻한다. 선행조직자의 역할은 새로운 정보를 인지구조 내에 포함시키기 위한 발판을 마련하는 것이다. 선행조직자는 학생들이 이미 알고있는 자료와 새 자료간의 개념적 다리 역할을 하는 것으로 이해해도 좋다.

선행조직자는 다음과 같은 세 가지 역할을 한다(Woolfolk, 1990).

첫째, 선행조직자는 제시된 자료에서 무엇이 중요한 것인지에 대해 직접적으로 학습자의 주목을 끈다. 둘째로, 선행조직자는 제시되는 자료와 밀접한 관련을 맺는다. 셋째로는 이미 갖고 있는 지식으로부터 적절한 관련정보를 회상시키는 역할을 한다.

예를 들어 인도의 카스트 제도에 관한 것을 가르칠 때 선행조직자로 다루어질것은 사회계층과 계층 형성에 관한 것이 될 것이다(Joyce & Weil, 1980).

선행조직자는 **비교조직자**와 **설명조직자**의 두 가지로 나누어진다. 비교조직자는 학습할 과제와 기존 인지구조 내에 있는 지식 간에 상당한 유사성이 있는 경우이들 간의 유사성과 차이점을 분명히 하여 상호간의 변별력을 증대시킬 것을 목적으로 제시하는 자료이다. 비교조직자는 이미 존재하고 있는 인지구조를 활성화시킴으로써, 알고는 있지만 서로간의 적절한 관련성을 찾지 못했던 것들을 이해시키는 데 도움을 준다. 곱셈과 나눗셈의 유사점과 차이점을 밝힌다거나, 역사에서 혁명을 다룰 때 물리적 힘을 이용한 군사 구데타에 의한 혁명과 산업혁명을비롯한 사회적 변혁에 의한 혁명을 비교하여 가르칠 수 있다.

설명조직자는 학습과제가 학습자가 알고 있는 기존의 지식과는 전혀 관계없는새로운 것이어서, 이를 학습자의 인지구조에 끌어들이기 위한 발판으로 사용되는조직자를 말한다. 따라서 설명조직자는 포섭자, 또는 일반적 개념을 의미한다.

### 〈선행조직자가 효과적이려면?〉

선행조직자가 효과적이기 위해서는 우선 그 자체가 훌륭해야 하고, 학생들도이를 잘 활용해야 한다. 이를 보다 구체적으로 살펴보면

1) 선행조직자가 학생들에 의해 처리되고 이해되어야 한다.

2) 선행조직자는 마땅히 선행조직자다워야 한다. 제시될 자료에서 사용하게 되

는 기본 개념이나 용어간의 관련성 등 모든 자료들을 포함할 수 있는 조직자라야 한다. 달리 말하면 조직자는 역사적, 또는 배경적 정보를 그냥 제시하는 수준의 것이 아니라는 말이다. 구체적인 모형, 도표, 유추(analogy) 등을 사용하는 것이 특히 좋은 선행조직을 만드는 데 유효한 것으로 보인다.

### (3) 설명적 수업의 3단계

다음의 교수모형은 교과목, 인지구조, 적극적 수용학습, 그리고 선행조직자에 대한 오슈벨의 생각을 기초로 한 것으로 조이스 등(Joyce & Weil, 1990)이 정리한 것을 그대로 옮긴 것이다.

선행조직자 모형은 세 활동 단계로 되어 있다. 첫 단계는 선행조직자를 제시하며, 두 번째 단계에서는 학습 과제나 학습 자료가 제시되며, 세 번째 단계에서는 인지조직에 대한 강화가 이루어진다. 네 번째 단계에서는 활동적인 학습과정을 야기하기 위하여 학습 자료와 기존의 아이디어와의 관계가 검증된다. 학습단계에 대한 요약이 <표 3-5>에 제시되어 있다.

아이디어가 무의미하거나, 서로 혼동되거나, 모호한 채로 있지 않도록 하기 위하여 활동은 새로운 학습 자료의 명료성과 안정성을 증진시키는 방향으로 계획되어야 한다. 학생들은 학습 자료를 받아들일 때 새로운 학습 자료를 개인적인 경험이나 이미 존재하는 인지구조와 관련을 짓거나, 지식에 대하여 비판적인 입장을 취해야 한다.

1단계는 과목의 목표를 명백히 하기, 선행조직자를 제시하기, 적절한 지식을 의식해 내도록 자극하기의 세 가지 활동으로 이루어진다.

단원(lesson)의 목표를 명백히 하는 것은 학생의 주의를 집중시키고, 학습목표를 향하도록 하는 방법으로 이는 유의미 학습을 촉진하기 위하여 필요하다(목표를 분명히 하는 것은 교사가 수업준비를 하는 데도 유용하다).

앞에서 말한 바와 같이 조직자는 간결하고 단순한 진술문이 아니다. 조직자는 그 자체가 아이디어로서 학습 자료와 같이 지적으로 탐구되어야 한다.

예를 들면, 가르칠 때 우리는 흔히 학생들에게 지난 주나 작년에 배운 것을 회상하거나 내일 할 것을 이야기해 주며 수업을 시작한다. 이러한 식으로 우리는 학생들에게 제시할 자료에 대한 배경이나 방향감을 준다. 또는 학생들에게 개인적인 경험을 회상해 보도록 하고 우리가 배우려고 하는 것이 경험한 상황과 비슷

| ≪1단계≫<br>선행조직자의 제시 | ≪2단계≫<br>학습과제나 자료의 제시 |
| --- | --- |
| 수업목표를 분명히 한다.<br>조직자를 제시한다 :<br>　　　정의적 특성을 확인한다.<br>　　　예를 들어 제시한다.<br>　　　배경을 제공한다.<br>학습자가 갖고 있는 지식과 경험을<br>의식하도록 자극한다. | 조직을 명백히 한다.<br>학습자료의 논리적 조직을 명백히 한다.<br>자료를 제시한다. |

| ≪3단계≫<br>인지 조직을 강하게 하기 |
| --- |
| 통합적 조화의 원칙을 이용한다.<br>적극적 수용학습을 조장한다.<br>교과목에 대하여 비판적 접근을 하도록 한다.<br>명료화한다. |

〈표 3-5〉 선행조직자 모형의 교수단계

하다는 것과, 학생들이 이전에 경험한 것을 이해하는 데 도움이 된다는 것을 알게 할 수도 있다. 또한 우리는 학생들에게 제시하는 자료나 토의의 결과 학생들이 도달하기를 바라는 수업목표를 이야기해 줄 수도 있다. 위의 기술 가운데 어떤 것도 선행조직자는 아니다. 그러나 이러한 것은 모두 잘 조직된 제시적 수업의 일부이며, 이들 중 어떤 것은 오슈벨의 유의미 학습이론의 중요한 원칙을 이루는 것으로 수업모형의 일부인 것이다.

　둘째, 설명조직자이든 비교 조직자이든 개념이나 명제의 중요한 특성은 지적되고 주의 깊게 설명되어야 한다(정의적 진술문이 반드시 정의되는 용어의 중요한 특성을 지적하는 것은 아니다). 그러므로 교사와 학생은 학습과제와 마찬가지로 조직자에 관해 탐구해야 한다. 이것은 중요한 특징을 이야기하고, 설명하고, 예를 제공하는 것을 의미한다. 선행조직자는 길게 제시될 필요는 없으나 학생들이 조직자를 지각하고(학습자가 조직자를 알아야 한다), 분명히 이해하고, 조직하는 자료와 관련을 지어야만 한다. 이것은 학습자가 조직자에 포함된 용어와 아이디어에 이미 익숙해져 있다는 것을 의미한다. 새롭거나 특별한 용어인 경우에는 특히 조직자를 다양한 배경 속에서 설명하고 여러 번 반복하는 것이 유용하다.

마지막으로, 전체 통합적인 인지구조를 개발하기 위하여 당면한 학습과제와 조직자에 적절한 이전의 지식과 경험을 생각해 내도록 자극하는 것이 중요하다.

첫 단계에서 선행조직자에 의하여 제시된 데 이어 두 번째 단계에서는 그 학습자료(학습과제)가 강의, 토의, 필름, 경험, 독서 등을 통하여 제시된다. 여기서는 다음의 두 가지가 중요하다. 첫째는 학생들이 계속 주의를 집중하도록 하는 것이다. 다른 하나는 학생들이 전반적인 방향감을 갖도록 하기 위하여 학습 자료의 조직을 학생들에게 명백히 이해시키는 것이다. 또한 수업 내용을 제시할 때 학생들이 아이디어가 서로 어떻게 관련되어 있는지 알 수 있도록 학습 자료의 논리적 순서를 명백히 할 필요가 있다.

세 번째 단계의 목적은 새로운 학습 자료를 기존의 인지 구조에 정착시키는 것이다. 자연스러운 교수의 흐름 속에서 이러한 절차 중 어떤 것은 두 번째 단계에서 이루어질 수도 있다. 그러나 새로운 학습 자료에 대한 재학습은 독립된 교수과제로 그 특유의 활동과 기술을 갖고 있는 것이다. 오슈벨은 다음의 5 가지 활동을 제시한다. (1) 학생들에게 아이디어를 생각나게 할 수도 있으며, (2) 새로운 학습 자료의 중요한 특성을 요약하도록 할 수 있으며, (3) 정확한 정의를 반복할 수 있으며, (4) 여러 각도에서 자료의 차이점을 물을 수 있으며, (5) 학습 자료가 어떻게 포섭자로 쓰인 개념이나 명제를 뒷받침하는지 설명할 수 있다.

**적극적 학습**은 (1) 새로운 자료가 현존하는 지식의 단면과 어떻게 관련되는지 설명하도록 하고 (2) 학습자료 속에 나오는 개념이나 명제에 대한 추가적인 예를 학생들에게 이야기해 보도록 하고 (3) 학생에게 자신의 용어와 참조체제를 이용하여 자료의 중요한 것을 말해 보도록 하며, (4) 학생들에게 다른 관점에서 자료를 조사해 보도록 하며 (5) 자료를 반대되는 자료, 경험, 지식과 관련지어봄으로써 촉진될 수 있다.

지식에 대한 비판적인 접근 태도는 학생들에게 학습 자료에 내재하는 가정, 추론(inferences)을 알아내고, 이러한 가정과 추론에 대해 판단을 내리고 도전하며, 그들 사이의 모순을 조화시키도록 함으로써 육성될 수 있다.

마지막으로 학생들은 학습 자료나 과제(관찰, 필름, 읽기)에서 그들이 분명히 이해하지 못한 부분에 관하여 질문을 할 것이 많을 것이다. 이에 대해 교사는 추가적인 새로운 지식을 제공하고, 이전에 제시된 지식을 바꾸어 말하고, 아이디어를 새로운 문제와 예에 적용시켜 봄으로써 명료화할 수 있다.

한 수업시간에 이 모든 기술을 이용하는 것은 가능하지도 않으며 바람직하지도 않다. 시간, 소재, 특정한 학습 상황에 대한 적절성과 같은 제한점에 따라 그 이용이 달라질 것이다. 그러나 이 단계의 네 가지 목적과 효과적인 설명적 교수를 위한 구체적인 기술을 기억해 두는 것이 중요하다.

이 3단계의 시작은 교사와 학생 양자의 공동 노력으로 이루어지는 것이 이상적이다. 그러나 처음에 학생에게 소재의 어떤 영역에 대한 명료화나 새로운 자료와 기존 지식의 통합에 대한 욕구가 일어날 때  교사는 이를 충족시켜 주어야 한다.

학습 자료를 제시하는 것에 덧붙여 교사는 선행조직자를 이용할 때 몇 가지 다른 기능을 수행하여야 한다. 교사는 새로운 학습 자료를 어떤 개념, 명제, 문제 밑에 배치해야 할까를 결정해야 하며, 수업을 해나가며 계속 보다 더 포괄적인 개념과의 관계에서 지식을 재조직해야 한다. 다시 말해, 교사는 교과영역에서 지식의 계층을 구상하며 정의와 의미를 결정한다. 이러한 정의를 기초로 교사는 기존의 지식과 새로운 지식간의 서로 다른 점, 갈등, 유사점을 지적해야 한다. 마지막으로  교사는 새로운 자료를 학생에게 개인적 의미를 지니는 참조체제로 바꾸어야 한다. 즉, 자료는 학생의 경험적·지적 배경을 나타내는 것이어야 한다.

이 모형에서 교사는 계속적으로 학생이 새로운 자료와 이전의 학습 자료를 구별하도록 도와주고, 학습 자료와 조직자를 관련지어 줄 필요가 있다. 그러나 3단계에서는 학생들이 많은 질문과 의견을 말하여 학습상황은 훨씬 더 많이 상호작용이 이루어지는 것이 이상적이다. 새로운 자료에 대한 성공적인 습득 여부는 그 자료를 이전에 배운 지식과 통합하려는 학습자의 마음, 비판적인 능력, 교사의 자료 조직과 제시 방법에 달려 있다.

학생의 행동에 대한 교사의 반응은 새로운 자료의 의미를 명료화하고, 새로운 지식을 기존의 지식과 구별하여 조화시키고, 새로운 자료를 개인적으로 학생에게 적합한 것이 되게 하고, 지식에 대한 비판적인 접근이 육성되도록 도와주려는 데 그 목적이 있다. 이상적인 모습은 학생이 의미를 알아내려는 욕구에 따라서 스스로 질문을 하는 것이다.

## 3) 주요 수업원리

### (1) 점진적 분화의 원리

학습내용 중 가장 일반적이고 포괄적인 내용을 먼저 제시하고 점차 세분되고 특수한 의미로 분화하도록 한다.

이 원리는 두 가지 가정을 전제로 하고 있다. 하나는 인간은 이전에 학습한 분화된 내용에서 포괄적인 전체를 형성시키는 것보다 이전에 학습한 포괄적 전체에서 분화되는 부분을 더 쉽게 파악한다는 가정이다. 다른 하나는, 개인마다 교과내용을 조직하는 방식은 가장 포괄적인 개념이나 의미를 정점으로 하여 점차 분화되는 명제-개념-사실이 계열적으로 구조화하도록 한다는 것이다.

### (2) 통합적 조정의 원리

이 원리는 새로운 개념이나 의미는 이미 학습된 내용과 일치되고 통합되어야 한다는 것을 의미한다. 교육과정의 계열은 계속되는 학습이 이전에 학습된 것과 관련되도록 조직되어야 한다는 것이다.

한 학문분야의 개념과 그의 예를 개인의 인지구조 내에 형성하려면, 다음 수업에서는 반드시 이미 학습한 개념이나 의미를 기초로 하거나, 통합이 되도록 관련지어야 한다는 것이다.

### (3) 선행학습의 요약-정리의 원리

새 과제의 학습에 임할 때 현재까지 학습해 온 요약 - 정리해 주면 학습이 촉진된다. 이 원리는 세부 학습요소가 수직적 위계 관계에 있는 학습에만 국한되는 것은 아니다. 수평적 관계에 있는 과제에서도 앞의 과제에 대해 요약하거나 정리를 해주면 다음 학습이 분명해지기도 하고 촉진되기도 한다. 요약 및 정리를 하는 방법으로는 해당 학습과제를 반복하면서 확인, 교정, 명료화, 차등연습 및 복습하는 방법 등이 있다.

### (4) 내용의 체계적 조직 원리

학문의 내용이 계열적 - 체계적으로 조직되어 있으면 학습의 극대화를 도모하기가 쉽다.

### (5) 선행조직자의 원리

선행조직자는 새 학습 과제의 학습을 최대화시킬 수 있도록 인지구조를 조정하는 방법으로서, 매우 명료하면서도 안정되고, 적절히 포괄적인 입문적 자료를 일컫는다. 선행조직자를 구성하는 내용은 가르치려는 과제를 설명하고 통합하며, 다른 과제와 관련시키기 위해 적절하도록 만들어지는 것이기 때문에, 인지구조의 조직능력을 증진시키는 데 필요한 인지구조의 안정성과 명료성을 증진시켜 준다.

### (6) 학습준비도의 원리

학습준비도란 학습자의 기존 인지구조뿐만 아니라 학습자의 발달수준을 가리킨다.

## 4) 실제에의 적용

예시 1
선행조직자의 사용의 예(Woolfolk, 1990).
1. 영어: 쉐익스피어는 그 시대의 사회적 통합을 그의 연극의 구조로 사용했다. 시이저, 햄릿, 맥베드에서 자연적 질서, 인간의 집단체로서의 국가, 천사와 야수 사이에서의 인간의 위치 지움 등을 다루고 있다.
2. 사회과: 지리과에서 산업화 이전의 지역별, 또는 국가별 경제상황을 진술하게 한다.
3. 역사과: 르네상스 시대의 주요 개념은 조화, 고대 그리스 시대에 대한 찬사와 이로의 회귀, 인본주의 등이다.

예증의 사용 예
1. 수학시간에 교실에서 발견할 수 있는 모든 직각의 예를 들어보도록 한다.
2. 섬이나 반도에 대해 설명할 때, 지도, 슬라이드, 모형, 그림 우편엽서 등을 사용한다.

유사성과 차이점에 대한 구분의 예

1. 역사시간에 학생들에게 남북전쟁이 일어나기 전의 남과 북이 같았던 점과 달랐던 점에 대해 목록을 작성하도록 한다.

2. 생물시간에 학생들에게 거미가 곤충류로, 개구리가 어떻게 파충류로 분류되는지 그 이유를 묻는다.

예시 2

*삼각형의 넓이 구하기

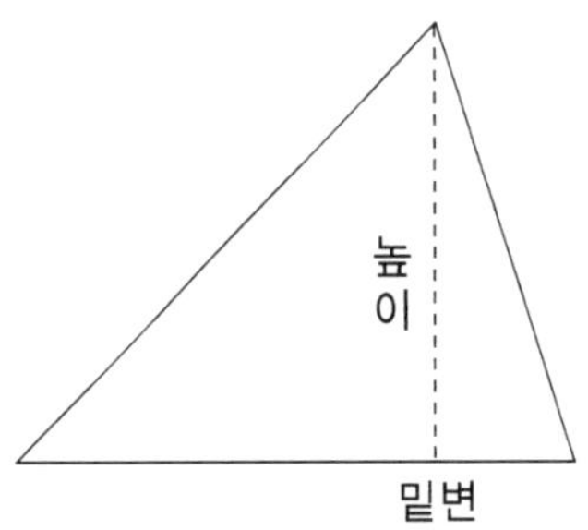


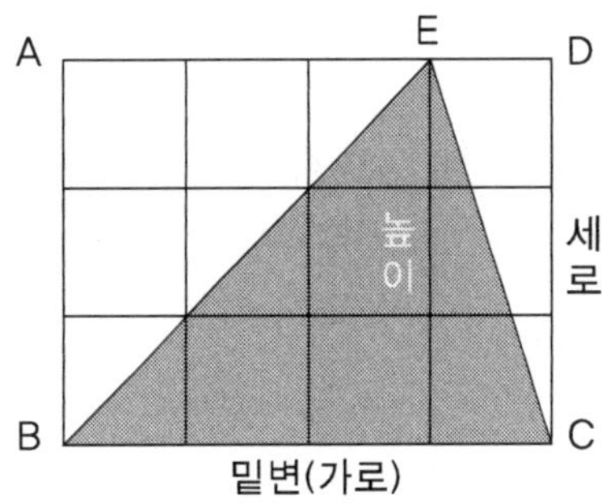


교사가 학생들에게 삼각형의 넓이는 밑변×높이/2임을 미리 설명해 준다. 그 후 그렇게 되는 이유를 그림으로 설명한다. 예컨대 옆의 그림에서처럼 삼각형 EBC는 사각형 ABCD의 넓이의 반이 된다는 것을 작은 사각형의 수와 남은 삼각형의 수와 크기를 비교해 깨닫게 한다. 다음에 크기를 달리한 사각형에서 임의의 삼각형을 그렸을 때 그 크기가 반이 됨을 보여 준다. 따라서 삼각형의 넓이는 사각형에서의 가로와 세로에 해당하는 밑변과 높이라는 용어를 이용해서 밑변×높이/2라는 공식으로 구할 수 있음을 설명한다. 다음에 이 공식을 적용한 실제 연습문제를 여러 가지 모양의 삼각형에 적용하는 과정을 밟는다.

## 6. 정보처리 이론과 이의 적용

정보처리 이론은 최근에 대두되고 있는 인지심리학을 대표하는 견해로 보아 무방하다. 앞서 설명한 바와 같이 인지심리학은 '인간의 정보처리'에 관한 과학이므로, 두 말은 동의어인 셈이다. 다만 인지주의 학습이론은 여러 견해를 포괄하는 것이고, 정보처리 이론은 그 중에서도 정보의 획득, 파지(기억), 활용의 과정에 중점을 둔 학습의 한 국면을 다루는 이론들의 묶음으로 보면 된다.

정보처리 이론을 컴퓨터와 비교하면서, 인간을 기계적인 관점에서 보고자 한다는 일부 비난이 있으나, 이 이론은 컴퓨터의 활용에서 아이디어를 빌렸을 뿐 인간을 기계적으로 본 것은 아닌 것 같다.

'기억'에 관해서는 별도의 장에서 설명할 것이므로 여기서는 가급적 중복을 피하는 방향에서 그 개요만을 설명하고, 제4장에서는 학습을 정보처리 과정으로 본 가녜(R. Gagné)의 학습이론을 개관해 보기로 하겠다.

이 부분은 진술의 편의상 별도의 실제 적용의 예를 따로 구분하여 제시하지는 않겠다.

정보처리 이론가들은 정보의 습득과 조직, 부호화, 저장 및 인출과 같은 인지과정과 추론, 언어의 이해와 사용, 문제해결에 사용되는 지식(전략)에 보다 많은 관심을 갖는다.

학습은 일련의 정보의 투입(in put)으로 볼 수 있으며, 이렇게 저장된 정보는 유사한 환경이나 새로운 문제 장면에서 회상, 즉 인출(out put)된다는 것이다. 엔트위스틀(Entwistle, 1990)은 이 과정을 다음과 같이 요약하여 설명하고 있다.

효과적인 상호관련성 체계는 정보의 저장과 회상에 필요한 것이며, 이러한 상호관련성 체계는 다른 것과 구별되는 뚜렷한 속성, 명확한 정의, 그리고 상호관련성을 갖는 유목화(categorize)를 필요로 한다. 새로운 정보의 부호화는 속성을 파악하고 유사한 차이점을 여하히 분석하느냐에 좌우된다. 회상이란 이미 저장된 유목 중에서 검색해 내는 과정으로 볼 수 있는데, 그것은 폭넓게 그리고 천천히 진행되기도 하고, 좁은 범위 내에서 빠르게 진행되기도 한다.

정보처리 이론에서 학습은 다음의 세 단계로 구분된다.

## 1) 새로운 정보와의 접촉

### (1) 주의집중과 수업

우리는 학습뿐만 아니라 일상의 생활에서 무수한 정보와 부딪친다. 수업시간에서조차 밖의 소음이나 옆자리 학생의 동작, 교사의 옷차림 등등에 신경을 쓰기도 한다. 그러나 사람들은 자기의 지각과정을 통해서 그 많은 정보로부터 자기 자신을 보호하고 있다. 수없이 접하게 되는 많은 감각자료로부터 자신을 보호하기 위해 우리의 지각과정은 선택적 주의(selective attention)를 하게 된다. 그 많은 정보 가운데 어떤 것은 무시하고 특정의 것에만 주의를 기울인다. 만일 학생들이 주의를 집중하지 않는다면 학습은 이루어지지 않거나 매우 소극적으로만 진행될 것이다. '주의'는 인간이 지닌 제한된 용량의 처리자원을 할당하는 과정이다. 선택적 주의를 통해 우리는 특정 내용에 집중적인 관심과 노력을 기울이게 되는 것이다.

네이서(Neisser, 1976)는 학습자의 인지적 도식에 따라 제시된 자극이 수용되거나 배제되는 것을 결정하는 선택적 주의집중의 기초로서 환경적 특징과 학습자의 인지체제를 들고 양자간의 상호작용 모델을 제시한 바 있다.

주의집중 방법은 다음의 두 가지로 구분된다. 그러나 각종 동기유발 방법 모두가 다 이러한 주의집중 방법의 하나가 될 것임은 물론이다.

### ① 자료 주도적 방법

자극 자료의 제시 특성에 따라 주의를 집중케 하는 방법으로 밑줄 긋기, 화살 표시, 색연필로 칠하기, 확대, 축소와 같은 방식을 쓰는 외적 자극단서 집중방법이다. 흔히 사용되는 방법인데 이는 학습 내용의 중요도, 학습자의 발달 수준에 따라 적절한 활용계획이 수립될 때 효과적이다.

학습자 스스로가 중요하다고 여기는 내용에 선택적 주의를 기울이고자 하는 학습자 생성 단서 방법도 있다. 학습내용과 요점을 발견하기 어려운 학습자나 열등한 학습자는 외적 자극단서 제시가 유리하고, 유능한 학습자는 학습자 생성 단서화가 유리한 것으로 보고되고 있다.

### ② 개념주도적 방법

학습자가 지닌 인도적 도식을 기초로 하여 주의집중을 도모하고자 하는 것으로 도식망 수정(schema modification)을 위한 주의 집중법으로 활용되고 있다. 선행조직자 활용과 정교적 계열화 같은 부가적 방법을 활용하여 학습자의 주의를 특정 내용에 집중시켜 학습자의 인지체계를 변화시키려는 방법이다. 선행조직자 활용은 수업의 내용 구조와 학습자의 인지 구조간에 연결이 이루어질 때 주의집중의 효과가 있음을 말한다. 정교적 계열화는 학습내용을 정교한 구조로 조직하여 학습자의 현재 지식상태에 적합하도록 학습내용을 계열화하여 제시하는 방법을 말한다.

몇 가지 요소가 학생의 주의를 요하는 데 영향을 준다. 일반적으로 과제 곤란도가 증가함에 따라 주의의 요구는 커진다. 그러나 과제에 대한 주의력 요구는 획일적인 것은 아니다. 즉, 학생들의 지식 수준과 자동적 인지작용의 발달에 따라 다르다. 예를 들면, 독해력이 뛰어난 학생들은 책읽기가 자동적이므로 주의가 거의 요구되지 않는다. 이와는 대조적으로 초보자, 또는 실력이 없는 독자들은 독해에 굉장한 주의를 기울여야 한다. 물론 자동적 인지과정들은 천천히, 그리고 상당한 연습을 기초로 하여 발달된다.

### ③ 인식과 수업

주의가 새로운 학습에 필요하긴 하지만, 그것만으로는 충분하지는 않다. 예를 들어 한국의 중학생들에게 영어로 수업을 진행하는 경우, 그 학생이 그 학습에 얼마나 조심스럽게 주의집중하여 학습하는지에 관계없이 영어를 이해하지 못한다면 학습은 일어나지 않는다. 다시 말해서 인식이 일어나지 않으면 새 학습은 일어나지 않는 것이다.

새 정보는 그것이 의미가 있을 때 즉, 그것이 전에 알려진 정보와 의미 있는 방법으로 연결되어질 수 있을 때 가장 학습되기 쉽다. 알려진 그리고 지루하지 않은 것과 연관지어서 학생의 수준에 맞춰 정보를 제시하는 것에 의해 학생들의 인식에 교사는 큰 영향을 미친다.

인식은 사전 지식에 의해 유도되기 때문에 개인적으로 차이가 날 수밖에 없다. 똑같은 장면이라 할지라도 사전 지식이 다른 까닭에 각자는 다른 방식으로 사물을 인식한다. 교육은 똑같은 지식을 전달하는 것이 기본이므로 교사는 공통인식을 보장하는 학습이 가능하도록 학습내용을 맥락화 시킬 필요가 있다. 학생들이 어떤 수업활동에서 기억하는 것은 교사가 그 맥락 안에서 활동을 도왔던 도식망에 의존한다.

잘 조직된, 그리고 정확한 맥락은 노력의 낭비를 막고, 학습목표의 달성을 가능케 한다.

이해과정에 대한 인지주의자의 입장은 다음과 같다(박문태, 1988).

첫째, 저장되어 있는 지식(prior knowledge)의 양을 이해하고 획득하는 과정에 학습자가 얼마나 잘 다듬어진 지식의 망을 갖고 있느냐에 따라 학습하는 속도와 그 양은 달라진다.

둘째, 문제해결, 이해과정, 학습의 정도 등도 학습자가 갖고 있는 지식의 정도에 좌우된다는 것이다. 행동주의 학습이론이 누가 눈덩이를 만들었느냐, 어떻게 만들었느냐에 관심을 갖는 데 비해, 인지학습 이론은 만들어진 눈덩어리를 어떻게 굴려 크게 할 것인가에 관심을 둔다고 볼 수 있다.

셋째, 이해과정은 학습자의 생득적 탐구동기와 능동적 정보처리 능력에 의한 것이라는 주장이다.

넷째, 이해의 단위는 개념단위가 아니라 최소 한 개 이상의 관념단위(idea unit)의 관계 단위라는 것이다. ‘사과’라고 했을 때 ‘사과는 둥글다’의 두 개의 관념 단위가 관계를 맺고 있다는 것이다.

여기서 관계라는 것은 매우 중요한 의미를 갖는데, 왜냐하면 둘 이상의 것 사이의 관계를 발견함으로써 추론이 가능하기 때문이다.


## 2) 정보의 획득과 저장

인간에게 기억력이 없다면 학습은 이루어지지 않는다. 인간의 기억력은 놀랄만한 것이어서 일생동안 약 5만개 이상의 단어를 기억하고, 그 외의 무수한 정보를 회상해 낼 수 있다.

정보를 획득하여 저장하는 과정은 두 단계로 나누어지는데, 그 하나는 단기 저장(단기 기억)이고, 다른 하나는 장기 저장(장기 기억)이다.


### (1) 단기기억과 수업

정보처리 모형에서 가장 기본적인 위치를 차지하는 구조가 단기기억이므로 수업에서 우선적으로 고려되어야 할 것이 바로 이것이다.

단기기억은 그것이 수행하는 기억에 따라 다음의 두 가지로 구분된다.

일차기억 : 감각기관에 들어온 정보를 일시적 형태로 저장하는 것

작용기억(working memory) : 일차기억(새로운 정보)을 기존의 기억정보와 비교하기 위해 기존 정보를 장기 기억고에서 인출하고, 인출된 정보를 기 정보와 결합하도록 하는 기능. 이에 더해 들어온 정보가 30초 이상 유지되도록 시연하는

기능을 동시에 수행하는 기억을 말한다.

정보처리적 관점에서 학습이란 들어온 정보를 장기기억으로 전이시키는 과정으로 간주됨으로 작용기억이 수행하는 기능은 수업설계에서 매우 중요하다. 단기기억의 주요 특징인 저장시간의 길이와 처리 항목 수에서의 제한성은 수업 설계에 중요하게 반영되어야 할 것이다.

단기기억에서 장기기억으로 학습내용을 전이시킬 수 있는 방법에는 단기기억에 있는 정보를 반복 연습하는 사연과, 단기기억에 있는 의미적 정보를 장기기억에 있는 지식과 관련짓는 정교화가 있다.

단기기억의 용량은 제한되어 있다. 따라서 학습과제를 계획할 때 학습자에게 무엇을 하도록 지시하는 경우 한꺼번에 세 단계, 또는 그 이상을 지시하지 않는 것이 좋다. 학습자의 주의를 요하는 자극도 한꺼번에 3~4개 이상 제시되는 것은 좋지 않다. 학습자의 주의 분배가 많아질 정도의 단기기억 용량 초과는 정교한 시행을 하게 하기 어렵다. 이는 학습자로 하여금 정보의 이해나 파지를 어렵게 한다. 중요한 것은 수업내용을 학습자의 정보 처리 능력에 맞게 분할하여 제시하는 것이다.

### (2) 장기기억과 수업

정보를 오랫동안 저장하고 기억하기 위해서는 학습자는 적극적이고 능동적인 노력을 기울여야 하는 바, 이에는 그 정보의 연습이나 암송(시연=rehearsal), 부호화 과정 등이 필요하다. 부호화란 그 정보를 보다 쉽게 기억할 수 있도록 다른 체제에다 연관시키는 것을 의미한다. 예컨대 사과, 의자, 걸상, 바나나라는 단어를 기억하기 위해 우리는 사과와 바나나는 과일에, 의자와 걸상은 가구로 분류(부호화)하여 저장하고 기억한다.

장기 기억고에 저장된 개념은 주로 어떤 명제에 대한 의미적 형태로 구성되어 있으며, 이런 의미적 형태는 다른 의미적 망상형태를 조직하고 있다. 학습이란 학습자가 현재 소유하고 있는 망상조직에 새로운 개념이나 명제가 계속적으로 추가됨으로써 망상조직을 보다 더 조직화시키고 확대하는 것으로 볼 수 있다.

가녜(R. Gagné)와 글레이져(R. Glaser)는 장기 저장고에 있는 의미 망상조직을 심상, 서술지식, 절차지식, 도식(shema), 학습된 능력(capabilities)으로 유목화 하였다. 가녜는 학습된 능력을 인지전략, 태도, 운동기능으로 분류하고 있다.

### (3) 기억보조술(mnemonics)의 활용

성공적인 수업설계의 초점은 새로운 지식과 정보의 효율적인 습득을 위해 필요한 지식을 장기기억에서 쉽게 인출할 수 있는 단서를 적절하게 제시하는 방법에 있다.

Mnemonics는 새로운 정보를 이미 학습된 사항에 연결시킴으로써 새 정보의 회상을 쉽게 하기 위해 디자인된 기억 보조술이다. 최근 가장 주목되고 있는 니마닉스 기법은 심상형성법이다. 심상형성법이란 어떤 정보를 학습할 때 학습자가 필요한 심상을 생성하도록 유도하는 것을 의미한다. 심상형성법에는 '핵심 단어법'과 '장소법'이 있다.

**핵심단어법** : 핵심단어법은 두 가지로 구성되어 있다. 청각적 연결과 심상적 연결이 그것이다. 새로운 단어와 어휘를 학습할 때, 먼저 학습될 단어의 부분과 같은 발음이 나는 핵심단어(key word)를 찾아야 하는데, 이것이 청각적 연결이다. conflaglation(큰 불, 화재)의 핵심단어는 flag이다. flag는 화재에 대한 경보 깃발 같은 시각적 상, 즉 심상을 그려내게 되어(심상적 연결) 새 단어의 의미를 쉽게 이해할 수 있게 되는 것이다.

다음으로 들 수 있는 것이 **'장소법'**이다(Anderson, 1985 ; 이영애, 1989).

고전적 기억술인 '장소법(method of loci)'은 회상 상황에서 좋은 체제화를 장려하여 그 효과를 본다. 이 기법은 노트없이 연설했던 고대에서부터 현대에 이르기까지 오랫동안 사용되어 왔다. 키케로(Cicero, '수사학'에서)는 그리스 시인 시모니데스(Simonides)가 이 방법을 만든 사람으로 본다. 시모니데스는 한 연회에서 서정시 한 편을 발표했다. 발표 후에 그는 자기 시에서 칭송한 카스토르(Castor)와 플럭스(Pollux) 신들에 의해 연회장 바깥으로 부름을 받았다. 그가 없는 동안 지붕이 내려 앉아 연회에 참석한 사람들 모두가 죽어버렸다. 그 시체들이 너무 엉망이 되어 친척들이 그들을 가려낼 수 없었다. 그러나 시모니데스는 사람들이 연회장에 앉아 있었던 장소에 따라서 각 시체를 파악해 낼 수 있었다. 전체 회상의 이러한 묘기는 시모니데스로 하여금 사람들이 기억해야 할 사물들을 순서에 따라 배열된 장소에 배치하는 것이 유용함을 확신시켰다. 이 이야기가 다소 환상적이지만, 또 장소법(method of loci)의 참된 기원이 어떠하든 간에, 이 방법은 사람들이 연설할 때 요지와 같은 항목들을 순서로 기억하는 데 쓸모있는 기법으로 잘 알려지고 있다.

근본적으로, 장소법을 쓰려는 사람은 어떤 낯익은 지역을 관통하는 고정된 통로를 상상하되, 이 통로를 따라 어떤 장소들이 고정되게 배치되어 있어야 한다. 예를 들면 캠퍼스에서 서점으로부터 도서관까지 그러한 통로가 있다면, 그것을 사용할 수 있다. 물체들을 기억하려고, 고정된 장소와 물체를 연합하면서 단순히 머리 속에서 그 길을 따라 걸으면 된다. 예를 들어, 여섯 가지 식품 - 우유, 핫도그, 개먹이, 토마토, 바나나, 그리고 식빵을 생각해 보자. 우유를 서점과 연합하기 위해, 서점 앞에 우유와 뒤범벅이 된 책을 상상할 수 있다. 핫도그를 레코드 가게(통로에서 서점 다음인)와 연합하기 위해 핫도그 한 뭉치가 레코드 위에서 돌아가는 것을 상상할 수 있다. 피자 상점이 다음에 있으므로, 이것을 개 먹이와 연합하기 위해 피자 위에 있는 개 먹이를 상상할 수 있다. 그런 후 교차로에 온다. 이 길을 토마토와 연합하기 위해, 뒤집혀진 야채 트럭과 여기저기 널려진 토마토를 상상한다. 그리고 본부 건물로 온다. 총장이 바나나로 만든 훌라형의 스커트를 입고 나오는 것을 상상한다. 마지막으로, 도서관에 도착해서 아주 큰 식빵을 도서관 입구로 통하는 차양으로 상상하여 도서관과 식빵을 짝짓는다. 이 목록을 재구성하려면 각 장소에 대한 연합을 재생시키면서 이 통로를 마음속에서 걷기만 하면 된다. 이 기법은 매우 긴 목록에도 효과가 있는데, 좀더 많은 장소가 있으면 된다.

장소법의 효능 배후에는 두 가지 중요한 원리들이 있다. 첫째, 이 방법은 별달리 체제화 되지 않은 목록에 체제화를 부여한다. 회상할 때 심적 통로를 따라가기만 하면 연합이 형성된 장소들을 통과하므로 정확한 회상이 보장된다. 둘째 원리는 장소와 항목들 간의 연결을 생성함으로써 재료를 보다 정교하게 처리할 수 있게 해 준다는 것이다.


### (4) 선행조직자의 활용

앞에서 언급한 바 있는 선행조직자는 새로운 정보를 획득하고 저장하는 데 많은 도움을 준다. 선행조직자는 다음과 같은 속성을 지님으로써 학습에 도움을 준다.

첫째, 선행조직자는 제시되고자 하는 과제와 관련된 구체적 예를 하나 이상 포함하고 있다.

둘째, 선행조직자는 학생으로 하여금 적절한 도식망의 활용을 가능케 한다. 선행조직자의 이러한 속성이 잘 발휘될 때 학습자의 이해와 기억은 촉진된다.

선행조직자의 활용은 피어슨이 말한 '도식활동'이라는 광의의 접근방식을 쓰는 것이 효과적이다. 예를 들어 과일나무에 관한 수업에 앞서 학생들은 밭에 있는 나무의 속성을 묘사하도록 요청될 수 있고, 관련된 도식망을 활용하는 수단으로서 맛있는 과일을 그려보도록 할 수도 있다. 도식활동의 요점은 새로운 정보를 학생들의 현존하는 지식과 연결짓는 데 있다.

## 3) 정보의 인출과 전이

### (1) 부호화와 인출의 관계

정보의 인출이란 저장된 정보를 찾아내어 이를 의식 세계로 떠올리는 일을 말한다. 정보가 얼마나 빨리, 그리고 정확히 인출되느냐 하는 것은 여러 가지 요인이 관련된다. 우선 학습의 정도가 인출에 영향을 준다. 최초의 학습을 보다 완전하게 했다면 기억하기에 용이하다. 둘째, 단서의 유효성에 영향을 받는다. 정보가 어떻게 부호화되었으며, 학습자의 인지구조에 어떠한 형태로 저장되었느냐가 기억에 영향을 주는 것이다. 단서는 물리적인 것일 수도 있고(얼굴을 보고 이름을 기억해 내는 것), 언어적인 것(이름을 듣고 얼굴을 떠올림)일 수도 있다.

잘 정돈된 상태로 제시된 학습내용은 하나, 또는 그 이상의 인지적 구조에 통합되어 쉽게 기억으로 인출될 수 있다. 새로운 정보를 어떻게 부호화하느냐 하는 것은 곧 정보가 어떻게 인출될 것인가를 결정하는 일이 된다.

February, June, August, September, Mary, Martha, Sandra 등 7개의 단어를 암기하게 한 후 이에서 4개의 여자 이름을 회상해 내라고 하면, 3개는 빨리 해내지만, 하나는 잘 회상해 내지 못한다. 왜냐하면 'June'은 달(月)로 정리해 두었기 때문이다.

### (2) 학습도식망과 수업

도식망이란 장기기억에 저장된 총칭적 개념을 표상하는 자료 구조로서 장기기억을 형성하고 있는 지식의 망상조직이라 할 수 있다. 도식망은 두 가지 기능을 한다.

첫째, 장기기억에 있는 정보를 찾아서 인출하는 기능

둘째, 문제를 해결하는 기능

도식망을 표상(representation)해 내는 방법을 이해하는 것이 도식망을 수업에 이용하는 주요 관건이다. 학습 도식망에 대한 표상은 일반적으로 인지구조, 내용구조, 교과과정 구조 측면에서 연구되고 있다.

① **인지구조** : 학습자나 전문가의 지식구조로 학습자가 지니고 있는 현재의 지식 상태를 반영한다. 유의미 학습과 선행조직자의 개념을 의미적으로 연결지으려는 수업에 반영되고 있다. 이에서는 학습자의 현재 지식 상태에 맞게 학습 자료를 구성하고 조직화하는 문제가 수업설계의 초점이다.

② **내용구조** : 학습내용에서 찾아볼 수 있는 개념망상과 그들의 관계를 말한다.

③ **교과과정 구조** : 최적 학습을 위해 계열화된 조직으로 규정된다.

교과과정 구조는 학습자의 인지구조와 교과의 내용구조가 일치되도록 해야 한다. 학습과제와 학습행동의 효과적 상호작용을 위한 방안은 학습자의 과도한 주의를 끄는 항목의 수를 줄이고, 학습자에게 친숙한 단서를 사용하며, 중요한 내용을 두드러지게 하는 보조기법을 사용하는 것이다.

# 제4장
## 절충적 입장의 학습이론

# 1. 가녜의 정보처리적 학습이론

가녜(Rovert M. Gagné)는 인간의 학습과정은 컴퓨터와 거의 같은 정보처리적 과정으로 진행된다는 견해에 입각해 그의 이론을 전개하고 있다. 가녜의 학습이론이 처음부터 정보처리적 모형으로 소개된 것은 아니었다. 그는 행동주의적 입장에 기반을 둔 절충적 학습이론을 제시한 사람으로 많이 알려져 왔다. 그가 교수에서 강조하는 수업원리가 접근, 반복, 강화와 같은 행동주의에 기초를 둔 개념이므로 그는 행동주의에 기반을 둔 학습이론가로 볼 수 있다. 그러나 그는 자신이 저술한 ≪학습의 조건과 수업이론 - THE CONDITIONS OF LEARNING AND THEORY OF INSTRUCTION≫개정 3판의 서문에서 다음과 같이 말함으로써 그가 행동주의자에서 이탈하고 있음을 보여주고 있다.

> 학습에 영향을 주는 조건을 설명하는 방법을 찾는 데 있어서 나는 내심 의문을 가진 바 있다. 교수에 차이를 가져오는 참 요인들은 어떤 것인가? 이러한 의문에 대한 해답이 이 책의 전편을 통해 두 가지 다른 주제를 근간으로 구체화되고 있다. 첫 번째 주제는 학습의 변인들이다. 본인이 믿기에는 학습에 대한 실제적 지식의 상당부분은 접근과 강화와 같은 학습과정의 매우 일반적인 원리를 뛰어넘는 것이어야만 한다고 본다.
>
> 독자는 학습의 결과는 학습자의 서로 다른 특성과 구조, 그리고 이의 달성을 위해 요구되는 상이한 조건 등에 대해 그가 보유하고 있는 성향에 따라 달라진다는 사실을 인식해야만 한다. 나는 이러한 학습된 상황을 통칭 '능력'이라 부른다. 학습의 다섯 가지 주요 변인은 지적 기능, 인지적 전략, 언어적 정보, 운동 기능, 그리고 태도이다.

더 나아가서 그는 역시 같은 서문에서

이 책의 개정판이 발간된 이래 많은 새로운 연구결과가 나오고 이론의 발전이 있었다. 게다가 나는 몇 해 동안 학습의 5변인에 관한 학습조건을 검증할 기회를 갖게 되었는데 이들은 먼저 번 저서에서는 매우 간략히 다루어진 사항들이었다. 이번에 강조되고 있는 학습의 현상에 대한 해석은 정보처리 모형에 입각한 것이데, 본인의 최근 저술을 잘 알고 있는 독자라면 이는 놀랄 일이 아닐 것이다, 나는 이러한 형태의 학습이론이 인간의 학습에 대한 과학적 연구에서 중요한 진보라 믿어 의심치 않는다 …

(중략)

학습의 현상에 관한 서술은 학습 연구를 위한 준거로서 현재의 많은 연구가들이 지목하고 있는 정보처리 모형과 기억에 관한 설명으로부터 시작된다. 이 모형은 그것이 지닌 폭 넓은 구조와 과정에 관한 설명을 통해 학습의 조건을 개념화하는 기초로서 매우 유용한 것임을 잘 보여 주고 있다. 이 모형을 통해 그리고 그것이 지니고 있는 기능으로 간주되는 증거를 통해 독자는 학습과 기억의 과정에 영향을 주는 조건을 형상화시킬 수 있을 것이다.

라고 말함으로써(Gagné, 1977) 그 스스로의 학습이론이 정보처리 모형임을 분명히 하고 있다.

## 1) 학습단계

가네는 정보가 학습된 지식으로 전환되는 과정에서 다음과 같은 8단계가 있다고 하는 정보처리적 학습계열을 소개하고 있다.

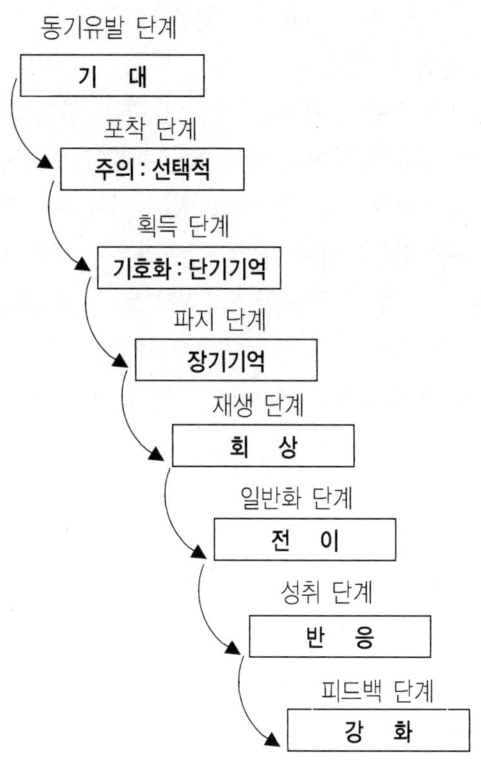


(그림 4-1) 학습행위의 단계 및 이와 관련된 과정

(1) **동기유발** : 기대를 갖게 자극을 주고 학생들은 이에 따라 동기유발된다.

(2) **포착** : 주의집중을 하게 한다.

(3) **획득** : 정보가 저장을 위해 부호화된다.

(4) **파지** : 정보가 기억에 저장된다.

(5) **회상 및 인출** : 정보가 기억되고 사용된다.

(6) **일반화** : 정보가 새로운 장면에 적용된다 ; 전이가 일어났다.

(7) **수행** : 학습자는 학습이 일어났음을 확인할 수 있는 어떤 방식으로 활동한다.

(8) **피드백 및 강화** : 동기유발 단계의 기대가 확인 된다 ; 학습자는 목표에 도달했다.

이러한 학습과정(가녜는 사태 - events라는 말을 쓴다)은 앞의 그림에서 보는 바와 같이 계열적으로 진행된다. 학습하고자 하는 의지를 불러일으키는 동기유발은 학습계열의 첫 단계가 된다. 동기 유발은 학습의 필수 전제조건인 것이다. 동기 유발은 학습을 위해서만 중요한 것이 아니라 학급관리의 보조적 수단으로서도 유용하다. 동기 유발이 되고 학급에서 일어나고 있는 일에 관심을 갖고 있으며, 학습에 적극적으로 참여하는 학생이 문제아가 되는 경우는 극히 드물기 때문이다.

가녜는 위의 단계 중 포착과 획득을 학습의 단계로 보고, 회상 및 인출과 일반화 단계(학습된 것을 기억하는)를 기억의 단계로 보고 있다. 각기의 사항을 간략히 설명하면 다음과 같다(Yelon & Weinstein, 1977).

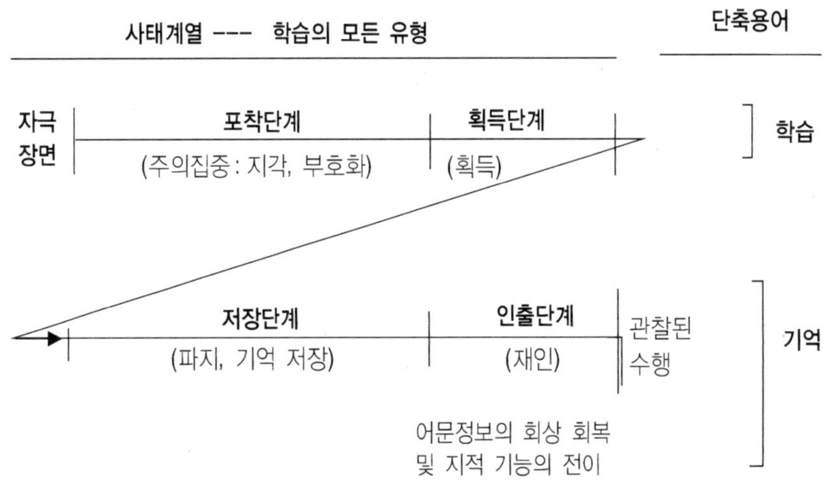


(그림 4-2) 가녜의 학습사태 계열(Gagné, 1970, p. 71)

### (1) 포착 : 학생들의 주의집중

주의집중은 학습자의 태세(set), 또는 정신적인 각성, 보거나 듣기를 원하는 것, 그리고 대상 자체 및 대상이 갖는 단서의 유의미성에 의해 영향 받는다.

### (2) 태세(set)

사람들은 자신이 보고자 하는 것을 보고 듣고자 하는 것을 듣는 등의 선택적 지각을 한다. 따라선 정보가 전혀 낯선 것이 아닌 다소 친숙한 것일수록 쉽게 접근되고 파악된다. 그러므로 학습에서 선행조직자를 사용하거나 목표를 제시하거나 선수요건을 학습(복습)시키거나 하는 일은 학습태세를 갖추는 데 유효하다.

### (3) 메시지의 구조화

주의집중은 결정적 단서, 주의를 요하는 단서가 들어있는 메시지에 집중하는 것이 가장 일반적인 일이다. 결정적 단서란 학습자의 눈에 띄는, 의미 있어 보이는, 또는 신기해 보이는 단서이다. 교사는 학생들이 결정적 단서에 눈을 돌리게 하도록 메시지를 구조화시켜야 한다. 화살표, 밑줄 긋기, 도식의 사용, 단어 강조, 음성의 높낮이 조정 등의 방법을 쓸 수 있는 바, 이를 선택적 과장이라 한다.

### (4) 획득 및 파지 : 기억

기억에 영향을 주는 핵심적인 활동은 시연(rehearsal)과 부호화이다.

시연 : 정보의 능동적 반복을 가리키는 말이다. 시연은 단기기억에서 정보의 순간적 강도를 증가시키거나 적어도 정보의 상실을 지연시키는 일을 한다. 단기기억은 매우 짧은 시간만 지속되고, 한 번에 7개 내외의 숫자나 기호(7개의 음절 정도 포함)만을 인지한다. 이러한 순간적 정보가 여러 번 반복되면 그 정보는 단기기억으로부터 장기기억으로 전환된다.

부호화 : 이 과정은 정보를 보다 쉽게 회상할 수 있도록 학습자의 인지구조의 틀에 정보를 연관시키는 것을 의미한다. 부호화는 일련의 단서를 제공함으로써 회상을 쉽게 한다. 한 단서가 회상되면 그 단서는 다른 단서를 유발시킬 수 있다. 단서를 많이 가지면 가질수록 전후 참조를 더 많이 할 수 있고, 따라서 회상은 쉬워지는 것이다.

### (5) 회상과 인출

인출이란 저장된 정보를 찾아내어 의식화시키는 과정이다. 인출의 효율성은 최초의 학습이 얼마나 잘 부호화되었느냐에 크게 영향을 받는다. 만일 유목화된 특정내용이 저장되어 있는 동안에 사용되어지면 이의 검색은 쉬워질 뿐만 아니라 인출되는 동안 재구성될 것이다(그때 빵집에서 그것이 생각났는데 아이들이 '너

아는 것 많구나'하고 말하던 것까지 재구성됨). 인출하고자 하는 내용이 학습자에게 의미 있는 것이면 인출은 더욱 쉬워진다. 회상과 인출은 단서에 크게 좌우된다. 그러면 단서에 대해 살펴보자.

단서 : 재인(recognition)과 회상(recall)은 차이가 있다. 자신이 어떤 답을 생각해 내는 것보다는 제시된 목록으로부터 답을 찾아내는 것(재인하는 것)이 훨씬 쉽다. 학교학습에서 교사는 예컨대 회상시에 적절한 주제문을 제시함으로써 인출을 돕기 위한 단서를 제시할 수 있다. 인출 단서는 회상에 매우 중요하다.

그 밖의 유의미 학습, 맥락학습이 회상과 인출에 도움을 준다.

### (6) 일반화 및 전이

일반화는 흔히 학습의 전이로 간주된다. 일반화는 본래 학습된 것과는 다른 맥락과 상황에서 그것이 활용되는 것을 말한다. 일반화는 수평적 전이나 수직적 전이의 형태로 나타난다. 수평적 전이는 우리가 흔히 쓰는 전이의 개념과 같은 것으로 한 장면에서 학습된 내용을 다른 장면에 응용하는 능력이다. 이에 비해 수직적 전이는 학습자가 더욱 복잡한 과제를 다룰 수 있는 방식, 즉 가녜가 말하는 더 높은 학습위계로 올라가는 토대를 마련하는 형태의 것을 뜻한다.

### (7) 수행

수행이란 관찰되어질 수 있는 행동으로, 학습 이전의 상황에서 학습 후의 상황으로 학습자의 수행에 변화가 일어나는 방식으로 영향을 미치는 자극상황이 있을 때 발생하는 학습태도이다. 따라서 수행에 변화가 일어났다 함은 학습이 일어났음을 뜻하는 것이다.

### (8) 피드백 및 강화

학습의 마지막 과정은 강화의 과정이다. 이 단계에서 교사가 하는 일은 "옳다", "맞았어" 등의 정보에 대한 피드백과 아울러 학습자를 강화시키는 일이다. 피드백은 학습자에게 무엇이 행해졌으며, 무엇을 행해야 하는지를 말한다는 점에서 정보적이며, 학생들에게 더 큰 노력을 자극한다는 점에서 동기적 역할도 한다.

한편, 가녜가 학습의 과정과 수업사태를 관련지어 제시한 내용은 (그림 4-3)과 같은 바(Gagné, 1977, p. 304), 이의 요약제시는 앞에서 소개된 내용의 요약과 복습도 아울러 하는 일이 될 것 같다.

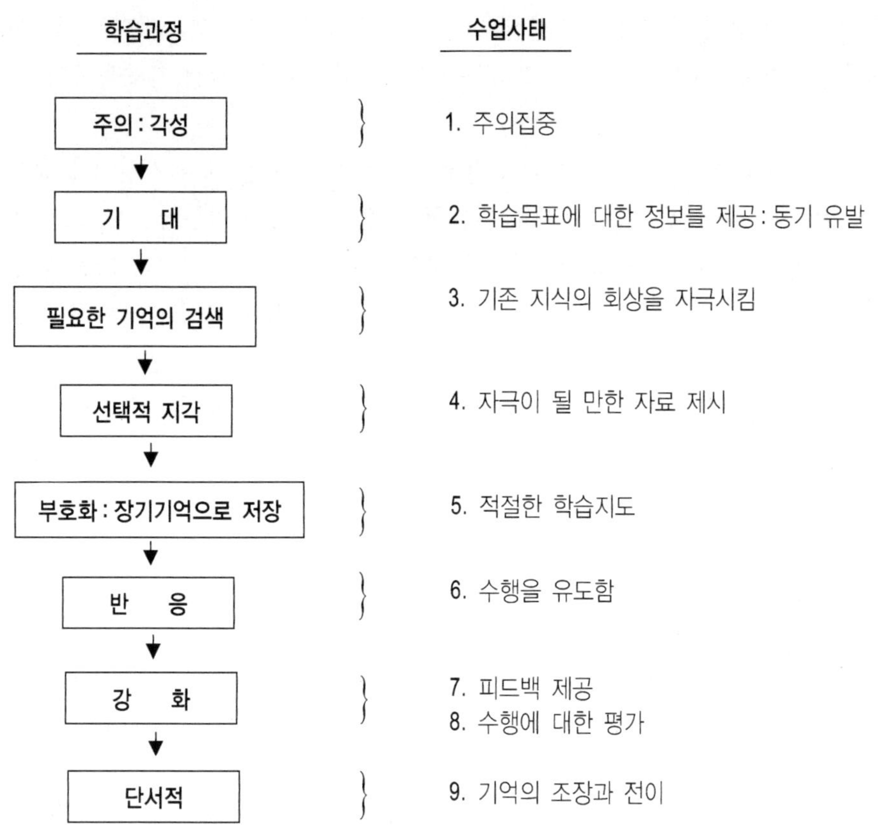


(그림 4-3) 학습과정과 수업사태의 관계

학습의 첫 시작이자 교사가 해야 할 일은 학생의 주의를 환기시키는 일이다. 다음 단계에서 교사는 학습과제의 목표를 학생들에게 알려 주고, 학생들의 호기심을 자극시키거나, 그 밖의 동기유발 방법을 동원하여 학습에 대한 기대감을 높인다. 학생들이 주의를 집중시키고 적당한기대감을 갖게 되면 교사는 새로이 학습할 자료와 관련된 기존 지식을 상기하도록 학생들에게 요구한다. 이러한 선수 지식(기존 지식)은 기억작용을 통해 이미 알고 있는 정보 자료를 제시하고 그 내용에서 중요한 부분의 요점을 추려 주고, 그 중에서도 핵심적인 요소를 강조한다. 이때 학생들은 이 새로운 정보를 단기기억 내에 받아들이거나 작용기억 속에 받아들인 상태가 됨으로, 이것들을 장기기억 속으로 집어넣기가 용이한 상태에 와 있다. 이때 학생들은 이 새로운 정보를 단기기억 속으로 집어넣기가 용이한 상태와 있다. 이 시점에서 교사는 적절한 학습지도를 하게 된다. 학습지도는 설명이나 예증, 그 밖에 발견적 연습을 지도하는 일, 영화상영 등 모든 학습활동이 포함된다.

학습은 이로써 끝나는 것이 아니다. 학생은 학습한 내용을 그들 자신이나 교사 앞에서 발표할 수 있어야만 그 자료에 대한 진정한 이해가 이루어진 것으로 볼 수 있다. 학생은 어떠한 형태로든 반응을 해야만 하는 것이다. 이러한 반응에 대해 교사는 학생의 이해의 정도를 체크하고, 강화를 해주거나 교정을 해주거나 양자의 일을 동시에 해주는 등의 일을 해야 한다. 끝으로 교사는 학생들이 새로이 학습한 지식을 쉽게 적용하고 인출해 낼 수 있도록 다양한 상황에서 연습을 해야만 한다. 그 과제의 소단원이나 단원이 끝나면 교사는 그 자료를 다시 간단히 복습시켜야 한다. 전이는 흔히 철저한 연습이나 복습에 의해 촉진되기도 하는 것임을 유념할 필요가 있다.

## 2) 학습의 조건과 수업원리

가네는 학습의 조건(conditions of learning)에 대한 많은 관심을 기울인 바 있다. 그는 학습의 결과는 학습자의 서로 다른 특성과 구조, 그리고 아직 달성을 위해 요구되는 상이한 조건, 그리고 이러한 것들에 대해 학습자가 보지(保持)하고 있는 성향 등에 따라 달라진다는 주장을 하면서, 개인의 이러한 학습된 상황을 통칭하여 '능력'이라 부르고 있다. 학습의 다섯 가지 조건(주요 변인)은 지적 기능, 인지적 전략, 언어적 정보, 운동기능, 그리고 태도이다.

이 다섯 가지 조건은 학습자의 내적 조건으로서 학습자가 이미 소유하고 있는 학습능력을 말한다. 학습자의 외부에서 가해지고, 학습자의 행동과는 독립적인 학습조건을 외적 조건이라 한다. 다시 말해 외적 조건이란 특정한 것의 학습을 위해 외부에서 가하는 조건을 말하며, 이 외적 조건을 통제하는 것이 바로 교수라 할 수 있다. 따라서 효율적인 교수 - 학습은 학습자의 내적 조건(능력)을 고려한 수업이어야 한다는 것이다. 이러한 학습자의 내적 조건을 학습과제의 수준에 맞게 만들어 주는 일도 아울러 필요하다.

우선 학습의 (내적)조건을 살펴보고, 이를 향상시키는 방안에 대해서 살펴보기로 하자.

### (1) 학습의 조건

① **지적 기능**: 개개인은 상징을 통해 환경과 상호작용하는 방법을 배울 수 있다. 어린이는 말을 통해 환경에 상징적으로 대처할 수 있다. "문 열어 줘"하고 외치면 부모가 문을 열어 주고, 역으로 아이는 부모의 요구대로 문을 열기도 한다. 읽기와 쓰기, 그리고 숫자를 사용하는 것은 초등학교 저학년에서 배우는 기본적 상징의 종류이다. 학년이 높아질수록 상징 또한 복잡한 방식으로 사용된다. 구분 짓기, 결합, 일람표화 하기, 분류, 수량화, 이벤트 그 밖의 여러 상징을 사용한다. 24온스를 파운드로 바꾸고, 단수 명사에는 단수 동사를 쓰는 일을 하는 것 등이 모두 상징의 사용 예이며, 이렇게 학습된 유형의 능력을 지적 기능이라 한다. 이는 "방법을 아는 것(Knowing how)," 또는 절차 지식이라 할 수 있다.

② **언어 정보**: 개인은 한 가지 사실이나 일련의 사태에 대해 구두로, 또는 글로, 워드 프로세스로, 심지어는 그림을 통해서도 진술하는 방법을 터득할 수가 있다. 개인은 진술을 하기 위한 지적 기능을 가져야만 한다. 달리 말하면 사람은 적어도 단문(單文)을 구성하는 방법은 알아야 한다는 것이다. 그러나 학습자의 행위의 목적은 문장을 구성하는 지적 기능을 보여 주는 데 있는 것이 아니라, 정보에 대해 말하고자 하는 데 있다. 차이가 거의 날 수 없어 보이는 정보(또는 생각)에 대한 간단한 진술도 사람마다 진술방법이 틀리기도 한다. 생각을 말할 수 있는 학습된 능력을 언어정보라 말한다.

③ **인지 전략**: 개개인은 자기 나름대로의 학습된 학습방법, 기억방법, 그리고 사고방법을 갖고 있다. 개인은 교재를 읽고 파악함에 있어서 상이한 방법으로 접근함을 볼 수 있다. 명백히 관련성이 없는 일련의 대상의 이름을 외우라고 요청받는 경우에도 각기 접근법이 다른데, 어떤 사람은 이름들 간의 관련성을 찾기도 하고, 보다 친숙한 이름과의 관련성을 찾으려 노력하기도 한다. 개개인은 나름대로의 사고 기법, 문제 분석, 그리고 문제 해결 접근법에서 차이를 보인다. 이러한 과정은 학습자 자신의 내적 과정(internal process)에 의해 통제되는 것으로 이를

통칭하여 인지전략이라 한다.

④ **운동기능** : 학습자는 재봉질이나 볼을 던지는 것과 같은 수많은 조직된 운동 행위를 시행하는 움직임을 배운다. 테니스를 치거나 자동차를 운전하는 것과 같은 보다 종합적인 활동과 밀착된 부분적 형태로서의 행위, 단위적 활동을 운동기능이라 한다.

⑤ **태도** : 학습자는 개인적 행위를 선택하는 데 영향을 미치는 정신 상태를 지니고 있다. 어떤 사람은 취미활동으로 골프를 선호하는 경향을 보이고, 혹자는 영문학보다는 물리학 공부에 더 열을 올린다. 특정한 수행의 결과라기보다는 학습자의 선택에 의한 것으로 보이는 그러한 "경향성"을 태도라 한다.

### (2) 학습조건과 수업

위에서 제기된 학습의 각 조건들을 수업사태에서 여하히 고려해야 할 것인가를 살펴보면 다음과 같다.

### ① 지적기능

가녜는 학습을 여덟 가지 유형으로 나누고, 이 여덟 가지 유형의 학습은 상호 위계성을 지닌다 하여 학습위계(learning hierarchy)라는 표현을 쓰고 있다. 각기의 유형을 위계가 낮은 것부터 높아지는 순서로 나열하면 다음과 같다.

가. 신호학습 나. 자극-반응 연결학습 다. 운동기능의 연결 라. 언어 연합 마. 변별학습 바. 개념학습 사. 원리학습 아. 문제해결 학습

이들의 관계를 살펴보면 문제해결 학습을 하기 위해서는 원리학습이 선행되어야 하고, 원리학습은 개념학습을 전제로 한다. 이와 같은 위계를 따라 신호학습까지 내려간다. 반대로 신호학습은 자극 - 반응 연결의 선행요건이 되며, 원리학습은 문제 해결의 선행요건이 된다.

이와 같은 위계에 따라 어떤 학습과제를 그 과제의 선행요건으로 학습할 필요가 있는 하위 학습과제로 분석할 수 있는데 이를 과제분석이라 한다. 즉, 새로이 학습할 과제가 개념(예, 민주주의)을 다루는 것이면 교사는 학생들이 민주주의와 공산주의를 변별하는 능력을 갖고 있나 살펴보면 되는 것이다.

가네의 8가지 학습 유형을 요약하면 다음과 같다(Gagné, 1965, pp. 58-59).

1. **신호학습** : 신호에 따라 일반적으로 일어나는 확산 반응을 배운다. Pavlov의 고전적 조건형성이 이에 해당한다.

2. **자극-반응 학습** : 학습자는 특정 자극에 대해 정확히 반응하는 것을 배운다. 학습자가 배우는 것은 자극과 반응과의 연계인데 이를 스키너는 변별적 조작이라 칭한다. 도구적 반응이라고도 한다.

3. **연쇄학습** : 학습자가 두 개 이상의 자극-반응간의 연계를 배우는 것

4. **언어적 연합학습** : 연쇄학습이 언어적으로 일어나는 경우를 뜻한다. 이 학습이 일어날 수 있는 조건은 기본적으로 다른 (운동)연합 학습이 일어나는 조건과 유사하다. 그러나 이 학습을 따로 특수하게 분류하는 것은 인간이 언어를 사용한다는 점에 기인하고 있다. 언어 간의 내적인 결합은 개인이 이미 학습한 언어 지식 중에서 선택적으로 이루어지기 때문이다.

5. **다중 변별학습** : 인간은 많은 자극에 대해 다르게 반응하는 것을 배운다. 이 때 자극은 외형적으로 아주 유사할 수도 있고 그렇지 않을 수도 있다. 자극-반응간의 연계학습은 각각 일어나지만 상호간에 간섭이 일어날 수 있다.

6. **개념학습** : 학습자는 각각의 자극이 서로 많이 다르더라도 이 자극들이 동일한 집합체로 묶여질 수 있다면 각 자극에 대해 공통적으로 반응하는 것을 배운다. 학습자는 같은 종류의 사물이나 사건 전체를 동일시하여 반응할 수 있다.

7. **원리학습** : 원리란 단순하게 말하자면 둘 이상의 개념이 연쇄되어 있는 것이다. 이러한 원리는 행동과 경험을 조직화하는 기능을 갖고 있다.

8. **문제해결학습** : 문제해결이란 흔히'사고'라고 일컬어지는 내적 사건을 필요로 하는 학습이다. 해결이 되지 않는 애매모호한 사건을 해결하기 위해 이전에 습득한 개념과 원리를 합치는 의식적인 노력이 있게 된다.

위의 학습 위계 중 지적 기능에 우선적으로 해당하는 것은 변별과 개념학습이다. 이를 보다 구체적으로 살펴보면 다음과 같다.

### 변별학습

변별력을 갖는 일은 일상생활이나 학교학습에서 매우 중요하다. 유아는 색깔, 밝기, 모양, 크기, 거리, 높낮이 등을 구별하는 학습을 해야만 한다. 어른도 일상생활에서 숱한 것을 변별해 낸다. 아동은 성장하면서 더 많은 경험을 하게 됨에

따라 더 많은 것을 구체적으로 변별해 내게 된다. 변별은 아동의 가장 기초적인 사항의 하나로 중요성을 갖는다.

또한 변별학습이 이루어져야 학습자는 자기의 환경특성을 선택적으로 지각할 수 있다. 변별력은 하나의 자극 특성을 다른 자극 특성과 구별하고, 서로 다른 기호를 구별해 내는 학습된 능력이다. 변별학습이 이루어졌다는 것은 아동이 <b>와 <d>를 읽을 줄 알게 되었다는 것이 아니라, 이에 대해 각기 다르게 반응할 줄 알게 되었음을 의미한다. 물론 읽을 줄 알기 전에 먼저 구별할 줄 알아야 한다. 그래서 변별학습은 주로 보다 복잡한 다음의 학습을 위항 필수적인 선수학습 기능으로 중요시된다.

### 개념학습

개인은 사물간의 차이를 밝힘으로써 각기의 것에 반응하는 방식을 배울 수 있다. 이보다 한 단계 더 나아간 인간의 능력은 사물을 분류하고, 그 분류에 따라 각기의 사물을 다시 귀속시키는 능력이다. 물론 차이를 밝히는 것이 분류를 위한 선행요건이 된다. 그리고 사물이나 사태의 분류를 통해 얻어지는 학습의 한 유형이 바로 개념학습이다.

붉은 색, 원형, 부드러움, 고양이, 집과 같이 관찰을 통해 알 수 있는 개념을 구체적 개념이라 한다. 지적해 보일 수 없고, 지각(관찰)하는 것만으로 드러나지 않는 개념이 있는데 그런 것들은 상호 관련성을 지닌 추상적인 것으로 이를 '정의(正義)된 개념'이라 한다.

우선 삼각형의 예를 들어 구체적 개념이 어떻게 학습되는지를 살펴보자. 삼각형은 "직선으로 된 세 변이 닫쳐진 상태를 하고 있는 단일의 평면체"로 정의된다. 이 경우 언어적 정의는 이 개념을 학습하는 데 그리 효율적인 방법이 되지 못한다. 학습자는 언어(정의)와 연합되는 공통성을 지닌 구체적인 상황으로부터 시작하는 것이 좋다.

(그림 4-4)에서 보는 바와 같이 간단한 삽입 설명을 해주면 개념학습은 용이하게 일어난다.

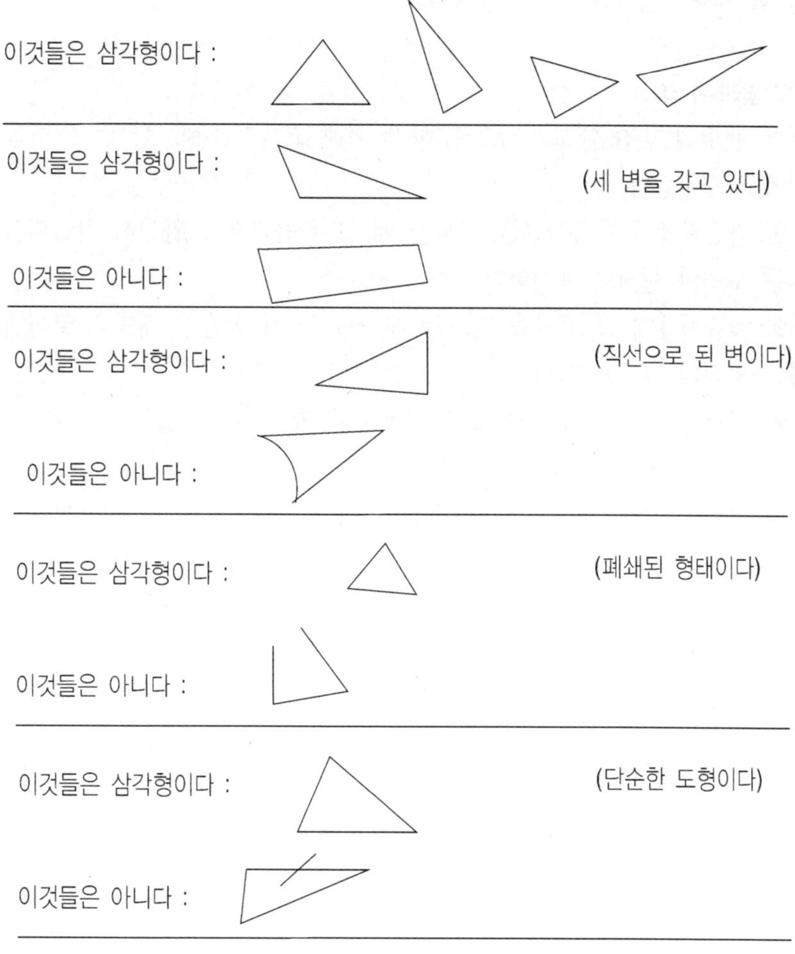


(그림 4-4) 최소한의 언어 지시를 통해 삼각형의 구체적 개념을 학습하는 예

학습자가 정의된 개념을 습득했다는 것은 그가 정의를 증명할 수 있고 사용할 수 있음을 나타낸다.

정의된 개념은 규칙학습의 한 유형이다. 정의된 개념은 사물이나 사상을 분류하는 규칙인 것이다. 학습된 능력으로서의 규칙은 한 유목에서 학습 성취를 이룸으로써 그 사물의 유목에 속하는 사물 전체에 반응하게 된다. 예를 들면 형용사를 수식하는 부사를 만들 때 <ly>를 덧붙이는 규칙을 적용하여 'joyful busy'를 'joyfully busy'로 바꾼다. 더 나아가서 이를 학습한 아동은 모든 형용사 수식어는 <ly>를 붙여야 한다는 것을 알게 된다.

**규칙학습과 수업**

규칙에 관련된 학습을 효과적으로 하기 위해 교사가 해야 할 일은 다음과 같은 5단계로 구분된다.

1단계 : 학습자에게 학습목표를 제시할 때 그 학습과제가 완전히 학습되었을 때 기대되는 수행의 형태로 제시하라.

2단계 : 학습자에게 그 규칙을 만드는 데 필요한 기 학습된 개념을 끌어낼 것을 요구하는 방식의 질문을 하라.

3단계 : 단서가 될 만한 언어진술을 사용하여 학습자가 적절한 순서로 그 개념과 (새)규칙을 연결할 수 있도록 이끌라.

4단계 : 질문을 통해 학습자가 그 규칙에 대한 하나, 또는 그 이상의 구체적인 예를 들게 하고 정답 여부를 확인하라.

5단계 : 적절한 질문을 통해 학습자가 그 규칙을 언어로 표현할 수 있도록 요구하라.

6단계 : 새로이 학습된 규칙의 기억을 돕기 위해 하루나 그 이상의 간격을 둔 복습을 하라. 회상을 돕기 위해 새로운 예를 들고 그 규칙을 증명하는 방식을 써라.

다섯 가지 학습조건의 학습결과 나타나는 학업성취의 예를 들어 보면 다음과 같다.

〈표 4- 1〉 다섯 가지 학습조건과 학업성취의 예

| 학습 결과 | 학습된 능력으로 결과되는 학습성취의 예 |
| --- | --- |
| 1. 언어 정보 | 미국 헌법의 1차 개정 조항을 진술하기 |
| 2. 지적 기능 | 다음 것들을 어떻게 하는지 보여 주기 |
| 　변별 | 인쇄된 b와 d를 구별하기 |
| 　구체적 개념 | "아래"라는 공간적 관계 찾기 |
| 　정의된 개념 | 정의(正義)를 사용하여 "도시"를 분류하기 |
| 　규칙 | 물이 섭씨 100° 에서 변하는 상태를 증명하기 |
| 　상위규칙 | 지형과 위치가 주어졌을 때 그 지역의 강우량을 예언하는 규칙을 산출해 내기 |
| 3. 인지전략기능 | 낙엽을 처리하기 위한 새롭고 기발한 계획을 짜기 |
| 4. 태도 | 좋아하는 운동으로 수영을 선택하기 |
| 5. 운동기능 | 널판의 모서리를 평평하게 깎기 |

### (3) 언어 정보와 수업

의미 있는 정보가 되기 위해서는 그 정보가 조직된 형태로 나타나야 하는 바, ① 이름, 명명화 ② 단순한 명제 또는 사실 ③ 명제들의 집합 등으로 조직화하는 일은 언어정보를 유의미화 시키는 데 도움을 준다.

학습자의 내적 조건으로 들 수 있는 것은 일련의 조직된 선수지식이다. 이것이 있으면 새 정보를 이에 포섭시키기에 유리하다(선행조직자의 활용). 다른 한 가지는 부호화 전략을 사용하는 일이다. 만약 언어정보가 조직된 형태로 장기 기억에 저장되어 있다면 그것은 학습에서 그러한 방식으로 부호화가 이루어졌음을 의미한다.

언어정보 습득을 위해 교사가 할 일은 다음과 같다.

가. 학습자의 기억에 있는 조직된 지식과 접촉할 수 있도록 선행조직자를 활용하는 등 정보를 의미 있는 맥락으로 끌어들여라.

나. 혼동이 일어나지 않도록 단서의 독특성을 드러나게 하라.

다. 일단 학습이 일어나면 이를 인출하는 일을 반복하여(복습) 학습시켜라.

### (4) 인지전략

인지전략은 학습방법이나, 사고, 문제 해결에서 보이는 학습자 자신의 전략이다. 이 중에서 문제 해결 증진과 관련된 일반적 전략을 소개하면 다음과 같다 (White & Wittrock, 1982 ; Gagné, 1985 재인용).

① 속 의미(deep meaning)를 탐색하는 전략을 구사하라.

문제 해결에 있어서 문제의 겉으로 드러나는 요소들은 흔히 문제 해결을 오류로 이끌거나 성공적 해결에 전혀 도움이 되지 못하는 경우가 많으므로 속의미를 파악하는 습관을 갖도록 한다.

② 문제 해결에 있어서 부분적 목적부터 한 단계씩 달성해 가는 참을성 있는 전략을 구사하도록 한다.

③ 사고의 융통성을 보일 수 있어야 한다.

성공적인 문제 해결자들은 사고의 고정관념의 틀을 벗어나는 일을 잘한다.

④ 부분적인 것들을 종합할 수 있어야 한다.

그 밖에 문제 해결 전략은 많은 학자들이 다양한 형태로 제시하고 있는 바, 생산적 사고를 자극하는 방법, 창의적 문제 해결법 등은 모두 문제 해결 전략으로 뛰어난 것들이다.

### (5) 태도와 수업

태도는 파블로프 식의 고전적 조건형성이나 스키너 식의 강화를 통해서 길러지거나 변화될 수 있다. 간접적인 방법으로는 반두라의 대리강화를 들 수 있다. 대리강화는 존경할 만한 모델을 선정한 후, 그 모델이 행하는 행위의 결과 생기는 만족감, 성취감 등을 관찰케 함으로써 그러한 행위를 배우거나, 그러한 태도를 갖게 하는 방법이다.

### (6) 운동기능과 수업

어떤 운동기능을 학습하려면 우선 그 운동을 구성하는 하위운동을 추출하여 이를 계열화한 다음, 그 각각에 숙달되도록 하는 것이 좋다.

운동기능을 향상시키는 데 가장 영향력이 큰 것은 연습이다. 연습은 첫째 학습자가 개선된 수행을 이루고자 하는 의도가 있고, 둘째 학습자에게 진전의 여부에 대한 정보가 되는 피드백이 주어질 때라야만 그 의미를 갖는다. 그렇지 않은 경우 그는 비록 움직이고는 있지만 아무것도 하고 있지 않은 것이다.

## 2. 반두라의 사회학습이론

반두라(Albert Bandura) 역시 행동주의에 기초를 둔 학습이론가이다. 그는 인간이 내적 작용에 의해서만 행동하는 것도 아니고, 환경의 통제에 의해서만 행동하는 존재도 아닌 것으로 보았다. 이와 같은 그의 관점이 절충주의자라는 칭호를 달게 한 배경이다. 그는 그의 저서 『SOCIAL LEARNING THEORY, 1977』저 문에서 다음과 같이 말함으로써, 자신이 행동주의에서 이탈하고 있음을 보여 준다.

오랫동안 여러 행동주의 이론가들은 행동이 직접적 경험에 의해서 어떻게

학습되고 변용되는가를 이해하는 데 많은 도움을 주었다. 그러나 전통적
인 방법은 기계론적 모형에 의해 너무나 제한적이었고 방해를 받기도 했
다.
사회적 학습이론은 심리적 기능 수행에 있어서 대리적, 상징적 및 자기통
제 과정의 중요 역할을 강조한다. 인간의 사고, 감정 및 행동이 직접경험
에 의해서만 아니라 관찰에 의해서도 크게 영향 받는 것임을 인정함으로
써, 사회적으로 매개된 경험의 영향력을 연구하는 데 필요한 관찰적 패러
다임의 발달이 조성되었다.

사회학습이론이 강조하는 것은 인간은 타인을 관찰함으로써 학습하는 능력을
지니고 있다는 점이다. 새로운 학습은 형이나 어른이 보이는 과제 수행 과정을
보고, 그 모델이 보인 행동을 따라 함으로써 획득될 수 있다는 것이다. 반두라
(Bandura, 1971)는 인간은 혼자서 기능하는 것이 아니라 타인의 행위의 결과를
보고 그가 보상받는지, 무시되는지, 처벌받는지를 관찰함으로써 자신의 직접경험
은 물론 타인의 관찰을 통해 학습한다는 주장을 한다.
사회학습이론의 또 다른 강조는 개인의 변화는 개인과 환경의 상호작용의 결
과라는 이른바 상호 결정주의이다.

## 1) 관찰학습

만약 우리가 모든 것을 직접 경험을 통해서만 학습한다면, 학습은 매우 비효율
적이고, 힘들고 어떤 위험성마저도 내포하는 과정이 될 것이다. 다행히도 대부분
의 인간행동은 모델의 제시에 의한 관찰학습이 가능하다. 사람들은 실제 행동을
하기 전에 본보기를 통해 행동하는 방법이나 적어도 유사하게 행동하는 방법을
배울 수 있기 때문에 불필요한 착오를 범하지 않아도 되는 것이다.
반두라에 의하면 인간은 한 모델의 관찰을 통해서 어떤 행동이 어떻게 수행되
는가에 대한 인지적 심상을 갖게 되고, 다음으로 이렇게 부호화된 정보는 장시간
저장되어 그 사람의 행동지침으로 활용된다는 것이다.

### (1) 관찰학습의 과정

관찰학습은 네 가지 상호 관련된 구성 요소와 과정에 의해 진행된다. 주의집중

과정, 기억 과정, 운동재생 과정, 동기적 과정이 그것이다.

**〈표 4-2〉 관찰학습의 구성 요소 및 과정**

| 주의<br>과정 | 파지<br>과정 | 운동재생<br>과정 | 동기화 과정 |
|---|---|---|---|
| **모델자극**<br>특이성<br>정의적 유인가<br>복잡성<br>보편성<br>기능적 가치<br>**관찰자 특징**<br>감각능력<br>각성수준<br>지각적 태세<br>과거 강화 | 상징적 부호화<br>인지적 조직<br>상징적 시연<br>운동적 시연 | 신체적 능력<br>구성반응의<br>가용성<br>재생의 자기<br>관찰<br>정확성 정보<br>(피드백) | 외적 강화<br>대리적 강화<br>자기 강화 |

시범 사건 → | → | → | → 상응 행동

이러한 관점에서 보면 관찰은 단순히 기계적인 모방의 과정으로 일어난다기보다는 개인이 능동적으로 판단하고 구성하는 과정임을 보여 준다.

### ① 주의집중 과정

관찰학습이 일어나기 위해서는 모델의 행동에서 중요한 특성을 주목하고 정확히 지각해야 한다. 단순히 모델을 보는 것만으로는 관찰이 일어나지 않는 것이다. 주의집중 과정은 이와 같이 노출된 모델에서 어느 것을 선택적으로 지각하고, 어느 것을 습득할 것인가를 결정한다.

주의집중 과정에 영향을 주는 변수는 여러 가지이나 반두라는 그 중에서도 교제 유형이 가장 큰 영향을 미치는 것으로 보았다. 자주 접하는 사람이나 집단 성원의 행동을 더 많이 관찰하고 모방한다는 것이다. TV의 영향으로 특정 연예인의 흉내 내기가 급속도로 퍼지는 것도 그 예가 될 것이나, 아이들이 학교에서 많은 시간을 보낸다는 점과 교사의 영향력이 매우 크다는 점에서 교사의 행동도 상당한 관찰과 모방의 대상이 된다는 점을 간과해서는 안 될 것이다. 또한 폭력 서클에 가담한 학생과 교회에 다니는 학생 간에 관찰과 모방의 질이 크게 다를 것임은 두말할 필요도 없다.

관찰자 자신의 특성도 주의집중에 많은 영향을 미친다. 주의집중 자체가 선택적 지각이라 함은 관찰자가 흥미를 갖는, 의미 있다고 여기는 것을 관찰한다는 것이다. 인간은 보고 싶은 것만 보려고 하는 속성이 있는 것이다. 빈민가의 흑인 청소년들이 백인 중류층의 가치를 비웃는다는 점에서도 이러한 속성을 엿볼 수 있다.

모델 자체의 매력 역시 주의 집중에 큰 영향을 준다. 어떤 형태의 모델 제시는 그 자체에 보상적 가치가 내재되어 있기 때문에 여러 연령층 사람들의 주의를 오랫동안 끄는 수도 있다. TV 시청은 그런 단면을 여실히 보여 주고 있다.

### ② 파지과정

관찰을 한 후 이것이 적당한 시기에 기억되지 못한다면 이 학습은 의의가 없어진다. 모델링 된 단서가 행동으로 재생되기 위해서는 최초의 관찰단계에서 그 모델의 반응에 대한 관찰이 어떤 상징적 형태로 기억 속에 저장되어야 한다.

관찰학습은 주로 심상과 언어라는 두 가지 표상체계에 의존하고 있다. 모델 자극이 반복해서 제시되면 관찰된 수행에 대해서 지속적이고 인출 가능한 심상이 형성된다. 언어적 부호화는 시각적(감각적)으로 관찰된 정보를 언어적으로 부호화시키는 일이다.

이러한 상징적 부호화는 관찰된 정보를 기억해 내기 쉬운 체제로 분류, 통합하는 형태로 구조화한 것이므로 학습에 효과가 크다. 즉, 모델의 행동을 단어나 간결한 명명, 또는 생생한 심상으로 부호화한 관찰자가 그저 관찰만 했던 사람에 비해 훨씬 학습을 잘 한 것으로 알려지고 있다.

상징적 부호화와 아울러 시연 또한 기억에 큰 도움을 준다. 최고 수준의 관찰학습은 우선 모델의 행동을 상징적으로 부호화하고 시연하고 난 뒤 그것을 외현적 행동으로 옮길 때 성취된다(Jeffrey, 1974). 따라서 과학과목 등에서의 실험이나 관찰은 단순히 관찰만 하기보다는 관찰 후 직접 해보게 하는 것이 효과적임은 두말할 필요가 없다.

### ③ 운동재생 과정

학습자가 모델 행동의 상징적 표상을 주의 깊게 형성하고, 기억한다 할지라도 이것만으로는 행동을 올바르게 수행하기 어려울 수 있다. 운전, 스키 타기, 비행기 조종 등과 같이 고도의 숙달을 요하는 학습은 더욱 그러하다. 완전한 행동을 수행하려면 운동 동작의 계속적인 실천과 정보적 피드백(잘했다든가, 이건 이렇게 하라는 등)에 근거한 자기 수정적 조정이 필수적이다.

모델의 제시에 의해 새로운 행동의 개요를 습득하고 실제로 수행을 하고, 일부 학습된 부분행동에 초점을 두고 모델을 관찰하며, 정보적 송환을 거쳐 자기 수정적 조정을 계속해 나감으로써 행동은 세련되고 완전해지는 것이다.

### ④ 동기유발 과정

사람들은 배운 것이라고 해서 무엇이든 실행하지는 않기 때문에, 사회적 학습이론은 지식의 획득과 수행을 구별한다. 만족할 만한 결과가 예기되면 모델 행동을 사용하지만, 보상이 주어지지 않거나 불만족스러운 결과가 예기되면 그 일을 하지 않게 된다.

일반적으로 말해서 긍정적 자극이 주어지면 모델링이나 관찰학습은 빠르게 행동으로 전환된다. 그러한 행동을 하는 것에 대한 강화가 예상되면 행동은 촉진된다. 모델의 행동이 보상을 받거나 어떤 혐오적인 상태를 방지하는 것을 관찰하면 그 행동에 주의를 기울이게 되고 기억하고 나중에 그 일을 수행하는 것에 강한 자극제가 될 수 있다. 이 경우 강화는 대리적으로 경험되어(대리강화) 그는 비슷한 행동이 비슷한 결과를 가져 올 것이라고 예상할 수 있다.

## 2) 관찰학습과 강화

강화는 모델링에 도움을 주는 것이기는 하지만, 필수불가결한 요소는 아니다. 모방행동의 학습에서 유인가(강화)와는 관계없이 같은 학습결과를 보이는 경우도 있기 때문이다. 따라서 반두라는 인간의 행동이 전적으로 외부 통제에 의해서만 영향 받는 것은 아니라고 주장한다. 강화가 관찰학습에서 중요한 역할을 하기는 하지만, 그것은 결과의 영향이라기보다는 주로 선행 조건적인 역할을 한다는 것이다. 즉, 관찰자가 모델의 행동을 모방하면 그것에 보상을 준다는 방식보다는 모델의 행동을 채용했을 때 얻게 될 이익에 관한 정보를 관찰자에게 미리 줌으로써 관찰학습이 더 효과적으로 달성된다는 것이 사회적 학습이론이 강화를 보는 견해이다.

그러면 사회적 학습이론이 제기하고 있는 강화의 유형과 이의 작용에 대해 살펴보기로 하자.

### (1) 대리강화

대리강화는 모델의 행위를 모방하는 것이 어떤 결과를 가져올 것인지 모델이 행한 결과를 보고 예기하는 것이다. 긍정적 대리강화는 타인이 강화되는 것을 본 관찰자가 자기 행위를 증가시키는 것을 뜻한다. 대리처벌은 관찰된 부정적 결과가 이와 같은 행동을 감소시키는 경우를 일컫는다.

대리강화는 다음과 같은 역할을 한다.

① **관찰한 결과의 정보 기능**: 모델이 행한 일의 결과에 대한 정보를 앎으로써 자신의 행동 여부를 결정짓는 정보로 사용된다.

② **동기적 기능**: 관찰된 강화는 정보를 제공할 뿐만 아니라 동기 유발도 시킨다. 모델이 강화 받는 것을 봄으로써 같은 일을 하면 자신도 보상을 받을 것이라는 기대감을 갖게 함으로써 동기를 유발시킨다.

③ **정서 학습 기능**: 관찰을 통해 모델이 보이는 정서 상태도 학습된다는 것이다. 주사 맞고 우는 아이를 보고, 지레 겁을 먹고 우는 것 같은 행위이다. 반응 결과의 관찰을 통해서 두려움과 제지를 획득시킬 수도 있고 감소시킬 수도 있으므로 이는 심리치료 과정에서도 많이 활용된다(뱀에 대한 공포증 감소 연구 등이 있음).

④ **영향 가능성 기능**: 관찰자의 직접적 강화에 대한 민감성이 비슷한 강화에 대한 모델의 반응을 관찰함으로써 증가되어 그 일을 수행할 가능성을 높여 준다는 것이다.

⑤ **모델의 지위 변화 기능**: 보상, 또는 처벌의 결과에 따라 모델의 가치가 더 올라가기도 하고, 떨어지기도 한다는 것이다. 모델이 하는 대로 했을 때 결과가 좋으면 그 모델은 더 훌륭해 보이는 것이다.

⑥ **가치 평가적 기능**: 관찰자의 개인적 가치관은 모델의 행위가 어떻게 강화되는가에 따라 달라질 수 있다. 모델의 행동이 보상받는 것을 보면 아동들은 이전에 싫어했던 일도 곧 좋아지게 된다. 반대로 법규를 잘 지키던 사람이 모델이 법을 위반한 것에 대해 부당하다고 생각되는 처벌을 받는 것을 보고 양심의 가책도 없이 그 법을 위반할 수도 있는 것이다.

### (2) 자기 강화

사람은 자신의 행위의 결과를 스스로 예측할 수 있고, 피드백에 의한 자기 평가가 가능하므로, 자기의 행위가 외부로부터 강화되지 않아도 스스로 행위를 강화시킬 수 있다는 것이다.

사람은 자신의 감정이나 사고, 행동을 통제할 수 있는 자기 반응적 능력을 가지고 있고, 따라서 개인의 행위는 자기 생성적 요인과 외부적 영향 요인의 상호작용에 의해서 지배된다는 것이다(Bandura, 1977). 작가는 누가 시키지 않아도 최선을 다해서 스스로 설정한 기준(목표)에 맞는 작품을 만들고자 애쓴다. 이러한 자기 강화의 효과는 외적으로 부여되는 강화보다 탁월하다.

Bandura(1977)는 자기반응 기능의 발달은 인간의 자기지도(self-direction) 능력을 함양시켜 주는 것으로 보았다. 자기 만족, 자기 가치를 높여주는 일은 기꺼이 하고, 자기 처벌이 따를 일은 삼가한다는 것이다. 따라서 교사는 학생 개개인이 자기 만족을 얻을 수 있는 학습지도나 생활지도의 방안을 부단히 탐색하고, 제공할 필요가 있다.

### 3) 자기효능감과 수행

우리는 자신이 무능하다고 느끼거나 불안정할 때보다는 우리의 능력에 대한 확신을 가질 때, 더 분명하고 다르게 생각하고 느끼고 행동한다. 효능에 대한 자기 인식은 개인의 사고유형, 동기 수행 및 정서적 자극에 영향을 미친다는 것이다.

Bandura(1995)는 행위의 인지적 중재자로서 효능(efficacy)에 대한 자기 지각의 중요성을 점차 강조해 왔다. 또한 그는 인간행동의 목적적인 견해를 점진적으로 강조해 왔다. 한 관련된 연구에서, Bandura와 Cervone(1983)은 동기에 대한 목표와 수행 피드백의 효과를 연구하였다. 이 연구에서 "개인적으로 쉽게 여겨지거나 도전적으로 여겨지거나에 관계없이 그 일을 어떻게 해야 하는지에 대한 정보 없이 단순히 채택된 목표는 동기적인 효과를 갖지 못할 것이다." (p. 123)라는 가설이 검증되었다.

이 연구에서, 피험자는 ① 그들의 수행에서 피드백이 따르는 목표 과제, ② 목표만 있는 과제, ③ 목표는 없고 피드백만 있는 과제, 그리고 ④ 목표와 피드백 둘 다 없는 4가지 조건 중 하나를 택하게 되었다.

그 결과 목표, 또는 피드백 한 가지만 있는 과제는 동기적 중요성을 가지지 않았음에 반해, 목표와 수행 피드백이 결합된 조건은 강한 동기적 영향을 가졌다. 연구자들은 목표가 자기평가와 자기효능 판단을 통해 동기화 되는 힘을 갖는다는 이론을 지지하는 명백한 증거가 있다고 결론지었다.

또한 자기효능 신념은 사람들이 삶의 목표를 추구할 때 어떻게 좌절과 갈등에 대처해 가는지에 영향을 준다. 일반적인 연구 결과는, 인간의 기능은 개인적 통제 감각에 의해 촉진된다고 주장한다(Schwarzer, 1992).

자기 효능 신념은 동기적 과정에 광범위한 영향을 갖는다. 가장 특징적으로 이러한 효과들은 다음과 같이 기술될 수 있다.

**선택** : 자기 효능 신념은 개인이 선택하는 목표에 영향을 준다. 즉, 낮은 자기 효능 신념을 가진 자보다 높은 자기 효능 신념을 가진 개인은 더 어렵고, 도전적인 과제를 선택한다.

**노력, 인내, 수행** : 높은 자기 효능 신념을 가진 개인은 낮은 자기 효능 신념을 가진 사람보다 더 많은 노력과 인내, 그리고 더 나은 상대적인 수행을 보여 준다.

**정서** : 낮은 자기 효능 믿음을 가진 자들보다 높은 자기-효능 믿음을 가진 개인들은 좀더 좋은 감정으로 과제에 접근한다. 즉, 덜 걱정하고 덜 억압적이다.

**대처** : 높은 자기-효능 믿음을 가진 사람들은 낮은 자기 효능 믿음을 가진 사람들보다 긴장과 좌절에 더 잘 대처할 수 있다.

# 제 5 장

## 인본주의적 관점

# 1. 인본주의의 성격과 인간관

  행동주의 학파가 인간의 행동을 이해함에 있어서 객관화를 중시한 나머지 지나치리만큼 분석적이고, 부분적·단절적인 기계론적 입장을 고수하고 있다는 데 대한 반발과, 인간의 행동을 리비도를 중심으로 한 본능으로 설명하려는 정신분석학에 반기를 든 것이 1950년대를 전후하여 태동한 인본주의 심리학이다. 인본주의 심리학은 인간의 행동을 부분적으로 쪼개어서 이해할 수 없음을 전제로 하여 개인을 하나의 통합된 인격체로서 간주하고, 개개인은 적절한 여건만 갖추어지면 선한 방향으로 자아실현(self actualization)을 할 수 있는 무한한 잠재적 능력을 지닌 존재로 파악하고 있다.

  인본주의 심리학이 제시하는 학습이론은 하나의 정리된 이론으로서라기보다는 그들이 표방하는 인간관과 이에 따른 학습관에 강점이 있는 것으로 여겨지므로 여기서는 학습이론이라는 표현 대신에 관점이라는 표현을 썼다. 비록 이들의 주장 중에 학습에 대한 세련되고 정교한 제시는 부족하다 할지라도 이들의 관점이 학습에 제시하는 의의는 매우 큰 것으로 보인다.

## 1) 인본주의의 성격

  무릇 학문의 발전이 그러하듯이 인본주의 심리학의 대두 역시 돌연적인 것이 아니라, 이를 뒷받침할 만한 몇 가지 심리학계의 변화에 힘입은 것이었다.

  고전적 정신분석학에서 파생한 신프로이트 학파는 인간의 본성이 생물학적인 것(본능적)이 아니라, 사회적·문화적 요소로부터 기인하는 것이라 주장하여 고전적 정신분석학의 부정적인 인간관을 불식, 인간의 긍정적인 잠재력을 수용하였다.

  또한 행동주의와 대립되는 견해가 독일의 심리학계를 중심으로 세력을 넓혀 왔는데, 이것이 <전체는 부분보다 앞선다>는 명제 아래 전개된 형태심리학이다. 특히 주위의 사상(事象)이 행동하는 당사자에게 어떻게 지각(知覺)되었느냐 하는 것이 행동이해의 관건이 된다는 레빈(K. Lewin)과 콤즈(Combs & Snygg, 1959) 등의 장(場) 이론적 내지는 지각적, 현상학적 견해는 인본주의의 토양을 마련하는 데 큰 영향을 미쳤다. 개개인의 전인성을 강조한 오거니즈믹(organisimc) 심리학자와 인간의 실존을 현상학적으로 본 실존주의 철학 및 심리학의 역할도 적지 않았다. 로저스(C. R. Rogers)의 심리치료 이론도 인본주의적 입장을 강력히 표방하는 것이었다.

이에서 보는 바와 같이 인본주의 심리학의 범주에 해당하는 심리학은 매우 다양하다. 이에 속하는 심리학자를 일컫는 말도 매우 다양하여 인본주의자, 자아심리학자, 지각심리학자, 실존주의자 등의 이름으로 불리어진다.

이러한 일련의 움직임은 매슬로우(A. H. Maslow)의 주도하에 하나의 집단적 학파를 형성하여 인본주의의 범주에 위의 모든 것이 포함되기에 이르렀다. 즉, 1957년에 『The Journal of Humanistic Psycology』가 간행되었는데, 다음과 같은 이 학술지의 간행 목적에서 인본주의 심리학의 영역과 성격을 비교적 명확히 파악할 수 있다. 즉, 『인본주의 심리학회지』는 창조성, 사랑, 자아, 성장, 심리적 건강, 기본적 욕구의 충족, 자아실현, 고차원의 가치, 자아초월. 객관성, 자율성, 정체성(正體性), 책임 등과 같이 행동주의적 이론이나 고전적 정신분석이론 속에서 체계적 위치를 얻지 못하는 인간의 능력과 잠재력에 관심을 지닌 심리학자들과 타 분야의 전문인들에 의해 간행된다는 것이 바로 그것이다.

## 2) 인본주의의 인간관

행동주의의 인간관은 결정론적인, 그 중에서도 환경결정론의 입장을 취하고 있다. 환경자극을 적절히 통제함으로써 인간의 행동을 조절 내지는 변용시킬 수 있다는 기계론적인 인간관이다. 정신분석학 역시 결정론적인 입장, 그 중에서도 심층심리적(무의식) 결정론을 견지하고 있다.

이에 반해 인본주의는 비결정론적인 입장을 취하고 있다. 개인은 가치를 지닌 유일한 존재이며, 개인의 내부에는 자기향상을 위한 적극적인 성장력이 있다고 믿으며, 인간은 본질적으로 선을 추구하고 이성적이며, 믿을 만한 존재라는 것이 인본주의가 내세우는 긍정적 인간관이다.

인본주의, 특히 지각심리(知覺心理)에서의 연구방법은 '자신을 도구(道具)로 삼는(self as an instrument) 방법'을 쓴다. 인간이해에 있어서 객관적인 기준보다는 인간, 그 자체에 더 관심을 두며, 여러 가지 복잡한 문제를 다루는 데 있어서 자신을 세련되고, 신뢰할 수 있는 도구로 활용할 줄 아는 것이다(최정훈, 1972).

이러한 '자신을 도구로 삼는다'는 표현은 아마도 스니그(D. Snygg)에서 비롯된 것 같다. 스니그는 "쥐의 행동은 객관적인 개인의 견해에 의해 설명하는 것보다는 쥐의 지각의 장을 추론하는 것이 더 나을 것으로 보았다(Hamachek, 1968, p. 613).

인본주의는 인간을 행동의 주체, 결정자로 보고, 개개인이 지향하는 의미에 따른 자유의지에 의해 자유로운 선택을 하는 행위의 결정자로 파악하고 있다. 최정훈(1992)은 인본주의의 인간관을 1) 독특성을 지닌 존재 2) 가치와 의미를 지닌 존재 3) 통합되고 조직화된 개인 4) 변화하는 개인 5) 의식적으로 경험하는 존재 6) 행동의 자기규제를 하는 존재 등으로 요약하고 있다.


## 2. 인본주의적 학습원리

### 1) 인본주의적 학습원리

인본주의적 학습원리를 뎀보(Dembo, 1977)가 정리한 것을 위주로 다소 손질하여 제시하면 다음과 같다.

#### (1) 인간은 학습에 대해 선천적인 능력을 갖고 있다.

인간은 호기심을 지니고 있으며, 이러한 호기심은 학습이나 발견, 지식과 경험의 확장에 대한 열망을 갖게 하며, 실제로 인간은 이를 수행할 천부적 가능성을 갖고 있다는 것이다.

최정훈(1992), 스니그(D. Snygg) 등은 이를 '욕구기능으로서의 학습'이라는 말로 표현하고 있다. 학습이란 욕구를 만족시키기 위해 인간이 적극적으로 노력해 가는 과정이라는 것이다. 욕구를 만족시키려고 계속적으로 애쓸 때 인간은 항상 학습을 하게 된다는 것이다.

이러한 욕구에 대해 매슬로우는 자아실현의 욕구라는 말을 썼는데, 이는 '개인의 선천적이고 긍정적인 가능성을 개발하고 성취하는 것(Bruno, 1977)'이라는 것이다. 매슬로우는 인간의 욕구를 다음과 같은 5단계로 구분하여 제시하고 있다 (Maslow, 1970).

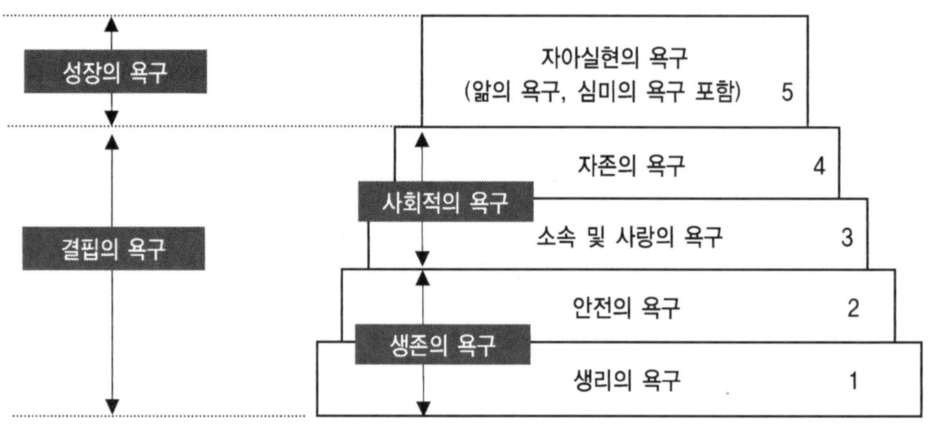


(그림 5-1) 매슬로우의 욕구 위계

매슬로우에 의하면 인간은 여타 동물과 마찬가지로 생리적인 욕구를 지니고 있으며, 안전에 대한 욕구를 충족시키고자 노력한다. 일단 이러한 생물적 욕구가 충족되면 그 다음으로 사랑 및 소속에 욕구가 나타나고, 이것이 충족되면 자기존중에 대한 욕구가 나타나게 된다. 이러한 하위의 욕구가 순차적으로 충족되어지면 마지막으로 나타나는 것이 자아실현의 욕구라는 것이다(앎의 욕구, 심미의 욕구는 보통 5단계에 포함시키는 것이 일반적이다). 3~4단계의 욕구는 사회관계 속에서 성립되는 욕구이므로 사회적 욕구라 하고, 이에 비해 5단계의 자아실현 욕구는 개인적 성장을 도모하는 단계이므로 성장욕구라 칭한다.

매슬로우의 욕구위계와 교육(학습)과 관련하여 어떠한 중요성을 갖는지에 대해 뎀보(Dembo, 1977, p. 303)는 다음과 같은 설명을 하고 있다.

> 교사는 어떤 아동은 숙제를 안 해 오고, 수업시간에 놀기만 하며, 수업활동에 왜 관심을 보이지 않는가 등의 이유를 이해하는 데 어려움을 겪는다. 그는 학습하고자 하는 욕구가 모든 아동에게 중요한 욕구일 것으로 가정하고 있는 것이다. 그러나 매슬로우는 하위의 기본적 욕구가 충족되지 않으면, 공부에 대한 관심이나 동기유발이 일어나지 않는다는 것이다.

아침 식사를 걸렀거나 충분한 잠을 자지 못한 학생, 가족에 문제가 있는
학생, 불안이나 공포를 지닌 학생 등은 그들의 잠재력을 개발하는 수단으
로서 학습하는 일을 통해 자아실현 하는 데 관심이 없는 것이다.

요컨대, 인간은 학습에 대해 선천적인 능력과 욕구를 갖고는 있지만, 여건이
허락하지 않으면 그 능력이나 욕구는 발현되지 않는 것이다. 애정이 부족한 학생
은 공부에 앞서 충분한 애정을 받는 일이 우선적인 일인 것이다.

**(2) 의미 있는 학습은 그 과제가 학습자 자신의 목적에 부합되는 것으로 지각될
때 이루어진다.**

인간은 학습하고자 하는 내용이 자아를 고양시키거나 적어도 자아에 위배되지
않는 것일 때 의욕적으로 학습하고자 한다. 또한 그것이 달성해야 할 목적이고,
그것이 달성 가능하다고 여겨지면 빠른 속도로(짧은 시간에) 과제를 해결한다.
학습자의 욕구가 강화면 학습속도도 빨라지고, 문제 해결 가능성도 증대된다.
그러나 욕구가 지나치게 강하면 그 욕구를 지나치게 의식한 나머지 다른 모든 지
각이 압도되어 그 이상 구분할 능력을 상실할 우려도 있다. 학습 자체는 물론 학
습된 것이 얼마나 유지되며 응용될 수 있느냐 하는 것도 자아와 밀접한 관련이
있다(최정훈, 1992).

**(3) 자아개념, 또는 자아구조에 변화를 초래할 가능성이 있는 학습으로 지각되는
경우 그는 이를 위협으로 느끼며, 이에 저항하려는 경향을 보인다.**

개개인은 자신의 것이라고 믿고 있는 자아를 유지하고, 보호하고, 고양시키기
위해 지속적인 노력을 하고 있다. 인본주의자들은 인간의 이러한 특성이 모든 행
동의 이면적 특성이라고 믿고 있다. 자신이 머리 좋은 학생이라고 생각하는 학생
은 '모든 정상적인 사람의 지능은 크게 차이나지 않으며, 천재는 극소수에 지나
지 않고, 따라서 여러분은 대개 보통 지능의 사람이다.'라는 말에 동의하지는 않
으려고 할 것이다. 사실 소칭 일류 교사라든가, 일류 대학에 입학한 후 이러한
자존심에 손상을 받는 경우는 흔히 볼 수 있는 일이다.
자아는 좀처럼 변화되기 어려운 중심부위의 것과 어느 정도 유동성이 있는 주
변부위의 것이 있으므로, 이러한 경우 자아의 구조에서 변화 가능한 부분부터 차

근차근 접근해 나가야 한다.

(4) 자아에 위협을 주는 학습일지라도 외부의 위협이 극소화되면 덜 위협적이고 접근 가능한 것으로 학습자에게 인지된다. 또한 자아에 대한 위협이 적을 때, 경험을 왜곡함 없이 정확한 지각을 할 수 있으며, 학습의 진전을 도모할 수 있다.

따라서 교사의 지지적인 태도와 따뜻한 이해가 필요하며, 격려와 제안, 지도는 학생이 주도적으로 그 일을 해 나갈 때, 또는 그 일을 한 후에 하는 것이 좋다. 한편, 자신을 긍정적으로 보는 사람은 경험에 보다 개방적이고, 자유로운 판단을 취한다. 따라서 경험에 대한 왜곡 없이 보다 정확한 지각, 정확한 판단을 할 수 있다. 가급적 개인이 지닌 자아에 손상을 주지 않는 교육이 이루어져야 하는 것이다.

(5) **의미 있는 학습의 상당 부분은 행함으로써 획득한다.**

일찍이 듀이(John Dewey)가 '행함으로써 배운다'라는 말을 한 바 있지만, 학생들로부터 실천적인 문제, 사회적 문제, 윤리·철학적 문제, 개인적 문제 그리고 연구문제 등을 직접 경험적인 상황으로 대면케 하는 것이 가장 효과적인 학습 증진 방안의 하나이다.

(6) **학습자가 학습 진행과정에 책임 있게 참여하게 되면 학습은 촉진된다.**

학습자가 스스로의 방향을 설정하고, 학습해야 할 과제를 스스로 발견하고, 스스로 해야 할 행동을 결정하고, 이렇게 선택한 각기의 결과가 만족스럽게 진행되면 의미 있는 학습은 극대화된다.

(7) **주도적인 교육, 즉 지적인 것뿐만 아니라 개인적 느낌도 중시하는 자기 주도적 학습이 보다 지속적이고 효율적이다.**

교육의 목표를 흔히 인지적 목표와 정의적 목표로 구분한다. 인지적 목표는 주로 지식의 습득과 관련된 것이고, 정의적 목표는 느끼고, 믿고, 좋아하고, 싫어하는 주관적 정서과정과 밀접히 관련된 것이다. 이 양자가 적절히 조화된 전인적 학습이 가장 효과적이라는 것이 인본주의자들의 주장이다. 이러한 창의적 학습에서는 스스로 주도하는 사람을 전인으로 본다.

**(8) 타인에 의한 평가가 부차적인 요소일 때, 즉 평가에 크게 구애받지 않는 상황일 때 독립심과 자기 신뢰감이 고양되며 창조력이 증진된다.**

학문세계에서뿐만 아니라 산업계에서도 자유로운 분위기는 창조성 발휘의 기본적 요소로 알려지고 있다. 창의적 학습을 도모코자 하는 경우 외부적 평가는 큰 효과를 기대하기 어렵다. 어려서부터 타인의 평가에 길들여진 학습자는 커서도 영원히 타인 의존적 평가에 영향을 받기 쉽다.

**(9) 현대 사회에서 가장 중요한 학습은 학습하는 방법의 학습, 경험에 대한 개방, 변화의 과정에서 자신을 통합적으로 이끄는 능력의 배양이다.**

사회는 급속도로 변화하고 있다. 학생들이 낡은 지식의 습득에만 골몰한다면 현재의 상황, 나아가서는 그들이 성인이 되었을 때의 상황에 대처하기 위해 적절한 능력을 갖추기 어려울 것이다. 따라서 어떠한 변화 상황에서도 새로운 것과 도전을 적절히 통합하여 요리할 수 있는 학습력의 증진이 요청되는 것이다.

## 2) 학습촉진자로서의 교사의 역할

인본주의자들은 학습의 과정에서 교사는 학습을 촉진시키는 역할을 담당해야 하는 것으로 보고 있다. 왜냐하면 모든 행위의 주체는 인간(학습자) 자신이기 때문이다. 이를 열 가지로 정리하면 다음과 같다.

(1) 촉진자(교사)는 학습 집단의 학습 분위기나 풍토를 주도적으로 조성해야 한다. 교사의 기본 철학이 집단 구성원에게 믿음을 주게 되면 그가 의도하는 바는 학생에게 쉽사리 전달될 수 있다.

(2) 촉진자로서의 교사는 학급이나 학습에서의 일반적인 목적은 물론 개개인이 자신의 목적을 세우고 이를 명확히 하는 일을 도와주어야 한다. 교사가 개개 학생의 다양한 목적을 포용적으로 받아들이고, 비록 대립되는 목적일지라도 서로 간에 조화를 이루도록 도모함이 바람직하다.

(3) 교사의 학생이 의미 있는 학습을 하는 데 중요한 동기적 힘으로 작용하는

그 자신의 목적을 수행하고자 하는 욕구를 인정하고 도와주어야 한다.

(4) 교사는 학습 자원을 가능한 한 폭 넓은 범위에서 구하고 이를 조직하고 이용을 쉽게 할 수 있도록 만드는 일에 힘써야 한다.

(5) 교사는 자신을 학급을 위한 융통성 있는 자원으로 활용해야 한다. 때에 따라 그는 상담가가 되기도 하고, 충고자가 되기도 하고, 수업에 열중하는 교사가 되기도 해야 하는 것이다.

(6) 촉진자로서의 교사는 학생이 보이는 지적인 행동과 정서적인 태도 모두에 주목한고 반응을 보임으로써 양자가 고루 발전할 수 있도록 도와야 한다. 교사는 개개 학생의 깊고 진실한 느낌에 주목함을 물론이거니와 합리성과 지성의 개발에 노력한다.

(7) 수용적인 학습 풍토의 조성을 위해 교사 자신이 학업에 열중하고 학급의 일원으로서 행동하며, 한 개인으로서 자신의 관점을 표현하는 태도를 지닐 수 있어야 한다.

(8) 교사는 학급 구성원들과 자신의 생각이나 느낌을 스스럼없이 나눌 수 있어야 한다.

(9) 모든 교실 활동을 하는 중에 교사는 분노와 같은 깊고 강한 부정적 감정을 노골적으로 표현해서는 안 된다.

(10) 학습 촉진자로서의 교사의 기능에는 한계가 있음을 교사 자신이 깨닫고 이해해야 하며, 자기 발전에 늘 노력해야 한다.

### 3) 성격과 동기의 개인차에 대한 인본주의적 견해

개개인의 보다 적극적이고 정확한 이해를 위해서는 행동하는 사람, 자신의 입장에서 살펴보아야 한다는 것이 인본주의의 입장이다. 콤즈와 스니그(Combs & Snygg, 1974, p. XI)는 "인간의 모든 행동은 예외 없이 행동하는 순간 그에게 일어나는 지각의 장(perceptual field)에 의해 전적으로 결정 된다"라고 하여, 개인의 행동은 행동할 당시에 일어난 특수한 상황을 개인이 어떻게 받아들였느냐(어떻게 지각했느냐)에 의해 결정되는 것이지 당시의 상황이나, 사건 그 자체에 의해 결정되는 것은 아님을 밝히고 있다.

따라서 개인의 행동을 이해하려면 그 대상자의 주관의 세계(지각의 세계)로 들어갈 수 있어야 한다. 이에서 보면 개인의 정확한 이해는 매우 어려운 일이며,

학습이나 성격 연구에 있어서 개인차에 대한 고려가 상당히 있어야 한다는 것을 시사한다. 성격과 동기의 개인차에 대한 인본주의적 견해를 요약하면 다음과 같다.

(1) 자아개념은 자신에 관하여 갖고 있는 생각과 자기행동에 주어진 가치를 구체화시킨다.

(2) 자신에게 부정적인 신념 내지 감정을 갖고 있는 학생은 학교생활에서 미성취자, 즉 실패자가 되기 쉽다.

(3) 자아개념은 양육태도, 학교에서의 경험, 신체적 성숙 내지 발달과 같은 여러 요소의 영향을 받는다.

(4) 모든 결손아동이 부정적 자아개념을 갖고 있다고 가정하는 것은 온당한 일이 아니다.

(5) 통제의 소재는 개인이 자기행동과 그 결과 사이의 관련을 어떻게 지각하는지와 자기행동에 대한 책임을 질 것인지의 여부를 결정한다.

(6) 외향적인 사람은 자신의 행동과 결과 간의 관계를 적절히 지각하지 못하는 경향이 있다.

(7) 내향적인 사람은 자신의 운명을 통제할 수 있다는 사실과 노력에는 보상이 따른다는 사실을 안다.

(8) 통제의 소재는 동기지움과 성취의 중요한 지침 역할을 한다.

(9) 높은 불안은 학업수행을 약화시키는 역할을 한다.

(10) 높은 불안은 낮은 자아개념, 낮은 학업성취와 상호 관련을 갖는다.

(11) 학생들 중에는 성취욕구보다는 실패를 피하고자 하는 욕구에 더 영향을 받는 경우가 있다.

(12) 성취에 동기화된 학생은 도전적인 과업을 더 좋아하는 반면에 실패를 피하는 데 동기화된 학생은 과업을 안전하게 수행하기를 더 바란다.

(13) 독립심을 키우는 아동 양육습관은 아동에게 높은 성취동기를 불러일으킨다.

(14) 어떤 학생들은 우호적이며 매우 밀접한 대인관계를 이루고 유지하려는 강한 욕구를 보이기도 한다.

(15) 수업 중에 관찰되는 상이한 동기는 상이한 반응을 나타내는 것으로 보고되고 있다.

(16) 누적적인 성공이나 실패는 학생들의 목표 설정이나 포부 수준에 영향을 미친다.

(17) 성공의 경험은 포부 수준을 상승시키고 실패는 포부 수준을 저하시킨다.

계속되는 실패는 학생으로 하여금 비현실적인 목적을 형성하도록 할 뿐 아니라, 그들이 실패한 행동에 흥미를 잃게 하고 저하된, 즉 부정적인 자아개념을 형성하게 된다.

(18) 대체로 여자는 언어적 과업에 우수하고, 남성은 수학적, 시각·공간적 과업에 우수하다.

(19) 남자는 여자보다 불안과 의존감의 정도가 낮다.

(20) 지적이나 성격적인 영역에서 양성 간의 선천적 차이를 주장하는 어떠한 논쟁도 이를 입증할 만한 충분한 증거를 갖고 있지 못한 형편이다.

(21) 사회화 경험이 남성과 여성 사이의 수행에서의 차이를 가장 많이 설명해 주는 부분인 것 같다.

## 4) 인본주의적 견해의 요약

이제까지 인본주의가 학습 및 교육에서 표방하는 견해를 요약, 정리하면 다음과 같다.

(1) 인본주의 심리학자들은 행동의 단서로서 개인의 느낌과 지각에 많은 관심을 보인다.

(2) 인본주의자들은 개개인이 자신의 행동을 결정한다는 믿음을 갖고 있다.

(3) 인본주의자들은 사람이 자아실현이나 자기충만을 이루고자 하는 동기에 크게 영향 받는 것으로 보고 있다.

(4) 매슬로우는 개인이 자기를 실현하고 자신의 잠재능력을 발현시키고자 하는 욕구는 생리적 욕구나 안전의 욕구와 같은 하위의 욕구가 충족되어야 가능한 것으로 보았다.

(5) 자신의 행위에 대한 학생의 지각이 그의 행동을 이해하는 데 관건이 된다.

(6) 인본주의자들은 학습을 두 가지 측면에서 보고 있다. 그 하나는 새로운 정보의 획득이고, 다른 하나는 그 정보에 대한 개별화, 즉 개인적 의미 부여이다.

(7) 개인적으로 의미 있게 지각되는 사실이나 사건일수록 그것에 반응할 가능

성은 높아진다.

(8) 인본주의 교육자들은 학생들이 그들 자신에 관해, 그리고 타인과 관련된 것에, 또한 독립적인 결정을 할 수 있는 것과 같은 일을 돕는 학습목표에 높은 가치를 부여하고 있다.

(9) 인본주의 교육자들은 보다 학생 중심적이고, 교수와 학습에 있어서 발견적인 방법을 쓰는 학습상황을 선호한다.

(10) 조화로운 교육은 수업에서 인지적인 학습과 함께 정서적 경험이 통합을 이루는 것이다.

(11) 가치명료화 교육은 젊은이로 하여금 자신의 가치체계를 검증케 함으로써 보다 나은 결정을 할 수 있도록 돕는다.

(12) 개방적인 교육은 학생들에게 선택권을 줄 뿐만 아니라, 교사들에게도 지식의 지배자로서보다는 학습을 보조하고 촉진시키는 활동을 장려케 한다.

(13) 자유학교는 학생 스스로 교과과정을 선택할 수 있으며, 교육계획에 있어서도 교사와 협력하는 일이 가능하다.

(14) 효율적인 학습을 위해 어느 정도의 자유가 학생들에게 주어지는 것이 바람직한 것인지는 아직 과제로 남아 있다.

(15) 모든 교수방법에 통용될 수 있는 단일한 학습이론은 없다.

(16) 교수방법의 결정은 학생들의 개인차, 교사의 행동, 수업 목표, 학습의 원리 등 제 변인을 고려해야 한다.

# 제 6 장
## 프로젝트학습법

# 1. 프로젝트 학습의 개요

학교교육의 어려움 중 하나는 학생들의 학습동기가 낮다는 것이다. 프로젝트 학습법(일명 구안법)은 학생들이 학습에 마음을 쏟게 하는데 유용한 학습방법이다. 프로젝트라는 말은 뜻이 조금씩 다르게 진화되어 왔다. 킬패트릭(Kilpatrick, 1918, 1925)이 이 말을 사용했을 때에는 '사회적 상황에서 온 마음을 쏟을만한 목적을 가지고 하는 일련의 활동'이라고 정의되었다. 다시 말하면 프로젝트는 자발적 참여 없이 억지로 하는 교육상황에 대한 대안으로서 학생들이 관심을 보이는 활동으로 교육과정을 구성하자는 생각이었다. 뿐만 아니라, 가르치는 방법에서도 교사 대신 학생이 학습할 문제를 정하고, 문제를 해결하는 과정에서 학생이 더 많이 결정권을 가지도록 하자는 제안이었다. 그는 학교교육에서 활력이 사라진 원인을 학생들이 목적을 상실한데서 찾고, 학습과정이 목적이 있는 활동들의 연속이 되도록 학교교육을 바꿔보려 하였다.

우리나라에서는 1990년대 이후에 프로젝트 학습법이 다시 활기를 띠고 유치원과 초등학교를 중심으로 활용되고 있다. 중등학교도 수행평가의 보급과 함께 프로젝트라는 말은 쓰지 않더라도 프로젝트의 의미를 띤 활동들이 이루어지고 있으며, 컴퓨터의 보급과 인터넷을 활용한 학습 자료의 탐색이 점차 보편화되면서 프로젝트 학습법을 활용할 수 있는 가능성이 제기되고 있다(예: 홍후조, 2002).


# 2. 프로젝트 학습의 역사

프로젝트 학습이란 "프로젝트에 의한 혹은 프로젝트를 통한 학습"(김대현 외, 1999, p. 7)이다. 프로젝트법, 혹은 프로젝트 접근법이라는 말도 같은 뜻으로 쓰이고 있다. 프로젝트라는 말은 쓰는 사람에 따라 조금씩 다른 의미를 가진다. 대학이나 중등학교에서 방학 때 숙제로 해야 하는 프로젝트는 학생들이 학교에서 배운 지식을 응용하거나 실습하는 활동을 의미한다. 이 때 학생이 문제를 정해서 처음부터 결과물을 만들 때까지 자유롭게 하는 경우도 있지만, 주제나 방법에 대해 교사가 지시를 할 경우도 있다. 어떤 경우이든 프로젝트는 수업상황에서는 하기 어려운 보다 복잡하고, 시간이 오래 걸리며, 학생들의 흥미를 반영하고, 창의성을 요구하는 과제일 경우가 많다. 독립적으로 학습하는 능력을 기대하기도 한다.

이런 의미의 프로젝트는 이미 16세기 중엽 유럽의 건축학교에서 사용한 프로젝트 작업을 비롯해서 듀이(John Dewey)가 시카고 실험학교에서 했던 홈 프로젝트(home project), 스팀프슨(R. W. Stimpson)이 농업과목에서 배운 이론을 가정의 농장에서 실험·실습하도록 한 예까지 오랜 역사가 있다. 놀(Knoll, 한국 열린교육협의회 편, 1997, p. 96)은 프로젝트 학습법의 역사를 다음과 같이 요약하였다.

1590-1765 유럽의 건축학교에서 프로젝트 작업 시작
1765-1880 정규교수방법으로 프로젝트 채택. 미국으로 전파
1880-1915 일반 학교에서 실천적 수업에서 프로젝트 학습
1915-1965 프로젝트법 다시 정의 및 미국에서 유럽으로 재전파
1965-현재 프로젝트 아이디어의 재발견 및 세 번째 국제적 확산

프로젝트가 유럽의 건축학교에서 사용될 때는 건축물이나 모형 만들기 경연대회를 연 것이 계기였다. 경연대회에서 입상을 하자니 자연히 모형 만들기 프로젝트가 빈번히 사용되었다. 이 방법은 19세기에 미국 기술공과 대학에 확산되었다. 일리노이대 기계공학과의 로빈슨(Robinson)교수는 설계판 위에서 기계를 설계할 뿐만 아니라 이것을 바탕으로 완전한 제품을 작업장에서 만들어 볼 것을 요구하였다. 프로젝트를 만드는데 시간이 많이 들자 워싱턴대학 공학연구소의 우드워드(Woodward) 교수는 공부와 연구로 바쁜 대학보다는 중등학교부터 프로젝트를 수행 할 것을 제안했다. 그는 이 생각을 실천에 옮겨 자신이 설립한 세인트루이스 수공학교에서 먼저 학생들에게 교과의 논리에 따라 기술교육을 하고, 각 단원의 끝이나 학년말에 독자적으로 프로젝트를 수행하게 하였다. 그는 프로젝트를 '종합연습(synthetic exercise)'이라고 보았다. 이런 의미의 프로젝트는 이론에서 실습으로 진행되는 것이 순서이다. 이 방법은 많은 지지자를 얻어 1890년대에는

초등학교에까지 소개되었고, 소년소녀들이 목공, 다림질, 요리, 바느질 수업에서 프로젝트를 수행했다.

그러나 이런 접근은 프로젝트가 아동의 흥미와 경험에 맞춰져 있지 않고, 공부나 작업의 요구에 맞춰졌다는 점에서 비판을 받았다. 듀이의 아동중심교육에 동의하여 프로젝트 작업 즉 '제작'이 끝이 아니라 '출발점'이어야 한다고 주장하였다. 총체적인 학습으로 시작해야 전체에 대한 윤곽을 이해하고, 문제를 더 잘 인식하고 해결할 수 있다고 보았다. 이 개념은 콜럼비아대학 부속초등학교인 호레이스만 학교에서 채택되었다. 즉, 이들은 초등학교 2학년이 인디언에 관해 학습할 때 교사의 인도 아래 롱펠로우의 시 '히아와타'를 읽고, 인디언의 풍습과 의식에 대해 토론하고, 자연사박물관을 방문했다. 그리고 텐트를 치고, 의상을 만들고, 활과 화살을 구부리며 하루 동안 인디언처럼 살았다. 학생들은 프로젝트를 수행하는 과정에서 필요한 지식과 기술을 획득하였다. 즉, 수업(instruction)은 '제작하는' 프로젝트의 일부로 통합되었다.

확산되던 프로젝트 학습이 학계의 주목을 받은 것은 1918년에 킬패트릭이 프로젝트 방법(project method)이라는 논문을 발표하면서부터이다. 이 신조와 방법은 교사들과 교육계에 높은 반향을 일으켜 이후 1958년 소련의 인공위성 스푸트니크호 발사의 충격으로 학문중심교육과정이 채택되기 전까지 학교에 많은 영향을 미쳤다. 당시에 언제 쓸지도 모르는 엄청난 양의 교과지식을 가르치는데 지친 교사들에게는 의미 있고, 목적이 분명한 활동으로 구성된 교육을 하자는 주장이 예사롭지 않았던 것이다. 킬패트릭은 아동이 실제적인 문제와 사회적 상황을 해결하면서 경험과 지식을 획득한다는 듀이의 성찰에 동의하였다. 그러나 그가 프로젝트 학습을 정당화 할 때는 손다이크(E. L. Thorndike의 결합설(특히 효과의 법칙)에 더 많이 의존하였다. 그는 학습방법은 학습이 일어나는 과정에 근거해야 한다고 생각하고, 학습 결과에 만족감을 느낄 때 학습이 더 잘 일어난다는 점을 들어 아동주도의 학습을 주장하였다. 아동의 학습동기와 성공적인 학습은 자기 자신의 '목적'을 추구할 때 확대될 수 있기 때문이다.

이런 주장이 동력을 얻은 것은 당시 미국의 사회 상황에 힘입은 바도 있다. 당시 미국사회를 지배하는 정신은 '자유'였다. 미국을 세운 사람들은 자신의 땅과 사업을 소유하고, 공적으로든 사적으로든 자신이 결정하기를 열망하였다. 그래서 이런 열망을 실현시키는 사회를 만들고자 이른바 민주주의라는 사회체제, 삶의 방식을 실험하고 있었다.

Dewey가 활동 교육과정과 문제해결 수업방법의 원조라면 이것을 구체적으로 미국의 학교체계 안으로 가져온 사람은 Kilpatrick이었다. Broudy & Palmer(1965)가 지적한 것처럼 킬패트릭이 제안한 프로젝트 방법은 학습 내용을 보다 흥미롭게 배우게 설탕을 바르는 수단쯤으로 생각하는 수준이 아니다. 그는 학교에서 하는 모든 학습활동을 프로젝트로 구성할 것을 기대하였다. 삶이 전심 전력할 수 있는 목적 있는 활동으로 구성되는 것처럼 학교에서의 삶과 학습도 이러한 프로젝트들로 구성되는 것이 바람직하다고 본 것이다. 따라서 지식으로만 구성된 교과를 가르치지 말고, 인성과 성격의 형성을 목적으로 하는 교육을 학생들의 목적이 반영된 활동을 통해서 할 것을 제안하였다.

이러한 프로젝트 방법은 20세기 중반까지 거의 모든 초등학교에서 적용되었으며 문제중심 수업에 대한 당대의 관심에 힘입어 중등학교 사회과 교육과정에도 활용되었다(김대현 외, 1999). 그러다가 1960년대 학문중심 교육과정을 거치면서 프로젝트 방법은 일부 교과에서 수업방법의 하나로 사용되는 경우를 제외하고는 미국의 교육문헌에서는 거의 자취를 감추었다(Tanner & Tanner, 1980, 김대현 외 1999에서 재인용). 국가발전을 위한 교과교육의 중요성이 강조되면서 아동중심의 교육과 관련된 진보주의적 교육이 배척을 받았기 때문이다.

한편, 영국과 독일을 비롯한 유럽에서는 역으로 진보주의 교육운동이 도입되면서 1960년대 영국에서 프로젝트법이 그 위용을 떨쳤다. 비록 1988년 국가교육과정의 공표와 질 관리 지침에 따라 교과별 수업의 비율이 늘어났지만 프로젝트 학습의 중요성은 여전히 강조되고 있다. 독일에서도 1960년대 학생운동의 여파로 교육과정의 인간적, 사회적 적합성에 대한 관심이 고조되고, 2차대전시의 교육에 대한 대안으로 아동중심적인 교육이 받아들여지면서 프로젝트 학습이 주목을 받았다(한국 열린교육협의회 편, 1997).

그러나 독자적인 프로젝트 작업만으로는 체계적인 지식과 기술을 전수하는데 어려움이 있음이 지적되면서 절충적 형태가 나타났다. 즉, 일상적인 학교수업시간에는 '프로젝트 지향적 수업'이라는 '제한된 형태'를, 방학이나 휴일에는 '이상적인 형태의 프로젝트 수업'을 실현하려고 하였다. 그들은 '프로젝트 학습의 날'이나 '프로젝트 주간'과 같은 특수한 날을 제도화하여 이런 날에는 자유로운 탐구를 하도록 하였다. 1980년대 이후에는 전통적인 교수방법과 프로젝트 방법을 조화시키려는 시도가 이루어지고 있다.

그런 와중에 미국에서는 학문중심 교육과정이 학생의 학습에 어려움을 초래하고, 전통적인 교과중심 학습의 폐해가 다시 관찰되자 1970년대 인간중심 교육과정으로 회귀하는 운동과 함께 진보적인 교육이론이 주목받기 시작하였다. 특히, 1980년대 후반에는 카츠(Katz)와 챠드(Chard)가 프로젝트 접근법을 제창하고 유아교육과 초등학교에 보급하고자 노력하면서 그 위력을 떨치고 있다.

우리나라의 경우에도 프로젝트 학습과 같은 형태의 학습이 과거에 없었다고 볼 수는 없지만, 서양적 의미의 프로젝트 학습이 도입된 것은 그리 오래지 않다. 해방 후 미국교육의 영향으로 프로젝트 형태의 학습이 1950년대에 소개되기도 하였으나 오늘날과 같은 프로젝트 학습은 1990년대 이후에 스테픈스(Stephens. 신옥순유혜령 역, 1991)의 저서와 챠드(Chard. 지옥정 역, 1995)의 저서가 출간되고, 챠드가 한국의 여러 도시에서 웍샵을 실시하여 프로젝트 학습법을 소개한 것을 계기로 확산되었다. 최근에는 교수-학습에 관한 연구가 구성주의 관점에서 이루어지고, 교육과정을 통합하는 노력, 열린교육 운동에 힘입어 초등학교도 프로젝트법을 적용하기에 이르렀다.

현재 프로젝트 학습은 유치원교육(이기숙, 2001; 김대현 외, 1999), 통합교육과정(이영만, 2001), 열린교육(이인효 외, 1987)에서 많은 적용례를 볼 수 있다. 이 과정에서 프로젝트 학습이 우리나라 교육과정의 구속력을 고려하지 못하는 문제를 해소하기 위해서 프로젝트 학습의 수행과정에 수정이 가해지기도 하였다(예: 지옥정, 2000). Katz와 Chard가 제안한 프로젝트 수행 절차에 '기본 어휘 및 중심 개념 선정'과 '학습내용/활동 예상 안 구성'을 두어 프로젝트가 학교 교육과정에 연결되도록 한 것이 그 예이다.


## 3. 프로젝트 학습의 의미와 가치

앞에서 진술한 바와 같이 프로젝트는 기록에만 의거해도 몇 백년간 교육에 사용되었다. 초기에는 먼저 배운 지식과 원리를 종합해서 (때로는 창의적인) 작품을 '제작'하는 '연습'의 목적을 지녔고(이론수업-->프로젝트 제작), 20세기 초에는 듀이의 생활중심 교육에 영향을 받은 리챠드(Richard)가 흥미를 북돋는 도구로서의 프로젝트를 주창하였다. 후자는 전자의 프로젝트가 아동의 흥미를 고려하지 않는 것을 비판한 대안으로서 프로젝트를 통해 학습할 내용의 윤곽을 알게 하여 아동의 흥미를 일으키는 방법이다. 따라서 후자의 프로젝트는 수업에 앞서 제작되고, 지식이나 기술수업은 프로젝트 제작과정의 일부로 포함된다(프로젝트 제작이 출발점 -->수업). 이런 발상은 당시로서는 획기적인 것이었다.

한편, 킬패트릭(Kilpatrick, 1918)은 프로젝트에서 그 때까지 다른 사람이 주목하지 않은 부분 즉, 프로젝트가 아동으로 하여금 학습과제에 '몰입'하게 하는데 탁월한 성과가 있음에 주목하였다. 그는 아동이 몰입하는 원인이 '아동의 목적이 반영된 활동'이며, '사회적 상황'에서 수행되기 때문이라고 규정하고, 이 효과가 나타날 수밖에 없는 이유를 쏜다이크의 결합설에서의 효과의 법칙을 근거로 정당화하였다. 그는 학교에서 하는 모든 학습활동이 위의 조건만 만족하면 프로젝트가 될 수 있다고 보고, 학교 교육활동을 모두 포괄할 수 있도록 프로젝트의 범주를 4가지로 개발하였다. 어떻게 가르쳐야 하는지는 학습이 일어나는 과정에 주목해야 알 수 있다고 믿어서 프로젝트를 수행하는 방법도 프로젝트의 유형에 따라 다르게 진술하였다. 그러나 이 같은 프로젝트의 분류는 프로젝트의 '사회적 상황에서의 유목적적 활동'이라는 정의를 지나치게 확대했다는 비난을 받았고, 그 후로는 프로젝트를 수행하는 과정이 명시된 두 가지 유형만이 프로젝트 활동으로 간주되고 있다.

이후, 프로젝트를 수행하는 과정에서 많은 교과지식을 가르치라는 사회의 기대를 의식한 학교에서는 킬패트릭의 순수한 의미의 프로젝트 학습방법을 타협시켰다. 독일의 경우, 일상수업에서는 '프로젝트 지향적인 수업'이라는 '제한된 형태'의 초기적 방법으로 운용했고, 방과 후 활동이나 특별활동, 방학과제와 같이 별도의 시간이 확보된 때에는 '이상적인 형태의 프로젝트'를 수행하였다.

프로젝트 학습의 목표는 어느 학습 과제에 대해 교사가 제기한 질문에 정답을 내는 것 이상의 것을 학습하는 데 있다. 그러나 일반학습이나 프로젝트 학습 모두 교육과정상에 상대적 우위를 논할 수 있는 것은 아니고, 동등한 중요성을 갖고 있다.

<표 6-1> 일반학습(전통적 학습)과 프로젝트학습의 차이점

|  | 일반학습(전통적 학습) | 프로젝트학습 |
| --- | --- | --- |
| 지식습득과 활용 | 학생의 지식습득 기술을 도움 | 학생들에게 기술을 적용하는 기회 부여 |
| 학습의 주안점 | 학습에서의 결함 보완에 주력 | 학생들의 숙달을 강조 |
| 강조되는 동기 | 외재적 동기 강조 | 내재적 동기 강조 |
| 지도형태 | 교사가 학생들이 수행해야 할 과제에 대해 자신의 전문성을 내세워 직접 지도 | 학생들이 무엇을 해야 하는지 결정하는 일과 그들이 하고자 하는 일에 대해 전문가적 입장이 될 수 있음을 격려 |

프로젝트학습과 관련하여 서로 연관이 있면서도 때로는 구분을 하는 용어- 주제, 단원, 프로젝트의 주요 차이점을 정리해보면 다음과 같다(Katz & Chard, 1989).

**주제**(theme): '사계절' 이나 '동물들' 처럼 넓은 개념이나 토픽으로 쓰이고 있다. 교사는 책이나 그림, 기타의 질문을 통해 학생들로 하여금 새로운 것을 배우게 할 수 있다. 그러나 주제학습은 그 토픽에 대해 질문을 제기하거나 학생 스스로가 주도적으로 조사하는 활동 등을 포함하는 경우가 드물다. 그렇긴 해도 주제는 프로젝트학습을 위한 좋은 하위과제(subtopics)가 될 수 있다.

<표 6-2> 프로젝트 학습의 의미

| 프로젝트의 개념 | 이론의 실습, 종합적 연습 | 학생의 유목적적 활동 | 주제에 대한 깊이 있는 연구 |
|---|---|---|---|
| 주창자 | Stimpson 등 수공업 교육자 | Kilpatrick | Kats and Chard |
| 프로젝트 판단기준 | 학습자의 제작활동 있음. | 아동의 목적에 기초한 활동+ 사회적 상황에서 수행(동료와 함께 하고 평가받음). | 주제에 대한 탐구활동 있음. |
| 유행시기 | 16- 20세기초 | 20세초에서 중반 | 1990년대 이후 |
| 프로젝트사 용시기 | 교육과정의 종착점 | 교육의 시작점과 전 과정 | 주로 수업 외의 시간 |
| 프로젝트 학습의 가치 | 이론의 응용. 연습 | 학습동기 증진. 학습과제에의 참여증진. 활동의 결과로 학습대상과 학습자체에 대한 태도를 학습. 인지학습보다 태도학습에 강함. | 학습의욕, 책임감, 긍정적 자아개념, 학교와 사회의 관련성 인식. 문제해결력, 탐구와 표현능력, 사고의 유연성, 사회적 기술습득. |
| 프로젝트 학습의 절차 | 연습과제의 성격에 따름 | 유형에 따라 다름: ① 아이디어나 계획의 실현: 목적수립-〉계획-〉실행-〉평가 ② 심미적 경험: 밝히지 않음 ③ 인지적 문제해결:Dewey의 반성적 사고과정을 따름. ④ 지식이나 기능의 획득: 수업이론에 따름. | 주제결정-〉탐구 및 표현하기-〉마무리(전시 및 반성)-〉평가 |
| 교사의 역할 | 주도적 | 활동의 전 과정을 자극하고 안내함. 교사는 아동과 사회를 잘 알아야함. | Kilpatrick의 교사의 역할과 같음. |
| 비판 | 프로젝트의 동기부여측면에 주목하지 못함. | 체계적인 지식을 가르치기 어렵다고 비판됨. 프로젝트의 범위가 너무 넓다고 비판됨. | Kilpatrick의 프로젝트 유형의 ①과 ③만을 프로젝트로 취하고, 너무 형식에 치우친다고 비판. |

**단원(units)**: 단원은 학생들이 알아야 할 특정 과제에 대해 미리 계획된 학습과제와 활동으로 구성된다. 단원에 대한 정보가 주어지면 교사는 학생들이 획득

해야 할 지식과 개념을 명확히 계획할 수 있다. 그러나 단원 역시 주제와 마찬가지로 수업과정에서 학생들이 수업을 주도할 여지를 별로 갖고 있지 못하다.

**프로젝트**(project): 프로젝트의 주제는 주로 도서관 탐색과 같은 작업을 통해서 얻어지는 결과와는 다른 학생들이 직접적으로 조사할 수 있는 실제 현상을 다루는 것이 일반적이다. 프로젝트학습은 관찰 보고에서부터 전문가와의 인터뷰 같은 활동을 하고, 그 결과를 요약하여 여러 가지 형태로 제시한다.

현재 우리 유아교육과 초등교육기관에서는 Kilpatrick의 프로젝트의 제 1유형을 형식화한 방법을 적용하고 있다. 2000년대에 우리 나라에서 적용되는 프로젝트는 '주제에 대한 깊이 있는 연구'라는 Chard의 정의를 사용하기도 한다(예: Chard, 1994; 김대현 외, 1999). 프로젝트의 개념이 변화된 방식을 정리하면 앞의 <표 6-2>와 같이 요약할 수 있다.

## 1) 고전적인 프로젝트의 의미: 이론의 실습, 종합 연습

<표 6-2>에 요약되었듯이 프로젝트의 가장 오래된 의미는 이론을 배운 후에 그것을 응용한 종합적 연습활동으로 작품을 제작하는 것을 의미한다. 프로젝트가 이런 의미로 사용될 때는 프로젝트의 결정은 교육내용을 결정해온 교사의 임무가 되며 교사는 교과내용을 잘 연습할 수 있는 과제를 내줄 가능성이 높다. 따라서 프로젝트의 주제, 수행방법, 평가기준을 결정하는 일, 수행된 프로젝트를 평가하는 과정 전체에서 교사가 주도적인 역할을 할 것으로 생각된다. 이런 의미로 프로젝트를 규정하면 전통적인 학급에서 나타나는 학생들의 동기부족, 학생의 흥미와 필요를 반영하지 못하는 획일적인 교육의 폐해가 그대로 존재하게 되므로 프로젝트라고 별도의 이름을 붙일 이유가 없다는 비판을 면할 수 없다. 전통적으로 수행해온 과제와 별 다름이 없이 단지 학습자가 구체물을 제작한다는 의미 이상의 가치를 부여하기는 어렵다.

## 2) Kilpatrick의 프로젝트의 의미: 학습자의 유목적적인 활동

한편, 킬패트릭의 프로젝트의 정의는 전통적인 의미인 '구체물 제작'과는 상당히 다르다. 그에 있어서 프로젝트라는 '사회적 상황에서 일어나는 학습자의 유목적적인 활동'으로서 학습자 자신의 목적이 반영된 활동이다. 즉, 프로젝트는

'가치로운 삶의 전형적인 단위'로서 이것으로 구성된 학교활동은 그 자체가 삶의 방식과 같고, 따라서 이런 학습이 이후의 삶을 준비하는 가장 좋은 방법이라는 것이다. 이것이 바로 프로젝트 학습을 정당화하는 논리이다. 체험을 통한 학습(Learning by doing)의 힘은 오래 전부터 증언되었지만 킬패트릭은 이 체험이 학습자가 주의 깊게 선택한 가치로운 목적에 기초한다면 동기를 제공하고, 학습자의 내적 자원을 동원하며, 과정을 안내하고, 성공의 만족감을 맛볼 수 있게 한다는 것을 매우 논리적으로 설명하였다. 열심히 학습한 내용이 더 오래 기억되는 것은 당연하다. 목적이 있는 행동은 그 부산물로서 일반화, 정확성, 공정성에서 다른 행동보다 우위에 있다.

그의 프로젝트는 옷을 만드는 소녀나 연극을 꾸미는 일처럼 개별적으로 혹은 집단으로 계획하고, 수행하고, 평가받는 일을 포함한다. 물론 이 활동은 개인적으로 수행할 수도 있고, 집단으로 수행할 수도 있다. 어쨌든 교사는 학생의 현재의 관심과 성취를 사회가 요구하는 범위까지 넓히게 도와주는 역할을 해야 하며, 프로젝트 수행과정을 학생들이 스스로 해낼 수 있도록 주도권을 점차 학생에게 넘겨야 한다. 학생들이 목적을 논의하고 공감하는 과정에서 도움을 주고받는 바람직한 습관을 형성할 것으로 기대한다.

이런 정의는 20세기 초에서 중반에 가장 공감을 얻었다. 이런 활동, 즉 프로젝트를 수행하는 과정은 학습자들이 원하는 일을 하는 과정이므로 학습자들의 학습동기는 높고, 학습과제에 열심히 참여하며, 활동의 결과로 학습대상과 학습자체에 대한 바른 태도를 배울 수 있을 것으로 기대되었다. 이런 프로젝트를 수행하는 목적은 쓸모없는 지식을 많이 배우는 것보다는 자신에게 흥미로운 문제를 체험적으로 해결하면서 공동체적인 삶에 유용한 태도와 인성을 배우게 하자는 것이었다.

프로젝트 수행의 절차는 프로젝트의 유형에 따라 달라진다. 킬패트릭은 학교에서 수행하는 교육활동 전체를 유목적적인 활동으로 구성하고자 했으므로 그 당시 학교에서 일어나던 교육활동 전체를 유형화해서 연결하고자 하는 시도를 한 것으로 보인다. 다음의 4가지 프로젝트 유형은 학교에서 일어나는 학습활동 전체를 포괄한다.

* **Kilpatrick의 프로젝트 유형 4가지와 수행과정(p. 16):**
　① 아이디어나 계획의 실현:

목적수립->계획->실행->평가
② 심미적 경험: 밝히지 않음
③ 인지적 문제해결: Dewey의 반성적 사고과정을 따름.
④ 지식이나 기능의 획득: 수업이론에 따름.

킬패트릭(Kilpatrick, 1918)에 의하면 첫 번째 유형의 프로젝트는 아이디어나 계획을 실현하는 것이다. 이 일을 하자면 우선 무엇을 왜 할 것인지 목적을 정하고, 그 다음에는 목적을 달성할 수단과 방법을 계획한 다음, 이를 실행하고, 실행의 성공여부를 목적에 비추어 평가해야 한다. 이런 과정에서는 목적과 계획, 실행과 평가의 모든 과정에서 토론을 하는 것이 유용해진다. 킬패트릭의 프로젝트 방법은 소집단 토의를 학급에 보급하는데 큰 기여를 했다. 아무튼 자신들의 목적과 아이디어가 반영되어야 자발성과 참여가 높아지므로 학습자들은 자연히 자주적으로 학습하도록 독려되고, 교사들의 역할도 조력자로 남는다. 이런 과정을 여러 번 겪다보면 학생들 스스로 자주적인 학습자로 자라게 되고, 토론하고 계획을 수립하고 실행하는 과정에서 적극적으로 참여하고, 협력하고, 상대방 의견의 가치와 기여를 인정하게 되며, 사회적인 합의에 이르는 기술, 의사소통 능력, 자긍심의 발달 등 여러 가지 긍정적인 능력과 태도를 기를 수 있다. 이것이 프로젝트에 매력을 느끼게 하는 부분이다.

세 번째에 언급된 인지적 문제해결도 당면한 문제가 무엇인지를 파악하고, 문제해결전략이나 과정을 탐색하고, 문제를 해결하기 위한 계획을 수립하고, 이것을 실행한 다음에 그 적절성을 문제에 비추어 평가하는 과정을 거친다. 이 일도 첫 번째 프로젝트 유형만큼이나 복잡한 사고를 필요로 한다.  이 두 가지 프로젝트를 프로젝트라고 하는 데는 대부분의 사람이 이의를 달지 않는다.

그런데 두 번째 프로젝트 유형인 '심미적인 경험'이나 네 번째 언급된 '지식이나 기능의 획득'을 프로젝트로 본다는 주장에는 이의가 많다.  전람회나 음악회에 참석해서 아름다움을 느끼는 것이나 강의를 통해 지식이나 기술을 획득하는 것은 그가 그토록 경계한 수동적인 학습, 자발성과 학습자의 목적에 기초하지 않은 학교학습의 유형에 너무 흡사하기 때문이다. 그에 대한 Boyd의 비판(Wakes, 1997에서 재인용)은 이런 점을 짚어냈고, 이 비판으로 말미암아 프로젝트의 개념은 아이디어의 실현이나 문제해결행동이라는 의미 좁은 의미로 사용되게 되었다.

보이드의 비판의 요지는 앞서 진술한 것처럼 프로젝트의 개념을 학교학습을 포괄하는 개념으로 확장하면 학습자의 목적이 고려된 활동만을 프로젝트의 유일한 준거로 만들어 놓는다는 것이다. 즉, 학습자가 스스로 통제하는 활동이라는 특징도 프로젝트에는 들어있는데 이야기나 음악을 혼자 듣는 일까지 프로젝트라면 자기주도성이라는 면이 크게 약화되어 프로젝트의 가장 핵심적인 이익인 전심전력의 효과를 얻기 어렵다는 것이다.

차터스(Charters, 1923)도 같은 맥락에서 프로젝트를 '자연 상황에서 완성되는 문제해결 행위'라고 정의했다. 여기서 '문제'는 상대적으로 복잡하며 생각을 많이 해야 하는, 그러나 할 수 있는 문제를 의미하며, 완성이라는 것은 구체적인 결과물(예: 보고서)이 있음을 뜻하고, 자연 상황은 학교 밖의 상황과 비슷한 조건을 의미한다. 학교학습의 많은 부분은 이런 조건을 만족하지 않는다. 그는 또 프로젝트의 주제는 학생들이 흥미를 갖는 것이어야 하며, 흥미가 사라지면 단순한 과제가 된다는 킬패트릭의 논리에 반박하며 프로젝트를 완성시키는 것이 흥미가 아니라 '의지'라고 했다.

킬패트릭의 프로젝트의 의미에 대한 비판은 사람들로 하여금 Dewey의 학습자 중심의 교육에 대한 주장을 다시 살펴보게 하였고, 이 작업은 '학습자 중심의 프로젝트'라는 제 3의 의미를 파생시켰다. Wakes(1997)는 학교와 교실이라는 학습 사회에서 학습자들이 주도하는 프로젝트의 사회적 중요성을 강조하여 프로젝트는 다음과 같은 여섯 가지 요소를 갖출 것을 제안하였다.

첫째, 학습집단이 공통의 생산물을 위하여 집단적으로 협상해야 한다. 후기 산업사회에서는 경쟁보다 협동이 중요한 사회이므로 프로젝트의 목적은 집단의 논의 끝에 나온 협상결과여야 한다.

둘째, 이 프로젝트는 학습집단이 보다 큰 사회생활에 참여하는 수단으로서 학습자의 나이와 지위에 적합한 것이어야 한다.

셋째, 프로젝트의 학습효과가 학생의 즉각적인 학습의 필요와 일치해야 하며 달성 가능해야 한다.

넷째, 프로젝트 수행에 필요한 기초지식을 평가하고, 선수학습이 부족한 학생에 대한 조치를 해야 한다.

다섯째, 학습자와 교사는 프로젝트의 수행을 위해 도와야 한다. 예컨대, 계획서 작성, 계획서의 평가, 생산적 행동, 중간평가, 완성, 최종평가, 고객이나 청중에게 전달하는 시간계획 등을 도와주고, 각 단계의 과제에 투입할 노력을 평가해야 한다.

여섯째, 프로젝트가 끝났으면 여기서 얻은 결과를 평가하고 기존의 학습결과로 통합하는 과정이 있어야 한다.

학습자는 반드시 무엇이 잘되었고, 잘 안되었는지를 개인적으로 뿐만 아니라 집단적으로 평가해야 한다. 이 단계에서는 어떤 지식이 사용되었는지, 어떤 우연적인 학습이 일어났는지, 그것이 어떻게 학습되었는지, 생산적인 일에 응용되었는지, 집단이 어떻게 협동하였는지, 집단과 외부집단과의 관계는 어땠는지, 생산품의 질은 어떤지, 생산품의 사회적 영향이 있는지를 평가하고, 이 모든 학습이 이전의 프로젝트와 앞으로의 프로젝트와의 관계에서 통합되고 이해되어야 한다. 이런 비판은 학교수업이라는 상황에서 적용하는데 필요한 명료한 활동과 단계를 제공하는 데 기여하였다.

마지막으로 소개할 챠드(Chard, 1994) 등의 프로젝트 학습의 절차는 이런 요소들을 반영하고 있다. 이 유형은 교사들이 프로젝트를 현실에 적용하면서 발달시킨 일종의 변종이기도 하다.

### 3) Katz & Chard 등의 프로젝트의 의미: 주제에 대한 깊이 있는 연구

프로젝트가 배운 지식의 종합적 연습도 아니고, 학습자의 목적을 실현하는 활동도 아닌, 주제에 대한 심층적인 연구라는 주장을 한 사람은 챠드(Chard, 지옥정 역, 1995, 김대현 외, 1999)이다.

어린 학습자들은 주체적으로 목적을 찾아내고, 계획을 세우고, 실행하고, 평가하는 복잡한 과정을 스스로 할 수 없다. 따라서 순수한 의미의 프로젝트 학습을 진행할 수 없다. 이런 어린이들을 대상으로 할 수 있는 일은 목적의 발견을 위해서 토론하기보다는 아동에게 흥미로운 주제를 교사가 미리 정하고, 이와 관련된 현상들을 탐구하는 것이 보다 용이할 것이다. 이렇게 하나의 예로 만든 주제탐구가 프로젝트의 정신을 깊이 공부하지 않는 사람들이 형식만을 따라하면서 프로젝트인양 오인된 것 같다.

여하튼 프로젝트를 주제에 대한 심층적인 탐구로 규정한 문헌에서는 프로젝트를 수행하기 전에 우선 주제와 관련된 소주제들을 연결한 주제망을 만든다. 그런 다음 교사가 개별 아동이 주제에 대해 알고 있는 사전지식 정도를 진단한다. 프로젝트의 2단계에서는 현장조사에 대한 계획을 수립하고, 전문가를 학교에 초청하여 어린이들과 이야기를 나누는 활동이 주가 된다. 현장견학을 통하여 직접체험을 하는 과정에서 아동들은 준비한 질문에 대한 답을 찾거나, 새로운 질문을 제기하고, 자료를 수집한다. 이렇게 모아진 자료는 학급전체에게 발표하고 공유한다.

마지막 단계에서는 교사, 학부모, 기타 관심 있는 사람들이 프로젝트에 함께 참여하게 하여 현재의 활동을 검토하고, 아이들이 탐구한 내용을 전달한다. 한마디로 말하면 프로젝트는 현장조사, 또는 체험학습의 모습을 띤다. 이것도 학생들의 참여와 흥미를 증진하는데 도움이 될 수 있겠지만 이런 수업은 중등에서는 (사회적)탐구학습이라는 다른 이름으로 불리지 프로젝트라는 이름으로 불리지 않는다. Dewey나 Kilpatrick은 이런 유형의 수업을 프로젝트법 이라고 하지는 않은 듯하다.

### 4) 프로젝트의 교육적 가치

프로젝트는 그 의미와 수행과정에서 짐작할 수 있는 특별한 교육적 가치를 가진다. 여러 사람이 제시한 장점을 종합해보면 다음과 같다.

첫째, 프로젝트 학습은 학습자의 흥미를 유발하여 내적 동기를 유발시키고, 교육내용(교과내용)의 가치를 증대시켜준다. 내적 동기는 외부의 보상이 아니라 학습과정에서 생기는 만족감이나 학습의 결과로 얻게 되는 성취감 등으로 일어난다. 또한 자신이 맡은 프로젝트에 몰두하게 함으로써 교과의 가치를 높이는 효과를 갖는다.

둘째, 프로젝트 학습은 학습자의 책임감과 협동심, 사회적 기술을 길러준다. 프로젝트 학습은 개별적으로 이루어지기도 하지만, 대개 소집단이나 학급 전체로 추진되는 경우가 많다. 학습자는 프로젝트 학습의 제 과정에서 교사와 동료 학생과 함께 끊임없이 모종의 선택을 하고 선택에 따른 활동을 해 나가야 한다. 만일 어떤 학습자가 프로젝트 학습의 과정에 참여하지 않거나 소극적으로 참여한다면 학습은 진행되기 어려우며, 결국 그 피해가 동료 학습자들에게도 미치게 되므로 자신의 책임을 항시 의식하게 된다. 프로젝트 학습은 대개 소집단이나 학급 전체로 추진되는 경우가 많다. 이러한 집단 학습의 과정은 학습자들에게 과제 해결을 위한 협동심을 키우게 된다. 또한, 학습 단계별로 의사결정을 하는 과정에서 남의 이야기를 귀담아 듣고 자신의 이야기를 논리 정연하게 펼치기 위한 노력이 경주되어 사회적 기술이 향상되게 된다.

셋째, 프로젝트 학습은 긍정적인 자아개념을 심어준다. 학습자에서의 긍정적인 자아개념은 학습과정의 민족과 학습 결과의 성취감, 그리고 교사와 동료들의 인정 등에 의하여 생긴다. 프로젝트 학습은 학습자의 자발적인 참여를 유도한다는 점에서 학습자 개개인에게 만족감을 제공하고, 학습의 단계마다 이루어지는 결과물을 통하여 성취감을 맛볼 수 있으며, 자신의 아이디어가 교사와 동료 학생들에게 수용될 기회가 많아짐으로써 자신에 대한 긍정적인 생각을 갖게 된다.

넷째, 학생들이 학교와 사회의 관련성을 인식하는 계기를 만들어 주게 되며, 교육에 대한 지역사회와 학부모의 관심을 높여준다. 프로젝트 학습의 과제는 대개 실제의 세계 속에서 일어나는 현상이나 문제, 쟁점 등을 탐구의 대상으로 삼는 경우가 많으며, 부모와 지역사회의 협조가 학습의 과정에서 매우 중요한 영역을 차지한다는 점에서 학생들이 학교 교육과 실세계와의 관련성을 인식할 기회를 많이 제공한다.  또한, 프로젝트 학습은 지역사회와의 유기적 협조, 학부모 참여 기회의 제공을 통해 교육에 대한 지역사회와 학부모의 관심과 동참을 유발할 수 있다.

다섯째, 프로젝트 학습은 사고의 유연성과 문제해결력을 길러준다. 프로젝트 학습에서 학습자의 선택과 결단은 매우 중요한 구실을 한다. 학습의 진행 방향이 잘못되거나 더 중요한 학습 내용이 생각되거나 더욱 효과적인 학습 방법이 제안된다면 언제든지 그 방향과 내용과 방법을 수정하게 된다. 이와 같이, 학습자들이 학습의 목표와 내용을 추가하거나 삭제하고 학습 방법을 바꾸거나 학습 단계를 조정하는 가운데 사고의 유연성이 길러진다. 그리고 교사와 동료학습자의 잦은 대화는 자신의 생각의 한계를 인식하는 기회를 제공하여 사고의 유연성이 높아진다. 그리고 사회적 문제나 쟁점을 탐구의 대상으로 삼기 때문에 문제해결을 위한 기회가 많이 제공되어 그 능력이 신장된다.

여섯째, 프로젝트 학습은 다양한 탐구 활동과 표현 활동 능력을 길러 준다. 프로젝트 학습은 조사, 실험, 면담 등의 다양한 방법을 통하여 사물이나 현상을 탐구할 기회를 제공함으로써 탐구하는 방법과 기술, 태도 등을 길러 준다. 그리고 학습의 과정에서 일어나는 것을 언어, 숫자, 그림, 입체, 신체 등의 다양한 표현 양식을 사용하여 표현할 기회를 가짐으로써 인간이 가진 제 능력을 균형 있게 발달시킨다.

  일곱째, 프로젝트 학습은 체험적 학습 기회를 제공한다. 오늘날 학교에서 실제 현상이나 사물을 접할 수 있는 기회는 점차 줄어들고 있다. 실습이나 실험이 필요한 많은 학습도 책을 읽거나 이론 학습으로 대치하는 경우가 적지 않다. 프로젝트 학습은 현대 학교에서 결하고 있는 현상이나 사물과 직접 조우하는 일차적 경험을 제공한다. 이러한 체험적 학습은 기억의 효과뿐만 아니라 현상이나 사물에 대한 친근감과 경애감, 두뇌와 오감의 연결, 학교 교육과 실세계의 관계, 삶에 대한 자체 반성 등 여러 가지 교육적 효과를 가져다준다.

  여덟째, 프로젝트 학습은 교사들에게 새로운 교수 경험을 제공한다. 프로젝트 학습은 교사들에게 새로운 도전이다. 우선 프로젝트 학습을 계획해 봄으로써 현행 교과별 교육과정과 교과서 중심 수업의 한계를 인식하게 된다.


## 4. 프로젝트 학습의 유형 및 과정

  교육인적자원부는 대구광역시 교육청과 제휴하여 중학교 재량활동 중에 시행할 수 있는 자기주도적 학습의 대표적인 수업사례로 5가지 학습방법을 지적하여 제시한 바 있다. 그 5가지 방법 중 하나가 프로젝트 학습이다. 여기서 제시한 프로젝트학습의 성격과 교수학습방법은 아래와 같다.


### 〈프로젝트학습의 성격〉

  '프로젝트 학습'이란 구안 학습(構案 學習)이란 말과 같은 것인데, 학습자의 마음 속에  있는 모양(像)을 실제로 설계도, 글, 그림, 공작품 등으로 나타내는 것을 말한다. 이것은 창의성을 계발하는 학습 형태로 매우 적절하며, 한 명 또는 그 이상의 학습자가 특정 주제에 대해 심도 깊게 연구하는 학습 방법이다. 프로젝트 학습은 학습자가 학습의 전 과정에 주도성을 지니고서 주제, 제재, 문제점, 쟁점 등에 관한 탐구 활동을 통해 그 결과를 만들어 가는 교육 방법이라고 말할 수 있다. 따라서 학습자에게 내적 동기 유발, 책임감, 긍정적인 자아 개념, 협동심, 사회성, 사회에 대한 관심과 문제 해결 능력, 다양한 탐구와 표현 능력, 사고의 유연성을 신장시키는 장점이 있다.

〈교수·학습 방법〉

프로젝트 학습은 학생들이 일상에서 쉽게 흥미를 가지고 접할 수 있으며, 각종 자료 확보 및 활용이 용이한 교육적 가치가 있는 주제를 선정하여 학생들이 주제와 관련된 다양한 의견을 자유롭게 제시할 수 있도록 해야 한다.

(1) 다양하게 제시된 개념이나 소주제들을 통합 및 분류하여 주제망을 작성한다.

(2) 학생들의 흥미, 적성, 능력 및 적정 인원을 고려하여 모둠을 편성한다.

(3) 자료 수집을 위해 현장 조사, 전문가 면담, 문헌 조사, 실험, 인터넷 검색, 유관 기관 방문을 통하여 조사된 자료를 종합·분석·정리하여 보고서를 작성한다.

(4) 사진, 그림, 도표, 스크랩, 연극, 만화, 멀티미디어 자료, 문집, 구성물 등을 포트폴리오 형태로 체계화하여 발표하도록 한다.

〈교수·학습 과정안〉

| 주　제 | | 소주제·제재 | 차시 | 학습 장소 |
|---|---|---|---|---|
| 자기 주도적 학습 | | 프로젝트 학습 | | 교실 |
| **학습목표** | | ○프로젝트학습으로 주어진 과제를 해결할 수 있다. | | |
| **사전과제** | | ○학습지(작품계획서) 해결해 오기 | | |

| 단계 | 학습요소 | 교수·학습 활동 | 학습형태 | 시간 | 자료 및 유의점 |
|---|---|---|---|---|---|
| 도입 | 학습 안내 | ○활동 준비 상황 점검–자료 수집 계획, 전문가 및 관련 기관의 협조<br>○활동 방법 및 과정 안내 | 강의식 | 5′ | 활동 과정 안내 |
| 전개 | 자료수집 및 탐색 | ○자료 수집 및 탐색<br>–모둠별 활동 계획에 따라 활동<br>–주제 해결에 필요한 각종 정보 및 자료 수집 : 현장조사, 전문가 면담, 문헌조사, 실험, 인터넷 검색, 관련 기관 방문 | 강의식 | 5′ | 활동계획서 PPT자료 인터넷자료 학습지 |
| | 과제해결 | ○과제 해결<br>–조사된 자료들을 종합·분석·정리 → 토의(협의) → 모둠별 과제 해결<br>–추가 질문(조사) 내용이나 더 구체적으로 공부하고 싶은 부분 제기, 토의 후 추가 학습 계획 마련<br>–과제 해결 방안 대안 찾기 | 소집단 | 15′ | |
| | 발표준비 | ○종합 발표 준비<br>–모둠별 활동 결과를 종합·정리하여 결과물 산출<br>–전체적인 발표 자료를 체계화 | 소집단 | 15′ | |
| 정리 | 평 가 및 보　상 | ○종합 발표 준비 상황 점검<br>○발표자 확인<br>○종합 발표 및 평가 예고 | 전체 | 5′ | 발표 자료 |

　　이에서 보면 프로젝트학습의 성격과 교수·학습방법에 대해서는 간단명료하게 정리를 잘 해주고 있으나 교수·학습과정안은 모호하여 어떻게 전개되는지가 명확하지 않다.

## 1) 프로젝트 학습의 유형

프로젝트 학습은 그 형태가 매우 다양할 수 있다. 우선 집단의 크기로 나누어 볼 때 개인별 활동 프로젝트, 모둠별(소집단) 프로젝트, 학급 프로젝트, 학년 프로젝트의 구분이 가능하고, 기간으로 나누어 보면 비교적 짧은 기간(시간)에 할 수 있는 프로젝트와 장기간에 걸쳐서 할 수 있는 프로젝트가 있다. 그리고, 특별활동(재량활동 포함)프로젝트, 가정과제 프로젝트로의 구분도 가능하며 이의 혼합형도 가능하다.

프로젝트학습에 대한 정형화된 구분이 딱히 있는 것은 아니지만 이를 몇 가지 기준에 따라 나누어 보면 다음의 유형별 구분이 가능하다.

△참여 인원에 의한 구분: 개인활동 프로젝트, 소집단 프로젝트, 학급 단위 프로젝트, 학교 단위 프로젝트
△장소에 따른 구분: 학교 프로젝트, 홈 프로젝트
△교과 통합의 정도에 의한 구분:
① 교과분리형; 기존의 교과 구분을 그대로 따르되 각 교과내에서 학생들의 수준과 흥미를 고려한 다양한 내용을 제공하는 형태
② 교과통합형; 교과를 어떤 식으로든 의미있게 연관지어 그것을 배우는 학생들의 내면적 경험이 의미있게 연관지어 학습되도록 하는 형태
③ 교과초월형; 교과 구분을 초월하여 학생이 관심을 가지는 문제, 또는 주제를 중심으로 학습하게 하는 형태

개별활동 프로젝트와 소집단(모둠)활동 프로젝트를 이해하면 다른 형태는 이를 다소 변형시키기만 하면 되므로 이 두 가지 형태에 대해 간단히 설명하고자 한다.

### (1) 개별활동 프로젝트

프로젝트 학습이 소집단의 협동학습 형태를 띠는 것이 일반적이긴 하지만 학생들의 동기를 유발시킴과 동시에 쉽게 시행할 수 있는 프로젝트 유형의 하나가 개별 프로젝트이다. 학생들은 개별 프로젝트를 수행할 때 책임감을 갖고 스스로

동기화되는 가운데 연구 및 구성 기술을 기를 수 있다. 프로젝트는 학생들에 의해 선택되고 자신의 주도하에 진행되므로 자신들이 학습하고 있는 정보가 의미 있도록 해준다. 이 방법은 교과내용과 관련이 있는 비교적 간단한 과제, 하기 쉬운 과제를 선정하여 프로젝트학습의 초기 단계에서 일종의 프로젝트학습의 안내 역할과 훈련 역할을 하는 과정으로 활용할 수 있다.

교과와 관련된 몇 가지 프로젝트를 소개하고 이를 본인의 관심사와 취향에 맞게 선택하여 하는 것이 편리한 방법이지만, 프로젝트명만 제시하고 이에 대한 절차와 방법은 개인이 자율적으로 알아서 하게 하는 방법도 있다. 일, 이주일 정도의 시간을 주고 과제(프로젝트)를 해결하게 한다. 그러나 프로젝트의 성격에 따라 상당히 오랜 기간이 부과될 수도 있다.

최근 미국에서의 프로젝트학습법의 동향은 특히 중등학교의 경우 개인 연구식 (independent study)으로 전개되는 경향이 강하다. 예로서 1980년대의 학습자주도 프로젝트 활동은 미국교육의 관심을 끌게 되었으며, Boyer(1983)는 고교졸업 요건으로서 학습자 주도의 다학문적 통합 프로젝트를 부과할 것을 제안한 바 있다. 고등학교 졸업반 학생들의 개인연구 프로젝트는 학생들이 이수하는 다양한 프로그램에 걸친 학구적 교과학습에서의 중요한 쟁점에 주안점을 두고, 그에 관한 탐구결과를 리포트형식으로 제출하는 것이다.

또한 St. Paul Open School에서는 하나의 주제에 초점을 두거나 고등학교에서 받은 교육경험에 대한 포괄적인 요약, 예컨대 자신이 참여해온 활동, 감명 깊게 읽은 책, 문화 행사, 고교생활 4년에 걸친 자신의 변화에 관한 것 등을 포괄적으로 정리하는 기회가 부여되기도 한다. 보다 최근에는 다학문적 통합 프로젝트의 포트폴리오의 개념이 도입됨에 따라 학습자 주도 프로젝트는 포트폴리오를 마련하기 위한 구체적인 항목을 창출하는 메카니즘을 제공하기도 하였다(박순경, 1999). 이 경우 프로젝트의 기간은 꽤 길어질 수밖에 없다.


### (2) 소집단활동 프로젝트

주제의 성격에 따라 5명 내외의 소집단을 구성하여 프로젝트를 수행한다. '환경오염'을 대주제로 하는 경우 이를 대기오염, 수질오염, 해양오염, 토양오염의 소주제로 나누어 각기 5명씩 배치하여 프로젝트를 수행하게 한다. 학급 인원에 따라 같은 소주제를 2집단, 또는 3집단으로 구성할 수도 있다. 같은 소주제에 대해 2-3개 집단이 프로젝트를 수행하는 경우 나중에 서로 비교가 가능하므로 소집단별 경쟁을 통한 동기유발에 도움이 되기도 한다.

### 2)프로젝트 학습의 과정

프로젝트 학습의 과정을 언급한 최초의 사람은 Kilpatrick으로 그는 프로젝트 학습의 과정이 프로젝트의 유형에 따라 달라진다고 하였다. 앞에서 언급한 내용을 다시 표로 정리하면 다음과 같다.

〈표 6-3〉 Kilpatrick의 프로젝트의 유형과 학습과정

| 프로젝트의 유형 | 프로젝트 학습의 과정 |
| --- | --- |
| ① 아이디어나 계획의 구현 | 목적수립–〉계획–〉실행–〉평가 |
| ② 심미적 경험 | 밝히지 않음 |
| ③ 인지적 문제해결 | Dewey의 반성적 사고과정을 따름.<br>즉, 문제정의–〉가설설정–〉검증 |
| ④ 지식이나 기능의 획득 | 수업이론에 따름 |

즉, '프로젝트가 아이디어의 구현'일 때는 목적을 수립한 후, 목적을 달성할 계획을 세우고, 계획을 실행한 다음 평가의 단계를 거친다. 그리고 당면한 문제가 지적인 모호성을 해결하는 문제라면 Dewey의 반성적 사고과정 즉, 문제가 무엇인지를 정의하고, 그 문제에 대한 잠정적인 설명인 가설을 설정하고, 이것이 바른지를 실험을 거처 확인하는 과정을 되풀이 하게 된다. 반면에 심미적 경험은 그것이 얻어지는 과정이 잘 밝혀져 있지 않고, 지식 또는 기능의 획득은 그것이 획득되는 인지과정에 기초한 수업이론에 따라야 한다.

그러나 킬패트릭의 주장과는 달리 ②와 ④의 유형을 프로젝트로 보는 경우는 발견하기 어렵고, 지식이나 기능을 획득하는데 사용하는 방법은 설명식이나 탐구방법 등 가르칠 수 있는 방법이 다양하기 때문에 일반적으로 프로젝트라고 보지 않는다. 이런 이유 때문에 프로젝트 학습의 과정은 자연히 ①과 ③번, 일반적인 수업모형으로는 집단탐구나 탐구학습의 모습을 띠게 되었다. 중등학교에서라면

학생들의 지적능력이 논리적 조작을 할 수 있는 수준에 이르렀으므로 탐구학습의 실행이 가능하겠지만 유아와 초등학생을 대상으로 문제해결학습 모델을 적용하기는 어려웠을 것이다. 이러한 이유로 나타난 변형이 집단탐구형태의 프로젝트 학습이다. 사실상 최근의 수업이론서에는 프로젝트 학습이 나오기보다는 집단탐구와 탐구학습라는 이름으로 비슷한 수업방법들이 소개되고 있다(Joyce & Weil, 1989 참조).

Chard(1994)의 프로젝트 수업과정과 김대현 외(1999)의 프로젝트 학습의 과정을 참고하면 프로젝트 학습의 과정은 <표 6-4>와 같이 요약할 수 있다.

〈표 6-4〉 프로젝트 학습의 과정

| 학습과정 | 1. 목표 정하기 | | 2. 활동 계획 | 3. 계획실행 | | 4. 총괄평가 | |
|---|---|---|---|---|---|---|---|
| | 준비 | 목표와 주제결정 | | 탐구활동 및 토의 | 결과 요약 | 결과전시 및 표현 | 반성 및 평가 |
| 학습활동 | *프로젝트를 하기로 결정.<br>*주제의 잠정적 결정.<br>*교사가 잠정적 주제망 작성.<br>*자원목록 잠정적 작성 | *학생의 관련경험 끌어내기.<br>*학생과 함께 주제망 작성하기.<br>*주제(목표)결정. | *소목표와 주제 결정.<br>*학습활동 팀 조직.<br>*탐구할 질문, 표현할 주제 작성.<br>*탐구활동 계획.<br>*자원확보 및 비치.<br>*(필요한 경우)가정통신문 보내기. | 탐구방법:<br>문헌조사<br>현장조사<br>실험<br>자원인사<br>면담 | 표현방법:<br>언어,<br>수식,<br>소리,<br>그림,<br>입체,<br>신체<br>등등 | 문집(책, 신문, 잡지, 스크랩, 보고서)<br><br>작품(그림, 구성물, 멀티미디어자료, 공작품 등등). | 개인 및 집단평가<br><br>평가방법: 작품분석, 일화기록, 체크리스트, 면담,<br>가정조사서, 사회성 측정법 |
| | 형성평가: 목표와 일관된 효율적인 과정이 진행되고 있는지를 평가하고 교정 | | | | | | |

이 표에 따르면 프로젝트 학습의 첫 번째 단계는 프로젝트의 목표를 정하는 일이다. 프로젝트냐 아니냐를 결정짓는 중요한 속성이 학습자가 자율적으로 선정

한 의미 있는 목표를 지향하는 활동이므로 이 과정에서는 학습자가 자율적으로 자신이 해보고 싶은 활동과 그 이유를 탐색해야 한다. 그런데 사실상 프로젝트가 학교수업의 맥락에서 수행될 때에는 학생이 선정할 수 있는 목표가 학교수업의 맥락에서 크게 벗어날 것으로 기대하기는 어렵다. 따라서 실질적으로 이 과정은 교사가 학교학습에 관련되는 유용한 주제의 범위를 얼마간 결정한 상태에서 시작하게 될 것으로 보인다. 따라서 프로젝트 학습은 교사가 일단 프로젝트 학습을 통해서 학생들의 학습동기를 북돋우자고 마음을 결정하는 일로부터 시작한다.

프로젝트를 하기로 교사가 마음먹고, 학생들도 동의하면 교사는 이 프로젝트를 통해서 달성하려는 목표나 허용할 수 있는 주제의 잠정적 범위, 관련된 주제들의 망을 만들어보는 것이 좋다. 주제 망은 주제와 관련해서 탐구해볼 수 있는 내용 영역을 찾는데 유용한 도구이다. 교사가 예비 주제 망을 만듦으로서 학생들의 선택을 더 잘 도와주고, 프로젝트가 심화되고 종합될 수 있도록 지도할 수 있다.

이 단계에서 주의할 것은 주제와 목표는 다르다는 점이다. 목표는 프로젝트 활동을 통해서 학생들이 새로 습득하게 될 능력이다. 이것은 탐구능력일 수도 있고, 주도적 학습능력일 수도 있으며 창의력, 문제해결력, 이해력, 자신감 등 인지적, 정의적 특성을 망라한다. 주제는 이런 목표가 어떤 내용영역에서 연습될 것인지 즉, 학생들의 '놀이 마당'이 될 경험의 영역이다. 예컨대, 문제해결력은 사회과 내용에서도 연습될 수 있으며, 과학, 수학의 영역에서도 연습될 수 있다. 사회, 과학, 수학은 내용영역 즉, 주제와 제재들이다. 많은 프로젝트의 예가 이것을 구분하고 있지 않다.

이런 준비과정을 마치면 학생들과의 논의를 통해 그들이 추구하고 싶고, 추구할 수 있는 범위의 구체적인 주제와 목표를 결정한다. 이 때, 중요한 것은 목표와 주제를 결정하는 일이 교사의 일방적인 강요가 아니라 학생의 관련 경험을 끄집어내고, 이를 탐색하는 과정을 통해 학생들이 스스로 자신에게 의미 있는 목표를 찾아내게 한다는 것이다. 프로젝트는 학생의 자발적인 참여, 주도적인 학습이 있어야만 프로젝트로서 성립할 수 있기 때문이다.

목표와 주제(내용)영역이 결정되었으면 다음으로 할 일은 그 목적을 달성하기 위해서 먼저 달성해야할 하위의 목표와 소주제들을 결정하는 것이다. 그리고 각각의 목표와 주제들을 다룰 학습활동 팀(모둠)을 조직한다. 각 팀에서 다루어야할 탐구할 질문은 전체 학급모임에서 일단 정하는 것이 탐구를 체계적으로 할 수 있게 한다. 프로젝트가 어떤 메시지를 전달하는 작품을 만드는 것이라면 표현할 주제를 정하는 일도 이 때 해야 한다. 그리고 각 팀은 자신들이 탐구할 질문을 검토하고, 보충할 질문들은 보충한다.  질문이 준비되었으면, 구체적으로 이 질문에 대한 가능한 대답들을 어디에서 구할 것인지, 탐구활동을 시작할 장소, 사용할 자료와 자원에 대한 계획을 세운다. 시간계획, 투입할 노력, 방법에 관한 것까지 자세히 계획할수록 피드백을 더 잘 받을 수 있다. 교사는 이 계획서들을 검토해서 목표와 일관성이 있는지, 실현가능한지, 다른 생산적인 방법은 없는지 등을 검토하고 알려준다. 그리고 부모나 기관의 도움이 필요하면 가정이나 관련기관에 협조문을 낸다.

프로젝트 수행계획이 완성되었으면 이제 계획을 수행할 차례이다. 프로젝트가 어떤 궁금증에 대한 해답을 구하는 것이라면 프로젝트는 탐구활동을 중심으로 실행하게 될 것이다. 탐구방법은 문헌조사, 인터넷 탐색, 현장조사, 실험, 자원인사 면담 등 여러 가지 일 수 있다. 수행하는 프로젝트가 작품을 생산하는 것이라면 계획한 대로 목표물을 만들어 간다. 이 과정에서 계획대로 되지 않는 일도 발생할 것이며, 계획을 수정하기 위하여 팀원들이 논의할 일이 많이 있을 것이다. 이런 의사소통이 생각을 깊게 하고, 탐구하는 사고방법을 학습하게 하는 중요한 과정이다. 이 과정에서는 귀납적 사고뿐 아니라, 반성하는 능력도 필요하며, 창의력도 동원되어야 한다. 목표를 달성하는 길은 얼마든지 많으며, 늘 제대로 가고 있는지, 빠뜨리는 것은 없는지, 더 나은 방법은 없는지를 확인해야 목적을 이룰 수 있다.

프로젝트를 계획에 견주어 실행했으면 그 결과를 다른 사람에게 알리기 좋은 형태로 요약해야 한다. 중요한 내용을 선별해서 핵심이 드러나도록 자료를 추리고, 작품을 다듬는 것이 실행의 끝 부분이다. 내용을 다듬은 후에는 이것이 잘 전달될 수 있는 방법 즉, 언어로, 글로, 그림과 수식, 기타 매체를 이용하여 의도가 잘 드러나도록 표현해야 한다.

프로젝트 수행의 마지막 단계는 결과물을 평가하는 것이다. 결과물은 프로젝트의 목적에 따라 문집이 될 수도 있고, 보고서의 형식이 될 수도 있으며, 작품(그림, 구성물, 멀티미디어자료, 공작품 등등)이 될 수도 있다. 이것을 전시하여 전문가나 여러 사람의 품평을 들을 기회를 가지는 것은 학습자들에게 성취감과 만족감을 느끼게 할 수 있다.  또한 프로젝트 수행과정과 마지막 결과물에 대한 구성원 개인과 집단의 반성을 하는 단계이다. 그래야 다음 프로젝트를 더 잘 수행할 수 있고, 자신감과 성취감을 한층 더 느낄 수 있다.

프로젝트의 성과는 인지적, 정서적, 신체적 영역에서 다양하게 평가될 수 있다. 프로젝트 학습에서 기대한 효과들을 체크리스트나 작품분석, 일화기록, 면담, 가정조사서, 사회성 측정법 등을 사용해서 평가한다. 무엇보다 목표달성 여부를 가장 잘 평가할 수 있는 방법을 선정하면 된다. 이런 과정을 유치원과 초등학교에 적용한 사례들은 여러 책에 소개되어 있다(예:김대현 외, 1999; 지옥정, 2000)에 자세히 기술되어 있다. 프로젝트 수행과정에서 교사가 할 역할은 각 과정에서 학생들의 변화를 민감하게 알아채고 중요한 학습으로 이어지도록 조치하는 것이다.


## 5. 프로젝트 학습의 장애요인

프로젝트 학습은 학습자의 자유로운 선택과 목적이 있는 활동을 통한 교육이라는 점에서 학습동기를 북돋우어 교사중심의 전통적인 교과교육의 단점을 극복할 것으로 기대되었다. 그러나 1960년대에 학력저하에 대한 우려에 밀려 사라진 후로는 중등학교에서는 아직까지 잘 사용되고 있지 않는 것 같다. 실제로는 프로젝트의 특성을 가진 과제들이 부과되고 있을지 모르나 교사들이 그것을 프로젝트라고 인식하지는 않을 것이다. 왜냐하면 대부분의 사범대학에서 프로젝트법을 가르치고 있지 않을 것이기 때문이다. 유아교육에서의 프로젝트 학습에 대한 인기는 지식중심의 교육을 하기 어려운 학령아동인데다 Chard 등이(1994) 프로젝트 학습법이 구체적인 학습과정과 절차를 제공해서 유치원 상황에서 적용하기 쉽게 만들었기 때문이 아닌가 생각된다.

그러나 이렇듯 유치원과 초등에서 적용하기 쉽게 만든 경우도 또 다른 측면에서 문제를 드러내고 있다. 다음은 유치원과 초등에서 실시되고 있는 프로젝트 학습의 문제 또는 극복해야할 부분이다.

첫째는 프로젝트 학습의 본래의 정신이 지켜지고 있는가 하는 문제이다. 절차가 자세히 진술될수록 교사들이 따라 하기는 쉽지만 역으로 그 절차를 잘 따르는 것이 프로젝트 방법을 제대로 실천하는 것으로 오인되기 쉽다. 많은 과거의 교육개혁들이 그랬던 것처럼 방법의 '정신' 대신에 절차만이 중시되는 경향이 있다.

과거에는 분명한 절차가 존재하지 않아서 프로젝트가 수행되지 않았으나 이제는 너무 정형화된 틀에만 따르느라 무엇을 위한 프로젝트인지가 잊혀지고 있다.

둘째, 프로젝트 학습은 학습자의 흥미와 필요에 기초하고, 인성교육을 목적으로 하는 활동교육과정이다. 따라서 교과내용을 체계적으로 가르치는 일과 갈등을 일으킨다. 이것 때문에 1960년대 미국에서 프로젝트 학습이 배척되었다. 우리나라의 중등학교는 아직도 입시와 관련해서 많은 양의 내용을 가르쳐야하는 부담을 안고 있다. 이런 상황에서 프로젝트 학습방법이 중등학교에 채택되기에는 근본적으로 제한이 있다. 부분적으로 도입된다고 해도 학생들이 목적을 자유롭게 선택할 수 있는 자유는 매우 제한적일 수 있다. 독일처럼 방과 후 학습활동이나 프로젝트를 위한 날을 따로 만들어 시행하는 등의 조치도 생각해볼 수 있을 것이다.

셋째, 프로젝트를 활용한 수업을 하려면 학교의 가구, 교과서, 교육과정, 성적과 진급, 교육목적 등이 달라야 한다(Kilpatrick, 1918). Kilpatrick의 프로젝트는 인성교육, 전인교육, 환경에 민감한 사람으로 기르는 것, 효과적으로 일을 진행하는 능력, 끈기 있게 노력하는 것, 정보를 잘 알고 현명해지는 것, 창의적이고, 사려 깊고, 현재와 과거로부터 삶에 유용한 적절한 지식을 가지는 것을 중요하게 여겼다(Broudy & Palmer, 1965). 이 목적은 현재 우리나라의 사정과는 동떨어진 것이다. 따라서 학교 안팎의 사정들을 바꾸지 않고 프로젝트 방법만 도입하려 하면 성공하기 어려울 것이다. 이런 방법에 익숙하지 않는 학부모들로부터의 저항도 예상된다.

넷째, 준비되지 않은 교사도 중요한 문제이다. 열린교육과 수행평가 등 일련의 새로운 교육방법을 도입할 때 목격했던 것처럼, 프로젝트를 제대로 이해하고, 학생들의 필요와 흥미를 잘 파악하고, 이들에게 내재한 가능성에 대한 풍부한 이해가 가능한 교사는 프로젝트 학습을 성공시키는데 절대적으로 필요하다. 학생들이 프로젝트 수행에 필요한 기초지식을 평가하고, 선수학습이 부족한 학생을 위한 조치를 해야 하고, 목적을 스스로 탐색하도록 자유를 허용하고, 적절한 때 적절한 조치를 하고, 풍부한 자원인사도 활용해야 한다. 교사들의 역할은 교과의 지식을 전달하는 것이 주 임무일 때보다 더 많고 복잡해질 것이다. 교사들이 이런 자질을 갖추도록 교육하지 않으면 프로젝트 학습도 현장에서 성공적으로 사용되기는 어려울 것이다. 학생에게 자유를 주는 것만으로 학습이 이루어지지는 않기 때문이다.

이 밖에도 프로젝트의 개념을 논의한 장에서도 본 것처럼 프로젝트 학습의 개념은 역사적으로 진화하였다. 현재는 가장 나중에 나타난 Chard 등(1994)의 모델이 우리나라의 유치원과 초등 교실에서 주로 쓰이고 있는데, 절차만 수행될 뿐, 어떤 능력을 기르고 있는지 평가하는 일은 소홀하고 있다. 절차를 따른다고 해서 그 절차를 통해 기르려는 정신과정이 반드시 길러진다고 할 수는 없다. 이것은 절차 내에서도 학습자들이 정말로 탐구의 과정을 거치는지, 가설을 만들어 보는지, 다음 사람들의 의견을 비판해 보는지, 근거의 타당성을 검토하는지 등을 자세히 들여다보아야 판단할 수 있다.

## 6. 프로젝트 학습의 모델

여기서는 이론과 실제에 대한 연구를 토대로 우리나라의 상황, 특히 여러 가지 제약이 많을 수밖에 없는 중등학교에서 프로젝트 학습법의 원래의 취지와 정신을 살리면서 학생들의 학습이 의미 있도록 도움을 줄 수 있는 프로젝트 학습의 모형을 고안하고, 이를 적용하는 방안을 강구해보기로 한다.

### 1) 단원중심 프로젝트 학습 모형의 제시

중고등학교 교사들이 프로젝트 학습법을 쓰지 않는 이유는 그 내용을 잘 모르고 사용 방법을 모르는 데다, 혹시 방법을 안다하더라도 시간과 노력이 많이 들고, 교과가 분리되어 있다는 등의 제약이 있기 때문이다. 따라서 프로젝트 학습 본래의 취지와 정신에는 다소 어긋나는 것이지만 상황에 따라 어느 교과에서나 비교적 용이하게 사용할 수 있는 간편하면서도 융통성 있는 프로젝트 학습 모형의 제시가 필요하다. 이론적 배경과 그 간 행해진 중등학교에서의 프로젝트 학습 결과물을 분석하여 중등학교에서도 비교적 사용이 용이하고 시행에 따르는 부담이 적을 것으로 예상되는 프로젝트 학습법을 다음과 같이 정리하였다. 이름을 단원중심 프로젝트 학습 모형이라 칭했는데 이는 다음과 같은 근거에서 붙인 이름이다.

〈표 6-5〉 단원중심 프로젝트 학습모형

| | ①주제단원 설정 및 준비활동 | ②주제망구성 및 학습계획 | ③탐구활동 | ④발표 및 토론 | ⑤평가 및 반성 |
|---|---|---|---|---|---|
| 교사의 활동 | ·프로젝트 학습에 적합한 단원 설정<br>·설정된 단원에 적합한 동기유발 및 아이디어 유발 자료 제시 | ·예비 주제망 구성<br>·학생들의 주제망 구성돕기<br>·소주제 결정 및 소집단 구성, 역할 분담<br>·일정 및 방법, 자료 제공 | ·학생들의 탐구활동 자문하기<br>·부적합한 탐구활동 수정하기 | ·프로젝트 학습결과물 발표 돕기<br>·전시, 포트폴리오 구성 등 돕기<br>·질문이나 토론 유도하기 | ·분담된 프로젝트의 종합<br>·강평 |
| 학생의 활동 | ·제시된 자료 관찰, 또는 감상하기, 소감 발표 | ·주제망 구성<br>·소집단 구성<br>·일정, 방법 확인하기 | ·자신이 맡은 역할 수행, 의견나누기, 종합하기 | ·분담한 프로젝트 발표, 전시<br>·토론 | ·잘된 점과 미흡한 점에 대한 반성 |
| 기타 지원활동 | ·교과나 재량활동시간 활용부족시 타교과 교사 협력 요청, 또는 팀티칭 시행 | ·학생들의 프로젝트 수행에 필요한 기초 자료를 예시한다 | ·파워포인트, 실물환등기 등 탐구 편의 시설 제공 | ·전시 필요 공간 확보<br>·우수 프로젝트 사례 홍보 활동 | ·우수 프로젝트 제작 소집단 표창<br>·우수 프로젝트 학습 시범수업 워크샵 개최 |

첫째, 중등학교는 공통사회, 공통과학 등 일부 통합교과적 성격을 띤 교과가 있지만 대부분이 분리된 교과인데다 대학입시에 대한 압박을 피할 수 없으므로 프로젝트의 주제를 가급적 교과와 관련지을 수밖에 없다. 교과의 내용을 크게 구분지어 묶은 것이 '(대·중·소)단원'이고, 대단원의 경우 범위가 넓어 그만큼 프로젝트의 주제 구하기가 용이하다

둘째, (대·중·소)단원으로 프로젝트를 시행하는 경우 상황에 따라 프로젝트의 크기를 조절할 수 있고, 프로젝트의 소집단별 분담이 용이하며, 이를 연속 시행하여 종합하면 훌륭한 단원 학습활동을 효과적으로 할 수 있다.

셋째, 중등학교의 경우 모든 학습을 프로젝트 학습법으로 한다는 것은 불가능한 일일뿐만 아니라, 그래서도 안 되는 일이므로 일부 시간을 프로젝트에 투입하는 경우 단원의 일부만을 프로젝트 학습법으로 소화시킬 수 있다.

넷째, 대단원의 경우 비교적 타 교과와 관련을 짓기가 용이하여 부분적으로나마 통합교과적 성격을 띤 프로젝트 학습이 가능하여 프로젝트 학습의 본래의 취지와 정신을 살릴 수 있는 장점이 있다.

이 모형은 앞의 <표 6-5>와 같거니와 이 모형의 각기 단계에서의 시행 사항의 예시는 다음과 같다.

## 각 단계별 시행사항

### 1단계[주제단원 설정 및 준비활동]
교과서: 교육인적자원부 간행 고등학교 경제
대단원: V.현대사회의 경제문제
중단원: 5. 환경보호
소단원: (1)환경과 경제문제
　　　　 (2)환경문제의 경제적 성격과 그 대책

환경보호나 환경오염 등은 실생활과 관련된 문제이면서 통합교과적 성격을 띠는 주제여서 프로젝트 학습에 자주 등장하는 소재이다. 이를 프로젝트 주제로 정하는 경우 교사는 우선 환경보호와 관련된 신문 스크랩이나 슬라이드, 비디오 등을 학생들에게 보여줘 프로젝트에 대한 흥미 및 관심유발과 함께 아이디어를 유출해 낼 수 있는 통로를 마련할 수 있다. 비디오(영화)를 보여주는 경우라면 재량활동 시간이나 특별활동 시간을 활용하는 것도 좋은 방법일 것이다. 환경보호와 관련해 보여줄 수 있는 영화로는 '아름다운 비행(Beautiful Flight)' 류가 좋을 듯하다. 그 줄거리는 대략 다음과 같은 것이다.

교통사고로 어머니를 잃은 13살의 소녀가 아버지와 시골에서 살았다. 그런데 그 지역이 개발이 되어 야생동물이 사라지고 13개의 알만 남겨진 것을 소녀가 보게 된다. 이 13개의 오리 알을 부화시켜 오리를 키운다. 이 소녀를 어미로 생각하는 오리들은 계속 소녀를 쫓아다닌다. 소녀는 오리와 짚더미에서 같이 자기도 하고 물에도 들어간다. 그런데 소녀가 날지 못하기 때문에 오리들도 날지 못한다. 아버지가 비행기를 타고 날아도 쫓아가지를 않는다. 결국은 13세 소녀가 조종법을 배워 날으니까 그제서야 오리들이 날기 시작했다. 겨울이 되자 소녀와 오리는 플로리다로 간다. 그곳은 철새 도래지였으나 새들이 오지 않아 개발 당국과 주민들이 대립 중이었는데 소녀와 13마리의 오리가 온 것이다.

비디오를 시청한 후에는 학생들에게 소감을 이야기하게 한다. 부연설명으로 로렌쯔(Lorenz) 박사의 각인(刻印)현상에 설명해주는 것도 유익할 것이다.

## 2단계[주제망 그리기 및 학습활동계획 수립]

-예비 주제망 구성: 이 주제에 대해 교사는 가능한 예상되는 주제망을 미리 짜서 학생들이 주제망을 짤 때 어느 정도 예견되는 내용이 포함될 수 있을지 여부를 가름하는 기준으로 사용할 수 있다. 예비 주제망은 그 단원(여기서는 중단원)을 포괄하면서 다른 교과와도 연결될 수 있는 여지를 남겨두어 해당교과 교사도 참여할 수 있는 통로를 마련해 두는 것도 통합교과적 프로젝트 학습법을 적용한다는 의미를 지닐 수 있을 것이다.

이 주제에 대해서는 (그림-1)과 같은 주제망을 짤 수 있다. 교사의 에비 주제망은 그렇게 구체적일 필요는 없다. 학생들과 논의해 가는 중에 얼마든지 수정이 가능한 것이다. 또한 교사의 관심사나 그 분야의 지식 정도에 따라 예비 주제망은 다양하게 구성될 수 있다.

-학생들의 브레인 스토밍(Brain Storming)과 유목화 하기:

①주제(환경보호)와 관련된 소주제의 성격을 띤 단어나 개념들을 가능한 한 많이 열거하도록 독려한다. 1인당 몇 개씩 메모지에 적어내는 방법도 있으나 공동의 관심을 끌고 사고를 자극하기 위해 열거되는 단어나 개념들을 칠판에 적는 것도 좋은 방법이다. 학생들은 다음과 같은 내용의 말이나 개념들을 생각해 낼 수 잇을 것이다. 이 과정에서 교사는 학생들의 연상을 돕기 위해 '지구의 온난화 현상' 이라는 제시 후에 더 진전이 없는 경우 '지구의 온난화는 왜 일어나는지와 관련된 단어들을 생각해보세요' 라는 지시를 통해 열대림의 파괴, 산불, 남벌, 에너지 과소비, 오존층의 파고 등을 유도해 낼 수 있다. 브레인 스토밍 과정은 학

생들의 사고를 자극하는 외에 관심과 흥미를 끌게 하고, 사물을 종합적 유기적으로 보는 안목을 기르는 중요한 의미를 갖고 있다. Gangal(1971)은 이 단계는 주제를 결정하는 일종의 준비단계로서  프로젝트 학습 전반에 걸쳐 가장 핵심적인 단계라고 지적하고 있다.

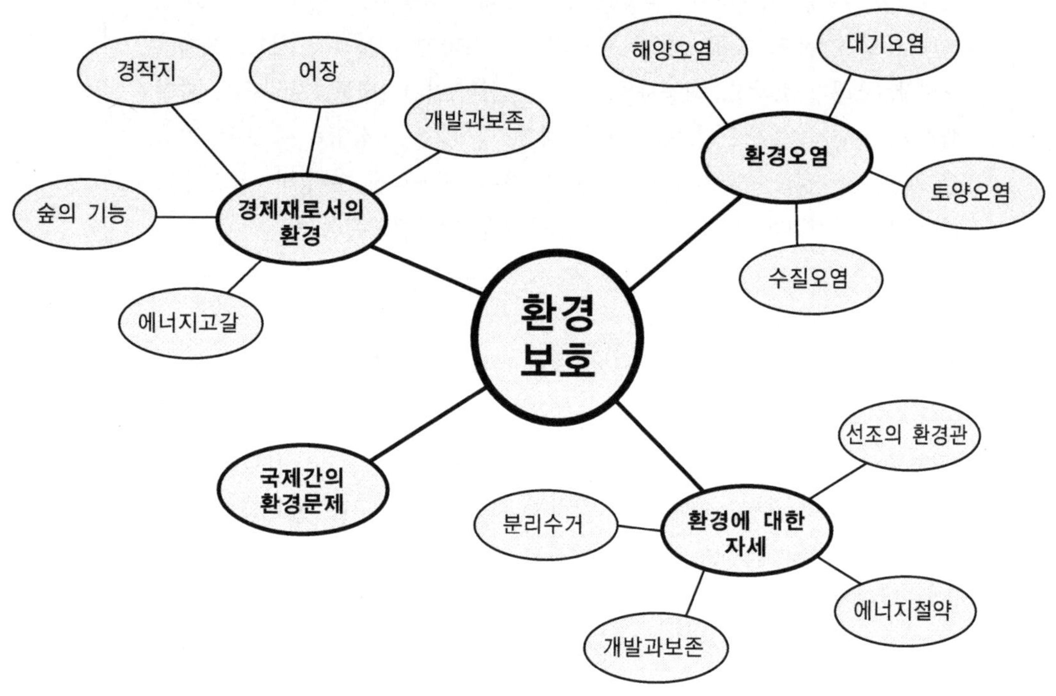


(그림 6-1) 교사의 예비 주제망

② 유목화 하기: 학생들로 하여금 제기된 단어나 개념들을 유사성과 차이점에 따라 몇 개의 유목으로 분류하도록 돕는다. 매우 많은 항목을 지닌 유목이 발견되면 3-5개의 하위 유목을 만든다. 이 작업은 비교 검토, 관련성 판단 등을 통해 분석력과 종합력을 아울러 키울 수 있기도 하다.

대기오염, 스모그현상, 지구의 온난화, 에너지 과소비 등은 환경오염이라는 큰 유목 중 대기오염이라는 작은 유목으로 분류되고, 쓰레기 매립과 지하수 개발 등은 토양오염과 수질오염으로 분류된다. 부영양화, 적조 등은 해양오염으로 분류되

**학생들이 생각해낼 수 있는 단어나 개념**

환경오염, 자연보호, 자연보존, 대기오염, 스모그 현상, 숲의 소중함, 황사현상, 지구의 온난화, 지구의 사막화, 에너지 고갈, 개발이냐 보존이냐, 쓰레기 분리수거, 쓰레기 종량제, 에너지 과소비, 체르노빌 핵사고, 열대림 파괴, 산불, 수해, 핵에너지, 부영양화, 적조현상, 시화호, 관광자원, 문화재, 미래의 땅 강원도, 한국, 일본, 중국의 고비사막에 식목하기 사업, 쓰레기 매립장, 쓰레기 소각장, 해양자원, 보호 동식물, 천연기념물, 지하자원, 산업폐기물, 천연자원, 댐건설, 간척사업, 매연, 다이옥신, 상암동 축구장, 지하수 개발, 양식장, 어획량 규제, 오폐수, 하수종말처리장, 산성비, 삼림자원, 공해산업, 환경정책, 냉매의 사용규제, 핵개발, 핵실험 --- 등등

어 예비 주제망과 같은 모습을 이루게 된다. 물론 분류를 하면서 이 유목들의 수는 늘어날 수도 있고 줄어들 수도 있다

'경제재로서의 환경'을 예로 들어보자. 위에 제기된 사항 중 삼림자원, 관광자원(환경), 천연(지하)자원, 핵에너지, 경작지, 목초지, 스키장, 골프장, 문화재, 민속촌, 전통 민속 등으로부터 물질적 재화를 이루는 자원으로서의 환경이 도출될 수 있다.

자원으로서의 환경은 천연자원과 문화관광자원으로의 구분이 가능하다.

천연자원은 지하자원과 지상자원으로의 분류가 가능하고, 지상자원은 식량자원, 삼림자원으로 나누어진다. 문화관광자원은 각종 문화재, 전통 민속, 명승지, 휴양지, 각종 레저 활동 자원, 각종 박람회 및 전시회, 월드컵 개최, 동계올림픽 개최 등 각종 이벤트행사가 포함될 수 있다. 따라서 경제재(자원)로서의 환경은 다음과 같은 유목으로 분류할 수 있다.

천연자원: 지하자원, 지상자원(삼림, 경작지, 어장, 양식장 등)

문화관광자원: 문화자원(문화유적, 전통 민속, 민속촌, 영화제등 각종 이벤트성 축제), 관광자원(명승지, 유적), 레져 자원(휴양지, 스포츠, 레져 단지) 단지 등

이에 따라 경제재로서의 주제망은 처음의 예비 주제망과는 달리 다음의 (그림6-2)와 같이 변형된다.

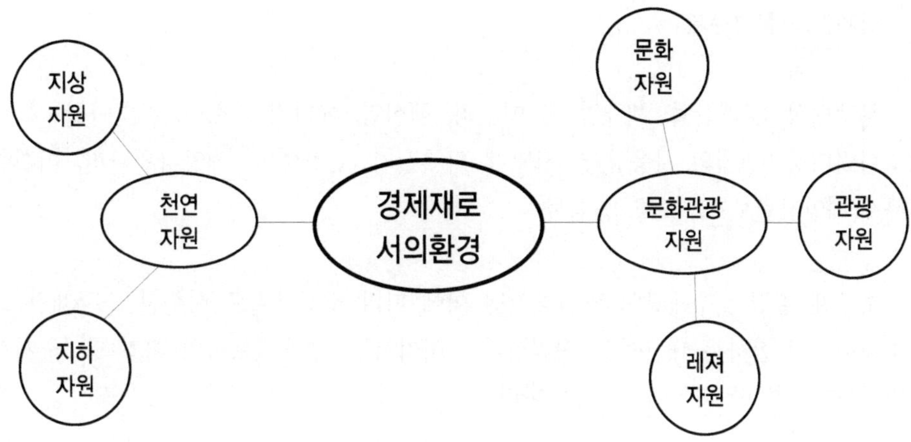


(그림6-2) 경제재로서의 환경 주제망

국제간의 환경문제를 같은 방식으로 정리해보자. 학생들이 제시한 아이디어 중 대기오염, 황사현상, 지구의 온난화, 사막화, 체르노빌 핵사고, 열대림 파괴, 중국 고비사막에 한국, 일본 식목 지원, 매연, 공해산업, 냉매의 사용규제, 핵개발, 실험 등은 국제간의 환경 분쟁을 일으키기도 하고 협력을 하기도 하는 사항들이다. 이의 유목 역시 교사의 예비 주제망과는 달리 다음과 같은 망을 형성하게 된다.

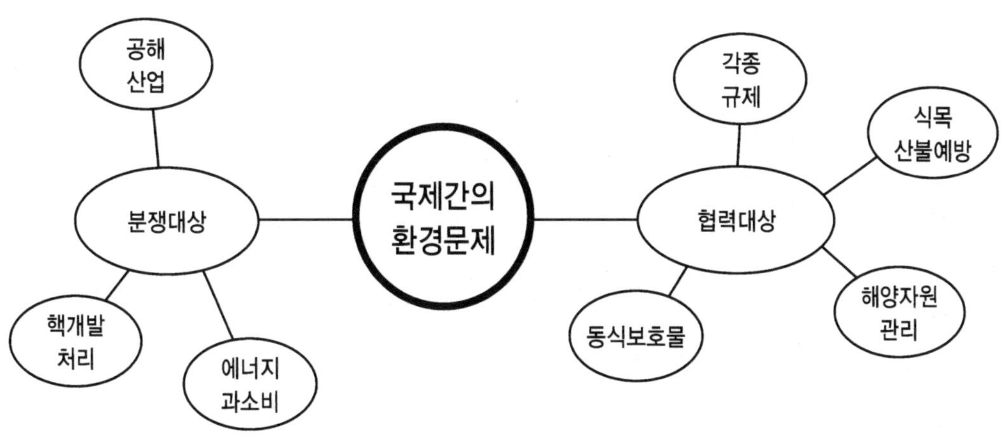


(그림6-3) 국제간의 환경문제 주제망

## 국제간의 환경문제

분쟁대상: 공해산업, 핵개발 및 핵처리, 핵실험, 에너지 과소비, 무역마찰
협력대상: 냉매의 사용규제, 사막에 나무심기, 산불예방, 해양자원관리, 어획량
규제(해양자원보호), 보호 동식물

소주제 결정:  주제망이 확실해지면 이에 따라 소집단별로 시행할 소주제와 그
소주제가 포함하는 내용들을 정리한다.  여기서는 '경제재로서의 환경'과 '국제간
의 환경문제' 만 다루어 보기로 한다.

〈표 6-6〉 소주제의 결정

| 중주제 | 소주제 | 소주제별 유목 | 구체적 내용 |
|---|---|---|---|
| 경제재로서의 환경 | 천연자원 | 지상자원 | 삼림자원, 경작지(목초지 포함), 어장(양식장 포함) |
| | | 지하자원 | 화석자원(석탄, 석유), 각종 광물 |
| | 문화관광자원 | 문화자원 | 문화유적, 전통민속(무형문화재, 민속촌 포함), 각지방의 축제, 영화제 등 이벤트성 축제 |
| | | 관광자원 | 명승지(유적지 포함) |
| | | 레져자원 | 휴양지, 스포츠 및 레져단지(스키장, 골프장, 수상스키, 드림랜드) |
| 국제간의 환경보호 | 분쟁 | 공해산업 | 염색, 피혁 등 공해산업 단지, |
| | | 핵개발 및 처리 | 핵개발 및 처리, 핵실험 |
| | | 에너지 과소비 | 매연, 오존층의 파괴 |
| | 협력 | 각종규제 | 냉매사용규제, 핵개발 및 처리 |
| | | 식목 및 산불예방 | 아마존의 열대림 보호, 중국 사막시대에 한국, 일본등이 식목해주기, 산불예방 |
| | | 해양자원관리 | 어획량 규제, 치어보호 및 방류 |
| | | 보호동식물 | 희귀 동식물 보호, 철새 보호 |

이렇게 소주제와 소주제에 따른 유목이 결정되면 그 학습량에 따라 소집단을 구성하게 된다. '경제재로서의 환경' 만 해도 소주제별 유목이 5개 이고, '국제간의 환경보호'도 7개유목 등 도합12개의 유목이 되므로 이를 한 모둠의 인원을 6명(6조는 5명)으로 하여 한 모둠별로 두 개의 프로젝트를 수행한다. 교사는 상황에 따라 2개의 프로젝트 중 1개만 수행토록 할 수 도 있을 것이다.

<표 6-7> 모둠별 프로젝트 분담

| 차시 구분 | 모둠 구분 | 분담프로젝트 | 수행 기간 | 발표시기 ,시간 | 비고 |
|---|---|---|---|---|---|
| 1.2차시 (1차 프로젝트) | 제1모둠 | 세계의 산림자원 분포 조사 및 우리나라의 삼림정책 분석 | 2주일간 | 1차시 (12분) | 세계지도 사용 |
| | 제2모둠 | 세계의 경작지(목초지 포함)분포 조사 및 우리나라 농업활성화 방안 모색 | | 1차시 (12분) | 세계지도 사용 |
| | 제3모둠 | 세계의 어장 분포와 우리나라 어족보호 문제 | | 1차시 (12분) | 세계지도 사용 |
| | 제4모둠 | 세계의 화석자원의 분포,매장량 조사 및 우리나라의 대책 | | 2차시 (12분) | 세계지도 사용 |
| | 제5모둠 | 세계의 대표적 지하자원 분포 | | 2차시 (12분) | 세계지도 사용 |
| 3.4차시 (2차 프로젝트) | 제6모둠 | 우리나라의 대표적 문화유적지 조사 및 문화재 관리의 문제점 | | 2차시 (12분) | 한국지도 사용 |
| | 제1모둠 | 우리나라의 전통민속(대표적 무형문화재, 민속촌 포함)조사 | 2주일간 | 3차시 (12분) | |
| | 제2모둠 | 춘천시의 축제(대표적 이벤트성 축제)조사 및 개선점 제시 | | 3차시 (12분) | |
| | 제3모둠 | 우리나라의 대표적 명승지(명승지에 있는 유적포함)와 금강산 관광문제 | | 3차시 (12분) | 한국지도 사용 |
| | 제 4모둠 | 강원도의 대표적 관광지와 관광 수입 | | 4차시 (12분) | 강원도지도 사용 |
| | 제5모둠 | 강원도의 휴양지(해수욕장, 삼림욕장 등 포함) 및 활성화 방안 | | 4차시 (12분) | 강원도 지도 |
| | 제 6모둠 | 강원도의 스포츠· 레져단지 및 이이 활성화 방안 | | 4차시 (12분) | 강원도 지도 |

**3단계[탐구활동]**

**프로젝트 수행기간**: 프로젝트 수행기간은 학생들의 총 학습 과제량을 파악하여 그 정도에 따라 1-2주에서 조절하는 것이 좋다. 중학교의 경우라면 기간을 좀 더 길게 잡아 통합교과적으로의 운영이 가능하지만 고등학교의 경우는 학습량의 과다, 입시준비를 감안하여 비교적 간단한 주제를 2주 이내에 처리하는 프로젝트가 현실성이 있어 보인다. 2주간을 기본으로 하여 1주 후에 진행사항을 첵크 해보고 수정을 할 수도 있다.

**프로젝트 수행과정 및 발표물 제작**: 예시로 든 소주제의 유목에 대한 프로젝트 수행은 교과서와 참고서, 지리부도, 백과사전, 인터넷 등에서 소화해 낼 수 있다. 우리나라의 대표적 문화유적지 같은 경우는 기존에 나와 있는 문화탐방관련 서적을 읽게 할 수도 있고, 춘천의 축제에 대해 조사하다 궁금한 사항이나 축제로 얻는 경제적 이미지적 효과 등에 대해서는 춘천시 문화관광과를 찾아 관계공무원과의 인터뷰도 시도할 수 있다. 각 지역의 이벤트성 축제(예, 부산 국제영화제)를 다루는 경우 그곳을 직접 찾아 축제의 이모저모에 대해 참가자들의 의견을 듣는 인터뷰를 할 수도 있고 소감문을 작성 할 수도 있다. 현실적인 제약이 많이 있으나 가능한 한이면 어떤 형태로든 직접 체험하는 기회를 만들 수 있게 아이디어를 내고 실천을 돕는 일이 중요하다. 정책에 대한 분석이나 방안 모색 등은 학생들의 창의력 신장을 돕기 위한 수준의 것이면 족하다.

발표할 자료 제작은 챠트나 파워포인트, OHP, 환등기, 사진 등 시청각적 표현 기자재의 활용이 가능한 것으로 한다.

**제4단계[발표 및 토론]**

**학습결과 발표**: 탐구활동이 마무리되면 이를 수업시간에 소집단별로 발표를 한다. 발표는 소집단별로 중학교의 경우 10분, 고등학교의 경우 12-15분 정도의 시간을 주어 한 시간에 2- 3개 집단 정도가 발표할 수 있게 한다. 발표시간을 정확히 지키게 하고, 보다 상세한 자료가 있는 경우 학급 게시판에 부착하여 나중에 볼 수 있게 조치한다. 발표 내용에 대해 각기 3-5분간 질의응답 및 토론을 하게 한다.

**게시 및 전시**: 발표된 내용은 학급게시판에 일주일 정도 게시하고, 학급 홈페

이지, 또는 학교 홈페이지에 띄운다.

### 제5단계[평가 및 반성]

**종합 및 강평**: 교사는 각기 발표된 소주제에 대해 잘된 점을 칭찬해주고 미흡했던 점이나 아쉬운 점을 지적해주며, 아울러 각기의 소주제가 갖는 연관성을 종합적으로 설명해준다.

**우수 프로젝트 제작소집단 표창**: 학기 당 한번 정도로 과목별로 우수한 프로젝트 제작팀을 표창한다. 학년말이나 졸업 때에도 우수 학습자료 제작팀을 선별하여 학교장 명의의 표창장을 수여하는 방법도 학생들의 학습 동기유발에 크게 도움이 될 것이다. 또한 우수한 프로젝트 학습물을 발표할 때 학부모의 참여를 허용하는 것도 고무적인 일이 될 것이다.

### 2) 단원중심 프로젝트 학습 모델의 적용

교과서의 단원을 중심으로 주제를 택해 프로젝트화 하는 방식의 프로젝트 학습모델을 검토해보았다. 이러한 방식은 원래의 프로젝트 학습법의 취지와는 다소 거리가 있는 것이지만 중등학교가 처하고 있는 한국적 특수성을 고려하면 그나마 교과의 단원 특성에 따라 점진적인 시행이 가능한 것이라고 교사들은 말하고 있다. 또한 프로젝트 학습법과 유사한 형태의 수업을 시도하고 있는 교사도 적지 않다. 이러한 수업을 조금만 개선하면 프로젝트 학습의 장점을 더 살릴 수 있으므로 그 실례를 들어보고 이의 프로젝트 학습화하는 방법을 모색해보고자 한다.

다음의 수업은 **강원대학교 사범대학 부설고등학교의 시범수업중 하나**(2002년, **김지식교사 담당**)이다. 이 수업을 주도한 교사는 프로젝트 학습에 대한 간단한 소개만 듣고, 프로젝트 학습 방법의 취지를 어느 정도 살릴 수 있는 본인이 하기에 용이한 수업을 나름대로 해볼 것을 권유받았다. 여기서 시행된 교수-학습 방법은 시범수업 교사 자신이 평상시에 해온 방법이었고, 일선에서 교사들이 가끔씩 활용하는 형태의 것으로(협동학습, 주제학습), 그 자체로도 훌륭한 시범수업이었고, 이에서 조금만 더 진전되면 훌륭한 프로젝트 학습법이 될 수 있으므로 여기에 소개하고, 이를 프로젝트 학습화하는 방안에 대해 논의해보기로 하겠다.

## 3) 시범수업의 내용

교 재 : 교과서(사회)

단원명

대단원 : I. 국토와 지리 정보

중단원 : 2. 지리 정보와 지도

소단원 : (1) 지리 조사

단원 설정의 이유:

지리 조사의 목적은 그 지역의 자연 환경과 이와 관련된 인문 환경을 이해하여 위치와 입지·분포, 다른 지역과의 상호 관계, 지역의 특수성, 변화 과정 등 지리 현상의 여러 상태를 관찰하는 데 있다. 지리 조사는 실내 조사와 야외 조사로 나누어지며, 실내 조사는 야외 조사를 하기 전에 실시하게 되는데, 지리 조사 목적에 부합되는 역사적 문헌이나 관련 논문, 정부 기관에서 발간된 통계나 보고서 및 그 지역의 지도나 다양한 자료들을 살핀 후 조사 항목, 방법, 관찰물, 측정, 설문지 등도 준비하는 과정이다. 야외 조사에서는 조사 사항의 관찰과 측정을 실시하고, 그 결과를 지도나 공책에 빠짐없이 기록하고, 부족한 부분은 관련 기관이나 지역 주민에게 자료를 수집하거나 면담 등을 통해 보충한다. 본 수업에서는 수학 여행에 앞서 제주도에 대한 실내 조사를 조별로 실시하고 이를 발표하게 함으로써 학생들의 자료 조사 방법 및 발표 능력을 신장시키는 데 있다.

### (1) 단원의 구조

| 선수 학습 | 10학년 | 후속 학습 |
|---|---|---|
| 7학년<br>I.지역과 사회 탐구<br>•지역 조사 방법의 지도 활동<br>•지역 사회 변화 모습 조사<br>•지역 사회 변화 배경 설명<br>•지역 사회의 소개 안내문 작성 | •국토 인식과 지리 정보<br>•지리 정보와 지도<br>•지리 정보의 이용 | 〈인간 사회와 환경〉<br>II.인간 사회의 탐구<br> •지리 정보와 지역 조사<br>IV.지역화와 특성 파악<br> •지역의 특성 파악<br>〈한국 지리〉<br>I.국토의 이해<br> •지리 정보의 수집, 분석 능력<br> •지역 이해를 위한 지리 정보화<br>수단의 필요성 |

### (2) 본시 학습 목표

• 지리 조사의 필요성을 인식하고 올바른 조사 과정을 파악하여 실생활에 적용하는 자세를 가질 수 있다.

• 자료를 분석하여 지도와 그래프로 표현한 후 지리 정보를 추출하고, 이를 적용하여 지역의 특성을 이해할 수 있다.

지도상의 유의점

조별로 자료 조사 및 발표를 하기 때문에 어느 특정 학생에게 모든 업무가 주어지지 않도록 학생들에게 조장, 자료 조사팀, 자료 제작팀, 발표팀 등으로 구성하여 협동 학습이 이루어지도록 한다.

조별로 조사 주제를 제시하여 발표 내용이 중복되는 일이 없도록 지도한다.

조사 과정에서 어려운 부분은 교사가 정보 수집의 방법을 미리 알려주어 보다 쉽게 자료 수집을 할 수 있도록 지도한다.

단원의 지도 계획: 생략

본시 학습 지도안(표 6-8)참조

***수업진행 사항**

이 수업은 파워 플랜트를 이용하여 진행되었다. 도입단계에서 교사는 지리조사의 목적, 순서, 실내조사와 실외조사에 대한 개요, 학습목표를 설명하고, 각조별 발표요령과 시간, 질의 응답 시간을 제시한다.

<지리조사 과정>

1. 지리조사의 목적은?

조사지역의 자연환경과 이와 관련된 인문환경을 이해하여 위치와 입지와 분포, 다른 지역과의 상호관계, 지역의 특수성, 변천과정 등 지리현상의 여러 상태를 관찰하는데 있다.

<표 6-8> 본시 학습 지도안

| 단계 | 교수·학습 활동 | | 학습자료 | 시간 |
|---|---|---|---|---|
| | 교 사 | 학 생 | | |
| 도입 | ▶인사 및 출석 점검<br>▶전시학습 확인<br>•멀티미디어 학습자료를 이용하여 학습 정리<br>•지리 조사의 목적은?<br>•지리 조사의 순서는?<br>•실내 조사에는 어떤 것들이 있는가?<br>•야외 조사에는 어떤 것들이 있는가? | •전체 학생 및 지명된 학생 발표 | 멀티미디어 학습 자료 | 3분 |
| 전개 | ▶학습 목표 제시<br>▶발표 방법 설명<br>•발표자의 태도(목소리, 자세 등)<br>•발표 시간 지키기 | •설명을 듣는다. | 멀티미디어 학습 자료 | 3분 |
| | ▶발표순서 지정<br>•1조 발표 후 질문 및 답변<br>•2조 발표 후 질문 및 답변<br>•3조 발표 후 질문 및 답변 | •설명을 듣는다. | | 2분 |
| | ▶각 조 발표<br>•1조 : 제주도의 역사와 자연 환경<br>•1조 발표에 질문 사항이 있으면 학생들로 하여금 질문할 기회를 준다. | •발표자가 준비한 자료를 발표한다.<br>•발표 내용에 궁금한 사항에 대해 질문한다.<br>•발표자가 질문에 답하되, 대답이 어려운 경우 조원 중 다른 학생이 답할 수도 있음 | PPT | 8분<br><br>2분 |
| | •2조 : 제주도의 인구와 산업 | •발표<br>•질문 및 답변 | PPT | 8분<br><br>2분 |
| | •3조 : 제주도의 관광 자원 | •발표<br>•질문 및 답변 | PPT | 8분<br>2분 |
| 정리 | ▶발표 내용에 대한 평가<br>▶수학 여행 일정표에 맞춰 수학 여행시 중점적으로 관찰해야 할 내용에 대한 설명및 답사과제 제시 | •교사의 평가를 듣는다.<br>•설명을 듣는다. | 멀티미디어 학습 자료 | 10분 |
| 차시예고 | 지리 정보의 이용 | | | 2분 |

2. 지리조사의 순서는?

　　주제선정→ 지역선정→ 실태조사→ 야외조사→ 자료정리→ 보고서 작성

3. 실내조사에는 어떤 것이 있는가?

　　문헌조사, 인터넷, 지도, 통계자료, 야외답사계획, 설문지 작성 등

4. 야외조사에는 어떤 것이 있는가?

　　관찰, 면담, 설문지법, 실측, 견학 등


학습목표

• 지리조사의 필요성을 인식하고 올바른 조사과정을 파악하여 실생활에 적용하는 자세를 가질 수 있다.

• 발표자료를 준비하고, 발표하는 능력을 기를 수 있다.


이어서 전개단계에서 각 조별로 PPT를이용한 발표가 있었다. 화면 오른편에 요약문과 자료사진을 제시하면서 화면 원편에는 설명이 있었다. 여기에서는 제2조와 제 3조의 발표내용을 소개한다.


### 제 2조의 발표 내용(제주도의 인구와 산업)


#### 1. 제주도의 인구

우리 나라의 인구 제주의 인구는 1995년 현재 519,158명으로 전체 인구의 1.1%를 차지하며 전국에서 가장 인구가 적다.　인구밀도는 281.5명/㎢이며 세대수는 157,000세대이다.　제주의 전입률은 16.1%이고, 전출률은 16.3%이다


#### 1) 성별 인구구성

제주의 1995년 현재 주민등록상 인구는 519,000명으로 전국　인구의 1.1%를 차지하고 있다. 그 중 남자는 약 25만명으로 49.3%를 차지하고 있고, 여자는 약 26만명으로 50.7%를 차지하고 있다.

#### 2) 연령별 인구구성

연령별 인구구성을 살펴보면 20대가 109,330명으로 21.06%를 차지하여 가장 많고, 70대가 4.12%로 가장 적다.

### 3) 산업별 인구구성

산업별 인구구성을 보면 전체 취업자수 257,000명 중에서 1차산업 종사자가 31.4%를 차지하고 2차산업 종사자가 5.3%, 3차산업 종사자가 63.3%를 차지하여 가장 많다.

### 4) 인구 변화

제주도는 1980년대 초에 46만명으로 전국에서 가장 적은 인구를 기록하였다. 그러다가 교통의 발달과 더불어 주거 환경이 개선되면서 조금씩 인구가 증가하여 1985년에는 48만명, 1990년에는 51만명을 기록하였으며 1995년 현재는 51만9천여명을 기록하고 있다.

### 5) 인구 분포

제주도의 인구는 1995년 현재 519,394명으로 전국의 1.1%를 차지하여 전국에서 가장 적다. 이 중 제주시255,602명으로 인구가 가장 많고, 남제주군이 79,894명으로 가장 적다.

### 6) 인구 이동

제주도는 1995년 시도내에서 65,000명이 이동하여 12.6%의 이동율을 보인다. 시도간 인구이동에서는 18,000명이 전입하고 19,000명이 전출하여 약간의 전출 초과현상을 보인다. 이 중 수도권으로 이동한 인구는 '90년부터 '95년까지 58,687명으로 전체 수도권 전입 인구의 1.6%를 차지한다.  연령별 인구이동을 살펴보면 10대, 20대에서 각각 전출초과를 나타내는데, 20대는 전출인구가 1,565명으로 이는 취업, 취학등으로 인한 것이다.

## 2. 제주도의 산업

### 1) 산업 구조

산업은 1차 산업과 2차 산업 그리고 3차 산업으로 나뉜다. 1차 산업은 농업 임업 수산업 등을 말하며, 2차 산업은 광업과 공업을 그리고 3차 산업은 서비스업을 말한다.

공업과 서비스업의 성격을 비교하면, 공업은 주로 공장에서 물건을 만드는 일이므로 사람들에 일자리를 제공해주고 그 지역의 경제를 살찌게 해주는 역할을 한다. 각 도시에서 대기업의 공장을 가져오려고 노력하는 것은 이 때문이다.

서비스업은 물건을 파는 도매업, 소매업, 잠 잘 자리를 제공하는 숙박업, 음식업 등과 정보통신업, 사람이나 물건을 나르는 운수업 등이 포함된다. 서비스산업도 지역의 경제에 도움이 되는 중요 산업이다. 그러나 3차 산업 그 중에서도 숙박업, 음식업 등이 2차 산업에 비하여 지나치게 발달했다면 문제도 있다. 그 도시는 주로 사람들이 먹고 생활하는 것과 같은 산업이 지나치게 발달했다는 뜻이 되기 때문이다.

제주도는 감귤을 중심으로 하는 1차 산업과 관광을 중심으로 하는 3차 산업의 비중이 큰 반면 광공업의 비중은 매우 작은 산업 구조를 가지고 있다. 1997년말 현재 지역내 총생산을 기준으로 볼 때 1차 산업 24.12%, 2차 산업 3.72%, 3차 산업이 72.16%를 차지하고 있다. 이를 전국의 평균 구성비와 비교하여 보면, 1차 산업은 약 4배 이상 높은 반면 2차 산업은 1/8에 불과하며, 3차 산업은 유사한 비중을 보인다.

우리 나라는 1960년대 이후부터 산업 구조의 급속한 변화를 경험하고 있다. 대체로 1차 산업의 비중이 크게 감소하고 2, 3차 산업의 비중이 높아지고 있다. 제주도 역시 지난 30~40년 동안 산업 구조의 근본적인 변화를 이루었다. 즉, 1차 산업 중심에서 3차 산업 중심으로 변화한 것이다. 산업별 취업자 비중을 기준으로 할 때 1961년 1, 2, 3차 산업 구성비가 85.7%, 2.6%, 12.7%이던 것이 1981년에는 71.8%, 3.1%, 25.1%로, 다시 1997년에는 29.9%, 4.7%, 65.3%로 바뀌어 3차 산업의 비중이 매우 높게 나타난다. 이는 1980년대 이후 관광 산업이 발달하면서 이와 관련된 음식숙박업, 소매업, 교통통신업 등이 크게 성장하였기 때문이다.

### 2) 축산업

제주도는 기후가 따뜻하여 목초가 잘 자랄 뿐만 아니라 중산간 지대에 넓은 평지가 펼쳐져 있어서 축산업이 발달하기에 적합한 입지 조건을 가지고 있다. 이러한 유리한 입지 조건을 토대로 이시돌 목장, 제동 목장, 송당 목장 등 수백만 평 이상의 규모를 가진 목장들이 중산간 지대에 분포하고 있다. 돼지, 젖소, 말, 닭, 오리의 사육두 수는 꾸준히 증가하고 있는 반면 한육우와 면양의 사육두 수는 바르게 감소하고 있다. 돼지와 닭 사육은 수요가 많아짐에 따라 경영 규모가 커지면서 전업화 추세를 보이고 있다.

### 3)수산업

제주도 주변 바다는 우리 나라에서 가장 큰 어장인 동중국해 어장에 가까이 위치해 있을 뿐만 아니라 난류성 어족의 회유로 및 월동장이기 때문에 각종 수산 자원이 풍부하게 분포한다. 1997년 수산업 분야 총 수익은 2,736억원으로 1차 산업 전체 수익의 약 23%를 차지한다.

대부분 소형 어선에 의존하는 연근해 어업이 주종을 이루는데 서귀포, 성산포, 한림항을 거점으로 한 옥돔, 복어, 갈치 잡이, 추자도를 중심으로 하는 조기, 삼치잡이, 그리고 제주 해안 전역에서 오징어와 갈치잡이가 활발하다.

마을 어업은 약 6,000여명의 해녀들에 의해 행해지고 있으며, 이들은 주로 마을 어장에서 소라, 성게, 전복, 우뭇가사리, 톳 등을 채취한다.

### 4)제2차 산업

제주도의 2차 산업은 우리 나라 다른 지역과 비교해 볼 때 대단히 취약한 편이다. 종사자 수 300인 이상의 대규모 사업체가 하나도 없으며 업체당 평균 종사자 수는 4.5명으로 영세한 소규모 업체가 다수를 차지한다. 제조업 종사자들은 대부분 음식료품 제조업이나 레미콘과 콘크리트 제품을 만드는 비금속 광물 제품 제조업에 종사한다. 1998년말 현재 제주도에는 구좌읍 행원리와 한림읍 금릉리, 그리고 대정읍 일과리에 농공 단지가 입지해 있다. 이들 3개 농공 단지에는 41개 업체가 입주하여 32개 업체가 가동 중에 있으며 9개 업체는 휴업이나 폐업 상태에 있다. 업종별로는 음식료품 제조업이 18개로 가장 많고 화학 7개, 금속과 기계.전자 각각 3개, 기타 업종이 10개를 차지한다.

한편 제주도에는 제주시 화북동과 서귀포시 토평동에 공업 지역이 형성되어 있다. 화북에 70개 업체, 토평에 19개 업체가 입주해 있는데, 주로 금속, 기계, 비금속 광물 제품 제조업이 주종을 이루고 있다.

## 제주도의 특산물

### 1)감귤

제주도 감귤은 무공해 작물로서 씨가 없으며 손으로 껍질을 벗기기가 쉽고, 그

맛이 매우 달콤하고 새콤하며 세계 최고의 훌륭한 과일이다. 감귤은 비타민 C, 단백질,당질,칼슘,인,비타민 등 많은 영양소가 듬뿍 들어 있어 과실 중 단연 으뜸이다. 감귤에 들어있는 비타 민 C는 살결을 희게 하며, 임산부, 어린이, 담배피우는 사람, 수험생 등 누구나 감귤을 먹으면 건강과 활력을 되찾게 된다. 감귤은 항암 작용과 고혈압, 빈혈을 예방하며 감기 예방, 숙취, 심장마비, 동맥 경화 등에도 좋다

**2)먹는 샘물**

제주도 먹는 샘물은 무공해 청정 지역인 제주의 한라산 기슭 지하 420m의 암반층을 흐르는 천연수로서 오염되지 않아 살아 숨쉬는 최고의 수질을 자랑하는 맛있는 물이다. 옛부터 제주인의 생명수로서 장수촌 고장의 근원이 되었다.

**3)옥돔**

옥돔은 청정 해역인 제주 연안 바다에서 주낚이라는 독특한 방법으로 어획되는 고급 어종으로 옛부터 임금님 수라상에 올려졌던 진상품이다. 지방질이 적고 단백질과 미네랄 성분이 풍부하며 허약체질 어린이 및 병후 회복기 환자에게 많이 애용되어 왔으며, 특히 산후조리에 매우 좋은 것으로 알려져 있다.

**4)토종**

탐라의 명산, 한라산 계곡에서 자연의 순수함을 그대로 옮겨온 고품질의 제주 벌꿀은 보건 복지부의 검사기준(10개 항목)에 합격한 최고의 제품만을 엄선하여 제주도지사가 품질보증 판매하며, 노약자나 허약 체질 어린이 등의 건강식품으로 호평을 받고 있다.

**5)표고버섯**

한라산의 깨끗하고 울창한 숲에서 재배한 완전 무공해 식품 '표고'는 한라산의 깨끗한 숲 속에서 재배하므로 맛과 향이 독특하다.

감 사 합 니 다 ^-^*


**제3조의 발표(제주도의 관광산업)**


**1. 세계적인 관광지 제주도**

**1)풍부한 관광자원**

- 아름다운 관광자원: 화산지형, 난대성식물
- 독특한 문화유산: 언어, 풍속, 가옥

- 기타 : 대규모 목장, 감귤 밭

**2)주요 관광객**

- 관광객은 봄가을로 3~5월, 8~11월에 많으나 비교적 1년 내내 고르게 분포.

- 1999년 현재 관광객은 366만 7000명이며, 1조 295억 원 정도의 관광수입을 올렸다.

- 전체 관광객 중 외국인 관광객은 24만 7000명으로 그중 48퍼센트 이상이 일본인이다.

- 최근에는 남북 교차관광 실시에 따라 북한의 한라산관광계획이 추진중이다.


## 2. 지역의 변화

- 주민 소득이 크게 증대되고, 지역발전이 빠르게 진행됨
- 상업과 서비스업 발달
- 일자리를 구하러 도시로 나간 젊은이들이 다시 돌아옴


## 3. 관광산업 발달에 따른 문제점

- 농산물 개방에 따른 열대작물의 생산량 감소와 지역경제에 타격
- 외지인의 출입이 잦아지면서 제주도 고유의 전통문화가 사라짐
- 여러 가지 관광개발 사업으로 자연환경이 파괴됨


## 4. 국제자유도시 제주도(1)

기본목표

- 환경 친화적 복합형 국제자유도시 건설
  첨단산업 육성으로 자립경제기반의 구축
- 제주 문화의 세계화를 통한 동북아 관광 중심축으로 부상


## 5. 국제자유도시 제주도(2)

발전방향

- 21세기 동북아 거점도시로 육성: 친 환경적 복합형 국제자유도시의 건설
- 첨단산업 육성으로 자립경제 구축: 첨단 생명공학산업의 육성
- 제주 문화의 세계화를 통한 동북아 관광 중심축으로 부상: 동북아 국제관광의 중심지로 부상, 지역문화의 세계적 관광자원화

- 청정 자연환경의 보전: 지리정보시스템의 구축, 지하수 자원의 합리적 보전

## 6. 제주도의 관광지

제주도에 산재해 있는 관광지를 아래와 같이 크게 묶어 간편지도, 사진과 함께 PPT로 보여주고 있다. 민속촌 박물관의 경우 지도에 표기된 것들만 적었다.

6-1민속촌 박물관: PPT로 소개. 소개된 내용은 제주민속박물관, 제주민속자연사박물관, 성읍민속마을, 제주민속촌, 신영영화박물관, 어촌박물관, 테이베이뮤지엄 등이다.

6-2폭포/계곡: PPT로 소개

6-3동굴분화구:PPT 로 소개

6-4해수욕장:PPT로 소개

6-5한라산

1950m높이

옛부터 신선들이 산다고 해서 영주산이라 불리기도 했다

지금으로부터 2만5천년 전까지 화산분화 활동을 하였다.

6-6용두암·용연

용두암은 제주 시내에 있고 용의 형상을 하고 있다.

용연은 용두암에서 동쪽으로 200m정도 거리에 있는 호수

느낀 점: 저희들이 이 조사를 하면서 힘든 점도 많았지만, 제주도의 관광산업에 대해서 알 수 있어서 좋았습니다. 또한 친구들의 우애와 협동심을 쌓을 수 있었던 점에서도 아주 좋은 시간이었다고 생각합니다.

이상의 3조까지의 발표 중 발표가 끝나면 간단한 질의 응답과 교사의 강평이 있었고, 이후 곧 있게 될 제주도 수학여행에 대한 지리적 안내가 PPT를 이용하여 있었다. 이상의 발표와 안내는 실내조사였으므로 수학여행 시 시행될 실외조사 과제가 제시되었다. 다섯 가지 과제 중 2개만 소개하면 다음과 같다.

(제주도 수학 여행시 면담·답사 등을 통하여 조사하여 제출)

1. 다음 사진은 제주도에서 흔히 볼 수 있는 묘지 사진이다. 이 사진에서 묘지

주변에 있는 돌담의 이름과 쌓은 이유는?

2. 다음은 제주도의 사투리이다. 제주도 주민과의 면담을 통해 표준말로 번역해보자.

1) 볼탁머릴 미러불카

2) 존동머리 후려불카

3) 맨도롱 혼 때 호로록 들여 싸 붑서.

4) 어떵 살코, 저들지 맙서. 촘앙 살민 살아집니다

5) 무싱 거옌 고람쑤과 ? 귀 눈이 왁왁하우다.

**2) 시범수업에 대한 단원중심 프로젝트 학습 모델의 적용**

위의 시범수업을 검토하면서 이의 다소 진전된 형태로의 프로젝트 학습화 방안을 강구해보자.

**각 단계별 적용**
**1단계[주제단원 설정 및 준비활동]**
교과서: 대한교과서(주) 간행 고등학교 사회
대단원 : I. 국토와 지리 정보
중단원 : 2. 지리 정보와 지도
소단원 : (1) 지리 조사

지리조사는 그 주제가 매우 광범위하면서도 학생들의 흥미를 끌 수 있는 주제이다. 제주도로의 수학여행을 전제로 지리조사 지역을 제주도로 정한 것은 학생들의 동기를 유발하는데 적절하다. 이의 동기유발을 위해 미리 제주도의 풍광을 슬라이드나 비디오를 통해 일부 보여주는 것도 좋은 방법이다. 이에 덧붙여 강원도 관광 슬라이드나 비디오를 보여주어 향토지리에 대한 관심을 불러일으키는 것도 바람직하다.

### 2단계[주제망 구성 및 학습활동계획 수립]

-예비 주제망 구성: 교사는 어느 지역의 지리조사를 할 것인지를 이미 정한 상태이므로 지역(제주도)의 어떤 지리 조사를 할 것인지에 대한 예비 주제망을 구성 해 볼 필요가 있다. 교재에 예시된 '제주도의 오름' '제주도의 관광산업 발달 현황' '제주도 자연환경의 특징' 외에 소주제로 적합한 것을 택할 수 있다. 시범 수업 교사는 '제주도의 역사'를 예비 주제망에 포함시키고 있다.

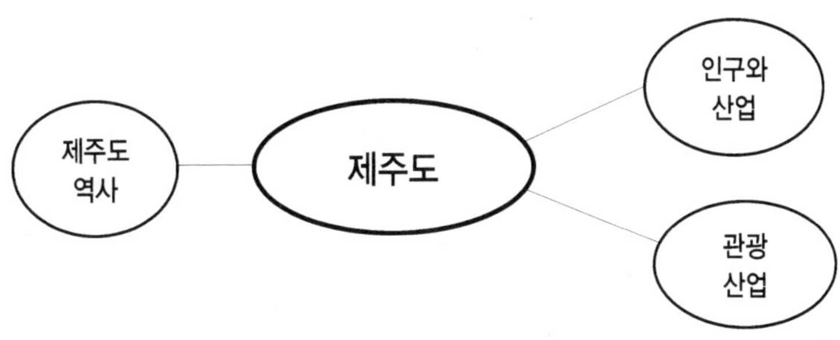


(그림6-4) 제주도 수업 주제망

### 학생들의 브레인 스토밍(Brain Storming)과 유목화 하기:

①주제(제주도 지리조사)와 관련된 소주제의 성격을 띤 단어나 개념들을 가능한 한 많이 열거하도록 독려한다.

**학생들이 생각해낼 수 있는 단어나 개념**

해녀, 한라산, 휴화산, 백록담, 용두암, 만장굴, 바람, 삼다수, 삼무, 여미지, 중문단지, 민속촌, 일본여행객, 중국여행객, 삼별초의 난, 조랑말, 수학여행, 신혼여행, 유채꽃, 도미, 해수욕장, 페리호, 용암, 하르방, 5.16도로, 감귤, 감수광, 제주도 사투리, 고구마, 탐라국, 갈치잡이, 국제 섬 축제, 우도, 성산 일출봉, 토종돼지, 골프장, 국제자유도시, 무비자, 이시돌 목장, 경마장, 옥돔

교사의 예비 주제망에 제주도의 역사가 들어 있으므로 교사는 이를 유도하기 위해 제주도에서 있었던 현대의 큰 사건은? 이라는 물음을 할 수 있다. 4.13 운동이라는 답변이 나온다.

② 유목화 하기: 학생들로 하여금 제기된 단어나 개념들을 유사성과 차이점에 따 몇 개의 유목으로 분류하도록 돕는다.

해녀, 도미, 갈치잡이는 수산업으로 분류되고, 한라산, 백록담, 용두암, 만장굴, 민속촌, 여미지, 중문단지 등은 관광산업으로, 일본여행객, 중국여행객, 무비자는 국제자유도시로 유목화 시킬 수 있다.

골프장, 경마장 등은 레져 산업으로 분류되고, 감귤, 고구마는 1차산업으로 분류된다.

감귤, 옥돔, 토종돼지, 삼다수 등은 특산물로 분류되고, 민속촌, 하루방, 국제 섬 축제, 제주도 사투리, 감수광 등은 문화산업으로 분류한다. 탐라국, 삼별초의 난, 4.13 항쟁은 제주의 역사로 분류된다.

이상의 분류를 유목별로 다시 정리해보면, 수산업, 관광산업, 국제자유도시, 레져 산업, 1차산업, 특산물, 문화산업, 제주의 역사 등으로 정리된다. 이를 다시 큰 묶음으로 묶으면 제주의 역사, 제주의 산업(수산물, 특산물 포함), 관광산업, 문화산업, 레져 산업으로 대분 된다.

이러한 분류와 단원의 내용을 포함하면 다음과 같은 주제망이 나올 수 있다. 아래의 주제망은 교사의 예비 주제망과 큰 차이는 없다. '역사'가 '지형과 역사'로 바뀌고, '관광산업'이 '문화관광산업'으로 바뀌었다. 문화관광산업은 다시 문화

산업과 관광산업, 레져 산업으로 세분되었다. 제주도 관광산업의 비중 상 이를 세분시킨 것이다.

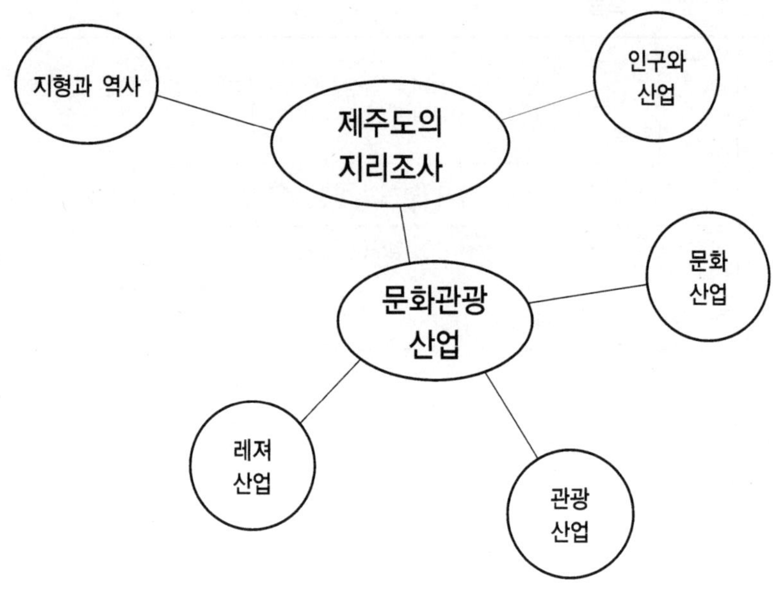


(그림6-5) 주제망의 세분화

여기서 교사는 기왕에 제주도에 대한 지리조사를 하기로 했으므로, 강원도에 대한 지리조사를 병행하는 방법을 쓰면 양도간의 유사점과 차이점을 비교분석 할 수 있고, 양자간의 관광 인프라에 대한 벤치 마킹이 가능하다는 점을 착안하는 것이 좋을 듯하다. 강원도를 포함시키는 경우 지리조사 중 실외조사가 양자 모두 가능해진다는 점과 애향교육에도 도움이 될 것이다. 이를 토대로 모둠별 소주제를 배치시키면 다음의 <표 6-9>와 같다.

<표 6-9> 소주제의 결정

| 중주제 | 소주제 | 소주제별 유목 | 구체적 내용 |
|---|---|---|---|
| 제주도와 강원도의 지리조사 | 제주도와 강원도의 지형과 역사 | 지형과 지형의 특성 | 지형분류, 지형적 특성, 면적, 지형의 특성에 따른 흔적(제주의 용두암, 삼굼부리, 강원도 양구의 뻰치볼 등) |
| | | 역사 | 양도의 유래, 명칭의 변경, 역사상 큰 사건, 큰 인물 등 |
| | 인구와 산업 | 인구 | 인구분포, 인구 변화 추이와 이유 등 |
| | | 산업 | 1, 2차 산업 |
| | 문화관광 산업 | 문화산업 | 대표적 문화재, 민속촌, 대표적 축제성 문화산업(국제 섬 축제, 국제 인형극제 등) |
| | | 관광산업 | 명승지, 관광단지, 국립(도립)공원 |
| | | 레져산업 | 휴양지, 스키장, 골프장, 수상레져 분포 등 |

소주제별 유목이 결정되었으므로 이에 따른 모둠별 프로젝트 분담을 할 차례다. 7개의 소주제가 나왔으므로 한 모둠에 5명씩 배치하고, 시간은 준비단계를 제외하고, 발표와 질의응답을 2차시(2시간)안에 마칠 수 있도록 계획한다. 양 도를 비교함에 따라 많은 시간이 소요될 수 있으므로, 자세한 내용(예, 강원도의 시·군별 인구분포)등은 유인물로 대치하거나 게시판에 게시하는 방법을 쓸 수 있다.

〈표 6-10〉 모둠별 프로젝트 분담

| 모둠<br>구분 | 분담프로젝트 | 수행기간 | 발표시기/시간 | 비고 |
|---|---|---|---|---|
| 제1<br>모둠 | 제주도와 강원도의 지형의 특성 비교 | 2주간 | 제1차시(8분) | 지형 특성 사진제시 |
| 제2<br>모둠 | 제주도와 강원도의 역사 | | 제1차시<br>(8분) | 도민의 특성 비교<br>포함, 도민 인터뷰 |
| 제3<br>모둠 | 인구, 양 도의 인구변화 추이 비교 | | 제1차시<br>(8분) | 도표사용 |
| 제4<br>모둠 | 양 도의 1, 2차 산업 분석 비교 | | 제1차시<br>(8분) | 산업 종사자 수,<br>평균수입, 만족도<br>조사 |
| 제5<br>모둠 | 양 도의 문화산업 비교 | | 제2차(12분) | 축제 참여 및 인터뷰 |
| 제6<br>모둠 | 양 도의 관광산업 비교 | | 제2차시<br>(12분) | 연간관광인원, 수입,<br>전망과 방향제시 |
| 제7<br>모둠 | 양 도의 레저산업 비교 | | 제2차시<br>(12분) | 레져인원, 수입,<br>전망과 방향제시 |

지도상의 유의점

지도상의 유의점은 앞의 시범수업 교사가 제시한 내용이 프로젝트 학습법의 취지에 적절하므로 그대로 인용하고, 한 가지만 덧붙이기로 한다.

① 모둠별로 자료 조사 및 발표를 하기 때문에 어느 특정 학생이 모든 과제를 주도하지 않도록 조장, 자료 조사담당, 자료 제작담당, 발표담당 등으로 구성하여 협동 학습이 이루어지도록 한다. 자료조사나 설문조사, 면담 등은 여럿이 할수록 좋다.

② 모둠별로 조사 주제를 미리 제시, 점검하여 발표 내용이 중복되는 일이 없도록 지도한다.

③ 조사 과정에서 어려운 부분은 교사가 정보 수집의 방법을 미리 알려주어 보다 쉽게 자료 수집을 할 수 있도록 지도한다.

④ 1주일이 지난 후 진행 사항을 점검, 필요시 수정해준다.

### 3단계[탐구활동]

**프로젝트 수행기간**: 2주 전후. 2주간을 기본으로 하여 1주 후에 진행사항을 첵크 해보고 수행 기간이나 내용을 수정 할 수 있다.

발표방법은 챠트나 파워포인트, OHP, 환등기, 사진 등 시청각적 표현 기자재를 활용하고, 발표된 내용은 정리하여 일정 기간 학습 게시판에 게시하여 학생들이 수시로 내용을 살펴볼 수 있게 하는 것이 좋다.

**프로젝트 수행과정**: 양 도를 비교하면서 왜 그러한 특성이 나타나는지, 본받을 점은 무엇인지, 도민들의 생각은 어떠하며. 앞으로의 전망은 어떠한지를 여러 가지 아이디어를 내고, 이를 검토해 볼 수 있게 하는 일이 중요하다.

### 제4단계[발표 및 토론]

**학습결과 발표**: 발표시간을 정확히 지키게 하고, 보다 상세한 자료가 있는 경우 학급 게시판에 부착하여 나중에 볼 수 있게 조치한다. 발표 내용에 대해 각기 3-5분간 질의응답 및 토론을 하게 한다.

**게시 및 전시**: 발표된 내용은 학급게시판에 일주일 정도 게시하고, 학급 홈페이지, 또는 학교 홈페이지에 띄운다.

### 제5단계[평가 및 반성]

**종합 및 강평**: 교사는 각기 발표된 소주제에 대해 잘된 점을 칭찬해주고 미흡했던 점이나 아쉬운 점을 지적해주며, 아울러 각기의 소주제가 갖는 연관성을 종합적으로 설명해준다.

**우수 프로젝트 제작소집단 표창**: 학기 당 한번 정도로 과목별로 우수한 프로젝트 제작팀을 표창한다. 학년말이나 졸업 때에도 우수 학습자료 제작팀을 선별하여 학교장 명의의 표창장을 수여하는 방법도 학생들의 학습 동기유발에 크게 도움이 될 것이다. 또한 우수한 프로젝트 학습물을 발표할 때 학부모의 참여를 허용하는 것도 고무적인 일이 될 것이다.

# 제 7 장
## 기억과 전이

# 1. 기억

기억의 과정은 다소 복잡한 면이 있다. 최근 인지심리학이 발달하면서 인간의 인지과정, 그 중에서도 기억과 관련된 연구에 많은 진전이 있었다. 우선 기억에 관한 간단한 개요를 디이즈(Hulse, Deese & Egeth, 1981) 등이 정리한 것을 토대로 소개함으로써 기초적이고 전반적인 이해를 돕고자 한다.

## 1) 기억에 관한 개요

기억은 단순하고 미분화된 개념이 아니다. 기억은 많은 요소로 구성되어 있고, 또한 여러 독특한 유형이 있는 것으로 보인다.

기억의 종류를 구분하는 데 기초가 되는 것은 지속시간이 어떠하냐는 것이다. 기억에 대해 우리가 일상적으로 말할 때 그것은 오래 전의 과거경험의 집합체로 간주한다. 이것을 장기기억(Long Term Memory - STM)이라 부른다. 과제가 1분 이상의 파지(기억)를 요할 때, 이를 장기기억으로 분류한다.

이에 비해 단기기억(Short Term Memory- STM)은 약 30초 내외의 파지를 요하는 과제를 말한다. 보턴을 누르는 몇 초 동안만 전화번호를 기억하고 곧 망각해 버리는 경우가 이에 속한다. 정보(전화번호)를 되풀이하는 것을 시연(rehearsal)이라 하며, 시연이 계속되는 동안에는 단기기억에 정보를 저장해 둘 수 있고, 오랫동안 시연이 반복되면 그 정보는 단기기억에서 장기기억으로 저장된다.

단기기억보다도 지속적인 더 짧은 것을 감각기억(sensory memory)이라 하는데, 이는 보통 1초, 길어야 2초 동안 지속된다. 감각기억은 지속시간이 짧은 데 비해 감각기관에 수용되는 정보를 상당히 완전하고 정확한 형태로 보유한다.

정보가 획득되고, 저장되고, 인출되기까지의 과정을 '조작(operation)'이라 하는데, 이 조작은 약호화(encoding), 저장(storage), 인출(retrieval)로 구분된다. 이러한 세 가지 조작 과정을 사무실용 서류철의 조작과 비유해 보면 이해가 쉬울 듯하다.

사무실에 편지가 오면 비서는 이를 서류철에 철해 둔다고 가정하자. 편지가 왔는데 이는 주요 거래처에 항의를 제기하는 편지였다. 편지를 적절히 분류하기 위해서는 어떤 정보가 필요한가? 만일 비서가 항의 내용을 담은 편지를 다룬 적이 없다면 분류 문제를 결정하기가 까다로울 것이다. 편지를 거래처 명으로 분류할 것인지, 아니면 "항의"라는 새 항목을 만들어 분류해야 할 것인지를 결정해야 한다. 분류는 일관성이 있어야 유용성을 갖는다. 비서가 이 편지를 항의 란에 철하다가 다음번에는 거래처 별로 분류한다면 유용성이 떨어지거나 없어지는 것이다.

기억과정에서 이렇게 정보를 분류하거나 유목화 시키는 과정을 약호화라 부른다. 약호화는 정보의 지각과 그 정보의 적절한 분류를 위해 적어도 한 가지 이상의 특성을 찾아낼 수 있을 때(추상해 낼 수 있을 때) 가능하다.

저장은 시연의 정도에 따라 단기기억(단기저장)이나 장기기억(장기저장)으로 분류된다. 일단 저장된 것은(특히 장기기억의 경우에는) 여러 가지 이유로 '인출이 방해받을 뿐, 소멸되는 것은 아니다'라는 가정을 조심스럽게 해볼 수 있다. 이는 곧 언급하게 될 망각이론에서 살펴보기로 한다.

인출은 약호화의 역순(逆順)으로 진행된다. 신임 비서는 항의 편지를 찾지 못해 쩔쩔맨다. 도대체 어떤 유목으로 분류해 놓았는지를 알지 못하기 때문이다. 그녀는 거래처 별로 검색을 해 보거나, 날짜 별로 찾아보거나, 수취인명 별로 찾아보는 등의 여러 가지 노력을 해 볼 것이다. 이러한 경우는 전임 담당 비서에게서도 나타날 수 있다.

우리가 무엇인가를 기억해 내고자 이것저것 기억의 창고를 더듬는 것은 수준 높은 의식의 과정이라 하기는 어려운데, 그 정보를 어떻게 약호화 했는가를 기억해 내고자 하는 노력은 각성 수준의 의식과정이다.

이러한 기억 과정을 살펴 볼 때 망각이란 기억체계의 세 가지 조작 중 어느 하나에 문제가 있기 때문에 일어나는 것으로 볼 수 있다. 약호화가 부적절하거나, 정보가 저장 중에 왜곡되거나, 저장용량이 너무 적거나, 엉뚱한 곳에서 저장된 내용을 찾고자 하는 등의 이유로 인출이 안 되는 곧, 망각되는 경우를 볼 수 있다.

학습과 관련하여 볼 때 '기억'에서 우리가 관심을 갖는 것은 (1) 망각은 왜, 그리고 어떻게 일어나는가? 하는 문제와 (2) 어떻게 망각을 방지하고 기억을 촉진시키는가? 하는 문제이다. 이 순서에 따라 우선 망각에 대해 살펴보고, 다음으로 기억 절차와 기억을 촉진시키는 방법에 대해 알아보도록 하자.

## 2) 망각의 원인

망각(forgetting)은 일정한 기간에 걸쳐 형성된 능력이 연습을 하지 않는 동안 상실되는 것으로 정의할 수 있다. 망각의 원인을 밝히고자 한 여러 연구의 결과 너 댓 가지 원인이 학설로 제기되고 있다. 그 중 가장 단순한 논리가 쇠퇴이론이다.

### (1) 쇠퇴이론

학습은 경험이나 연습의 결과로 일어나는 것인데, 학습된 정보가 사용되지 않으면 파지 기간 중에 망각이 일어난다는 것이다. 손다이크(E. L. Thorndike)가 '연습의 법칙'을 주장하면서(1930년대 이전) 제시한 불사용의 원리, 즉 사용을 하지 않으면 망각된다는 주장과 같은 것이다. 연습을 하지 않는 동안(서서히) 쇠퇴해 간다는 의미에서 쇠퇴설로도 불리고, 사용을 하지 않는 동안 잊어버리게 된다는 의미에서 불용설이라고도 한다. 학습은 중추신경계에 변화를 일으키는 일인데, 시간이 지나면서 그 흔적이 쇠퇴해지는 현상이 망각이라는 것이다. 시간의 경과에 따른 사진의 퇴색이나, 비문의 마멸 같은 것이 곧 망각 현상이라는 것이다.

그러나 이 이론은 다음과 같은 몇 가지 이유에서 망각의 원인으로는 부적합하거나 극히 부분적인 설명만 해 주는 것으로 간주된다.

첫째, 망각은 부분적으로는 학습(기억) 이전이나 이후의 활동에 영향을 받는다는 것이다. 이른바 간섭이론이다.

둘째, 학습된 내용들이 경쟁하거나, 새로운 자료의 획득이 이전에 획득한 자료를 상실시킬 수 있다는 (해소 학습) 주장에 근거한다.

셋째, 학습이 장기간 기억되기 위해서는 시연이 필요한데, 이 과정을 거치지 않은 상태의 기억은 망각되기 쉽다는 주장 등이다.

실제로 망각은 학습한 직후에 가장 많이 일어난다. 1885년에 무의미 철자를 학습한 후의 망각에 대한 최초의 과학적 실험에서 에빙하우스(Hermann Ebbinghaus)는 망각은 학습한 지 1시간 이내에 50% 가까이 일어나는 것임을 보여 주었다(그림 7-1 참조).

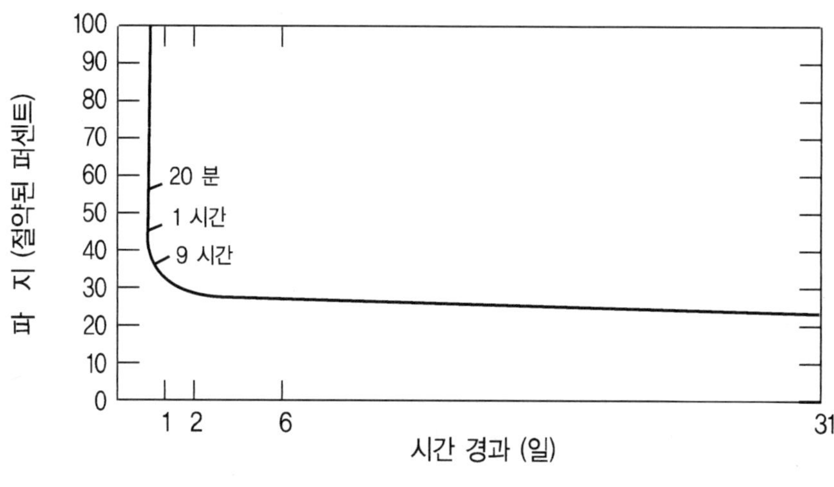



(그림 7-1) 에빙하우스의 망각곡선

에빙하우스는 지속적인 추가 학습이 뒤따라야 파지율이 높아지는 것, 즉 어느 정도까지는 망각이 방지된다는 것을 밝혔다. 우리가 에빙하우스의 실험에서 알 수 있는 것은, 비록 완전히 학습된 내용이라 할지라도 망각은 학습 직후에 많이 일어나는 것이므로, 일정 기간이 경과한 수에 파지율이 낮아지는 현상이 자연적인 쇠퇴에 의한 것만은 아니라는 점이다.

### (2) 간섭이론

간섭이론에서는 망각을 일으키는 것이 단순한 시간의 경과에 의해서가 아니라 학습하고 나서 상기하기까지의 사이에 이루어지는 활동 때문인 것으로 보고 있다. 즉, 기명(記銘) 후에 이루어진 여러 가지 정신활동의 간섭에 의해 방해를 받아 망각이 일어난다는 것이다. 이에 대한 초기의 연구는 1924년 젠킨스와 달렌백(J. G. Jenkins & K. M. Dallenbach)에 의해 이루어졌다.

이들은 2명의 대학생에게 10개의 무의미 철자를 완전히 암송하게 한 후 1, 2, 4, 8시간이 경과함에 따라 수면을 취한 경우와 깨어 있는 경우의 망각의 정도를 비교하였다. 그 결과가 <그림 7-2>이다(Hulse, et al., 1981, p. 303).

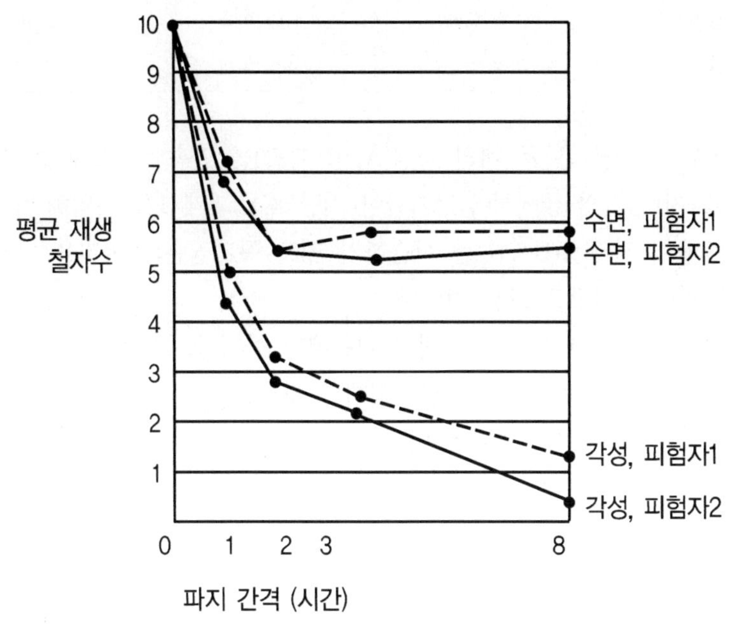



(그림 7-2) 수면과 각성 상태에서의 시간에 따른 무의미 철자 재생 정도

위에서 보는 바와 같이 깨어 있는 경우가 수면을 취하는 경우보다 망각이 훨씬 크게 일어남을 볼 수 있다. 이들은 깨어 있는 경우는 수면 중에 비해 정신활동이 활발하기 때문에 간섭의 정도가 심해져서 망각이 쉽게 일어나는 것으로 생각했다.

위의 실험에서 보는 바와 같이 기억한 사항이 그 후에 일어난 활동(학습)에 의해 간섭받는 경우를 역향간섭, 또는 역향억제라 부른다.

역향간섭에 대한 기본적인 설계는 다음의 <표 7-1>과 같다(Houston, 1976, p. 241).

<표 7-1> 역향간섭(억제)의 실험설계

| 집단 | 과제 1 | 과제 2 | 과제 3 |
|---|---|---|---|
| 실험 | A의 학습 | B의 학습 | B의 파지 |
| 통제 | —— | B의 학습 | B의 파지 |

실험집단의 피험자들은 두 개의 과제(A, B 학습)를 연속적으로 학습한다. 그런 다음 어떤 파지 기간의 끝에서(일정기간이 지난 후), 과제 1을 기억해 내게 한다. 이들의 파지율이 과제 2(B학습)를 학습하지 않은 통제집단의 파지율보다 낮으면 역향간섭이 일어난 것으로 보는 것이다.

기억한 사항은 이후에 이루어진 정신 활동뿐만 아니라, 그 이전에 이루어진 활동에 의해서도 간섭을 받는다. 이러한 형태의 간섭을 순향간섭, 또는 순향억제라 한다. <표 7-2>는 순향간섭 효과를 알아보는 기본적 실험설계이다.

<표 7-2> 순향간섭(억제)의 실험 설계

| 집단 | 과제 1 | 과제 2 | 과제 3 |
|---|---|---|---|
| 실험 | A의 학습 | B의 학습 | A의 파지 |
| 통제 | A의 학습 | —— | A의 파지 |

과제 2(B학습)에 대한 기억에 있어서 실험집단의 파지율이 통제집단의 파지율보다 낮으면 순향억제가 일어난다. 즉, 이후에 학습한 자료들이 이전에 학습한 자료의 간섭(방해)을 받아 자료의 인출에 손상을 입은 것이다.

케펠과 언더우드(Keppel & Underwood, 1962)는 세 개의 단어를 동시에 제시하고 암기시킨 다음, 15초 정도 동안 암기된 내용의 시연을 방해하는 작업을 시킨 후, 그 단어를 상기시키고, 그 이후 또 새로운 세 개의 단어를 암송시킨 후 시연을 방해하는 작업을 하는 식으로 여러 차례 이 일을 반복했더니 나중에는 최근에 학습한 내용을 거의 기억해 내지 못했다고 한다. 즉 이전의 학습이 새 학습에 간섭을 한 것이다. 많은 것을 학습하고 저장할수록 간섭의 영향을 받을 가능성이 크다. 원소 기호를 많이 암기하면 할수록 혼동의 가능성은 더 커진다. 교사가 수업 시간에 더 많은 이름과 얼굴을 일치시킬수록 추가되는 이름과 짝짓기는 점점 어려워진다.

위켄스(Wickens, 1970)는 케펠과 언더우드가 행한 실험과 같은 절차를 이용하여 암기하는 단어간의 유사성을 여러 가지로 변형하여 실험하였다. 그 결과 암기하는 단어가 의미적으로 유사한 정도가 높으면 높을수록 순향간섭의 정도도 높아진다는 사실을 발견했다. 또한 순향간섭이 나타난 상태에서 이제까지와는 종류가 아주 다른 단어를 학습시키면, 순향간섭 현상도 없어지는 것을 알아냈다.

다른 연구에서 보면 두 학습과제 간에 유사성이 일정한 정도까지 높아질 때에는 그에 따라 순향간섭도 커지지만, 유사성의 정도가 그 한계를 넘어서 동일성에 가까워지면 순향간섭은 오히려 감소된다고 한다.

여기서 한 가지 유념해야 할 사항이 있다. 순향억제와 부적 전이는 어떻게 다른가 하는 점이다. 전자는 앞의 <표 7-2>에서 볼 때 과제 3(B의 학습을 회상할 때)에 관련된 것이고, 후자는 과제 2(B의 학습을 하는 동안)를 하는 동안에 나타나는 것이다.

### (3) 망각의 2 요인설

망각이 일어나는 파지의 손실, 또는 간섭효과는 경쟁(competition)과 해소 학습(unlearning)에 영향을 받는다는 이론이다.

우리가 이제 막 A-B, A-D라는 일련의 과제를 학습했다고 치자, A가 제시되고 B의 회상을 요구받을 때, B를 산출할 능력은 때로는 D에 의해 차단되기도 한다. 그래서 B 대신 D를 잘못 회상한다. 양립할 수 없는 반응들이 서로 경쟁하고 혼동의 원인이 되고, 회상에 착오를 일으킨다. 이것이 경쟁의 원리이다(지금의 예는 역향간섭의 예이기도 하다).

역향간섭의 경우를 일반적으로 해소학습이라 부른다. 새로운 자료의 획득이(A-D 목록) 이전에 획득한 자료(A-B 목록)의 상실을 초래할 후 있다는 것이다. A-D 목록의 학습 동안 A-B 자료들은 어떻든 해소 학습이 되고, 약화되고, 덜 활용적이 되는 것이다. 이 과정에서의 특징적 사실을 정리하면 다음과 같다.

첫째, 경쟁과 해소는 둘 다 간섭효과의 한 원인이 된다는 점.

둘째, 경쟁은 회상 시에 일어나고, 해소는 다음의 학습을 할 때 일어난다는 점.

셋째, 경쟁은 순향 및 역향간섭 모두의 원인이 되는 반면, 해소학습은 역향간섭에만 작용한다는 점 등이다.

### (4) 재구성, 또는 왜곡

시간의 경과와 더불어 기억이 부정확해지거나 (부분적으로) 망각되는 이유의 하나는 학습된 내용 중 전체적 윤곽이나 일반적인 의미만이 기억에 남고, 세부적인 부분은 차차 퇴색되므로, 세부 사항은 전체적인 구조나 일반적인 의미와 합치되는 방향으로 변용되기 때문이다. 즉, 재구성이 일어난 것이며, 그 과정에서 사실의 왜곡도 따르는 것이 일반적이다.

뷜러(Biehler, 1978, p. 432)는 "당신이 시험을 볼 때 그 교재의 저자가 의도하는 바에 따라서가 아니라 자신이 기억할 수 있는 것을 쓴 경험이 있을 것이다"라는 표현을 쓰고 있으며, 마찬가지로, "역사란 자신이 생각하는 것이 아니라, 자신이 기억할 수 있는 것이다"라는 말을 하고 있다. 기억은 왕왕 사실과 다르며, 이는 개인이 그 사실을 학습 당시는 물론 시간이 경과함에 따라 자신의 편의성에 입각해 재구성했기 때문이다.

### (5) 억압

어떤 경험이나 학습된 내용은 그것이 불쾌하거나 자아를 위협하는 일이 되기 때문에 무의식의 세계로 억압된다는 것이다. 따라서 프로이드가 망각을 보는 눈은 망각되는 것이 아니라 무의식의 세계에 있어서 떠오르지 않을 분이라는 입장인 셈이다. 이에 대한 증거로서 프로이트는 꿈을 들고 있다. 수면 중에는 억압하는 힘이 약해지므로 무의식으로 억압되었던 기억이 꿈속에 상징화된 형태로 나타난다는 것이다.

## 3) 망각의 방지

위에서 살펴 본 망각의 원인에 대한 고려는 망각을 방지하는 방법이 될 것이다. 또한 후술하게 될 기억의 과정 역시 어떻게 하면 기억이 잘 되게 할 것인가를 다루게 됨으로 이것도 망각의 방지책이 될 것이다. 2, 3, 4, 5, 6장에서 다룬 학습이론 역시 학습이 잘 되고, 따라서 망각을 적게 하는 방안의 제시를 하고 있는 것으로 볼 수 있다. 여기서는 뷜러(Biehler, 1978; Biehler & Snowman, 1990)의 견해를 중심으로 일반적인 망각의 방지 방법을 제시하기로 한다.

**(1) 반복, 암송, 복습하기**

a. 최초의 학습을 가능한 한 완전하게 하라. 최초의 학습이 잘 되어 있으면, 망각은 그렇지 않은 경우에 비해 서서히 진행된다. 또한 완전하게 학습된 내용은 간섭을 덜 받고, 왜곡될 위험 역시 적다.

b. 암송시키기, 예들기, 확인하는 질문 등을 통해 반복의 기회를 많이 제공하라. 그러나 학생들이 싫증을 느끼거나 저항감을 느낄 정도로 반복을 강요해서는 안 된다. 왜냐하면 그러한 일은 오히려 기억에 손상을 줄 수도 있기 때문이다.

c. 빈번한 복습기회를 가져라. 특히 방학기간 등에 손실된 것을 보상하기 위해서, 그리고 입문적인 내용과 심화 과정 간에 생기는 망각을 방지하기 위해 복습할 기회를 많이 제공하라.

**(2) 재구성이나 왜곡을 방지하기 위해 의미 있는 학습과 변별학습이 잘 되도록 하라.**

a. 유의미 학습이 되게 하라. 기계적인 암기나 무의미한 반복은 피하라.

b. 혼동이 생기는 경우 상충되는 요인을 각기 분리하여, 각기의 요소를 완전히 이해하도록 만들어라.

**(3) 억압이 일어나지 않도록 교실 분위기를 상쾌하게 만들고, 교수가 유쾌하고 재미있게 진행되도록 하라.**

**(4) 간섭을 최소화하기 위해 학습을 철저히 시키고, 분류를 할 수 있는 시간을 부여하고, 집중적으로 해야 할 활동과 그렇지 않은 활동을 적절히 교대로 행하라.**

a. 최초의 학습을 완전하게 하도록 하라.

b. 분류 학습의 기회를 주고, 특히 연습을 많이 시켜라. 연습은 그 기능을 완전하게 만드는 데 도움을 준다.

c. 집중적인 지적인 활동과 긴장을 풀고 할 수 있는 과제를 번갈아 하라.

**(5) 중요한 내용에 주목하도록 크기나 색채, 강도, 희귀한 것, 의외적인 것, 독특성 등을 십분 활용하라.**

(6) 새로운 학습을 동화시키고, 부호화하고, 정보의 인출을 쉽게 하는 가능한 방법을 동원하라.

a. 의미성을 강조하라.
b. 새로운 정보를 그들이 이미 알고 있는 지식과 연합시킬 수 있도록 격려하고, 기억 보조술을 활용하라.
c. 구조, 양태, 그리고 조직에 주의를 집중시켜라.
d. 능동적이고 적극적인 학습이 되게 하라.
e. 심상법, 장소법 등의 정보의 부호화와 인출에 도움이 되는 다각적인 방법을 활용하라.

## 4) 기억의 과정

기억과 수업과의 관계에 대해서는 본서의 제3장 6절-정보처리 이론과 이의 적용이라는 제하로 부분적으로 다룬 바 있다. 정보처리 이론 자체가 기억문제를 중점적으로 다루는 것이므로 여기서는 앞서 내용의 보완적 설명을 하기로 한다.

### (1) 단기기억

대부분의 사람들은 자기 집 전화번호를 외우고 있다. 몇몇 친지나 거래처의 전화번호도 외우고 있다. 그러나 그 밖의 수십 개 이상의 아는 사람의 전화번호는 수첩이나 별도의 장치를 통해 기록하고 필요한 때에만 활용한다. 별다른 방해를 받지 않는 한, 전화번호부를 보고 241-6788을 확인한 후 전화를 건다. 통화가 끝나면 그 번호는 곧 잊어버리게 된다.

단기기억은 현재 사용하고 있는 지식만을 수용하는 작용기억(working memory)이다. 전화만 걸리면(작용만 되면), 구태여 그 번호를 암기할 이유도 없고, 그렇기 때문에 실제로 암기가 되지도 않는다.

많은 연구가들이 단기기억이 저장할 수 있는 항목 수를 정하려고 노력했다.

대체로 사람들은 한 번에 7~8개의 숫자를 즉시 기억에 저장할 수 있음이 밝혀졌다. 2416788 후에 2577336이 제시되면 앞의 숫자는 잊어버리게 된다. 단기기억의 용량은 제한되어 있음을 보여 주는 예이다.

단기기억의 지속시간은 보통 5~30초까지이다. 단순한 감각으로 들어오는 정보에 대한 기억, 즉 감각기억의 지속시간은 불과 .5초에 지나지 않는다. 그러나 이 짧은 시간 내에도 인간은 들어온 감각기록을 거의 완벽한 형태로 지각한다. 영화를 상영 중에 화면은 계속 방영하면서 그 화면 중간 중간에 .5초 미만의 중복 화면으로 'Coca Cola'를 계속 삽입시켰더니 영화가 끝난 후 대부분의 사람이 목말라 하며 코가 콜라를 찾더라는 것이다.

### (2) 단기기억과 묶음(청킹)의 효과

한 가지 기본적인 의문은 단기기억의 정보와 장기기억의 정보가 다른 위치에 저장되는가, 아니면 같은 위치에 있지만 단지 특수한 상태에 있는 것인가 하는 문제이다. 대체로의 견해는 '단지 특수한 상태'에 있다는 것이다. 단기기억의 용량이 재료가 같는 '의미성'에 따라 달라진다는 것이 이러한 사실을 입증한다.
다음과 같은 실험의 결과를 살펴보자(Anderson, 1985).
피험자들은 다음과 같은 네 묶음의 무의미 철자를 반복할 수 있다.

DAX  JIR  GOP  BIF

그러나 여섯 개는 할 수 없다.

PID  LOM  FIX  GAN  WUT  TIB

그러나 아래 19개 단어로 된 문장은 반복할 수 있다.
이에서 보는 바와 같이 상당한 다양성을 보이는 단기기억의 크기의 다름은 어떻게 설명될 수 있는가. 밀러(George Miller)는 이러한 기억 단위를 기술하기 위해 '묶음(Chuck-청크)'라는 용어를 도입했다. 그는 기억이 자극의 물리적 단위(낱자, 음절, 단어)의 수보다는 의미 있는 묶음의 수에 좌우된다고 주장하였다. 그리고 그 묶음의 수는 대개 일곱 개 정도라는 것이다.
기억이 가능한 19개 단어로 구성된 문장을 분석해 보자.

Richard  Milhous  Nixon/  former  president/  of  the  United States/  wrote  a  book/  about  his  career/  in  the  White  House.

리챠드 밀하우스 닉슨 / 전 미국 대통령은 / 백악관에서 /
　　　　　(누가)　　　　　　　　　　　　　　　 (어디에서)

그의 생애에 관한 책을 / 썼다.
　　(무엇을)　　　　　　 (어떻게)


위의 문장은 여섯 묶음으로 되어 있다. 골자는 '닉슨이 책을 썼다'는 것이다. 나머지는 이 내용을 설명하는 부가적인 단어들이다. 여기에 '그는 정부에 자문하기 위해(왜)' '1993년에 썼다(언제)'라는 말을 첨부해도 이 문장은 단기기억의 용량에 들어올 수 있다. 묶음으로 되어 있을 뿐만 아니라 육하(六何)원칙이라는 우리의 기존 인지 틀에도 익숙한 것이기 때문이다.

이러한 예는 단기기억이 어떠한 방식으로 장기 기억화 될 수 있는가에 대한 한 가지 예를 보여 주는 것이다.


## (3) 장기기억

기억의 과정을 전반적으로 살펴보기 위해 기억이 저장되는 단계를 예시한 애트킨슨과 쉬프륀(R. C. Atkinson & R. M. Shiffrin)의 기억 저장의 3단계 모형을 살펴보기로 하자(Klein, 1987, p. 355에서 재인용).

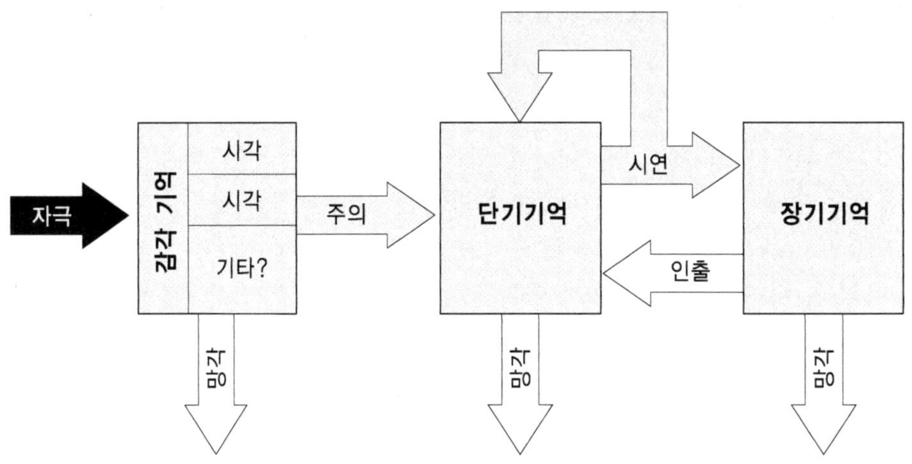


(그림 7-3) 기억저장의 3단계 모형

(그림 7-3)에서 보는 바와 같이 애트킨슨과 쉬프륀은 정보의 저장을 감각기록, 단기저장, 장기저장의 3단계로 나누었다. 외부의 자극은 매우 짧은 순간, 대략 .5초에서 1초 사이에 감각기록에 저장된다. 그러나 이렇게 외부로부터 들어온 정보가 모두 감각 기록되는 것은 아니다. 단기저장 되지 않는 무수한 감각은 아주 빨리 소멸되고 만다.

이 무수한 자극 중 주의를 끄는 일부 자극이 수초 이상 지속되면 단기 저장고로 들어가게 된다. 단기 저장되는 시간은 다음의 두 가지 과정에 좌우된다(Klein, 1987). 첫째는 시연이나 반복에 의해서이다. 시연은 정보를 단기기억 내에 묶어 둔다. 시연이 없이는 그 정보는 의미 있는 방식으로 저장(장기저장)되기 전에 잊혀진다. 시연은 그 정보를 단기기억 내에 조직화시키는 기능을 한다. 이러한 조직화는 경험(정보)을 회상하기 쉽게 보다 의미 있는 형태로 만드는 데 기여한다. 그러나 시연된 정보라고 해서 모두 기억되는 것은 아니다. 시연은 단지 기억의 인출을 돕는 기능을 담당할 뿐이다. 단기 저장된 정보는 시연이 되풀이됨에 따라 후에 기억되기 쉬운 정보가 될 가능성을 갖는다.

둘째로 한정된 정보 용량만이 단기 저장된다는 점인 바, 이는 앞에서 설명한 바와 같다. 새 정보가 들어오기 위해서 앞서의 정보는 자리를 내어 주어야 하는 것이다.

많은 정보는 우리가 언뜻 보기에 학습된 것 같아 보이지만, 실은 이미 단기저장에서 사라져 버리는 경우가 많다. 듣자 마자는 아니지만 거의 그런 형태로 진행된다. 사실은 학습하지 않은 셈인데, '배웠는데 잊어버렸다'고 하는 것이다. 정말로 학습이 이루어지기 위해서는 보다 적극적이고 능동적인 유기체(학습자)의 노력이 따라야 하는 것이다.

단기 저장된 정보는 그것이 지닌 의미에 따라 해석되고 논리적인 방식으로 조직화된다. 이러한 정보에 대한 분석은 보다 의미 있는 기억을 가능케 하여 후일의 인출을 보다 용이하게 한다. 단기 저장된 대부분의 정보는 (반복되는 시연을 통해, 또는 그 밖의 방법을 통해) 장기기억으로 전환될 수 있다. 일부 연구에서는 일단 장기 저장된 모든 정보는 영구히 보존된다는 견해를 보이고 있고, 다른 일부 연구에서는 부분적으로 기억의 유실에 따른 소멸이 있음을 주장하고 있다. 그러나 어떠한 경우이든 기억이 비록 영구히 보존되는 것은 아닐지라도 상당기간 장기 저장되는 것임은 분명하다 하겠다. 인출이 방해받는 이유는 앞의 망각의 원인에서 살펴 본 바와 같다.

다음의 표는 크레이크와 록하트(Craik & Lockhart, 1972)가 조망한 세 기억 체제의 특징을 요약한 것이다.

〈표 7-3〉 언어 기억의 세 기억 체제의 특징

| 특성 | 감각기록 | 단기 저장 | 장기 저장 |
|---|---|---|---|
| 정보가 들어옴 | 전(前)주의 | 주의 | 시연 |
| 정보의 유지 | 불가능 | 주의 지속 및 시연 | 반복, 조직화 |
| 정보의 유형 | 입력된 원형 복사 | 음성, 시각, 의미적 | 의미, 청각, 시각적 |
| 용　　량 | 큰 편 | 작음 | 무한 |
| 정보의 상실 | 쇠퇴 | 대치*, 쇠퇴 | 상실되지 않음 |
|  |  |  | 간섭, 경쟁 등으로 인출 어려움 |
| 지속 시간 | .25~2초 | 30초까지 | 수분-수년 이상 |
| 인　　출 | 읽어냄 | 자발적, 의식 속의 항목 임시적, 음성적 단서 | 인출의 단서 탐색과정 |

* 여기서 대치라는 말의 뜻은 새 정보가 들어와 이전의 정보를 밀어내는 것을 뜻함.

## 5) 기억 전략

기억, 특히 장기기억의 경우는 정보를 단순히 수동적으로 받아들이는 것이 아니라 학습자의 능동적 과정을 통해 저장, 인출하는 나름대로의 방법, 즉 전략을 사용한다. 그러한 전략에는 다음과 같은 것들이 있다. 앞에서 제시한 망각의 방지법도 기억 전략에 속하는 것이다.

### (1) 시연

앞서 살펴 본 바와 같이 시연은 정보를 단기기억에 보유하는 기능과, 그 정보를 단기저장에서 장기저장으로 전환시키는 역할을 한다. 그러나 시연을 한다고 해서 모든 정보가 STM에서 LTM으로 전환되는 것은 아니다. 시연은 1차적 시연과 2차적 시연으로 구분되는 바, 1차적 시연은 단지 정보의 음운을 반복하는 것으로 정보를 단기기억 내에 일시 보존하는 역할만 함으로 이를 통한 장기기억으로의 전환은 어렵다. 2차적 시연이란 정보의 의미나 관련성을 생각하면서 정보의 저장 및 인출이 쉽도록 조직화시키는 과정이 포함된 시연이다.

241-6788이라는 전화번호, "이사 일(이사한 날)이 6일이나 7일이나, 8일인 것 같은데…" 식으로 조직화시키면 기억하기가 쉽다. 초등학교 고학년 이상의 연령 층에는 2차적 시연의 효과가 높은 것으로 나타났지만, 저학년의 경우는 1차적 시연과 별 차이가 없는 것으로 나타나고 있다.

### (2) 구조화

구조화에는 '유목화'와 '부호화', '유의미 학습' 등을 포함시킬 수 있다. 앞서의 브루너의 학습이론에서 내용이 구조화되지 않으면 그것은 빨리 망각되고 만다는 사실을 지적한 바 있다. 브루너나 오슈벨 모두 구조화를 강조하여 학습에서의 유 목화(또는 개념화), 부호화를 강조한 것 역시 앞에서 살펴 본 바 있다.

구조화는 학습을 유의미화 시키는 방법의 하나이다. 유의미화는 학습자의 흥미, 동기, 내적 구조에 의해 영향을 받는다. 학습을 여하히 유의미화 시키느냐 하는 것은, 정보를 능동적으로 재조정하고, 유목화시킴으로써 기억과 인출을 쉽게 하는 부호화를 여하히 하느냐와 같은 의미이다.

### (3) 기억 보조술의 활용

기억을 돕는 방법에는 여러 가지가 있다. 정보를 심상화 시키는 방법(심상형성 법-정보에 대한 심상을 만들어 기억을 돕는 방법, p 112의 '기억보조술의 활용' 을 참고할 것)이 대표적인 것으로, 이에는 '핵심단어법', '장소법' 등이 있음은 앞 에서 소개한 바와 같다. 여기서는 앞에서 설명되지 않은 '체인기법'과 '숫자-문자 교환법'에 대해서만 설명하기로 하겠다.

**체인기법**(=연속 결합법, chain method) : 이는 쇠사슬을 고리로 연결해 나가듯 이 한다고 해서 붙여진 이름이다. 이는 첫 번째 항목을 외우기 위해 두 번째 항 목과 연결하고, 두 번째는 세 번째가 연상되도록 하는 방식으로 연결고리를 계속 하여 기억을 촉진시키는 방법이다.

세탁소, 은행, 우체국, 수퍼 마켓 순으로 외워야 할 경우, 세탁소에서 은행으로

가야 할 돈을 세탁하는 것을 상상하기 시작하여, 그 돈이 편지봉투에 든 것을 상상하고, 끝으로 쇼핑 바구니에 들려 있는 이 편지봉투를 연상하는 방법을 쓸 수 있다(이군현, 1990, p. 227).

**숫자-문자 교환법**: 숫자를 보다 기억하기 편리하게 문자화(음운화 포함)시키는 방법이다. 414-1144를 "사일사, 일일사"로, 923-9233을 "구이삼, 구이삼"으로, 8245를 "빨리사와" 등으로 연결시키는 등의 방법이다.

**PQ4R법**: p는 예습, Q는 질문을 뜻하고, 나머지 네 가지는 R로 시작되므로 이러한 이름이 붙었다. 교재의 한 장을 학습할 때 유용한 방법이다.

1. '예습(Preview). ' 논의되는 일반적인 주제를 정하기 위해 그 장을 훑어 보라. 읽을 단위인 절을 찾아라. 다음 네 단계를 각 절에 적용하라.
2. '질문(Questions).' 절에 대한 질문을 만들어라. 절 제목을 바꾸면 적절한 질문이 된다. 예를 들어, 절 제목이 '약호화 다양성'이면, "약호화 다양성이란 무엇인가?", "약호화 다양성의 효과는 무엇인가?" 같은 것이 질문이 될 수 있다.
3. '읽기(Read). ' 절을 주의 깊게 읽고, 제기한 질문에 답하도록 하라.
4. '숙고(Reflect).' 교재를 읽으면서 이해하려 할 때, 예를 생각하려 할 때, 재료를 사전 지식과 관련시키려 할 때, 읽은 내용을 숙고하라.
5. '암송(Recite).' 한 절을 끝낸 후, 담겨진 내용을 회상하도록 하라. 그 절에 제기한 질문에 답하도록 하라. 만일 충분히 회상할 수 없으면, 기억하기 힘들었던 부분을 다시 읽어라.
6. '복습(Review).' 한 장을 끝낸 후에, 요지를 회상하면서 머리속으로 전반적 내용을 검토해 보라. 제기한 질문들에 또 다시 답하도록 하라.


### (4) 정교화와 의미망(網) 조직

정교화와 의미망 조직은 유의미 학습을 돕는 구조화 방법의 하나이나, 보다 자세한 설명이 필요한 것 같아 독립된 항목으로 설명하고자 한다.

#### ① 정교화

정보가 저장이 되거나 기억이 될 때는 흔히 원 정보 이외의 부수적인 요소들이 함께 저장되거나 인출된다. 이렇게 원 정보에 덧붙여지는 추가적 잉여정보를 정교화라 한다(Anderson, 1985).

## ② 정교화와 기억

정교화는 기억과 다음의 관련이 있다.

가. 정교화는 원 정보 이외의 추가적인 인출 통로를 제공함으로써 기억을 용이
　하게 해준다.

나. 정교화는 기억 내용에 대한 추론과 재구성을 가능케 함으로써 회상을 촉진
　시키고 정확하게 해준다.

다. 따라서 정보에 대한 기억을 향상시키기 위해서는 학습자가 그 정보에 대한
　정교화를 할 수 있도록 해야 한다.

라. 학습 의도는 기억과 관련이 있는 바, 본인이 의미 있다고 여기는 학습에는
　보다 깊은 주목을 하고, 기억에 도움이 되는 여러 조치, 즉 연습이나 암송,
　정교화 등을 통해 기억을 돕는다.

바. 문화적 도식은 학습 중 재료를 정교하게 해 주는 한편, 기억시에 내용을
　재구성하는 역할도 한다. 기억된 내용이 원 내용에 비추어 부정확하거나 왜
　곡된 경우라 할지라도 그 부정확성이 나름대로의 문화적 도식에 맞는 체계
　를 지니고 있음을 볼 수 있다.

사. 학습내용이 어떤 유형의 맥락과 관련될 때 기억이 잘 된다. 따라서 학습
　내용을 위계 구조화시키거나 분류하는 등 체계화를 시키면 기억이 잘 된다.

아. 시간 간격을 두고 여러 번 재료를 학습하면 오래도록 파지된다. 반복 학습
　을 할 때마다 재료들이 여러 맥락에서 학습되며, 정교화도 다양화되기 때문
　이다.

이에 대한 각기의 예를 들면 다음과 같다(Anderson, 1985 ; 이영애, 1989)

1. 의사는 변호사를 미워한다.

위의 문장을 학습하는 경우 학습자는 이 문장 자체만을 학습하는 것이 아니라,
　다음과 같은 몇 가지 부수적인 것도 따라서 하는 것이 일반적이다.

2. 학습자는 어느 기분이 별로 좋지 않은 날 이 문장을 학습했다.

3. 변호사는 그 의사를 부당한 치료행위로 고소했다.

4. 이 고소가 의사의 증오의 원인이다.

5. 이 문장은 기분 나쁘다.

　그 밖에 위에서 학습한 내용 외에 학습한 것은 아니지만, 이미 학습자가 일
반적으로 지니고 있는 다음과 같은 정보도 있을 수 있다.

6. 변호사들은 의사들을 부당치료로 고소한다.

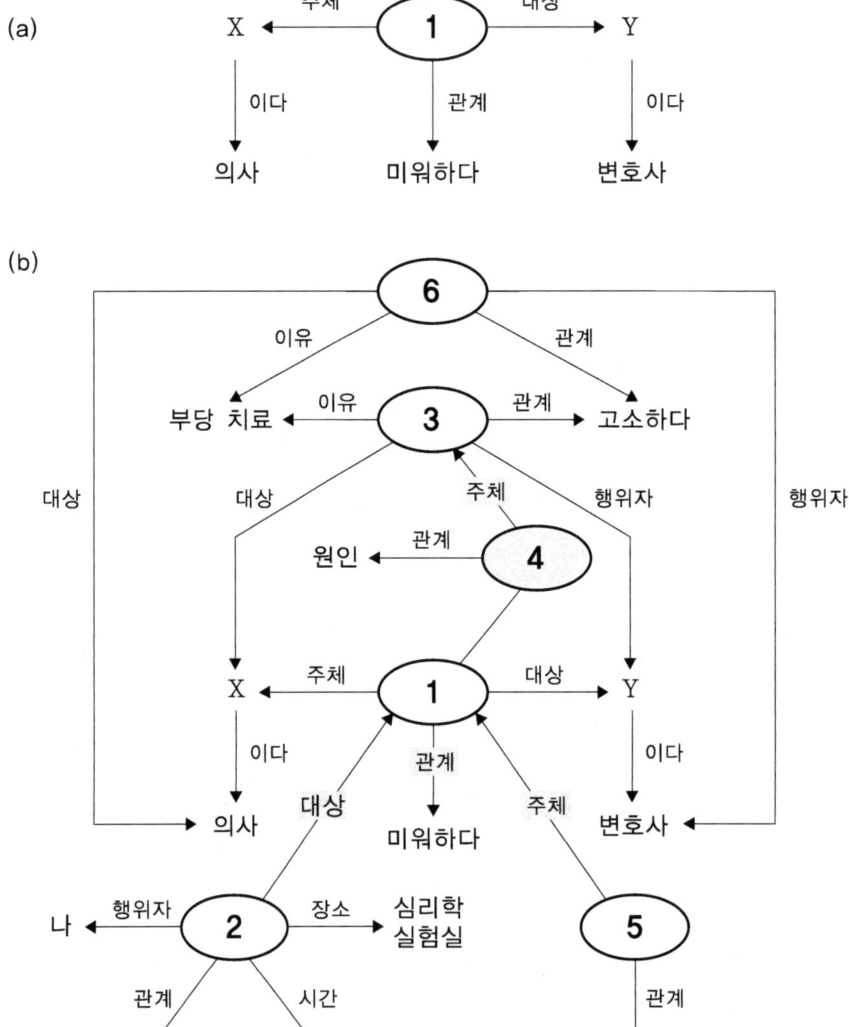


(그림7-4) "의사는 변호사를 미워한다"는 문장을 정교하게 하지 않은 약호화(a)와 정교화한 약호화(b)의 비교

(그림 7-4)에서와 같은 구조를 정교화 된 구조라 하는데, 그 이유는 그들이 원 명제에 정교화를 도모하여 기억에 지대한 효과를 미치게 하기 때문이다.

여기서 기대되는 효과는 어떤 사건에 대한 기억은 그것이 더욱 정교화 될수록 향상될 수 있다는 점이다. 이유는 첫째, 정교화가 회상을 위해 여분의 인출 통로를 마련해 준다는 점이다. 학습자가 a 구조만을 가지고 있다면 그는 심지어 '의사'라는 단서를 받아도 명제 1을 회상 못할 수 있다.

그러나 b에서는 첫 고리가 매우 약하더라도 '변호사는 의사를 부당한 치료 때문에 고소했다'는 명제 X(마디 3)로부터 회상해 낼 수도 있는 것이다. 정교화 된 구조는 대안적 인출 통로를 제공하여 회상을 도울 수 있는 것이다. 정교화가 기억을 돕는 두 번째 방법은 기억이 안 되는 내용을 추론케 하는 데 있다. 예를 들면,

"내가 원래 문장을 기억하진 못하지만, 그것이 의사의 부당행위를 변호사가 고소함으로써 야기되었던 일이라는 것을 어림잡아 기억할 수 있고, 그것이 부정적 내용의 문장이었다는 것을 기여할 수 있다."

이 정보를 근거로 학습자는 원래 문장이 '의사가 변호사를 미워한다' 였음을 추론해 낼 수 있는 것이다.

이 두 과정들은 정교화가 기억에 약호화 된 정보의 용장도(말을 이것저것 늘어 놓는다는 뜻, redundancy)를 증가시킴으로써 기억에 도움을 주게 되는 것임을 보여 주고 있다. 용장적 정교화는 원 정보 이외의 부가적인 정보가 기억에 약호화하여 인출을 위한 보다 많은 통로와 기억해야 할 정보를 추론하기 위한 기반을 제공하게 되는 것이다.

여기서 한 가지 고려되는 사항은 한 개념에 대한 정보를 추론하기 위한 기반을 제공하게 되는 것이다.

여기서 한 가지 고려되는 사항은 한 개념에 대한 정보를 많이 학습하면 할수록 기억이 어려워진다는 간섭이론과 정교화는 어떻게 다른가 하는 점이다. 간섭(interference)은 부가적 정보가 부적절할 때 일어난다.

예를 들어 '변호사는 의사를 고소하였다'는 기억에 도움을 주는 정교화 되는 내용이지만 '의사는 진천에서 태어났다'거나, '변호사는 원주에서 휴가를 보냈다'는 등의 내용이 많이 늘어놓는 일은 오히려 기억에 방해가 되는 간섭으로 작용할

가능성이 크다.

정교화의 다른 예를 들어보도록 하자. 다음의 글은 초등학교 5학년 2학기 사회책에 수록된 한 대목이다.

> "우리나라는 국토의 2/3 가량이 산지여서, 농사를 지을 수 있는 땅이 적이 편이다. 전 국토 중에서 경지는 겨우 1/5 가량이고, 한 농가당 평균 경지 면적도 1ha 정도로, 다른 나라에 비하면 매우 좁은 편이다.
>
> 옛날에는 국민의 대부분이 벼농사 중심의 농업에 종사하였다. 그러나 근래에 와서는 공업을 비롯한 여러 산업이 발전하게 되어 농사 대신에 다른 일을 하는 사람이 늘어나, 농가 수와 농업인구는 점점 줄어들게 있다. 또, 벼농사 위주로 해 오던 농사일도 그 모습이 바뀌어, 과일, 채소, 특용작물 등을 전문적으로 재배하는 농가가 많아졌고, 비닐하우스를 만들어 겨울철에도 채소 등을 가꾸게 되었다(pp. 78-79)."

위의 내용을 정교화를 통해 기억이 잘 되게 하는 방법을 강구해 보자.

### ③ 의미망 조직

우리가 의미 정보를 어떻게 저장하느냐에 대한 공통된 생각 중의 하나는 상호 연관된 관계라는 통로의 망상조직으로 되어있다는 것이다. 의미망 조직에는 여러 유형이 있으나, 학습과정에서 쉽게 적용될 수 있는 위계적 망상조직(hierarchical network)에 대해서만 설명하기로 한다.

의미기억이 위계적으로 체제화 되어있다는 생각은 보편화된 관점의 하나였으나, 콜린즈와 퀼리안(Collins & Quilian, 1972) 등의 연구를 통해 그 중요성이 크게 부각된 바 있다. 그들은 어휘에 관한 위계적 개념을 발전시켰다(그림 7-5).

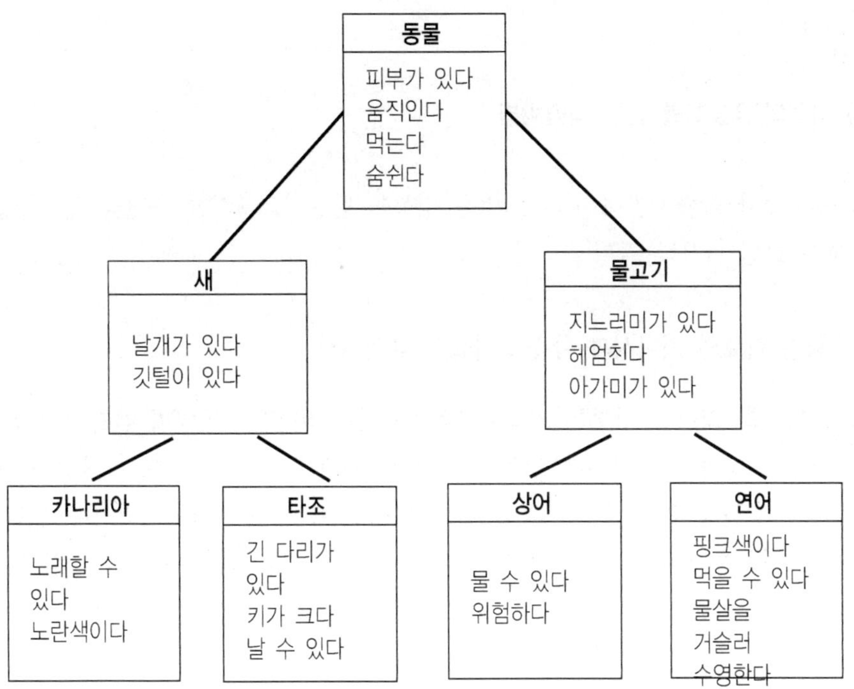



(그림 7-5) 세 수준의 의미망(위계)를 포함한 기억모델

'동물'이라는 개념은 새와 물고기로 나누어지고, 이 역시 각기의 예로 세분된. 주어진 단어의 속성들은 그 단어와 함께 저장된다. 동물이라는 단어가 갖는 속성은 그 하위 구조에 속하는 새와 물고기에 그대로 적용된다. '타조'가 갖는 속성(다리가 길고, 날지 못한다는 것) 외에 '새'가 갖는 속성, '동물'이 갖는 속성을 한꺼번에 알 수 있다는 것이다. 그런데 이러한 '새'의 속성에 대한 인지는 '새'라는 단어를 떠올릴 때에만 주로 작용하는 것이지, 카나리아라는 새의 속성으로는 저장되지 않는다는 것이다. 즉, 속성들은 그것들이 저장될 수 있는 가장 일반적인 개념에만 적용된다는 것이다. 따라서 카나리아에서 연상되는 것은 노래할 수 있다는 사실과 노란색이라는 것 정도이지 날개가 있다 라든가, 깃털이 있다는 것은 연상하지 않는다.

이러한 방식으로 (정보의)기억의 저장 공간이 절약되는 현상을 인지절약(cognitive economy)의 원리라 한다. 이 망은 매우 효율적인데, 왜냐하면 피부를 갖고 있다는 정보가 망 내의 모든 동물들 각각에 반복해서 저장될 필요는 없기 때문이다.

### 6) 기억의 효율화를 돕는 학습방법

학습 자료나 학습방법에 따라 기억은 영향을 받는다. 그러한 측면을 몇 가지로 구분하여 보면 다음과 같다.

#### (1) 학습 자료의 의미성과 학습 : 학습의 유의미화

학습 자료의 의미성 여부는 기억에 많은 영향을 미친다. 무의미 철자의 암송은 오랜 시간이 경과하면 대부분 잊혀지고 만다. 사실에 관한 지식도 시연 등 별다를 조치를 취하지 않는 한, 비교적 빨리 망각된다. 이에 비해 개념이나 원리는 비교적 오랫동안 보존된다. 무의미 자료<사실<개념, 원리의 순으로 기억의 기간과 정도가 달라지는 것이다. 그렇다고 학교에서 개념이나 원리만을 가르칠 수는 없다. '사실'은 지식의 가장 기본적인 단위로 이를 토대로 지식이 축적되는 것이기 때문이다.

따라서 여기서 말하는 자료의 의미성 여부는, 자료 그 자체가 갖는 객관적 의미를 뜻하는 것이 아니라, 그 자료와 학습자와의 관계를 뜻하는 것으로 보아야 할 것이다. 학습 자료를 의미화 시키는 방법은 앞에서 여러 번 반복 제시한 바 있다.

#### (2) 학습의 정도 : 학습의 철저, 반복과 과잉학습

원래의 학습을 어느 정도 했느냐 하는 것은 기억의 정도와 밀접한 관련을 맺는다. 학습의 정도, 또는 학습의 수준은 두 가지 측면을 갖는다. 즉, 최초의 학습을 얼마만큼 완전히 했느냐 하는 측면과, 그 학습을 어느 정도 반복했느냐 하는 점이다.

최초의 학습을 완전하게 하고, 이를 학생들이 완전히 이해했다면 파지의 형태 역시 완전하고, 파지기간도 길어질 가능성이 높다. 불확실하거나 미완의 형태, 애매한 점을 남긴 상태로 학습이 끝나면 이의기억은 어려워지고, 기억한다 해도 불

완전할 수밖에 없다. 따라서 교사는 확실히 아는 것이 아니면 가르치지 말아야 한다.

학습을 얼마만큼 확실히 했느냐 하는 것은 정보 처리 수준과 관련된다. 크뤠이크와 록하트(Craik & Lockhart, 1972)는 기억 흔적의 연구에서 정보가 얼마나 파지될 것인가를 결정하는 기본 요인은 정보가 처리된 수준, 즉 처리 깊이에 좌우된다는 결론을 내린 바 있다. 정보를 접하면 학습자는 이를 저장된 표상들과 짝짓기하거나, 심상화, 구조화 등 부호화시키는 일(정보 처리)을 아울러 하게 되는 바, 정보처리가 일련의 단계나 계층을 포함하고 있다는 사실은 정보가 다른 수준이나 깊이로 처리되고 있음을 반증하는 것으로 볼 수 있다. 또한 정보처리의 깊이와 처리시간의 관계를 보면 처리의 수준(깊이)이 시간보다 더 중요한 것으로 보고되고 있다. 따라서 교사는 완전한 형태의 정보를 제공해야 할 뿐만 아니라, 그것이 기억이 잘 될 수 있도록 적절한 수준으로 처리해 주어야 한다.

이렇게 처리된 정보도 여러 번 복습해야 장기간의 파지가 가능하며, 특히 외국어 같은 경우는 과잉학습의 과정을 거쳐야 이후에도 제대로 활용될 수 있다. 과잉학습이란 한 정보를 완전히 학습하고 일정시간의 경과 후 이를 기억하는 데 필요한 학습시행 수를 0%의 과잉학습으로 보았을 때, 50%의 과잉학습이란 1.5배, 100%의 과잉학습이란 2배의 학습을 가리킨다.

이에 대해 토마스와 토마스(Thomas & Thomas, 1990, p. 257)는 "장기기억을 증진시키는 또 다른 방법은 정보를 과잉 학습하는 것이다. 즉, 숙달 초기 수준을 넘어서 하는 것이다. 주기적 연습이나 복습은 학습을 명료하고 쉽게 활용할 수 있는 상태로 유지시킬 뿐만 아니라, 가벼운 실수를 교정하는 데에도 도움을 준다. 교사는 학습자들이 싫증을 냄으로써 복습을 통한 이득을 얻는 데 실패하지 않도록 다각적인 방안을 강구해야 한다"고 말하고 있다.

### (3) 자아관여의 정도 : 목적의식과 흥미

학습자 자신에게 흥미있는 정보는 학습 속도도 빠르고, 기억도 잘된다. 학습자의 태도나 신념과 관계 깊은 자료는 중성적인 자료보다 잘 기억되는 것이다. 이는 앞의 '학습 자료의 의미화'와 같은 맥락의 것이지만, 학습에 흥미를 유발하고 목적의식을 갖게 하는 것이 학습과 기억에 도움을 준다는 학습자의 내적 조건을 의미하는 것이다.

### (4) 집중학습과 분산학습 : 일반적으로 분산학습이 효과가 큼

같은 양이나 횟수의 학습을 하는 경우 한 번에 집중적으로 하는 방법(집중학습)과, 중간중간 휴식시간을 두어 여러 차례로 나누어 하는 방법(분석학습) 중 어느 것이 효과적이냐 하는 것이다. 학습자료의 성격에 따라 다소 차이가 있을 수는 있지만, 대체로 분산학습이 효과적이라는 것이 지배적인 연구 결과이다. 한꺼번에 같은 학습 자료를 5회 반복하여 학습한 경우와, 하루에 1회씩 닷새에 걸쳐 공부한 경우 5회 학습이 끝난 직후의 파지량에 있어서는 양자간에 차이가 없었으나, 2주 후에는 13% 대 41%, 한 달 후에는 11% 대 33% 등 현저한 차이가 났다.

퍼킨스(N. L. Perkins, 1914 ; 유기섭, 1993, p. 314에서 재인용)의 연구는 무의철 목록을 16회 읽는 것이었다. 실험조건은 ① 하루에 한 번씩 16일간에 걸쳐 읽기, ② 하루에 두 번씩 8일간에 걸쳐 읽기, ③ 한 번에 4회씩 4일간 읽기, ④ 한 번에 8회씩 2일간에 걸쳐 읽는 것이었다. 이렇게 학습한 다음 2주일 경과 후 파지량은 다음과 같다.

1집단 79%    2집단 43%
3집단 25%    4집단 9%

이러한 결과는 학습에 투여되는 시간과 횟수를 같게 한다면, 하루의 반복횟수를 적게 하고, 여러 날에 걸쳐 반복할수록 파지량은 증가한다는 것을 보여 준다. 그러나 이 같은 분산효과는 한계가 있는 것이어서 분산의 기간이 너무 길면 학습효과가 저하되기도 한다.

또한 학습과제에 따라서도 차이를 보이는 바, 분산학습은 일반적으로 쉬운 과제의 경우보다는 어려운 과제에, 그리고 유의미한 자료보다는 의미성이 적은 자료에 더 효과가 크다. 그러나 학습과제에 많은 발견적 요소가 포함된 것일 때는 분산학습의 효과는 별로 없다. 따라서 개념 형성이 필요한 학습과제, 또는 문제해결의 성격을 가지는 학습과제로서 적절한 반응을 여러 가능성 중에 탐색해야 되는 경우는 집중학습이 오히려 더 좋을 수 있다(유기섭, 1993).

대체적으로 암기가 필수적인 학습 자료는 분산학습이 유리하고, 개념 형성이나 이해가 주로 되는 학습 자료는 집중학습 후 분산학습(과잉학습)하는 것이 효과적일 것이다.

### (5) 학습결과에 대한 지식 : 진전의 정도를 알려줌

어떤 학습활동의 결과로 자신이 무엇을 얼마나 잘 성취했는가를 아는 것은 학습의 동기유발로서 효과를 지닌다. 즉, 학습자에게 진전의 정도와 성취의 결과를 알려 주는 일은 학습자를 자극, 고무시켜 학습의 효과를 높이게 된다.

진전에 대한 정보는 학습의 교정효과도 지니게 되며, 성취에 대한 강화를 받거나, 교정을 통해 강화된 학습은 기억효과가 크다.

### (6) 의도적 재생 : 연습 중의 자문자답과 암송

기억해 낼 것을 전제로 하는 경우 학습자는 학습 중간 중간에 의식적인 회상을 함으로써 자신이 그것을 기억(암기)하는지를 확인한다. 기억에서의 회상경험을 연구한 가드너(Gardner, 1988)의 연구에서 보면, 의식적 회상이 없는 상황에서의 재생기억은 일주일 이상 지속하지 못한다는 것이다.

자기 암송의 과정에서 학습자는 자문자답을 하면서 분명하지 않았던 점을 확인하고 이해하게도 되며, 이는 조금 전에 언급한 학습 결과에 대한 지식을 아는 것과 같은 효과를 갖는다. 게이츠(A. I. Gates)가 1917년에 행한 연구에서 보면, 역사에 관한 자료를 사용했을 경우 기억의 효율이 가장 높은 것은 전 학습시간의 80%를 자문자답에 할당했을 때였다. 자문자답함으로써 학습자는 기억해야 할 내용을 결정하거나 선택하거나 질 높은 시연을 할 수 있으므로 장기기억에의 저장이 용이해지고, 이로부터의 인출 또한 쉬워지는 것이다. 의도적 재생의 효과 역시 의미성이 높고, 조직이 잘된 학습 자료보다는 의미성이 낮은 자료의 경우 기억 효과가 더 크다.

이기우(1992)의 연구에서 보면, <표 7-4>에서 보는 바와 같은 의도적 재생의 전략을 사용한 집단과, 그냥 암송(같은 횟수의)만 한 통제집단 간의 이해와 기억의 정도에 현저한 차이가 있었다. 의도적인 재생을 포함한 전략의 효과가 매우 컸다. 단순한 반복이 아니라 수시로 재생을 확인하는 반복이 기억 효과가 큰 것이다.

〈표 7-4〉 이해점검 전략의 내용 및 그 효과

| 전략 | | 효과 | 집단 |
|---|---|---|---|
| | 검사 | 통제집단<br>(n=50) | 이해점검점수<br>(n=50) |
| ① 위의 글을 한 번 읽으시오.<br>② 글을 보지 말고 금방 읽은 글의 내용이<br>무엇에 관한 것인지 생각해 보시오.<br>③ 다시 한 번 글을 읽으시오.<br>④ 읽은 글의 내용 중에서 중요하다고<br>생각되는 부분을 연습장에 쓰면서 이해하지<br>못한 내용이 있는지 스스로 확인하시오.<br>⑤ 다시 한 번 글을 읽으시오.<br>⑥ 위의 글을 보지 말고 뒷장에 써 보시오. | 직후검사<br>이해<br>기억<br><br>파지검사<br>이해<br>기억<br><br>전이검사<br>이해<br>기억 | 12. 96(5.27)*<br>36. 64(29. 34)<br><br><br>13.26(7.37)<br>18.22(21.34)<br><br><br>20.42(7.31)<br>33.46(25.55) | 19.32(4.89)<br>54.18(32.39)<br><br><br>18.14(4.33)<br>61.18(31.66)<br><br><br>27.22(6.54)<br>60.80(24.41) |

*평균(표준편차)

## 2. 전이

학습의 전이는 한 상황에서의 학습이 다른 상황에서의 학습과 수행에 영향을 주는 것을 일컫는 말이다. 모든 교육에서의 중요한 가정의 하나는 우리가 학생들이 한 교과서에서 배운 모든 것을 다른 교과에 전이시키고, 학교에서 배운 것을 학교 밖의 활동에 전이시키기를 바라는 점이다. 만약 전이가 전혀 일어나지 않는다면, 학생들은 모든 상황에서 발생할 수 있는 모든 행위 하나하나를 구체적으로 배워야 할 것이다. 학교는 지금 학습하고 있는 것들이 훗날 다른 상황에서 어떤 가치를 가질 것으로 가정하고 있는 것이다.

따라서 이러한 가정을 지지하는 교육 관련자들은 학교에서 얻는 지식이 미래에 유용한 것이어야 한다는 점과 실생활에서 발생하는 문제들에 적절히 대처할 수 있는 교육이 되어야 한다는 점을 강조하고 있다. 장래의 학습과 실생활에 도움이 되지 못하는 교육은 의미가 없다는 것이다. 이러한 점에 비추어 볼 때 우리의 학교 학습 현실은 입시 위주의 교육과 맞물려 비관적인 측면을 적지않이 노정시키고 있다.

학교학습의 효율성은 학생들이 배우는 학습 자료의 잠재적 전이의 질에 좌우된다(Biggi & Shermis, 1999). 따라서 학습의 전이문제는 교육이 궁극적인 관심을 가져야 할 기초적 영역이기도 한 것이다.

## 1) 전이의 유형

### (1) 수평적 전이와 수직적 전이

① **수평적 전이** : 한 상황에서 습득된 기능이 다른 상황에서 응용되는 능력으로, 보통 전이에 대해 말할 때는 대개가 이 유형의 전이를 뜻한다. 수학에서 배우는 지식과 원리 등이 물리나 화학에 응용되면 수평적 전이가 일어났다고 말할 수 있다. 독도법(讀圖法) 시험에 통과한 학생이 항해자로 무난히 활동하게 되면 전이가 잘된 것으로 보게 된다.

전이가 잘 되기 위해서는 학교에서의 학습장면과 실생활 장면 간의 유사성이 있어야 하고, 기저를 이루는 원리에 대한 지식을 갖추어야 하며, 충분한 연습량을 확보해야 한다. 학생이 성공적인 항해를 하기 위해서는 수업 중 지도 읽기 연습을 충분히 해야 하며, 실제 장면에서 사용할 그런 유형의 지도를 사용해야 하고, 방향과 척도에 대한 기본적 지식과 이해가 있어야 한다. 용어 설명 정도의 이론적 지도 수업은 적극적 전이를 일으키기에는 불충분한 것이다.

② **수직적 전이** : 단순한 과제를 학습함으로써 더욱 복잡한 과제를 이해하고 다룰 수 있게 되는 경우를 수직적 전이가 일어난 것으로 본다. 가감승제를 배우는 일은 후일의 방정식을 푸는 데 기초가 된다고 보는 것이다.

가녜(R. Gagné)가 학습위계를 8단계로 보고, 상위계열의 학습을 하기 위해서는 하위계열의 학습이 선행되어야 한다고 주장하는 것은 학습의 수직적 전이를 강조한 것이다. 그는 학습위계별 전이가 신호학습<자극 반응 연결 학습<운동기능의 연결<언어연합<변별학습<개념학습<원리학습<문제해결 학습의 순으로 이루어지는 것으로 보았다. 문제해결 학습을 하기 위해서는 원리학습이 선행되어야 하고, 원리학습은 개념학습을 전제로 한다. 즉, 개념학습은 원리학습으로서의 수직적 전이를 이루는 것으로 본 것이다.

한편, 앞서 예로든 독도법이 항해술에 직접적인 수평전이가 일어나는 것과는 달리, 학교에서 배우는 수학이나 논리학, 철학, 라틴어 등의 교과학습이 논리적인 사고, 명확한 분석, 영문법과 어휘력의 증대 등에 유효할 것으로 보고, 이러한 교과의 학습을 강조하는 경우는 이런 교과의 수직적 전이를 기대하는 것이라 할 수 있다.

### (2) 정적 전이와 부적 전이

① **정적 전이**(positive transfer) : 어떤 상황에서 학습한 것이 다른 상황에서의 수행에 도움이 되는 유형의 전이이다. 즉, 선행 학습이 후속학습에 도움이 되는 경우를 말한다.

② **부적 전이**(negative transfer) : 어떤 상황에서 학습한 내용이 다른 상황에서의 수행을 방해하거나 제지하는 유형의 전이이다. 즉, 선행 학습이 후속 학습에 혼란을 일으키거나 방해적 요소가 되는 경우를 말한다.

### (3) 특수전이와 일반전이

① **특수전이**(specific transfer) : 자극 유사성의 구체적 측면에 의해서 전이되는 것으로, 선행학습과 후속학습 간의 구체적 요인(특수요인)에서만 전이가 일어나는 것이다.

② **일반전이**(nonspecific transfer) : 학습하는 방법의 학습을 하면 이 원리는 여러 면에서 두루 전이의 효과를 낸다. 일반적인 원리의 이해가 전이를 일으키는 현상을 뜻한다.

## 2) 일반화와 전이의 관계

일반화와 전이는 거의 유사한 개념으로 쓰이고 있다. 어떤 지식이나 원리가 다른 학습에서도 통용될 때 일반화가 일어났다고 말한다. 전이도 그러한 의미로 쓰이는 개념이다. 보통 쓰는 의미로서의 일반화라는 개념은 전이와 같은 뜻으로 보아도 무방하다. 일반화 중에서도 연합주의 계열에서 말하는 자극 일반화라는 개념은 전이와 다소 차이지는 면이 있다.

전이와 일반화가 같은 점은 이전에 학습한 내용이 후속 학습의 수행에 도움을 준다는 점이다. 자극 일반화에 대해 살펴보면 양자의 관계가 드러난다.

자극에 대한 반응을 조건형성 시킨 후, 처음의 자극과 유사한 자극을 제시하면 그 유사자극에도 반응을 보이는 바, 이를 (자극) 일반화가 일어났다고 말한다. 처음의 자극 A에 대해 B라는 반응이 조건형성 된 후, A'라는 유사자극을 제시했더니 B라는 반응을 보이면 자극 일반화가 나타난 것으로 본다. 이런 현상을 역시 전이라고도 한다. A'가 A에 유사하면 할수록 A'가 A를 유발할 가능성은 더 높아진다. 이것이 일반화나 전이의 원리이다. 이 부분까지도 양자는 같다. 그러나 자극 일반화는 변별을 약화시킨다. 전이는 그러한 현상을 보이지 않는다는 점에 양자간에 조금의 차이가 있다.

또 다른 차이점은 반응의 측면에서 찾아볼 수 있다. 같은 자극에 대해 유사한 반응이 일어나면 이것은 자극 일반화가 아니라 반응 일반화가 되는 셈이다. A-B, A-B'가 성립되는 관계이다. 이럴 때 우리는 전이가 일어났다고 말한 대로 자극에만 작용한다는 점에 차이가 있다.

어떤 소녀(자극 A)의 이름이 멜로디(Melodie)인 경우(반응 B), 그녀의 이름을 멜라니(Melanie-반응 B')라고 부를 경향은 있어도, 조안(Joan)이라고 부를 가능성은 희박한 것이다.

## 3) 전이에 대한 이론

### (1) 형식도야설

신체 단련이 근육을 튼튼하게 하는 것과 마찬가지로 인간의 정신을 훈련시키면 지적 능력이 강화될 것이라는 발상에서 비롯된 전이에 대한 견해이다. 이는 인간의 추리력과 사고력 및 기억력은 훈련에 의해서 강화된다는 능력 심리학자들의 지지를 받은 바 있다. 중세 이후 20세기 초까지 서구의 교육에 풍미했던 이러한 견해는 교육과정에 그대로 반영되어 초등학교에서는 읽기, 쓰기, 셈하기 등의 기초 기능교과가 가르쳐졌고, 중등학교에서는 라틴어, 역사, 수학과 같은 '도야' 과목이 중점적으로 가르쳐졌다. 추리나 사고능력을 키우기 위해서는 수학이나 논리학이 필수이고, 기억력을 증신 시키기 위해서는 라틴어나 고전의 학습이 필수적이라고 본 것이다. 또한 인간의 의지력을 키우기 위해서는 고통을 감내하는 극기훈련 같은 것이 필수적인 것으로 보았다.

따라서, 교실 분위기는 엄격하였고, 때로는 학생들에게 가혹할 정도이기조차 했다. 교사는 절대적 권한을 행사했으며, 복종과 존경이 기대 내지는 강요되었다.

정신의 도야에 대해 형식도야주의들이 갖고 있는 기본적 관점은 마음(정신)이란 그것이 도야되기 전까지는 비활성적 물질상태이거나 적어도 그 구성 능력들이 휴면 상태에 있다는 점이다. 기억, 의지, 이성, 인내와 같은 능력은 신체 근육에 비유되는 '정신의 근육'이며, 이러한 것들은 단지 연습이나 훈련에 의해서만 강화된다는 것이다. 그리고 이에 대한 적절한 훈련이 있으면 이 능력은 자동적으로 작동하여 여러 인간 활동에 (자동) 전이된다는 것이다. 따라서 학습은 지성적 행동을 할 수 있도록 마음의 구성요소를 강화시키거나 훈련하는 일이 된다.

이들은 역사나 그 밖의 도야과목들이 학습자의 정신을 훈련시키는 데 효과적이라고 믿고 있다. 그리고 그 훈련효과는 여러 가지 특수 분야에 걸쳐서 일반적으로 전이된다는 것이다. 이들은 학습된(도야된) 자료가 망각된 후에도 이 효과는 그대로 남는다는 확신을 갖고 있다. 게다가 이들은 그러한 효과를 확산시키는 것이 교육이 지향해야 할 최고의 가치라 여기고 있다.

이러한 교육관은 일부 교양과목의 교수, 형식도야 과목의 교사나 일부 교육학자들, 학부모들이 지금도 지지하고 있으나, 학과목이 지닌 본래의 가치를 떠나 학습의 전이 효과 면에서만 본다면 그 영향은 극히 미미한 정도의 것이라는 지적을 받고 있다.

기억력의 전이에 대한 제임스(William James)의 연구는 그 한 가지 예가 될 것이다(Howe, 1980).

제임스는 많은 양의 시를 기억하는 것이 시를 학습하는 능력의 일반적 전이를 가능케 하는 것인지의 여부를 결정하기 위한 연구를 하였다. 제임스와 그의 제자들은 빅토르 유고의 시를 한 달간 매일 학습하였고, 그것을 암기하는 데 걸리는 시간을 측정하였다. 그 후 처음에 제시된 것과 같은 분량의 다른 유고의 시를 외웠다. 시의 암송에 요구되는 시간에 있어서는 다소 감소가 있었으나, 훈련이 기억 능력을 개선시킬 수 있다는 주장을 지지할 만한 정도는 아니었다. 그는 각 개인이 타고난 기억능력은 단순한 형식도야 훈련을 통해서는 변화되지 않는다는 결론을 내렸다.


### (2) 동일 요소설

이전의 학습과 새 학습과제 간에 동일한 요소(identical elements)가 있어야 할 전이가 일어난다는 주장이다. 선행학습과 후속학습 과제의 내용, 절차, 사실, 사건, 태도, 기술, 원리와 같은 면에서의 동일 요소는 학습의 전이를 촉진시킨다는 것이다. 이전의 학습 상황에 포함된 동일 사실이나 요소가 후속 학습에 다수 포함되고 확정됨으로써 학습이 촉진된다는 이러한 견해를 정리한 사람이 손다이크(E. L. Thorndike)이다.

동일 요소설을 학교학습에 적용하면 학습자에게 어떤 우회적인 방법(전이가 기대되는)을 써서 가르치는 것보다는 직접적인 방법을 써서 가르치는 것이 효과적이라는 것이다. 영문법을 학습하는 데 가장 좋은 방법은 영문법 그 자체를 가르치는 것이지, 유사한 외국어나 라틴어를 배울 필요는 없다는 것이다. 물론 동일요소설에서는 라틴어를 배우는 것이 정신능력을 전이시키는 데 기여하는 것으로 보지는 않는다. 라틴어의 학습이 영어학습에 기여하는 것은 동일요소의 정도에 달려 있다. 라틴어의 portare(영어의 to carry-운반하다)의 port는 영어의 transport(운반하다)의 port로 전이된다. 만일 라틴어를 가르친다면 그것은 영어의 어원을 살펴보거나, 영어 단어와 동일요소가 있는 점을 다루기 위해서라야지 라틴어를 배워서 영어를 잘하게 한다고 생각해서는 안 된다는 것이다(Biggi & Shermis, 1999).

동일 요소는 두 종류로 구분할 수 있다. 자극의 본질의 동일성과 반응의 본질의 동일성이 그것이다. 따라서 제시된 자극이나 이에 대한 반응의 결과에 의해 다음과 같은 일반적인 전이 원리를 도출해 낼 수 있다.

1. 동일한 자극(또는 유사한 자극)에 대한 동일한 반응(유사한 반응)은 정적 전이를 가져온다.
2. 상이한 자극에 대한 동일한(유사한) 반응은 정적 전이를 가져온다.
3. 동일한(유사한) 자극에 대한 상이한 반응은 부적 전이를 가져 온다.
4. 전이의 양은 자극의 동일성(유사성)에 달려 있다.

학습과제 간에 동일 요소가 포함되어 있으면 학습이 촉진될 것은 분명하다. fr-ight, br-ight, l-ight와 같은 공통요소를 가진 단어를 제시하면 아동의 철자 학습에 전이가 이루어질 것이 틀림없다. 그러나 모든 학습상황을 동일 요소를 기본으로 하여 학습하기에는 상당히 어려운 일이 될 것이다. 따라서 교사는 학습과제의 성격에 따라 이전의 학습과 새 학습과제 간의 공통적, 또는 유사한 점을 찾아내고 이를 연결시키는 방안을 스스로 강구해야 할 것이다.

### (3) 원리 전이설(일반화설)

두 학습과제 내용 간에 같은(유사한) 원리가 포함되어 있을 때 전이가 일어난다는 주장이다. 이 이론은 전이의 중요한 조건으로 기본적인 원리를 추출함으로써 자신의 경험으로부터 일반화할 수 있는 학습자의 능력을 들고 있다. 이 이론은 빛의 굴절원리를 이용해 전이를 연구한 저드(C. H. Judd)가 주장했다.

Judd는 초등학교 5, 6학년 학생을 두 집단으로 나누어 깊이 12inch의 물 속에 놓여 있는 물체를 맞추기 훈련을 하였는데, 한 집단에게만 빛의 굴절에 대한 원리를 가르쳐 주었다. 그리고는 물속에 물체를 맞추는 실험을 하였는데, 이 때 빛의 굴절원리를 배운 학생들이 굴절원리를 이용하며 비교집단 학생들에 비해 물 속의 물체를 더 정확히 맞추었다. 즉 굴절원리를 새로운 문제 상황에 적용하여 일반화함으로서 전이가 일어난 것이다.

저드는 전이를 일반화(generalization)와 같은 것으로 보았기 때문에 이 이론을 '일반화설'이라고도 부른다. 일반화가(전이가) 일어났다 함은 학습요소들 간의 관계를 파악했다는 것을 의미한다. 원리, 규칙, 법칙 등은 일반화가 된 내용을 지칭하는 말이다. 원리나 법칙 등 일반화된 학습은 변화된 상황에서도 적용이 용이하게 일어난다는 주장을 통해 저드는 학습경험을 조직적으로 개괄화, 또는 일반화시키는 일의 중요성을 강조하였다. 기계적인 암기 학습은 전이에 전혀 도움이 되지 않는 데 비해, 의미 있고, 일반화된 지식은 많은 지적 연합을 가능케 한다는 것이다.

저드는 지식의 가장 효과적인 활용은 어떤 특별한 문제나 경험을 획득함으로써 이루어지는 것이 아니라, 그것이 일반적 가치를 지닐 수 있도록 조명하고 확장이 가능한 연합을 구축하는 일을 통해서만 가능하다고 한 바 있다. 따라서 교사는 모든 가능한 방법을 동원해 일반화의 이 점을 살려서 학생들을 가르쳐야 한다.

### (4) 형태이조설

한 학습 상황에서 터득된 일반화, 개념, 또는 통찰 등이 다른 상황의 학습에 이조(移調) 적용된다는 주장이 형태 이조설이다. 통찰이나 이조(transposition)는 일종의 습관이라는 견지에서 설명이 가능한데, 여기서의 습관, 즉 형태심리학자들이 얘기하는 습관이란 맹목적이고 자동적인 행동을 뜻하는 것이 아니라, 목표 달성에 도움이 될 것이 분명한 원리를 기술적으로 집행한다는 것을 의미한다. 새로운 상황에 사용될 검토된 통찰이 곧 습관인 것이다. 따라서 이러한 통찰, 또는 형태의 이조는 그것들이 요구되는 상황에 정확히 적용된다. 그리고 그러한 적용은 부분적으로 이루어지는 것이 아니라 전체적 구조 아래의 통합적 형태로 진행된다는 것이다.

장면의 재구조화를 통해 통찰이 일어나고 문제가 해결되는 그 방식 자체가 새 학습장면에서도 그대로 적용된다는 전이에 관한 이러한 관점은, 브루너가 강조한 구조의 중요성, 발견학습의 내용과 같은 성질의 것이다. 브루너는 구조의 중요성을 나열하면서 '기본적인 원리나 착상에 대한 이해는 적절한 전이를 촉진시킨다'로 한 바 있다.

### 4) 전이의 원리

학습의 효과를 증진시키는 전이를 촉진시키는 일반적인 원리를 토마스(Thomas, 1990)의 견해를 중심으로 살펴보면 다음과 같다.

**첫째, 학습의 전이 정도는 학습자의 연령, 정신능력, 학습태도, 수업방법 등에 따라 다르다.**

영특한 아동은 전이를 용이하게 하며, 일정 연령 수준 이상에서 전이가 더 잘 일어난다. 또한 자신이 배운 내용과 수업방식이 효용성이 있는 것으로 믿는 경우 전이는 향상된다.

**둘째, 전이는 단순한 사실이나 특별한 기술을 배우는 것보다는 많은 상이한 상황에서 활용될 수 있는 넓은 개념과 원칙을 배웠을 때 촉진된다.**

곱셈을 단순히 구구단을 암기해서 배운 학생은(4×7=28), 같은 크기의 수 7이 네 번 더해진 숫자가 28이다 라는 곱셈의 원리를 배운 학생에 비해 전이를 잘 시킬 수 없다.

**셋째, 기본적 원리에 대한 확실한 이해는 전이의 기초가 된다.**

기본적 원리의 이해가 불충분한 상태에서 응용과제를 주거나 학습의 전이를 시도하면, 혼란과 간섭으로 인해 오히려 부적 전이를 일으킬 우려가 있다. 망각을 방지하기 위해 최초의 학습을 완전하게 해야 하는 경우와 마찬가지로 기본적 원리가 확실히 이해되어야 비로소 전이가 가능해진다. 학습을 철저히 한 후 연습을 통해 이를 공고히 한 후 전이가 일어날 수 있는 응용문제를 주면 이해도 견고해짐과 아울러 전이는 촉진된다. 또한 학습경험을 학습자 스스로가 기본적 원리가 확실히 이해되어야 비로소 전이가 가능해진다. 학습을 철저히 한 후 연습을 통해 이를 공고히 할 수 전이가 일어날 수 있는 응용문제를 주면 이해도 견고해짐과 아울러 전이는 촉진된다. 또한 학습경험을 학습자 스스로가 기본적 원리를 끌어낼 수 있도록 조직하고 제시하면 전이를 돕게 된다.

**넷째, 기술이나 개념, 원리를 학습할 때 다양한 실생활에서 예를 들어 가르치면 전이는 촉진된다.**

실생활에서 이러한 원리들이 어떻게 적용되고 있는지를 폭 넓고 체계적으로 가르치는 과학교사는 학생들로 하여금 그 원리에 대한 기억을 도움과 동시에 그 지식이나 원리에 대한 후일의 전이능력을 증진시킨다.

**다섯째, 원래의 학습과 실생활에서의 상황간의 유사성의 정도가 많으면 많을수록 전이가 잘 된다.**

학습자가 전이 기회의 확대를 돕기 위해 교사는 새로이 학습된 기술과 원리들을 다양한 실제의 생활에 적용시켜 보도록 격려하고 고무시킬 필요가 있다. 그러한 연습문제나 실천과제는 다음과 같은 세 가지 유형으로 구분하여 지도할 수 있을 것이다.

1) 양자간의 유사성이 분명한 것
2) 유사성이 있는 것 같기는 하나 쉽게 포착되기 어려운 것
3) 본질적으로 유용한 유사성이 없는 것

이러한 세 가지 유형의 연습을 통해 학습자는 적절한 전이 조건을 포함한 상황과 포함하지 않은 상황을 구분하여 적용하는 전이 능력을 발전시키게 된다.

**여섯째, 학습자가 개인적 경험으로부터 추론한 개념들과 일반화(관찰, 자료 수집, 분석, 결론 유도 등)는 학습자가 언어적 정보나 예증을 통해 학습한 것보다 용이하게 전이된다(J. B. Suchman, 1961 ; Thomas, 1990, 재인용).**

학습자는 언어적 정보 처리를 하지 않고도 통찰이나 일반화를 새로운 상황에 정확히 적용할 수 있다. 따라서 학습자의 노력으로 해결이 기대되는 문제 상황에 학습자를 끌어들이는 탐구학습은 교사가 직접 강의하고 설명하고 시범을 보이는 방식보다 전이를 더 잘 촉진시킨다.

**일곱째, 전이가 가능하고, 전이시킬 필요가 있는 학습 내용의 특징을 강조하면 전**

**이는 촉진된다.**

전이시킬 필요가 있는 사항에 대해 그 특징적 요소를 교사가 특별히 강조하면 학생의 주의를 끌 뿐만 아니라, 지적 호기심을 자극하게 됨으로써 전이가 용이하게 일어나게 한다. 교사는 특징을 명료하게 제시해야 하며, 그 특징과 사항이 향후 어떤 효용성을 갖게 된다는 암시도 아울러 해주는 것이 좋다.

**여덟째, 문제 해결 전략, 탐구의 방법 등 발견적 전략을 실천하도록 하는 학습지도는 새로운 상황에서 학습자가 광범위한 수행을 할 수 있게 하는 촉진 방법이 된다** (Biehler, 1978).

이른바 학습하는 방법을 학습하면 전이의 효과는 커진다. 문제해결 단계에서 학생들이 갖가지 전략을 사용하도록 고무시키고, 이러한 절차에 숙달될 수 있도록 빈번한 문제 상황을 제기해 주는 일이 필요하다. 문제 해결 전략에 대해서 연구한 많은 이론가들이 대체로 합의할 것으로 기대되는 절차는 다음과 같으나 이는 하나의 보기일 뿐 상황에 따라 다양한 방법이 동원될 수 있을 것이다.

# 제 8 장

# 초인지와 학습전략

# 1. 초인지

## 1) 초인지의 정의

초인지(metacognition)는 개인의 인지 방식, 방법, 절차와 관련된 능력이다. 학습하는 방법의 효율성 여부, 사고과정의 적절성 여부, 문제해결과정의 전략 등이 모두 초인지와 관련된다. 초인지를 한마디로 요약한다면 '자신의 인지과정에 대한 인식' 이라 할 수 있다.

초인지를 일컫는 다른 표현으로는 인지전략, 실행통제시스템에 관한 지식, 인지과정 모니터링, 자기조절 학습능력, 그리고 자기평가와 자기 관리로서의 인지방식 평가 등이 있다.

초인지 능력이나 전략이 뛰어나면 당연히 학업성취가 높아진다. 자신의 사고과정이나 사고한 것에 대한 표현방식, 문제해결을 위한 관찰과정 등에 대해 자신이 잘 인식하고 있다면 과제에 대한 효율적인 대처가 가능할 것이다.

초인지적 과정을 스스로 인식하는 학습자(자기조절 학습자)는 학습과 문제해결에 있어서 자기 의사결정, 또는 자율성을 소유하고 있는 사람일 가능성이 매우 크다. 그들은 복잡한 인지적 활동을 수행할 때 무엇을, 어떻게, 언제, 어디서, 왜 학습을 하는지를 말할 수 있을 것이다. 이들은 다음과 같은 사항을 실천하는 학습자일 것이다(Biggs & Moore, 1993, p. 307).

1) 자신의 목표가 무엇인지, 그리고 그 목표에 도달하기 위해 어떤 전략을 사용할 것인지를 계획하고 결정한다. 추가적으로 해야 할 일이 무엇인지를 결정한다.

2) 자신에게 필요한 지식, 또는 정보를 소유하고 있다.

3) 자신이 결정한 것에 따라 올바른 방향으로 가고 있는지 진행과정을 점검한다.

4) 도달 시기의 적정성 여부를 평가한다.
5) 목표를 만족시킨 시점에서 끝낸다.

한편, 초인지라는 개념을 처음으로 소개한 프라벨(Flavell, 1979)은 학습자가 초인지적 능력을 연마하는데 필요한 초인지 지식을 3가지 영역으로 구분하여 제시하고 있다. 자기에 대한 인식, 과제해결에 필요한 통찰력, 그리고 특정 전략의 능숙도가 그것이다.

**(1) 자기에 대한 인식**: 이는 자신이 자신의 인지과정을 인식하는 능력을 가지고 있다는 믿음을 포함한다. 사람마다 다르게 이해하고, 참여의 정도가 다르고, 다르게 기억하고, 의사소통하고 문제해결에 사용하는 지식의 정도가 다르다는 것을 아는 것이다.

**(2) 과제에 대한 통찰력**: 그 과제를 성취하는데 도움을 주는 과제에 관한 이용 가능한 정보에 대한 이해의 정도이다.

**(3) 전략의 능숙도**: 해당되는 전략 사용의 익숙성 여부를 말한다.

## 2) 초인지 전략

### (1) 자기 조절 학습

자기조절(Self-regulation), 또는 자기규제란 문제해결 과정 중에 자신이 하고 있는 행위에 대해 계속 얼마나 잘 추적하고 있는지, 그리고 문제해결 행동을 위해 관찰된 것들이 적절히 활용되고 있는지를 지속적으로 살피는 일이다. 이를 근거로 자기조절 학습(Self-regulation learning)이 제안되었는데 자기주도 학습도 같은 맥락에서 쓰이는 이름이다.

숀펠드(Schoenfeld, 1985)는 자기조절 학습을 위한 관리적 접근(management approach)의 사용을 제안했다. 관리적 접근은 1. 문제를 해결하려고 시도하기 전에 그 문제에 관한 모든 것을 확실하게 이해하고 2. 계획을 세우고 3. 모니터하거나 문제를 해결하는 동안 상황이 얼마나 잘 되어가고 있는지를 추적하고 4. 당신이 그 문제를 취급할 때 자원들을 재배치하거나 무엇을 얼마나 오랫동안 할 것인지를 결정하는 것을 포함한다(pp. 190-191).

아이들은 성장해감에 따라 자신의 성취 기준과 목표를 세우기 시작한다. 그들은 그러한 기준과 목표에 도달하기 위해 도움이 될 행동들을 선택하고, 행동의 효과를 평가하기도 한다. 사회학습 이론가들과 인식론자들 모두 이와 유사한 방법으로 효과적인 학습방법에 대해 설명한다. 목표를 세우고, 그 목표를 달성하는 데 도움이 될 것 같은 학습전략을 선택하고, 그리고 노력의 결과를 평가하는 것이다(Paris & Cunningham, 1996; Zimmerman, 1998). 하지만 이론가들은 효과적인 학습은 동기부여 조절과 함께 감정조절 또한 포함한다는 것을 깨닫기 시작했다. 따라서 자기조절 학습은 일반적으로 다음의 내용을 포함하게 되었다.

### 〈자기조절학습 과정〉

초인지와 관련해 요즘 주목을 받고 있는 것이 자기조절, 자기주도 학습이다. 이른 바 '학습하는 방법을 학습' 하는 것이 바로 자기주도 학습인 것이다. 일찍이 자기효능감과 자기조절 등에 주목한 반두라를 비롯한 사회인지 이론가들의 주장이 바탕이 되고 있는 이 학습법의 내용을 정리하면 다음과 같다.(이에 참고되는 문헌들로는 다음과 같은 것들이 있다; Ariely & Wertenbroch, 2002; Zimmerman, 1998; Zimmerman & Bandura, 1994; Schunk & Zimmerman, 1997).

**목표 세우기**: 자신의 학습 행동이 원하는 결과가 무엇인지를 확인하는 일. 자기조절을 잘하는 학습자들은 그들이 책을 읽거나 공부할 때 이루고자 하는 것이 무엇인지를 안다. 예를 들면, 그들은 구체적 사실을 배우고 싶어 하거나, 개념의 전반적인 이해를 얻고 싶어하거나, 아니면 단지 시험을 잘 치르기 위해 충분한 지식을 얻고 싶어 할 수도 있다. 전형적으로 그들은 장기간의 목표와 열망을 위해 그들의 목표를 특별한 학습 행동에 결합시킨다.

**계획하기** : 학습 달성에 유용한 가장 좋은 시간 활용법을 결정하기. 자기조절 학습자들은 학습 작업과 관련해서 미리 계획을 세우고, 목표를 달성하기위한 시간을 효율적으로 이용한다.

**자기 동기부여** : 학습 목표를 달성하기 위한 본질적인 동기부여 유지하기. 자기조절 학습자들은 학습을 성공적으로 성취하는 그들의 능력에 관해서 높은 자기

효능감을 가지는 것이 일반적이다. 부가적으로, 그들은 작업을 계속하기 위한 다양한 전략들을 사용한다. 즉 공부를 좀 더 즐겁게 하기위해 꾸미기, 잘 하는 것의 중요성을 상기하기, 최후의 성공을 상상하기, 끝마쳤을 때 스스로에게 보상을 약속 하기 등의 전략을 사용한다.

**주의집중력 조절**: 학습 작업에 대한 주의력 강화하기. 자기조절 학습자들은 바로 가까이에 있는 문제에 집중하려고 노력하고, 잠재적으로 주의를 흩뜨리는 생각과 감정을 제거한다.

**학습전략의 적용**: 배우게 될 자료를 처리하는데 적당한 방법을 선택하고 사용하기. 자기조절 학습자들은 그들이 달성하고자 하는 구체적 목표에 따라 다른 학습전략을 선택한다. 예를 들면, 그들은 잡지의 기사를 읽을 때 단지 즐기기 위해서 읽는지, 아니면 시험공부를 위한 것인지에 따라 다르게 읽는다.

**자기점검**:  목표를 향해 잘 진행되고 있는지를 주기적으로 점검하기. 자기조절 학습자들은 학습활동동안 끊임없이 진행과정을 검토하고, 학습전략을 바꾸거나 필요하다면 목표를 수정한다.

**자기평가**: 노력의 최종 결과를 평가하기. 자기조절 학습자들은 그들이 배웠던 것이 자신이 세웠던 목표에 충분한지를 결정한다.

**자기반성**: 자신의 학습전략이 성공적이고 효과적인 범위를 결정하고, 가능한 한 향후 학습 상황에 좀 더 효과적일 것 같은 대안을 확인하기.

학생들이 자기조절 학습자일 때, 그들은 스스로 더 높은 학습 목표를 세우고, 더 효과적으로 배우며, 학급에서 더 높은 수준의 성취를 이룬다. 불행히도, 많은 학생들이 자기조절의 높은 수준을 거의 획득하지 못하고 있다. 아마도 일부분은 전통적인 교육상 관례가 그것을 거의 향상시키지 못하게 하기 때문일 것이다 (Paris & Ayers, 1994; Zimmerman & Bandura, 1994).

비고츠키(Vygotsky, 1962)의 시각을 취해 본다면, 처음에는 부모님이나 선생님이 아이들이 학습 활동을 위해 목표를 세우고, 학습 활동에 계속 주의집중하고, 효과적인 학습전략을 만들고, 학습과정을 점검하는 것 등을 통해서 배우는 것을 도와줄지도 모른다. 시간이 지날수록, 아이들은 이 과정에 대한 책임을 더 많이 지게 될 것이다. 즉, 그들은 자력으로 학습 목표를 세우고, 다른 사람들로부터 약간의 자극을 받아 계속해서 작업을 하고, 잠재적으로 효과적인 전략을 확인하고, 그리고 그들 자신의 학습을 평가하기 시작한다.

발전적으로 말하자면, 타인조절 학습과 자기조절 학습사이의 적절한 가교는 상호조절 학습이며, 그것은 한명의 어른과 하나 또는 그 이상의 아이들이 학습과정의 다양한 면을 조정하는 것에 대한 책임을 공유하게 한다(McCaslin & Good, 1996). 예를 들면, 어른과 아이들은 학습노력의 구체적 목표에 서로 동의하거나, 아니면 어른이 성공적인 학습을 나타내는 판단기준을 설명하고 아이들은 그 판단기준에 비추어 자신의 성과를 평가하는 것이다.

처음에 어른은 아이들의 학습노력을 위해 상당한 구조 또는 골격을 제공해야 할지 모른다. 그러한 골격 만들기는 아이들이 좀 더 효율적으로 자기조절을 함으로써 점차 줄어들게 된다.


## (2) 단계별 전략

초인지 전략은 전략 사용 이전과 사용 중, 그리고 사용 후의 3단계로 나누어 살펴볼 수 있다.

① **초인지 이전**(Before Metacognition): 당신이 활동계획을 개발할 때 다음과 같이 당신 자신에게 질문을 하라:
- 내가 지닌 사전 지식 중에서 이 특정한 과제를 해결하는데 도움을 줄 수 있는 것은 무엇인가?
- 나의 사고가 나를 어느 방향으로 데려가 주기를 바라고 있는가?
- 내가 처음으로 해야 할 일은 무엇인가?
- 왜 내가 이것을 선택해서 읽고 있는가?
- 내가 이 과제를 마치는데 필요한 시간은 얼마인가?

② **초인지 진행 중**(During Metacognition): 당신이 활동계획을 계속 수행하거

나 모니터 할 때 다음과 같이 자신에게 질문을 하라.

- 내가 어떻게 하고 있는가?
- 내가 제대로 하고 있는가?
- 내가 어떻게 진행해 나가야만 하는가?
- 기억해야 할 중요한 정보는 무엇인가?
- 다른 방향으로 가야하는가?
- 곤란도에 따라 속도를 조절해야만 하는가?
- 만약 내가 이해하지 못한다면 무엇을 할 필요가 있는가?

③ **초인지 이후**(After Metacognition): 당신이 행동계획을 평가할 때, 다음과 같이 당신 자신에게 질문을 하라:

- 내가 얼마나 잘 했는가?
- 내 특별한 사고과정이 내가 기대했던 것보다 더 효과적이었는가, 아닌가?
- 내가 달리 했어야 하는 것은 무엇인가?
- 아직 이해하지 못한 '공백'을 채우기 위해 그 과제를 다시 한번 검토할 필요가 있는가?

## 3) 초인지 학습행동 개발 전략

초인지 학습을 촉진시킬 수 있는 학습행동은 매우 다양하다. 그 일단을 소개하면 다음과 같다.

(1) **아는 것과 모르는 것 구분하기** : 과제 수행 초기에 학생들은 그들의 지식에 관한 의식적인 결정을 할 필요가 있다. 처음에 학생들은 '내가 이미 알고 있는 지식'과 '내가 알고 싶어 하는 지식'을 적는다. 학생들이 그 주제를 수행할 때, 학생들은 그들 각각의 초기 진술에 대한 보다 정확한 정보를 가지고 생각을 입증을 하거나, 명확하게 하거나, 발전시키거나, 대체하게 된다.

(2) **사고에 관해 이야기하기**: 모델링과 토론을 통해 학습자는 자신의 사고에 관하여 생각하고 이야기를 하면서 표현형식을 발달시켜 나간다. 교사가 학습자의 사고 과정에 대해 언급해주는 것은 학습자의 사고 기술에 대한 재인지를 위해 또한 중요하다. 두 사람이 짝이 되어 문제해결을 하는 것도 유용한 전략이다. 한

학생이 그의 사고과정을 묘사하면서 한 문제에 대하여 이야기한다. 그의 파트너는 사고를 명확하게 하는데 도움을 주기 위하여 듣고 질문을 한다. 학생들은 번갈아 가면서 선생님 역할을 하고, 질문을 하고, 수행되고 있는 자료를 명확하게 요약하기도 한다.

(3) **사고 일기 쓰기**: 초인지를 개발하는 또 다른 방법은 일기나 학습일지의 사용을 통해서이다. 학생들이 그들의 사고를 되돌아보고, 모호하고 일관성이 없는 인식에 대해 기록하고, 어려운 점을 어떻게 해결할 것인가를 논평해 놓는 일기를 쓰는 것이다.

(4) **계획과 자기규제**: 학생들은 그들의 학습을 계획하고 조절하는데 확실한 책임감을 가지도록 해야 한다. 학습이 다른 사람에 의해 계획되고 모니터 된다면 학습자가 자신의 방향을 갖기 어렵다. 학생들은 필요 시간 추정, 자료 조직, 활동을 완성하는데 필요한 절차를 계획하는 것과 같은 학습활동을 계획하는 방법을 배울 수 있다. 자원을 융통성 있게 이용할 수 있고, 다양한 자료에 접근할 수 있다는 것이 학생들로 하여금 이렇게 할 수 있게 해준다. 학생들이 학습활동을 진행해 나감에 따라 자신에 대하여 생각하고 자신에게 질문을 하는 방법을 배우도록 학생들과 함께 평가 판단 기준이 개발 되어야 한다.

한 문제가 확인되어 마음속에 그려진 후에, 그 문제를 푸는 사람은 어떤 단계와 자원이 그 문제를 풀기 위해 사용될 것인지를 결정해야한다. 종종 계획을 세우는 것에는 한 문제를 하위 문제로 분류한 다음 그 하위 문제가 해결될 수 있는 방법을 생각해 내야하는 것을 포함한다.

계획을 세우는 데는 3가지 일반적인 특징이 있다.

첫째, 개인들은 그 문제 상황이 새롭고 복잡할 때 계획을 세우는데 더욱 신경을 많이 쓰는 경향이 있다. 사람들은 이런 상황을 헤쳐 나가기 위해 잘 알려진 방법이나 전략을 가지고 있지 않기 때문에 해결해 나갈 방법을 계획해야한다.

둘째, 계획은 구체적이고 완벽한 것이라기보다는 비교적 추상적이라는 사실이다. 사람들은 어떤 문제를 해결하기 위한 계획을 할 때, 그 계획이 얼마나 좋은 효과가 있을 것인가, 그리고 수정할 기회를 얼마나 잘 이용할 것인가에 근거하여 계획을 세운다.

계획의 마지막 특징은 비용도 들지만 이익도 얻을 수 있다는 것이다. 계획을 세우는 데는 시간이 걸리고 인지적 자원을 개발하는데도 시간이 걸리지만, 결국 문제를 해결하는 효율성을 향상시켜줄 수 있다. 계획을 수행하는 것에는 그 문제를 해결하는데 사용될 전략적 과정인 일련의 하위 수준의 순서를 선택하는 것이 포함된다. 최적의 처리과정이 선택되지 못할 때에는 문제해결 과정에 부정확하고 비효율적인 결과를 가져올 수 있다. 이러한 하위 수준의 순서를 처리하는 과정은 과제수행을 용이하게 하도록 이루어져야하고, 또한 그 과정들이 잘 수행되기 위해서는 어떻게 그 과정들을 구성할 것인지를 결정하는 것이 용이하도록 이루어져야한다.

모니터링 하는 것은 학습과정에서 초인지의 중요한 부분이 된다. 학습을 해 나가는 동안, 주의집중 또는 이해력을 방해하는 다양한 상황이 있을 수 있다. 프라벨(Flavell. 1979)은 모니터링이 개인의 능력과 학습에 관련한 인지적 지식, 과제, 목표, 전략들 상호간의 상호작용을 점검하는데 유용한 것으로 보고 있다. 그러한 모니터링을 하는데 이용되는 몇몇 전략에는 자기 검증, 이전의 학습상황과 진행상황을 비교하기, 피드백 해보기, 정보와 관련된 새로운 자원을 점검하기, 학습의 다양한 단계를 잘 알아두는 것과 같은 것들이 포함된다.

(5)**사고 과정 보고하기**: 다른 학습 상황에서도 응용될 수 있는 인지전략을 개발하기 위해 토론의 초점을 사고 과정에 맞춘다. 3단계로 나누는 것이 좋다.

첫째, 교사는 사고과정과 느낌에 대한 자료를 수집하면서 학생들에게 그 활동을 검토하도록 유도한다.

그런 다음 그 그룹은 사용된 사고전략들을 확인하면서 관련된 생각들을 분류한다. 마지막으로, 앞으로 사용할 수 있는 전략들을 확인하고 장래성이 있는 대안적인 접근방식을 찾으면서 부적절한 전략들을 제거하면서 그들의 성공여부를 평가한다.

(6)**자기평가와 동기** : 자기평가하기, 현실적인 목표를 설정하기, 자기 교정 및 보상하기와 같은 훈련을 제시한다. 초인지 전략과 자기관리 능력을 훈련하는 것과 함께 긍정적인 자기평가를 유지하는 기술을 가르친다. 동기유발과 동기의 지속을 유지하기 위한 세부적인 전략으로 주의집중력을 지속시키는 훈련, 개인적인 의미 부여, 스트레스 관리, 부정적인 감정의 통제, 학습문제 해결, 그리고 현실적인 목표를 설정하는 것 등이 포함된다.

맥콤즈(McCombs, 1988)는 학습한 동기 고유의 특성을 계속 유지한다라는 이러한 개념은 "학생들이 지속적이면서 자발적으로 설정한 학습과제에 접근해서,

열심히 노력하고, 노력을 통해 더욱 발전시켜 나가면서 지속적으로 할 수 있도록 하는 경향성에 영향을 줄 수 있다"(p. 163)고 주장하고, 또한 동기화 능력 훈련을 하는 목적은 "긍정적인 자기통제를 받아들이고 자기 자신과 학습에 대한 부정적인 태도와 지향을 바꾸는 능력을 기본으로 가지 있는 장래성이 있는 학생들의 자기효능과 개인적인 인과관계에 대한 지각이 목적"(p. 164)이라고 주장한다.

**(7)학습활동 조정하기**: 초인지적 조정은 학습자의 평가과정과 관련해서 학습계획을 변경, 수정하는 것이다. 효율적인 학습은 학습상황을 세밀히 조정하거나 때대로 수정하기 위한 변경이나 변화를 요한다. 학습활동을 조정하는데 필요한 전략에는 학습자의 학습계획을 수정하고, 전략을 바꾸고, 학습자의 지식수준을 만족시키기 위해 학습을 재구성하고, 학습자 개인의 학습 특성에 학습과제를 맞추기 위한 기술을 개발하는 것 등이 포함된다.

**(8) 초인지에 대한 질문**: 자문자답이 초인지 전략으로 유효한 것임은 앞에서도 언급한 바 있다. 브라운(Brown, 1978)은 초인지의 효과를 높이기 위해 다음과 같은 질문을 하고 이에 대답하는 능력이 필요한 것으로 보았다.

- 이 과목과 주제와 문제에 대하여 무엇을 알고 있는가?
- 내가 알 필요가 있는 것을 내가 알고 있는가?
- 내가 정보와 지식을 어디에서 얻을 것인가에 대하여 알고 있는가?
- 이것을 학습하는데 얼마나 많은 시간이 필요한가?
- 내가 이것을 배우는데 사용할 수 있는 전략과 기술은 무엇인가?
- 내가 방금 듣고, 읽고, 본 것을 이해했는가?
- 내가 적절한 속도로 학습하고 있는지에 대해 어떻게 알 것인가?
- 내가 실수를 한다면 어디서 실수했는지를 어떻게 알 것인가?
- 그것이 나의 기대/만족에 미치지 못한다면 내 계획을 어떻게 수정해야 하는가?

**예시**

교재의 한 절을 읽은 후에 학습자는 그 절에서 논의된 개념에 관하여 자신에게 질문을 한다. 그 학습자의 인지적 목표는 그 교재를 이해하는 것이다. 자문자답은 일반적인 초인지 이해 모니터링 전략이다. 만약 그 학습자가 자신의 질문에 답할 수 없다면, 또는 논의된 자료를 이해하지 못한다면, 그 학습자는 그 교재를 이해하기 위한 인지적 목표를 확실하게 충족시키기 위해 무엇을 할 필요가 있는

지를 결정해야 한다. 그는 자신이 만든 질문에 대답할 수 있는 것을 목표로 하여 그 절로 돌아가서 다시 읽는 결정을 할 수 있다. 자문자답의 초인지 전략은 이해라는 인지적 목표를 확실하게 충족시키기 위하여 사용되는 것이다.

## 4) 초인지 구조(A Structure for Metacognition)

초인지를 구조적으로 설명하고자 시도된 Vee 학습법(The Vee heuristic)은 고원(D. B. Gowin)에 의해 개발되었다. 이의 기본적인 가정은 지식은 절대적인 것이 아니라 우리가 세상을 보는 개념, 이론, 방법론에 따라 달라진다는 것이다. 유의미 학습을 위해 개인은 새로운 지식을 이미 알고 있는 관련된 개념과 계획에 연관 짓는다. Vee 다이아그램은 학생들이 이전에 학습한 정보와 새롭게 습득한 정보를 분명하게 연결시켜주도록 요구하는 초인지적 도구이다.

개념과 사고의 측면을 보여주는 V의 왼쪽은 세계관, 철학, 이론, 개념 등을 보여준다. 방법론과 행동의 측면을 보여주는 V의 오른쪽은 가치요구, 지식요구, 변형, 기록 등을 보여준다. 사건과 목표(Events and/or objects)는 Vee의 뾰족한 점에 있다. 양쪽은 상호 배타적인 것이 아니라 상호 연관성을 가지고 있다(Novak & Gowin, 1984).

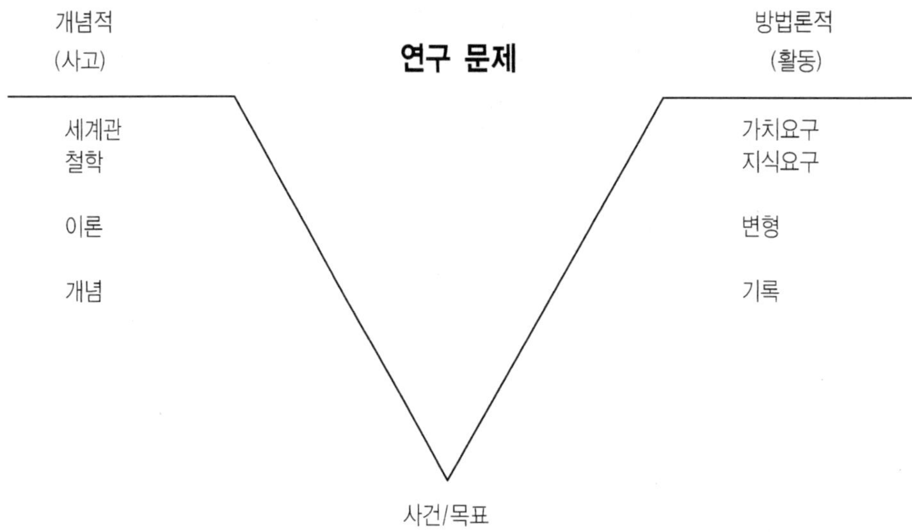


(그림 8-1) 초인지 구조-Vee Diagram

## 5) 초인지와 학습활동

### (1) 초인지와 문제해결

**문제 발견**: 당연한 말처럼 들릴지 모르나 개인은 문제를 해결하기 전에 문제가 존재한다는 것을 인식해야 한다. 즉, 개인은 그 상황에 대해 이미 알고 있는 것과 목표를 분류해서 정의할 필요가 있다. 때때로 어떤 문제에 대해 이미 알고 있는 것들과 목표들이 잘 정의되고 분명해 질 수도 있고, 그렇지 않을 때도 있다. 문제를 정의할 때 첫 번째 단계는 문제 상황의 결정적 요소를 부호화하는 것이다. 부호화는 작용기억(working memory)에 그 문제의 특징들을 저장하는 것을 말하는데, 이를 통해 이러한 문제의 특징들과 관련된 사항을 장기기억 정보로부터 불러낼 수 있게 된다.

**문제 제시**: 어떤 문제가 분류되어 정의된 후에, 개인은 그 구성요소와 그 구성요소들 간의 관계, 그리고 외적으로 제시된 문제에서 발견되는 목표들을 가지고 '정신 지도(mental map)' 를 만들어야한다. 정보는 최초 상황으로부터 머릿속에서 삽입되고, 파지되고, 해석되어 기억되게 된다(Hayes, 1989). 이러한 내적인 표현이 사람들로 하여금 어떤 문제를 이해하게 해서 그 문제의 해결방법을 생각해 내도록 한다.

**통찰력 개발**: 선택적 부호화, 선택적 조합, 또는 선택적 비교의 모든 예들이 통찰력을 가져다주는 것은 아니다. 개인이 부호화, 조합, 비교를 선택하기 위해 관련된 정보를 갑자기 깨달았을 때 "통찰"이라고 할 수 있다.

만약 개인이 어떤 문제를 해결하기 위한 적절한 절차 상황을 알지 못한다면 그 문제에 접근하는 대안적 방법들을 찾아야한다. 개인들은 (1) 그 문제와 관련된 이미 습득된 것이지만 간과된 정보를 찾아서 인식함으로써(선택적 부호화), (2) 이미 습득되었지만 깨닫지 못한 정보를 조합하는 방법을 찾아서 인식함으로써(선택적 조합), 그리고 (3) 이미 습득되었지만 이전의 지식과 그 문제 상황 사이의 간과된 고리를 찾아서 인식함으로써(선택적 비교) 그 문제에 접근하는 대안적 방법들을 찾아 나갈 수 있다.

### (2) 노트 필기와 요약

#### 가. 노트필기

강의 내용이나 교과서에 있는 정보를 필기하는 것은 분명히 학습효과와 관련이 있다. 필기는 학생들에게 두 가지 기능을 한다. 첫째, 그것은 자료를 부호화한다. 정보를 적고 살펴봄으로서, 그것을 말이나 시각적으로 부호화 한다. 필기를 부호화한 증거로서, 학생들이 그 내용을 복습할 기회가 없더라도 그들이 필기를 할 때 기억을 더 잘 한다는 연구 결과가 있다(Weinstein & Mayer, 1986). 학습 내용을 부호화시키는 일이 기억에 효율적임은 이미 앞의 7장에서 밝힌 바 있다. 또한, 노트 필기는 수업시간에 제시된 정보에 대한 구체적인 외부기억 장치 형태로서의 역할을 한다. 장기기억이 제대로 작동하지 않을 때는, 펜과 종이가 믿을 만한 대안이다(Benton et al., 1993). 일단 강의 내용이 종이에 기록이 되면 그것은 후에 규칙적인 사이를 두고 다시 복습할 수 있다.

어떤 학생들은 광범위하게 필기를 하고, 또 다른 학생들은 거의 필기를 하지 않는다. 어떤 학생들은 강의나 설명의 모든 요지를 놓치지 않으려고 노력하고, 어떤 학생들은 단지 칠판에 있는 내용만을 옮겨 적고 만다. 노트에 세부 설명이나 예시까지 적는 학생도 있다.

당연한 결과이지만 노트 필기의 효과는 필기한 형태에 따라 다르다. 수업내용이 비교적 완전한 설명으로 기록이 되었을 때, 필기가 학생들에게 더 유익하다. 또한, 필기 내용이 교육적인 단원의 목표와 관련이 있는 정보를 부호화했을 때, 학습을 더 촉진 시킨다. 교육목표가 학생들에게 명백히 제시되어야 함은 이에서도 드러난다.

또한 노트 필기는 요점을 요약한 것이거나, 그 요점들을 뒷받침 해주는 세부 사항들을 포함하고 있을 때 더 효과적이다. 그리고 수업자료를 능가하는 노트 필기, 즉 학생들 자신이 정교화 시킨 노트 필기가 특히 학생들에게 효과적이었다(King, 1992).

노트 필기의 효율성은 노트 필기의 형태에 따라 크게 달라진다. 같은 '공룡'에 대한 설명을 필기한 A와 B의 경우를 비교해보자.

<table>
<tr><td>

**공룡(A)**
- 약 1억년 이상 동안 생존함
- 쥬라기와 백악기 기간에 가장 번창했음
  1. 지구 전체의 많은 지역이 따뜻했음
  2. 많은 식물을 먹이로 먹었음

</td><td>

**공룡(B)**
- 1억년
- 쥬라기와 백악기
- 따뜻했음
- 그린랜드에서 자라는 무화과나무와  빵나무

</td></tr>
</table>

A의 경우는 비슷한 분량의 필기임에도 불구하고 B보다 정확한 정보를 담고 있어서 후에 노트 필기를 보더라도 내용을 이해하기에 용이하다. 그러나 B의 경우 1억년 간 생존했는지, 1억년 전에 생존했는지 혼란을 겪을 것이고, 쥬라기와 백악기에 어떠했는지의 회상도 어려울 것이다. A의 경우 지구의 많은 지역이 따뜻했다는 정보는 따라서 공룡이 지구의 여러 곳에 서식했다는 정교화의 단서가 되지만 B는 그렇지 못하다. 많은 식물을 먹었다는 것이 학습 내용을 보다 일반화시킨 필기이기도 하다.

정보를 재조직하거나 정교화 시키는 노트 필기는 학습에 매우 효과적이다. 수업 중 빠르게 제시되는 정보를 즉각적으로 통제하기 어렵고, 의미 있게 처리할 시간이 없을 지도 모른다. 그런 경우에 학생들은 수업시간에는 단지 정보를 적는 것에만 초점을 맞추고 후에 그 내용을 적절하게 조직화하거나 부호화, 또는 정교화 시키는 것이 필요하다.

공교롭게도, 많은 학생들(특히 대학생보다는 중.고등학생들)은 나중에 수업자료를 복습을 하기위해 노트를 볼 때 그 자신의 노트를 이해하는 데 어려움을 겪는다(Yokol, 1997).교사들은 학생들의 필기내용의 질을 향상시키고 완성시키기 위해서 매우 단순한 일들을 할 필요가 있다. 중요한 아이디어를 칠판에 적는 것이 도움이 된다. 학생들은 교사가 쓰는 내용들을 그대로 베껴 쓰는 것을 훨씬 더 잘한다. 중요한 아이디어를 강조하거나 반복하는 것은 학생들로 하여금 필기를 더 잘하게 해줄 것이다. 이를 구조화시키면 더욱 좋다.


### 나. 요약

노트 필기를 잘하고, 내용을 잘 이해하고 정리하기 위해서는 요약을 잘 할 수 있어야 한다. 자료를 대강에 따라 통합하고, 요약에 대한 설명을 도출해 내며, 자료를 분류하기 위해 적절한 제목을 붙이는 형태로의 요약이 있다. 많은 학생들이 읽고 들은 내용을 적절하게 요약하는데 어려움을 겪는다. 중요한 정보와 중요하지 않은 정보를 구별할 수 있어야 하고, 명시되어 있거나 명시되지 않은 요점을 파악할 수 있어야 하고, 중요한 요소들을 결합력이 있는 아이디어로 조직화할 수 있어야 좋은 요약이 된다.

로젠쉰(Rosenshine & Meister, 1992)등은 학생들이 수업시간에 배운 과목의 내용을 잘 요약하도록 돕기 위해 몇 가지 방법을 제안하고 있다.

① 초기 단계에서는 간결하고, 쉽고, 잘 짜여진 글을 가지고 요약하도록 연습시킨다(길이가 짧은 몇 개의 단락으로 이루어진 글). 그리고 나서 점차적으로 길고 더 어려운 교재를 소개한다.

② 단락이나 부분에 대한 주제문을 확인하거나 고안해 내게 한다.

③ 보다 구체적인 요점들을 포함하고 있는 특별한 개념이나 아이디어를 찾아내고, 각 요점들을 뒷받침 해 주고 있는 정보를 찾아내도록 한다.

④ 사소하고 불필요한 정보는 삭제하도록 한다.

⑤ 어떤 아이디어가 중요하고 왜 중요한지를 비교하고 토론하게 한다.


**(3) 묶음(Chunking):** 사람들은 자료를 단위와 같은 어떤 묶음으로 만들어서 자료를 완성하려는 경향이 있다. 묶음으로 만들기는 어느 때라도 기억될 수 있도록 Miller의 7±2 수준으로 정보를 정리하는 과정이다. 묶음은 기억이 잘되도록 여러 가지 항목들이 배치될 수 있는 보다 높은 수준의 범주를 개발하는 것을 포함한다. 자료를 묶음으로 만들 때 긴 묶음보다는 짧은 묶음이 더 효과적이다. 9개의 묶음보다는 5개의 묶음이 더 효과적일 가능성이 높은 것이다. 친숙하지 않은 자료를 학습해서 기억해야할 때, 그것을 묶음으로 만들면 파지와 기억 모두에 도움이 된다.


## 6) 초인지와 학습전략과의 관계

교사는 학생들에게 상상력을 발휘하도록 자극을 줄 수는 있다. 그러나 학생이 상상력이 이용될 필요가 없다고 믿는다면, 그 결과는 상상력이 이용될 필요가 있다고 믿는 동일한 교육을 받은 동료 학생과 매우 다를 수 있다. 교사는 학생에게 무엇을 하라고 강요할 수는 없지만, 학생들이 자주 사용하는 전략들을 향상시킬 수 있는 대안들을 제시할 수는 있다. 초인지를 자극할 수 있는 활동방안을 학습

전략의 5개 영역(인지, 동기, 기억, 비판적 사고, 자원관리)과 연계하여 정리하면 다음의 <표 8-1>과 같다.

〈표 8-1〉 학습전략의 영역, 내용 및 초인지 훈련활동

| 학습전략 | 내용 | 초인지 훈련 활동 |
|---|---|---|
| 초인지 전략 | 계획, 모니터링, 조정 | 학습자 자신의 사고방식과 학습방식을 터득하고, 개선 방향을 모색 한다 |
| 초동기 전략 | 주의집중, 보상, 확신, 즐거움 | 학습에 힘을 실어주고 방향성, 지향성을 제시하는 요인들에 대해 알고 통제한다 |
| 기억 전략 | 시연, 조직화, 기억술 활용 | 지식의 저장과 파지, 인출을 돕는 활동하기 |
| 비판적 사고 전략 | 가설검증, 맥락평가, 대안제시, 조건부적 수용 | 특수한 상황을 고려하여 특정 아이디어에 대한 정보를 분석한다 |
| 자원관리 전략 | 자원의 비판적 활용, 인간자원의 활용 | 학습과제와 관련된 자원을 확인하고, 가치를 부여하고 활용하는 활동 |

## 2. 학습전략

학습 전략(learning strategy)이란 성공적 과제 수행을 위한 인지적 계획이다. 학습 전략에는 정보의 선택과 조직, 학습할 내용의 시연(rehearsal), 새로운 자료와 사전 지식을 연결하기, 자료의 유의미성 높이기 등이 있다. 또한 긍정적인 학습 분위기를 조성하고 유지하는 것도 학습 전략에 포함된다. 예를 들면 시험 불안감을 극복하는 방법, 자기 효능감의 증진, 학습의 가치를 인정, 결과에 대한 긍정적 기대 및 태도의 유지 등이 이에 포함된다(Weinstein & Mayer, 1986). 학습자는 전략을 사용함으로써 정보처리 과정을 스스로 통제할 수 있기 때문에 전략의 효율적 사용은 자기 조절 학습(self-regulated learning)의 가장 중심 부분을 이룬다.

정보 처리 이론의 관점에서 보면 학습이란 새로운 정보, 즉 학습 내용을 장기기억의 지식망에 유의미하게 통합하는 것이다. 정보를 학습하기 위해서 학습자는 처음에는 적절한 과제 정보에 주의하고 그 정보를 감각 수용기에서 단기기억으로

옮긴다. 학습자는 또한 장기 기억의 지식 중 새로 들어온 정보와 관련된 지식을 활성화한다. 단기기억에서 학습자는 새로운 정보와 사전 지식을 연결하게 되고, 이 연결을 장기 기억의 지식망에 통합시킨다. 학습 전략은 이와 같은 정보 처리의 각 단계마다 학습자가 부호화(encoding)하는 것을 돕는다.

학습 전략이 형성되고 구체화되는 과정은 다음과 같다.

초기에 학습자는 활동이나 상황을 분석한다. 활동의 목표, 그 목표에 적절한 상황의 특성, 그리고 잠정적으로 학습에 유용하고도 중요해 보이는 개인의 특성들이 포함된다. 다음으로 학습자는 다음과 같이 전략과 계획을 수립할 것이다. 즉 이러한 시간과 장소에, 이런 준거 하에, 이런 과제가 주어 졌으니, 나의 개인적 특성을 반영해 볼 때 나는 목표 달성을 위해 이러한 전략을 사용해야 할 것이다.

학습자는 다음으로 절차 전략을 구체화하고, 그들의 목표 진전을 점검하고, 절차가 목표 진전을 가져오지 않으면 전략을 수정한다. 이러한 모든 절차를 이끄는 것이 초인지적 지식(metacognitive knowledge)인데, 왜 이 단계를 밟아야 하고, 왜 이들이 중요하고, 언제 어떻게 이들을 수행할 것인가에 대한 지식을 포함한다.

## 1) 학습전략의 유형

학습 전략은 학습 목표를 달성하기 위해 포함된 구체적 절차와 기술을 말한다. 학습 전략은 <표 8-2>에 정리되어 있다(안범희 외, 1998, p. 184).

〈표 8-2〉 학습전략의 유형

| 학습전략 | 포함된 전략 |
| --- | --- |
| 시연 | 정보의 축어적 반복<br>밑줄 긋기<br>정보의 요약 |
| 정교화 | 심상형성법<br>기억(보조)술<br>질문법<br>노트필기 |
| 조직화 | 기억(보조)술<br>그룹화<br>개요적기<br>전체적 그림 |
| 이해 점검 | 다시읽기<br>자기질문<br>일관성의 확인<br>부연설명 |
| 정서적 측면 | 긍정적 신념<br>목표설정<br>불안대처 방법<br>일정한 학습장소 및 시간확보 |

　이들 전략은 상호 의존적이다. 예를 들면, 정보를 정교화 하는 절차는 종종 시연 및 조직화에도 쓰인다. 정보를 조직하는 전략은 학습에 대한 스트레스와 시험 불안에 대처하는 데 도움을 주기도 한다. 그런데 하나의 전략이 모든 종류의 과제에 걸쳐 동일하게 적절한 것은 아니다. 예를 들면 시연은 단순 정보를 암기하는 데 적절하고, 조직화는 이해를 요하는 학습에 보다 적절한 학습 전략이다.

　학습전략의 내용 중 상당 부분은 앞서 여러 장에 걸친 학습이론에서도 부분적으로 소개된 바 있고, 초인지에서도 다룬 것이므로 이미 소개된 내용은 보충적으로 간단히 언급하고, 다루지 않은 내용은 좀 더 구체적으로 언급하고자 한다.

## 2) 학습전략의 실제

### (1) 시연

시연(rehearsal)에는 정보의 축어적 반복, 밑줄 긋기, 정보의 요약 등이 포함된다. 반복은 단순 암기가 필요한 과제에 효과적이다. 세계 30개국의 수도 이름을 학습하고자 할 때 나라 이름과 그 나라의 수도 이름을 반복하는 방식이다. 그런데 정보를 단순히 반복하는 일은 이미 알고 있는 내용과 연결되지는 않는다. 단순암기식 시연, 즉 1차적 시연은 정보를 조직화하는 일도 없다. 따라서 시연된 정보는 장기 기억에 저장될 때 유의미한 형태로 저장되지 못하는 경우가 많으며 따라서 일정 시간이 경과한 후에 인출에 어려움이 있다. 정보의 의미나 관련성을 염두에 두고 정보의 저장 및 인출이 쉽도록 조직화하는 시연방식을 2차적 시연이라 하며 이는 기억에 보다 효과적이다.

김춘수의 빼어난 시 '꽃'을 예로 들어보자.

> 내가 그의 이름을 불러 주기 전에는/그는 다만/
> 하나의 몸짓에 지나지 않았다.
>
> 내가 그의 이름을 불러 주었을 때
> 그는 나에게로 와서/꽃이 되었다.
>
> 내가 그의 이름을 불러 준 것처럼
> 나의 이 빛깔과 향기에 알맞은/ 누가 나의 이름을 불러 다오.
> 그에게로 가서 나도/그의 꽃이 되고 싶다.
>
> 우리들은 모두/무엇이 되고 싶다.
> 나는 너에게 너는 나에게
> 잊혀지지 않는 하나의 의미가 되고 싶다.

이 시를 그냥 단순히 여러 번 반복하여 외우는 것은 일차적 시연이다. 그런데 이 시를 네 문단의 특징을 찾아 정리하면 다음과 같이 시간과 전제의 연결고리가 생겨 암기하기에 보다 쉬워진다.

```
불러주기 전---       하나의 몸짓에 불과
불러주었을 때---    꽃이 됨
내 이름을 부르면-- 그의 꽃이 됨
너와 나는----       하나의 의미가 되고 싶다.
```

밑줄 긋기도 유용한 시연전략의 하나이다. 일단 학생들이 중요한 정보를 확인하는데 능숙해 지면, 교재나 노트에 있는 중요한 정보에 밑줄을 긋거나 형광펜을 써서 색칠을 하는 것이 도움이 될 수 있다. 이는 교재 내용에 대해 필기를 하는 것보다 시간을 절약할 수 있는 장점이 있으며, 광범위한 내용 안에 있는 특정 정보를 계속 유지하게 해준다. 그러나 밑줄이나 색칠을 하는 것은 요점이나 중요한 세부사항을 강조하기 위해 사용될 때만 효과가 있다(Snowman, 1986). 마치 페인트칠을 하듯이 페이지 전체에 색칠을 하는 것은 가치가 없다. 너무 많은 내용에 밑줄을 그으면 그다지 중요하지 않은 자료에도 밑줄이 그어지기 때문에 밑줄 긋기의 효과는 반감된다.

정보의 요약(summarizing)도 흔히 쓰이는 방법 중 하나이다. 요약이 효과적이려면 학생들은 학습 자료에 나타난 중심 개념을 자신의 언어로 표현할 수 있어야 한다. 또한 밑줄 긋기에서와 마찬가지로 요약도 너무 많은 정보를 포함하면 그 효과가 반감된다.  학생들에게 분량을 제한해서 학습 내용을 요약하도록 하는 방식을 쓰면 이들이 중심 개념(요점)을 파악하는 데 도움을 줄 수 있다.

### (2) 정교화

정교화(elaboration)는 학습을 보다 유의미하게 만들기 위해 원정보 외에 무엇인가를 부가함으로써 정보를 확장한다. 정교화에는 심상, 기억 보조술, 질문법, 노트하기 등의 방법이 있다

심상(imagery)은 마음에 그림을 부가함으로써 정보를 정교화 한다. 물론 단어가 시각적 및 언어적으로 동시에 코드화 되면 한가지로 코드화 된 경우보다 훨씬 효과적이다. 파이비오(Paivio, 1986)는 이를 이중 부호화 이론(dual coding theory)이라 불렀다. 언어와 비언어적인 대상이나 사건이 결부되면 기억에 효과가 크다는 것이다.

### 가. 기억보조술

기억 보조술(mnemonics)은 학습할 새 정보와 자신이 이미 알고 있는 것과 연결하여 그 정보를 유의미화 하는 것이다. 기억 보조술에는 다음과 같은 방법들이 있다.

① **두문자어법**(Acronym): 암기할 내용의 첫 글자를 조합하여 의미있는 단어로 만든다.

(예; 빨주노초파남보, 태정태세문단세. HOMES; 미대륙의 5대호의 이니셜 -Huron, Ontario, Michigan, Eire & Superior).

② **핵심단어법**(Keyword Method): 특히 외국어 학습에 효과적인 방법이다 외국어의 단어를 기억하기 위해서 먼저 그 외국어의 발음 혹은 그 일부만이라도 비슷한 단어 즉 키워드를 선택한 다음 키워드와 연결될 만한 단어를 연상한다. 예를 들면 영어 capricious(변덕스러운)란 단어를 암기하고자 할 때 이 단어의 발음인 「커프리셔스」에서 「까불이」라는 힌트를 얻어 「까불이는 변덕스럽다」고 연상한다.

③ **펙워드법**(Peg-word Method): 쉽게 시각화될 수 있는 구체적 사물(peg-word)을 선정하여 암기할 내용과 연결하는 것이다. 대표적인 예로 영어의 운율을 이용하거나 같은 말로 시작하는 단어와 연결하는 방법이 사용된다.

| | |
|---|---|
| one-bun | six-sticks |
| two-shoe | seven-heaven |
| thre-tree | sight-gate |
| four-door | nine-wine |
| five-hive | ten-hen |

④ **장소법**(Method of Loci): pp. 112-113 참조

### 나. 질문법

정교화는 복잡한 학습 과제에도 유용하다. 교사는 질문법을 통해 본문을 읽다가 가끔 씩 읽기를 멈추고 자기 스스로에게 질문을 하게 할 수 있다. 예를 들면 "이 내용은 앞의 장에서 저자가 논의했던 것과 어떤 관련이 있는가?"(종합), 혹은 "이 내용이 실제 상황에는 어떻게 적용될 수 있을까?"(적용). 이러한 질문에 답을 하는 과정에서 학생들은 정보를 정교화하게 된다. 한편 특별히 초등학생들에게

효과적인 것으로서 정교화된 질문(elaborative interrogation)이 있다. 교사가 질문을 통해 학생들이 정보화를 하도록 유도할 수 있다. 예를 들면 단순히 그 동물이 어디 사는지 가르치기 보다는 그 동물의 서식지를 가르치고 나서 학생들에게 그 동물이 왜 다른 곳이 아닌 그런 곳에서 사는 지를 질문한다. 만약 학생들이 배경 지식을 가진 경우 이러한 질문에 대해 설명을 해보는 것은 그 정보를 보다 암기하기 쉽게 한다(Schneider & Pressley, 1989).

### 다. 노트 필기

노트 필기는 본문에 표현된 가장 중요한 아이디어를 유의미하게 바꾸어 쓰기(paraphrase)하는 것을 말한다. 노트 필기는 요약과 비슷하지만 당장 유용한 정보에만 국한되지 않는다는 점에서 요약과 다르다. 노트하면서 학생들은 새 학습 내용을 다른 정보와 개인적으로 유의미한 방식으로 통합한다. 노트 필기의 의도는 정보를 정교화(통합 및 적용)하는 데 있다. 노트 필기는 학습 목표에 적합한 내용을 포함할 때 가장 효과적이다.

### (3) 조직

조직(organization)에는 기억 보조술, 그룹화(grouping), 개요적기(outlining), 전체 그림(mapping)등이 있다.

### 가. 그룹화

기억 보조술은 앞서 논의한 정보의 정교화 뿐만 아니라 정보의 유의미한 조직에도 활용될 수 있다. 두문자어법은 유의미 단어로 정보를 조직한다. 정보는 시연이나 기억 보조술을 사용하기 이전에 그룹화(grouping)를 통해 조직될 수 있다. 예를 들어 만약 학생들이 많은 이름을 학습한다면, 이들은 비슷한 종류별로 이름을 그룹화 한 후에 시연이나 기억 보조술을 활용할 것이다. "조직"은 암기를 돕는 수단이다. 학습자는 우선 조직의 구조를 암기하고 나서 개별의 구성 요소를 암기하면 보다 쉽게, 그리고 오래 기억할 수 있다.

### 나. 개요 적기

조직은 복잡한 내용에 사용하면 좋다. 흔히 쓰이는 방법 중 하나가 개요 적기인데, 전체적인 이해에 도움을 준다. 다른 학습 전략과 마찬 가지로 학생들에게 좋은 개요를 어떻게 만드는 가에 대해 가르칠 필요가 있다. 그 방법으로서 학습자가 각 장의 제목을 정하도록 하거나, 중심 문장이나 요점을 말하도록 한다.

### 다. 전체그림

전체 그림(mapping)은 글의 전체 구조에 대한 학생들의 이해를 증진시키는 방법으로서 중심 개념을 밝혀내고, 개념간의 상호 관련성을 구체화하는 것이다. 개념이나 아이디어는 서로 구별되고, 유목화 되고, 관계를 맺는다. 전체 그림의 정확한 성격은 구체화된 관계의 유형과 내용에 따라 다르나, 일반적으로 전체그림을 가르칠 때 다음의 절차를 이용하면 효과적일 것이다.

① 몇 가지 유목을 주고 여러 각 문단들이 어떤 관련 (예; 중심 개념, 비교와 대조, 부연 설명 등)이 있는지 토론한다.

② 예문을 가지고 어떻게 유목을 적용하는지 시범을 보여준다.

③ 문장을 왜 그렇게 분류했는지 자신의 선택을 설명한다.

④ 독립적으로 실습해 보도록 한다. 일단 학생들이 기본을 이해하면, 좀더 복잡한 내용을 사용한다. 필요하다면 새로운 유목(예; 주제 전환)을 첨가한다.

전체 그림은 개념적으로 명제망과 비슷하다. 전체 그림은 하나의 위계(hierarchy)를 이루고 있는데 가장 중심이 되고 포괄적인 개념을 위에 두고, 그 아래로 그 개념을 받쳐주는 종속 개념, 예증, 혹은 특성 등이 있다. 전체 그림은 (그림 8-2)와 같이 제시될 수 있다.

전체 그림은 아이디어를 통합하는 데 어려움을 겪는 학생, 비교적 능력이 낮은 학생들에게 특별히 효과가 크다. 일반적으로 "원인-결과"를 파악하는 것이 "중심 개념- 예"의 관계를 파악하는 것보다 어렵다.

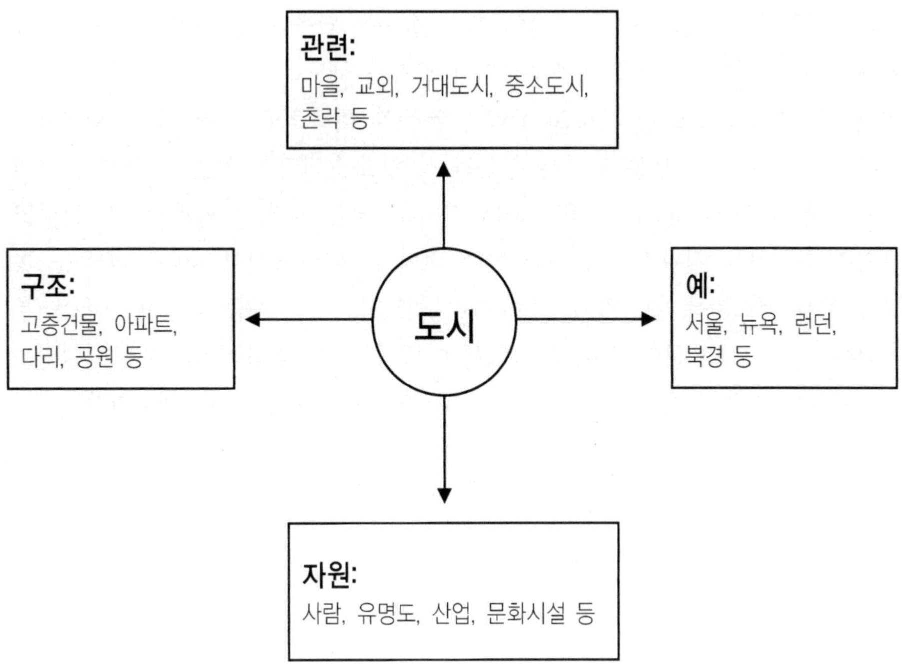



(그림 8-2) 도시의 인지적 전체그림

### (4) 이해의 점검

이해의 점검(comprehension monitoring)은 학습자들이 학습 내용을 제대로 이해하고 있는지 평가하고, 자신의 전략이 학습을 촉진시키는 지를 결정하는 데 도움을 준다. 학생들에게 이해의 점검을 가르치는 것은 학습 전략 교수 프로그램의 가장 중심을 이룬다(Baker & Brown, 1984). 자기 질문, 다시 읽기, 일관성의 확인, 부연 설명(paraphrase)등은 모두 이해의 점검 과정이다.

최근 출간되는 학습자료 중에는 내용에 대한 질문을 삽입한 경우를 볼 수 있다. 학생들이 읽으면서 그 질문에 답을 했다면 이들은 자기 질문(self-questionning)에 참여한 것이다. 질문이 제공되지 않을 때, 학생들은 자기 스스로 질문을 할 필요가 있다. 자기 질문을 가르치는 방법의 하나로 교사는 학생들에게 읽으면서 가끔씩 읽기를 멈추고 자신에게 몇 가지 질문(예; 누가, 무엇을, 언제, 어디서, 왜, 어떻게)을 하도록 한다. 다시 읽기(rereading)는 종종 자기 질문과 함께 이루어진다. 학생들이 본문에 대한 질문에 답을 못한 경우나, 자신이 제대로 이해하고 있는지 의심스러울 때 다시 읽기를 하도록 한다.

일관성의 확인(checking consistency)은 본문이 내적으로 일관적인지 확인하는 것이다. 즉 본문의 한 부분이 다른 부분과 상호 모순되지는 않는지, 결론은 논의된 것으로부터 나온 것인지를 확인하는 것이다. 본문 내용이 일관적이지 않다고 생각되면 학습자는 저자가 일관성이 없는 것인지 혹은 자신이 제대로 내용을 이해하지 못한 것인지를 확인하기 위해 다시 읽도록 한다. 가끔 멈추고 내용을 부연 설명하는 것도 자신의 이해의 정도를 파악하는 데 효과적이다. 부연 설명을 할 수 있다는 것은 학습자가 다시 읽기를 할 필요가 없다는 것을 의미한다.

### (5) 정의적 방법

정의적 방법(affective method)은 학습 효과를 최대화할 수 있는 심리적 환경을 조성하는 것이다(Weinstein & Mayer, 1986). 이 방법에는 불안감에 대처하는 법, 긍정적 신념의 개발(예; 자기 효능감, 결과 기대, 태도), 목표 설정, 일정한 학습 장소와 학습 시간 설정, 산만한 것을 최소화하는 것(예; 학습중에 전화받지 않기, TV 켜지 않기) 등이 있다.

#### 가. 혼자 말하기

혼자 말하기(self-verbalizatoin)는 자신의 관심을 학습 과제에 고정하는데 도움을 준다. 학습 초기에 학생들은 마음 속으로 이런 생각을 할지도 모른다. "이 과제는 어려울 것 같다. 선생님께 집중할 필요가 있겠는데!" 자신의 집중력이 흐려짐을 자각하면 이런 생각을 할 것이다. "딴 생각은 그만해야지. 지금은 수업을 잘 들어야 해!"

#### 나. 목표설정

목표 설정은 효과적인 시간 관리를 위해 필요한 전략이다. 개략적 목표를 세우고 이것을 세분화하여 단기 목표를 세운 학습자는 목표의 진전에 따라 자신의 노력의 정도 뿐만 아니라 시간 분배도 조정한다. 진전을 하고 있다는 믿음은 그들에게 학습에 대한 자기 효능감을 높여준다(Schunk, 1989).

### 다. 불안감 대처

시험, 학점, 실패에 대한 불안감은 학습을 방해한다. 잠정적 실패에 대한 생각에 빠져있는 학생들은 시간을 허비하고, 자신의 능력에 대한 회의감을 키운다. 불안 감소 프로그램은 체계적 둔감법, 모델링, 지시하는 대로 중얼거리기 훈련 등을 포함한다. 부정적 믿음(예; 나는 합격할 수 없을 거야)보다는 성취에 대한 긍정적 믿음(예; 열심히 하면 시험에 합격할 수 있을 거야)을 주는 것이 중요하다. 초기에 불안감을 보였던 학생들은 점차 긍정적인 학습전략을 사용하게 되고, 진전이 있을 때까지 학습과제에 집중하게 된다.

시험을 치를 때 불안을 느끼는 학생들에게 시험을 치르는 요령을 가르쳐주는 것이 효과적이다. 일반적으로 시험을 몇 개의 부분으로 나누고, 각각의 부분에 적당한 시간을 분배하고, 한 문제에 너무 많은 시간을 끌지 않도록 한다. 시험 치르는 동안 부정적인 생각을 극복하기 위해서 긴장을 풀도록 하고, 시험 문제에 집중하도록 한다.

# 제 9 장
# 학습양식과 인지양식

# 1. 학습양식의 분류

　누구나 자기 나름대로의 학습 방식이 있다. 그 방식이 적절하다면 학습에도 효과적이고 생산성을 높일 수 있고, 학문적 성취에도 유리하며 창의성을 진작시킬 수도 있다.

　인지적, 정서적 특성 및 심리적 요인으로 구성된 학습양식은 학습자의 지각방식, 학습 환경에 대한 반응 등을 비교적 안정적으로 알려주는 역할을 한다(Keefe, 1989). 일반적으로 좋은 학습양식이라든가, 나쁜 학습방식이라는 구분을 하지는 않는다. 다만 각기의 학습양식에 적합한 학습전략이 있고, 이의 적합한 연결이 가장 좋은 학습효과를 낼 수 있을 것으로 기대하고 있다.

　학습양식은 그 강조하는 바에 따라 여러 유형으로 분류된다. 이 중 대표적인 몇 가지를 소개하면 다음과 같다.

## 1) Kolb의 학습양식

　Kolb(1984)는 학습양식(learning styles)을 정보를 처리하고 인지하기 위해 선호하는 방법들로 정의하고 있다. 그는 개인마다 차이 나는 4개의 선호 학습방법, 즉 구체적 경험(CE; concrete experience)을 중시하는 학습자, 성찰적 관찰(RO; reflective observation)을 즐기는 학습자, 추상적 개념화(AC; abstract conceptualization)를 잘 하는 학습자, 적극적 실험(AE; active experimentation)을 선호하는 학습자 유형이 있음을 제시했다.

　구체적 경험과 추상적 개념화는 사람이 세상의 경험을 이해하거나 환경을 인지하는데 선호하는 방법을 나타내는 하나의 연속체의 각 극단에 위치하고 있다. 성찰적 관찰(RO)과　적극적 실험(AE)을 포함하는 두 번 째 연속체는 들어오는 정보를 처리하거나 전이시킴에 있어서 선호하는 방법을 나타내고 있다.

 네 가지 학습유형의 특징을 살펴보면 다음과 같다.
 추상적 개념화의 특징을 가진 사람은 정보를 상징적이고 개념적으로 이해한다. 구체적 경험의 특징을 가진 사람은 손에 잡히는 직접적 경험을 통해 이해하고 그것에 의존한다. 능동적 실험의 특징을 가진 사람은 외부적인 조작에 의해 주위의 환경을 확정해 간다. 성찰적 관찰의 특징을 가진 사람은 외부적인 세계에 대한 내적인 사려의 경향을 보여주고 있다.
 교차하는 두 가지 지각적 특성(구체적, 추상적)과 진행과정(능동적, 수동적)에 따라, Kolb는 4가지 학습양식을 구분지었다. 그것은 발산적 학습자, 동화적 학습자, 수렴적 학습자, 그리고 조절적 학습자이다.

<표 9-1> Kolb의 학습 양식(Kolb,1984;Terry,2006)

구체적 경험

| 능동적<br>실험 | 동화적 실용주의자 | 발산적 활동가 | 성찰적<br>관찰 |
|---|---|---|---|
| | 사업가<br>지도자<br>모험가<br>직관적 | 사학자,영어<br>심리학자<br>아이디어 생산자<br>브레인스토밍<br>사람지향적/정서적 | |
| | 수렴적 이론가 | 조절적 성찰자 | |
| | 기계공학자<br>빨리 해결책 찾음<br>비정서적<br>사람보다 아이디어지향 | 수학, 경제, 사회학 두각<br>추상적 이론 및 아이디어 추구<br>적용에 덜 관심을 가짐 | |

추상적 일반화

 발산적 학습자에게 있어서 경험은 느낌(이해)을 통해 구체적으로 이해되고 사고(의도)를 통해 변형된다. 이런 학습양식은 구체적인 경험과 성찰적 관찰을 결합시킨다. 동화적 학습자에게 있어서 경험은 추상적인 이해(개념화)를 통해 받아들여지고 추상적 개념화와 성찰적 관찰의 특성을 결합시킨 사고(의도)를 통해 변형된다. 수렴적 학습자의 경우 경험은 추상적 이해(개념화)를 통해 이해되고 추상적 개념화와 능동적 실험을 결합시킨 행동(확정)을 통해 변형된다. 동화적 학습자는 경험이란 느낌(이해)을 통해 구체적으로 이해되고 구체적인 경험과 능동적인 실험을 결합한 행동(확정)에 의해 변형된다.

이를 요약하면 다음과 같다(괄호 안의 것은 후술하게 될 McCarthy 의 분류임)

발산적 학습자 - 구체적 경험/성찰적 관찰(개혁적 학습자)

동화적 학습자 - 추상적 개념화/성찰적 관찰(분석적 학습자)

수렴적 학습자 - 추상적 개념화/능동적 실험(상식적 학습자)

조절적 학습자 - 구체적 경험/능동적 실험(역동적 학습자)

학습양식의 차이는 유전, 과거 생활경험, 현재 환경의 필요의 결과로 나타난다. 학습자는 가족, 학교, 직업에서의 사회화 경험을 통해서 어떤 특정한 학습능력이 발달하는 경향이 있다.

각기의 학습양식은 나름대로의 장점과 약점을 지니고 있다. 이를 표로 정리하면 다음과 같다.

〈표 9-2〉 Kolb의 학습양식별 특징 및 장단점

| | 장 점 | 단 점 |
|---|---|---|
| 발산적 학습자 | 관찰된 것을 동화시키는 능력<br>통합된 설명지향<br>느낌 지향적<br>상상력이 있는, 직관적<br>다양한 관점으로 볼 수 있는 능력<br>많은 idea를 산출할 수 있는 능력<br>광범위한 문화적 흥미<br>다른 것들과 연관시키는 능력<br>열린 마음<br>사려 깊은 이해에 집중하기<br>폭넓은 범위의 정보를 모으는 능력 | 의사결정 능력의 결여<br>사고 지향적이지 못함<br>이론, 일반화에 대한 관심이 적음<br>과학적, 체계적이지 않음<br><br><br><br>idea를 적용하는 능력 결여 |
| 동화적 학습자 | 건실한 논리와 정확함<br>이론적인 모델 세우기<br>귀납적 추리<br>idea를 광범위하게 동화시키는 능력<br>사려 깊은 이해에 집중하기<br>다양한 관점을 창안할 수 있는 능력<br>체계적, 과학적인 접근방법을 취함<br>분석적, 추상적, 양적인 과업 지향적<br>정보의 유능한 조직자<br>실험을 디자인 하는데 능숙함 | 감정/사람에 중점을 두지 않음<br>개인적인 참여가 적음<br>다른 사람에게 영향을 주는 능력 결여<br>이론/모델을 적용하고 논리적인 해석에<br>의해 통합하는 능력 결여<br>행동 지향적이 아님<br>결정을 내릴 수 있는 능력결여<br>예술가적 성향이 아님<br>질적/구체적인 과업에 취약 |

| | | |
|---|---|---|
| 수<br>렴<br>적<br><br>학<br>습<br>자 | 문제 해결 능력 탁월<br>결정을 내릴 수 있는 능력<br>감정에 좌우되지 않음<br>가설 – 연역적인 추리<br>집중한다<br>idea를 실제에 적용하는 능력<br>정답이나 최상의 것을 선택하는 능력<br>견실한 논리와 정확성<br>사려 깊은 이해에 집중하기<br>체계적이고 과학적인 접근방법<br>분석적, 추상적, 양적인 과업<br>타인이나 상황에 영향을 주는 능력<br>실용적<br>어떤 것을 끝까지 할 수 있는 능력<br>기술적 과업들과 문제들<br>사고나 행위의 새로운 방법 창안능력<br>실험적/지적 | 제한된 흥미를 가짐<br>대체로 비정서적<br>사람/감정에 중점을 두지 않음<br>닫힌 마음<br>상상력이 없는<br>사람/감정에 촛점을 두지 않음<br>직관적 이해의 부족<br>예술가적인 성향이 없음<br>질적/구체적인 과업에 취약<br>절대적 진리에 대한 관심 적음<br>예리한 관찰력에 대해 비중을 두지<br>않음<br>사회적, 사람 지향적인 문제에 취약 |
| 조<br>절<br>적<br><br>학<br>습<br>자 | 행동, 결과 지향적<br>계획의 착실한 수행<br>새로운 경험들을 찾고 즐긴다.<br>기회를 찾음<br>위험을 취함<br>새로운 상황에 잘 적응한다.<br>사실이나 "현존하는 실체"에 의존.<br>직관적, 예술적<br>사람 지향적<br>열린 마음<br>상황이나 타인에 영향을 주는 능력<br>실용적<br>어떤 것을 끝까지 할 수 있는 능력<br>개인적인 참여 | 정보를 다른 사람에게 의존함<br>분석적 능력에 의지하지 않음<br>성급함이 가끔씩 나타남<br>과학적/체계적이지 않음<br>통제된 인지.<br>이론을 무시하는 경향<br>시행착오적 방법으로 문제해결<br><br>절대적 진리에 대한 관심이 적음 |

Margerison과 Lewis(1979)는 Kolb의 LSI(Learning Style Inventory)의 일반적인 특징 및 학습양식들과 MBTI(아래에 서술) 와의 상관관계를 연구하였다. 그들은 일반적인 특징들에서 다음과 같은 관련을 발견했다. 구체적 특성은 감정 기능과, 추상적 특성은 사고 기능과, 활동적 특성은 외향성, 사려적 특성은 내향성, 추상적 개념화의 특성은 판단, 구체적 경험의 특성은 인식과 관련됨을 발견했다.

한편 McCarthy(1980)는 Kolb와 유사한 맥락에서 학습자가 다음의 네 가지 양식 중 한 가지에 해당하는 것임을 제시한 바 있다.

(1)**개혁적 학습자**(Innovative Learners) : 개혁적 학습자는 의미를 추구하는 학습자이다(구체적 경험- 성찰적 관찰) 그들은 즐겨 학습에 참여한다. 특별히 듣고 공부하기를 좋아하고 자신의 의견을 타인과 나누기를 좋아하며 타인의 견해를 잘 받아들인다. 그들은 사소한 것도 구체화시키지만 그것들에 대해 생각할 때는 성찰적(reflective) 태도로 임한다. 이들은 사람 및 문화 지향적이다. 이들은 발산적 사고를 하고 창조적이다. 그들은 자신의 경험을 믿으며, 여러 가지 다양한 전망으로부터 새로운 상황을 살필 줄 안다. 이들은 자신이 존중하는 것을 실행하는데 특히 사회적 상호작용을 통해 잘 기능한다. 개혁가는 상상적이고 아이디어가 풍부한 사람이다. 이들은 아이디어를 통해 자신 고유의 구조를 만들어 내기를 좋아한다.

(2)**분석적 학습자**(Analytic Learner): 분석적 학습자는 구체적 사실의 추구자이다(추상적 구체화-성찰적 관찰). 이러한 학습자는 전문가로부터 배우며 착상에 관한 사고로부터 학습한다. 사실을 구체화시키기 좋아하며, 성찰적 사고를 거쳐 이를 구체화시킨다. 인간관계에 대한 관심은 적으며, 사고와 개념 등에 관심이 많다. 그들은 자료를 기초로 하고 그들이 수집한 자료에 대해 비판적이며 전문가들이 할 수 있는 방식으로  공부할 수 있는 전통적 학습 환경을 좋아한다. 이들은 개념이나 모델을 만들고 이를 검증하기를 좋아한다. 이들은 개혁적 학습자 집단처럼 정서적이지 않으며 감정적 분위기에 덜 영향을 받는다. 이들은 논리와 합리성에 바탕을 둔 구조화된 틀을 선호한다. 이들은 목표지향적이고 체계적 계획을 세우기를 좋아한다.

(3)**상식적 학습자**(Common Sense Learner): 세 번째 양식은 상식적 학습자이다(추상적 개념화-능동적 실험). 이러한 사람들은 활용성(usability)을 추구한다. 이들은 실용적이고 적용의 관점에서 검증이론에 입각한 학습을 한다. 이들은 적극적으로 자료를 확보하고 이를 추상적으로 다룬다. 문제를 스스로 해결하기를 좋아하며 이에 대한 답변이 있는 것을 원하지 않는다. 이들은 애매모호한 것에 대한 관용이 적으며 구체적인 사실을 다루기를 좋아하며, 특히 간접적인 경험보다는 직접적 경험을 좋아한다. 그들은 연역적인 사고를 하며, 사고 지향적이고 체계적인 학습을 좋아한다. 이들은 특히 다른 사람의 견해보다는 자신의 생각에

더 비중을 둔다. 그들은 실용적이고 확고하며 효율적이다.

**(4)역동적 학습자(Dynamic Learner):** 역동적 학습자는 숨겨져 있는 것의 가능성을 추구하는 자이다(구체적 경험-능동적 실험). 이들은 발견과 시행착오에 의해 지식을 구하며 구체적으로 인지하고 능동적으로 정보를 처리한다. 이들은 변화를 좋아하고 변화를 잘 받아들이며 다양성과 융통성이 요구되는 상황을 즐긴다. 이들은 쉽게 싫증을 내고 모험을 추구하는 성향이 있다. 이들은 전형적인 외향성으로 공격적인 면이 있다. 이들은 문제해결을 위해 직관을 사용하기도 한다. 이들의 장점은 계획을 실천에 옮기기를 주저하지 않는다는 것이다. 타인으로부터 정보를 입수하기보다는 자신이 정보를 창출하기를 잘 한다. 역동적 학습자는 기능적이고 실제적이며 타인이 만든 구조보다는 자신이 스스로 만든 구조를 좋아한다. 이들은 특히 열정적이고, 자극적이며 야심이 많다.

### 2) Jung과 MBTI의 분류

Jung은 개인이 지향하는 태도를 크게 외향성-내향성으로 나누고, 개인이 세상을 경험하고 이에 대처하는 방식으로 사고, 감정, 감각, 직관 등 4가지 기능을 제시했다. 외향성과 내향성에 4가지 기능을 결합시키면 8가지 유형이 나온다(외향-사고, 내향-사고, 외향-감정, 내향-감정 등).

융의 8가지 태도군(群) 이론에 기초하여, 여기에 개인적 생활양식 즉 개인이 삶을 어떻게 살기를 원하고, 그 방식은 어떠한가를 알아보는 2가지 선호지표인 판단과 인식을 결부시킨 것이 MBTI이다. 융의 8가지 태도군에 판단과 인식이 결부되면 도합 16가지의 성격 유형이 나오게 된다. 사람은 이 16가지 성격유형의 하나에 속하고, 따라서 학습양식도 16가지 유형에 따라 차이가 난다는 것이다.

외향성과 내향성이 대립되는 성향이듯이 융의 4가지 기능 중 감각과 직관은 정보 수집, 즉 정보(지식)를 접하는 방식에서 대립되는 차이를 보인다. 같은 이치로 사고와 감정은 의사결정 방식에 있어서 차이를 보인다. 세상에 적응하는 방식에서 대립되는 것은 판단형이냐 인식형이냐 이다. 이를 통칭하여 MBTI의 4가지 선호지표라 부른다. 그 내용은 다음과 같다.

**(1) MBTI의 4가지 선호지표**

① **외향성과 내향성(extraversion － introversion): 에너지의 근원**

에너지의 방향에 관한 문제로 움직이고 활동하는 힘이 개인의 안에서 나오느냐 아니면 밖에서 충전되느냐 하는 문제이다. 외향성은 주로 외부적 객관적 세계 지향적이고, 인식과 판단에 있어서도 외부의 사람이나 사물에 초점을 맞춘다. 외향형의 사람들은 밖의 활동으로부터 활력을 얻는다. 행동 지향적이고 때로는 충동적으로 사람들을 만나며, 솔직하고 사교성이 많고 대화를 즐긴다.

내향성은 자기 내부세계 지향적이며 내부의 개념이나 생각, 또는 이념에 관심을 둔다. 바깥에 나가 사람들을 만나고 뛰어 다니는 것은 피곤하다. 혼자 앉아 생각에 잠기는 것이 편하고 이로부터 활력을 얻는다. 이러한 사람은 사려 깊고 명상적이고 고독과 사생활을 즐긴다. 내향형은 말수가 적은 대신 생각이 깊다.

② **감각과 직관(sensing － intuition): 정보수집**

무엇을 인식하는가와 같이 외부의 정보를 수용하는 방식, 즉 사물을 보는 관점에 대한 선호 경향으로 주요 활동은 인식기능이다.

감각을 선호하는 사람은 감각기관을 직접적으로 인식되고 관찰 가능한 사실이나 사건을 잘 받아들인다. 감각은 현재 일어나고 있는 일 만을 의식하기 때문에 감각형의 사람은 자기가 현재 직접 경험하고 있는 일을 중시하며 현실적이고 관찰 능력이 뛰어나고 세세한 것까지 잘 기억하며 구체적이다. 감각형의 사람은 순서에 입각해서 차근차근 업무를 수행해 나가는 성실 근면형이지만 구체적인 사실을 중시하는 까닭에 전체를 보지 못할 위험이 있다. 감각형의 사람은 사물, 사건, 사람을 눈에 보이는 그대로 지각하려는 경향이 있으며, 사실적 사건 묘사에 뛰어나다.

직관형인 사람은 오관보다는 통찰, 즉 육감이나 영감에 상대적으로 더 많이 의존하며, 구체적인 사실이나 사건보다는 이면에 감추어져 있는 의미, 관계 가능성, 또는 비전을 보고자 한다. 직관형의 사람은 구체적 사실보다는 전체를 파악하고 본질적인 것을 이해하려고 한다. 직관형의 사람은 새로운 가능성을 추구하며 현재에 안주하기보다는 미래의 성취와 변화, 다양성을 즐긴다. 직관형의 사람은 상상력이 풍부하고, 이론적이고, 추상적이고, 미래지향적이며 창조적이다. 그러나 구체적인 것을 떠나 전체를 보려고 하기 때문에 세세한 부분을 간과하기 쉽고, 새로운 일, 또는 복잡한 일에 겁 없이 뛰어드는 경향이 많다.

③ **사고형과 감정형(thinking and feeling): 의사결정**

감각, 또는 직관을 통해 정보를 얻으면 그 정보를 바탕으로 판단, 결정, 또는 선택을 하게 된다. 사고와 감정은 판단할 때 무엇을 기준으로 삼는가와 관련되어 있다.

사고형은 객관적 기준을 토대로 정보를 비교, 분석하고 논리적 결과를 바탕으로 판단을 한다. 사고형은 인정에 얽매이기 보다 원칙에 입각하여 판단하며 정의와 공정성, 무엇이 옳고 그른가에 따라 판단한다. 일관성과 타당성을 중시하며 따라서 냉정하게 보일 경우가 많다. 객관적 기준을 중시하는 과정에서 남의 마음이나 기분을 간과할 수 있다.

감정형은 객관적인 기준보다는 자기 자신과 다른 사람들이 부여하는 가치를 중시하여 판단한다. 따라서 사고형이 객관적이라면 감정형은 주관적이다. 가치는 주관적이요, 인간적인 것이기 때문에 감정형의 사람은 논리, 분석보다는 자기 자신이나 타인에게 어떤 영향을 줄 것인가 하는 점을 더 중시한다. 감정기능을 선호하는 사람은 다른 사람에게 어떤 영향을 미칠 것인가 하는 점을 고려하여 판단하며, 친화적이고 따뜻하며 조화로운 인간관계를 중시한다. 동정심이 많고 조화를 중시한다.

④ **판단과 인식(judging and perceiving): 생활의 양식과 적응**

판단과 인식은 외부 세계에 대한 태도나 적응에 있어서 어떤 과정을 선호하는가를 말한다. 어떤 사람은 판단(사고나 감정)을 선호하고, 어떤 사람은 인식(감각 또는 직관)을 선호한다.

판단을 선호하는 사람은 외부 세계에 적응할 때 판단과정(사고나 감정)을 사용하기를 좋아한다. 즉, 판단형의 사람은 의사 결정을 하고, 종결을 짓고, 활동을 계획하고 어떤 일이든 조직적 체계적으로 진행시키기를 좋아한다. 판단형은 계획을 세워 일을 추진하고, 미리미리 준비하는 편이며, 그것도 정한 시간 내에 마무리하고자 애쓴다. 빈틈없고, 단호하고 목적의식이 뚜렷하다.

인식형은 들어오는 정보 그 자체를 받아들이기를 즐긴다. 삶을 통제하고 조절하기보다는 상황에 맞추어 잘 적응하고 이해하려는 편이다. 인식형의 사람은 자발적이고 호기심이 많고 적응력이 높으며, 새로운 사건이나 변화를 추구하고 이것저것 관심을 가지고 벌리는 것이 많은 편이다.

이를 요약하면 다음과 같다.

**외향성(E)** ...................................**내향성(I)**
사물에 대해 외부적으로              사고와 관념에 대해 내부적으로
향하는 에너지                          향하는 에너지
**감각(S)** ...................................**직관(N)**
인식을 주로 오감으로 한다.          인식을 주로 패턴 관찰과 예감으
                                          로 한다.
**사고(T)** ...................................**감정(F)**
결정은 이론, 사실, 그리고 합리성     결정은 개인적, 사회적 가치에
에 기초한다.                          기초한다.
**판단(J)** ...................................**인지(P)**
T나 F에 기초해서 빨리 결정을 내      S나 N에 기초해서 결정을 내린다
린다; 조직, 계획하기, 예정표를 좋     자발성, 유연성, 그리고 변화를
아한다.                               좋아한다.

## (2) MBTI 유형과 학습양식과의 관계

이러한 위의 내용을 전제로 MBTI 유형과 학습양식과의 관계를 정리하면 다음
과 같다.

**구체적 능동적 학습자**(외향-감각형, ES; extroverted sensing)는 행동지향적인
현실주의자이며, 네 가지 유형 중에서 가장 실리적이고, 유용한 실제 적용이 분
명할 때 가장 잘 학습한다.

**구체적 성찰적 학습자**(내향-감각형, IS; introverted sensing)는 심사숙고하는 현
실주의자이며 주의 깊고 서두르지 않는 방식으로 실제적이며 사실적인 것을 다루
는 것을 선호한다.

**추상적 능동적 학습자**(외향-직관형, EN; extroverted intuitive)는 행동 지향적인
혁신자이며 넓은 범위의 관심사를 갖고 있고 어떤 것이 발생하게 만들기 위한 도
전으로 새로운 가능성을 좋아한다.

**추상적 성찰적 학습자**(내향-직관형, IN; introverted intuitive)는 심사숙고하는
혁신자이며 내성적이며 학자적으로 자신을 위해 지식에 관심을 갖는다. 그들은
생각, 이론, 이해의 깊이를 평가한다.

구체적 능동적 학습자는 네 가지 유형 중에서 가장 실용적이지만 학구적이지는 않다. 반면에 추상적 성찰적 유형은 가장 학구적이지만 가장 실용적이지 않다. 네 가지 유형 간에는 학구적인 태도나 관심, 그리고 성취에 있어서 상당한 차이점이 있다.

구체적 능동적 학습자(ES; 외향-감각형)는 직접적이고 구체적인 경험, 직접적인 접근법을 추구하며 학습에 임한다. 그들은 실용적이고 직접적인 것을 중요하게 여긴다. 그래서 그들의 인지 초점은 주로 물리적 세계에 있다. 그런데 이들을 지도하는 교사나 교수가 IN형, 즉 내향-직관형일 경우 트러블이 생길 수 있다. 그 교사는 특수한 것보다 전체적인 것을 선호하며, 개념, 생각과 추상 분야에 흥미를 느끼며, 자신들처럼 학생들이 학업에 있어 높은 수준의 자율성을 필요로 한다고 생각한다. 따라서 이들의 학습 스타일의 차이는 학습의 능률을 저하시킬 수 있다.

**직관적 학습자**: 직관적 학습자들은 일반적으로 "큰 그림을 보는" 전체적인 학습자들이다. 그들은 구체적인 명확한 실제보다 가상의 가능성에 인지를 집중한다. 직관적 학습자들은 개념, 생각, 추상의 세계를 좋아한다. 그들에게 우수한 학업성취로 통하는 길은, 이론에서 실제로 이르는 것이다. 그리고 그들은 종종 매우 구조화된 수업보다 허용 범위가 넓은 수업을 선호한다. 그들은 주로 학습에 있어 높은 정도의 자율성을 보이며 지식 자체를 위해 지식을 중요시 여긴다.

직관주의자들은 생각과 학습 선택권에 있어 다양성을 선호하며, 모호함을 불편해 하지 않는다. 이러한 학습 특성은 비판적 사고, 독립성, 사고의 깊이와 독창성, 추상적 생각을 이해하는 능력을 중요하게 여기는 대학의 교수들의 학습양식과 매우 유사하다.

**감각적 학습자**: 감각형 학습자의 학습 유형은 직접적, 구체적 경험을 선호하는 특징이 있다. 어느 정도 구조화되고 연속적인 학습을 선호하며 어떤 것을 행하기 전에 이유를 알고자 하는 욕구를 지니고 있다. 일반적으로 감각적 학습 유형을 선호하는 학생들은 구체적이고, 실용적이며, 직접적인 것을 선호한다. 이러한 학생들은 종종 지적 능력에 자신감이 결여되어 있으며 추상적 생각을 불편해 한다. 그들은 복잡한 개념을 어려워하며 모호함에 대한 관용이 낮다. 그러므로 그들은

사고와 판단에 덜 독립적이며, 권위 있는 사람들의 생각에 좀 더 의존적이다. 사고와 판단을 자신이 독립적으로 주도적으로 하지 못하고, 권위 있는 사람들의 생각에 의존하는 경향이 있다.

그들은 또한 즉각적인 욕구충족에 좀 더 의존적이고 기초적인 학문 기술에 더 많은 어려움을 나타낸다. 감각적 학습자들에게 있어 우수한 학업 성취로의 도달은 대개 실제에서 이론으로 이르게 하는 것이다. 전통적인 접근 방법인 이론에서 실제가 아니다. 왜냐하면 이러한 학습자들은 구조와 명확함 양쪽에서 안정감을 찾기 때문에, 작문 숙제의 길이, 시험 내용과 그들의 수업에서 알아야 하는 것 등에 관한 구체적인 정보를 요구한다. 이러한 명확하고 구체적 상세적인 것에 대한 이러한 지속적인 요구가 이와 성향이 다른 교사들에게는 부담이 될 수 있다.

**외향성 대 내향성:**  내향적인 사람들은 생각, 개념과 추상과 같은 내적인 세계에서 힘을 찾는다. 그들은 힘을 충전시키기 위해 정적이 필요하다. 내향적인 사람들은 세계를 이해하기를 원한다. 그들은 집중가들 이며 성찰적 사고가들 이다. 이들의 좌우명은 준비, 조준, 조준, 또 조준이다. 그들에게 숙고하지 않은 감명이란 없다.

외향적인 사람들은 사물과 사람들에게서 힘을 찾는다. 그들은 다른 사람들과의 상호작용을 좋아하며, 행동 지향적이다. 그들은 상호작용가들이며 서두르는 사고가들이다. 그들의 좌우명은 준비, 발사, 조준이다. 그들에게 표현 없는 감명이란 없다.

어떤 학습자가 학습에서 우위를 점할 수 있을까? 내향적인 사람들은 표현이 어려워 문제가 된다. 외향적인 사람들은 심사숙고가 어려워 문제를 초래한다.

## 3) Grasha-Riechmann의  학습양식과 학습전략

### (1)  Grasha-Riechmann의  학습양식

Riechmann과 Grasha(1974)는 학습양식을 참여-회피, 협동-경쟁, 독립-의존의 차원으로 분류하였다. 분류된 학습양식에서의 차이점을 표로 정리하여 제시하면 다음과 같다.

<표 9-3> Grasha-Riechmann 학습양식 차이

| 참여형 | 회피형 |
|---|---|
| 교과내용 학습에 대한 열망이 큼<br>수업 참여를 좋아함<br>교실학습에 대한 책임감을 전제<br>참여해야 할 경우, 참여함<br> '요구되는 것'을 함 | 교과내용 학습에 대한 무망<br>수업참여를 싫어함<br>책임감을 전제하지 않음<br>참여하지 않음<br> '원하는 것'을 함 |
| 협동형 | 경쟁형 |
| 공유적<br>협동적<br>타인과 함께 공부하는 것을 좋아함<br>교실을 학습과 타인과의 상호작용이 이루어지는 장소로 인식함 | 경쟁적<br>타인보다 잘 하고자 하는 욕구 소유<br>경쟁하기를 좋아함<br>교실을 자신이 반드시 이겨야 하는 승-패의 장으로 인식함 |
| 독립형 | 의존형 |
| 자기 스스로 사고함<br>자신의 의지로 공부함<br>필요한 것을 학습<br>타인의 말에 관심을 가짐<br>자신감이 있음 | 교사를 정보와 구조의 원천으로 인식<br>무언가의 전달을 위해서는 권위 필요<br>요구되는 것만을 학습<br>지적 호기심이 적음<br>소심함 |

그라샤와 리치만의 학습양식과 관련한 몇 가지 연구를 통해서 각기의 학습양식의 장점을 살리고, 단점을 보완하는 학습전략이 제시되었다(Jonassen & Grabowski, 1993).

### (2) Grasha-Riechmann의 학습양식에 따른 전략

**경쟁형 - 협동형**

경쟁형의 학생들이 좋아하는 것을 이용하는 한편, 협동형 학생들의 호기심을 자극하는 수업 조건에는 다음과 같은 것들이 있다.

* 교수모형의 다양화
* 학생중심보다는 교사중심의 수업
* 리더쉽을 기를 수 있는 과제(leadership task) 부여

* 질문할 수 있는 기회의 제공
* 깨달을 수 있는 기회의 제공


**경쟁형** 학생들이 부족한 점을 치료, 교정할 수 있는 수업의 조건은 다음과 같다.

* 지목된 학습자가 이끌고 나갈 수 있는 소규모 집단 학습상황의 제공(집단 구성원들의 합의가 있어야 함)

**협동형** 학생들이 좋아하는 것을 이용하는 한편, 경쟁형 학생들의 호기심을 자극하는 수업조건에는 다음과 같은 것들이 있다.


* 소규모 집단 토론
* 학생들 스스로가 공부할 내용과 과제를 정하고 학습하는 활동
* 개별 과제 수행보다 그룹 과제 수행 독려
* 급우가 평가하여 등급을 매기는 일
* 교사와 그룹간의 상호작용 조성
* 교과 내용에 관하여 교실 밖의 사람들과 이야기 하기

### 회피형 – 참여형
**회피형** 학생들이 선호하는 것을 이용하는 한편, 참여형 학생들의 호기심을 자극하는 수업 조건에는 다음과 같은 것들이 있다.


* 학급활동의 축소
* 읽기나 숙제하기 감면
* 학생들에게 부담을 줄만큼 열정적으로 가르치지 않기
* 조직화되지 않은 강의
* 교사-학생 개인 간의 상호작용 안하기
* 자기평가
* 시험 안보기
* 모든 사람이 통과하는 포괄적 등급 매기기

**회피형** 학생들이 부족한 점을 치료, 교정할 수 있는 수업의 조건은 다음과 같다.

* 학습자의 삶에서 의미 있는 강화물을 찾아내고, 이와 수업과의 관련성을 이끌어 내기.

**참여형** 학생들이 선호하는 것을 이용하는 한편, 회피형 학생들의 호기심을 자극하는 수업조건에는 다음과 같은 것들이 있다.

* 강의와 토론
* 토론할 기회의 제공
* 객관식과 에세이식 테스트의 병행
* 읽기 과제물의 제공
* 수업내용을 잘 분석하고 종합할 수 있는 수업
* 성실한 자료의 제시

**의존형 - 독립형**
**의존형** 학생들이 좋아하는 것을 이용하는 한편, 독립형 학생들의 호기심을 자극하는 수업 조건에는 다음과 같은 것들이 있다.

* 교사가 윤곽을 잡아주는 과제
* 교사 중심의 수업 방법
* 마감시한을 분명히 알려줌

**의존형** 학생들이 부족한 점을 치료, 교정할 수 있는 수업의 조건은 다음과 같다.

* 교사의 지도하에 자신의 과제와 기준을 확인할 수 있는 기회의 제공.

**독립형** 학생들이 좋아하는 것을 이용하는 한편, 의존형 학생들의 호기심을 자극하는 수업 조건에는 다음과 같은 것들이 있다.

* 독자적 학습 과제 제시

* 자기 속도 조절적 과제의 제시
* 학생 설계의 연구과제
* 학생 중심 학습과  교사 중심 학습의 병행

**독립형** 학생들이 부족한 점을 치료, 교정할 수 있는 수업의 조건은 다음과 같다.

* 리더쉽을 발휘할 수 있는 기회가 주어진 상황에서 집단 내의 협동 학습이 이루어질 수 있도록 조치


## 2. 인지양식과 학습

인지양식(cognitive style)은 정보를 조직하는 방식이나 자극에 반응하는 절차에 있어서 개개인 간의 차이를 보이는 선호하는 방식을 의미한다. 따라서 인지양식은 지능이나 그 밖의 어떤 특별한 능력은 아닌 것으로 간주된다. 그럼에도 불구하고 인지양식은 정신능력과 성격 특성의 경계선상에 있는 것으로 종종 간주된다. 인지양식이 '사고'의 양식인 경우 이는 인지적 능력에 속할 수 있고, 사회관계를 포함해 그가 세상에 대처해가는 선호되는 방식으로 보면 성격적 요인에 분류될 수도 있다. 여기서는 그 속성에 관계없이 인지를 다룬다는 점에서 편의상의 분류를 했다.

### 1) 장 독립형과 장 의존형

인지양식 중에서 가장 많이 회자되는 것이 장 독립형과 장 의존형이다. 우선 이 부분을 살펴보고 그 외의 인지양식과 관련된 문제는 한군데로 묶어 살펴보고자 한다.

인지양식에 대해 폭 넓고, 선구적 연구를 주도해 온 위트킨(Witkin & Goodenought, 1981)은 인간의 지각양식이 일정한 방식으로 항상성을 보인다는 사실을 알아냈다. 그는 이러한 지각방식은 일부는 선천적으로 타고나고, 일부는 양육과정에서의 훈련이나 연습의 결과 생기 것으로 보았다. 잠입도형 검사(삽입

된 도형을 찾아내는 검사)를 통해 지각양식을 밝히면서, 위트킨은 지각양식에서
의 장(場) 독립형과 장 의존형을 구분하였고, 이것이 오늘날에는 인지양식에서의
장 독립형, 장 의존형으로 불리게 되었다.

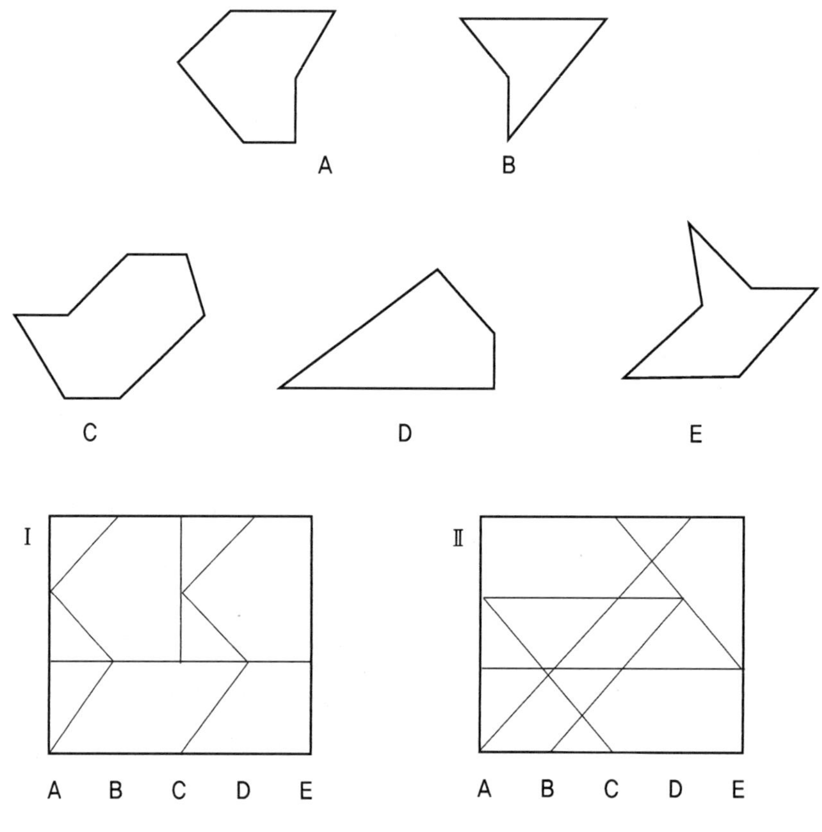



(그림 9-1) 잠입도형 검사의 예

(그림 9-1)에서 제시된 다섯 가지 도형을 I과 II의 복합도형에서 얼마나 빨리
찾아내는가 하는 것으로 양자는 구별되는 바, 빨리 찾아내는 사람이 장 독립형
지각(인지)을 하는 사람이라는 것이다.

즉, 장 독립형의 사람은 전체 장면에서 분리된 부분을 쉽게 지각하고, 그것을
구성 요소별로 구분하여 분석하기를 잘한다는 것이다. 이에 비해 장 의존형의 사
람은 전체적 양태로 지각하며, 상황의 어느 한 국면의 초점을 맞추기가 어렵고,
상세한 것을 찾아내거나 다른 구성 요소와의 비교 분석 등을 잘 하지 못한다는

것이다.

대체적인 결론은 장 독립적인 인지양식을 갖고 있는 사람이 장 의존적인 사람보다 복잡한 자극을 잘 인지하고 분석하며, 이러한 지각과정의 특징은 사고, 문제해결, 학습과 같은 인지행동에 영향을 미친다는 것이다.

케이건과 롭슨(Kagan & Robson, 1963)이 초등학교 3학년을 대상으로 한 연구의 결과는 장 독립형 어린이가 장 의존형 어린이보다 분석력·추리력이 뛰어나다는 것이다. 그 밖에 장 독립형 어린이는 자료의 재조직 능력이 뛰어나고, 논리적 조작능력이 뛰어나다.

또한 장 의존형은 보다 인간관계 지향적인 데 반해, 장 독립형은 과업지향적인 성향이 강하다고 한다(Sigel & Brodzinsky, 1977).

위트킨(Witkin, 1977) 등의 연구에 의하면 장 의존적 학생은 사회적 장에 보다 주목하여 자신의 태도나 신념 규정에 타인을 크게 의식하는 경향을 보였고, 장 독립적인 학생은 타인과 관계없는 여러 가지 자극의 추상적인 국면에 관심이 많다는 것이다. 위트킨은 장 의존성은 사회화 과정과 밀접한 관계가 많은 바, 이는 사회관계, 보호, 소년기의 어머니와의 관계에 큰 영향을 받는다고 한다. 시겔 등의 연구에서 보면 자기신뢰와 호기심을 격려하고, 순응과 복종을 강요하지 않는 가정의 어린이가 보다 장 독립적으로 된다는 것이다.

장 의존형의 사람은 사람을 좋아하고, 다른 사람과 함께 해야 하는 교직 같은 직업을 선호하는 경향을 보인다. 이들은 보다 사람 지향적인 사회과학 같은 영역의 학문분야를 좋아하는 경향을 보인다. 이에 비해 장 독립형은 천문학이나 엔지니어 계통의 직업을 선호하며, 남들과 같이 일하는 데 대해 특별한 가치를 두지 않으며, 객관성과 추상성이 강조되는 수학이나 물리학 같은 과목을 좋아한다.

장 의존형과 독립형 간에는 자료를 구조화하는 데 차이가 있다. 자료가 구조화되지 않은 경우 학습자는 이를 구조화시켜야 하는데 장 독립적인 사람이 자료를 구조화시키는 일을 더 잘한다는 것이다. 만약 그 자료가 잘 구조화된 것이라면, 양자간의 학습능력에 있어서는 차이를 보이지 않는다는 것이다.

레이미레즈 등(Ramirez & Price-William, 1974, Dembo, 1977에서 재인용)에 의하면, 멕시코계 미국 어린이는 장 의존적 경향이 큰 데 비해, 앵글로계 미국 어린이는 보다 장 독립적 경향이 짙다는 것이다. 그런데 미국의 학교환경은 대개 장 독립적 유형이어서 멕시코계 어린이는 학교에서 곤란을 겪고 있다는 것이다.

우리의 경우 이에 대한 사회-문화적 경험적 자료는 없지만 학생들이 장 의존적 경향이 비교적 강한 것으로 보이며, 이러한 경향 역시 주입식 교육을 조장하는 한 요인이 아닌가 생각된다. 교사는 장 의존성과 독립성의 양면을 고루 발달시키는 일을 학업지도와 병행해야 할 것이다(안범희, 1989b).

## 2) 학습자의 인지양식과 교사의 대처

인지양식과 관련하여 볼 때 학생을 대하는 방식이 학생의의 특성에 따라 다소 달라져야 할 것이라는 생각을 해 볼 수 있을 것이다. 어떤 학생에게는 그 자료 중에서 가장 중요한 특징만을 부각시키고, 자질구레한 것은 무시하는 게 오히려 효과적일 것이다. 이는 그 학습자가 지능이 낮아서가 아니라, 단지 그의 인지약식이 전체적인 형태로의 것에만 적합해 분석을 잘 하지 못하기 때문이다. 이들에게는 잘 구조화된 자료를 제시하고, 분명한 제시를 해주고, 단계적이고 점진적인 수업을 해 줄 필요가 있다.

이들은 사회관계적 상황에서 공부를 잘 할 수 있고, 개인적으로 처리하는 과제의 의해서는 동기화가 덜 될 것이다. 다른 학습자(장 독립적인)들은 구조화를 매우 잘 시키지만, 타인의 감정에 대해서는 무심하고, 따라서 사회적 관계 상황에서는 효과적이지 못한 경우이다. 교사는 이들의 특성을 고려해야 하는 바, 이에 대한 위트킨 등이 요약한 바를 소개하면 다음의 <표 9-4>와 같다(Woolfolk, 1990, p. 149에서 재인용).

<표 9-4> 장 의존형-독립형 학생의 학습 특성

| 장 의존형 | 장 독립형 |
| --- | --- |
| ① 사회 관련 내용의 자료를 더 잘 공부함<br>② 사회관련 정보를 더 잘 기억함<br>③ 분명한 구조, 목표, 강화가 요구됨<br>④ 비판에 큰 영향을 받는다<br>⑤ 비구조화된 자료의 학습에 상당한 어려움을 보인다<br>⑥ 기억을 매개로 하여 가르칠 필요가 있다<br>⑦ 주어진 구조를 받아들이기는 하되 이해에는 어려움을 보인다<br>⑧ 문제를 어떻게 푸는지에 대해 보다 자세한 지도가 필요하다 | ① 사회관련 내용에 관심을 갖게 하는 지도 필요<br>② 사회관련 정보를 이해함에 있어서 맥락을 이용하는 방법을 가르쳐 준다<br>③ 자기가 목표를 설정하고, 스스로 실천한다<br>④ 비판에 적게 영향을 받는다<br>⑤ 비구조화된 상황을 스스로 구조화시킬 수 있다<br>⑥ 상황을 분석하고 이를 이해할 수 있다<br>⑦ 자세한 지도 없이 문제해결을 쉽게 하는 편이다 |

한편, 디스테파노(DiStefano, 1969)는 인지양식이 서로 다른 학생들 간에는 서로를 조화시키고 긍정적으로 보는 반면, 교사와 학생 간에는 인지 양식이 다른 경우, 서로를 부정적으로 보는 현상을 발견한 바 있다. 장 독립형 교사는 장 독립형 아동을 더 긍정적으로 보고, 장 의존형 교사는 장 의존형 학생을 더 선호한다는 것이다.

교사와 학생 간에는 인지양식이 일치하면 학업은 더 증진된다. 따라서 교사는 양자를 조화시킨 교수방법을 쓸 필요가 있다. 학생들은 두 가지 인지양식 모두를 발달시킬 수 있는 능력이 있음을 주지할 필요가 있다. 교사는 두 가지 인지양식에 모두 도움을 줄 수 있는 학습 환경을 제공해야 할 것이다.

(1) **장 의존적 환경의 제공** : 집단 과제의 제시, 교사와 밀착된 학습, 윤리나 사회적 배경을 지닌 학습자료 제공, 학생의 흥미를 끄는 자료 제공 등

(2) **장 독립적 환경의 제공** : 개별적 활동, 교사의 관여를 최소화하는 학습, 도해나 차트 사용, 학생 개개인의 성취를 강조하는 공부방식의 제공

### 3) 충동형과 사려형

인지양식은 충동형(impulsivity)과 사려형(reflectivity)으로 구분되기도 한다. 같은 도형 찾기 검사에서 정확한 답을 빨리 찾게 하는 경우, 충동형은 빨리 찾겠다는 욕구에 압도되어 급히 선택하고 실수도 많이 한다. 사려형은 보다 주의 깊게, 그리고 분석적으로 그 과제를 다루기 때문에 정확한 답을 한다. 그러나 속도는 느린 편이다.

사려형은 문제해결 과제에 보다 성공적이고, 인지적 활동에 상당한 수준의 주의를 기울이고, 답의 질에 관심을 많이 갖는다. 따라서 사려형은 성숙한 지적 전략으로 볼 수도 있다. 그러나 이를 인지양식으로 보는 데에는 문제가 있다. 어떤 사람은 빠르고도 정확한 답을 하지만, 느리고도 틀린 대답을 하는 사람도 있기 때문이다. 그러므로 사려성은 부분적으로는 능력으로, 한편으로는 성격으로 볼 수도 있는 것이다.

충동성과 사려성은 인지적 속도, 또는 개념적 속도로도 불리우며, 정보처리의 (연속적)과정을 설명하는 개념이다. 이 개념은 인간의 개인적 경향 즉, 어떤 자극

에 대하여 자신의 반응을 억제하는 수준의 정도나 그에 대하여 즉각적으로 반응할지 아니면 보다 숙고할지의 수준을 살펴보는데 사용된다. 충동성은 보다 빠른 반응과 보다 많은 실행 오류를 일으키는 반면 사려성은 보다 긴 시간의 반응시간을 가지게 되며 실행 오류 또한 상대적으로 적은 편이다.

충동성과 사려성에는 두 가지의 차원 즉, 반응 대기시간(response latency)과 실행 오류(performance error)가 있다. 반응 대기 시간은 주체자가 반응을 보이기 전에 기다리는 시간의 총량을 의미한다. 충동성은 사려적 반응보다 빠르게 반응하는 경향이 있다. 실행 오류는 그러한 반응에 의하여 나타나는 실행의 정확성을 의미한다. 일반적으로 '사려'는 실행에 있어서 보다 적은 오류를 일으키는 경향이 있다. 이 두 가지 변인은 높은 관련성이 있다. 학생들의 응답이 빠르게 이루어질수록 그들의 오류 가능성은 크다. 사려성이 높은 학생들은 실행 오류를 줄임으로써 성취수준을 높일 수 있지만, 충동성이 큰 학생들은 자신들의 반응을 잘 수정하지 않는 경향이 있다. 사려성이 있는 정보 처리자는 반응하기 전에 자신들의 반응을 숙고하고 평가하지만, 이 기술이 부족한 사람들은 멈추어서 생각하고, 듣는데 실패하게 된다.

충동형과 사려형은 오류를 최소화 하고자 하는 정도에 따라 차이가 난다. 사려형은 오류를 피하기 위하여 대안적인 해결책을 생각하는데 보다 많은 시간을 할애한다. 충동형은 그렇지 않다(Gullo, 1988). 사려형과 비교할 때 충동형은 다소 불안감이 높고 자신감이 부족한 것으로 평가된다. 이러한 특성들은 충동적인 아동들로 하여금 반응의 속도를 빠르게 만드는 것으로 나타났는데, 이는 불확실성과 상황의 모호한 속성 때문에 스트레스가 발생하기 때문이다. 충동형은 자신이 늦게 반응할 경우 무능력한 사람으로 인식될 것이라는 공포감 때문에 불안감이 높다.

충동성과 사려성은 아동과 성인들의 문제해결과 관련이 있다. 즉, 충동성과 사려성을 통하여 명확성에 동반되는 응답 속도의 지체뿐만 아니라, 개인적인 문제해결 활동이 어떻게 다른지를 알 수 있다. 사려형은 충동형보다 정보를 보다 조직적으로 모으고 평가한다.

지나치게 충동적이거나 숙고(사려)적이 것은 문제가 된다. 전자는 생각 없이 빨리 처리하고, 후자는 하염없이 생각하기 때문이다. 물론 지능이 낮아서 오래 생각할 수밖에 없는 경우도 있다. 일반적으로 충동적인 것을 전적으로 지적 결함에 따른 것으로 보지는 않으므로, 이에 대한 보완적인 지도가 필요하다고 하겠다. 충동형과 사려형의 차이를 요약하면 다음과 같다.

<표 9-5> 충동형과 사려형의 차이

| 충동형 | 사려형 |
| --- | --- |
| 활동적 | 성찰적 |
| 불안정적 | 안정적 |
| 감각적 | 언어적 |
| 포괄적 | 분석적 |
| 산만성 | 집중성 |
| 흥분성 | 조용함 |
| 저조한 성취자 | 높은 성취자 |
| 보상에 민감 | 보상에 민감하지 않음 |
| 미래 지향적 | 현실 지향적 |

이제까지 소개된 연구와 충동성/사려성에 관한 설명을 근거로 할 때, 이들은 동일한 (정점의) 구조를 가지고 있으며 충동형은 사려형보다 저조한 능력을 보이며 이에 따라 어떤 과제에서도 사려형을 능가하지 못할 것이라는 점을 알 수 있다. 적어도, 충동성의 장점을 지지할 수 있는 연구들은 전혀 없었다.

이상을 근거로 할 때, 사려형은 다음에서 보는 바와 같이, 어떠한 학습과제에서도 우월한 능력을 보인다고 볼 수 있다.

● 구조화된 정보의 회상

● 읽고 이해하는 능력과 본문의 해석

● 문제해결과 의사결정 과제

충동형이 좋아하는 것들을 이용하는 한편, 사려형의 호기심을 자극하는 수업조건에는 다음과 같은 것들이 있다.

● 학습자의 (사고)처리과정을 통제하는 고도로 조직된 단원
  * 작은 수업 단위
  * 연산방식의 수업계열

충동형의 부족한 점을 보충하는 수업의 조건은 다음과 같다.

- 과제의 불명확성 줄이기: (수업의) 방향과 결과를 (미리) 제시하기
- 사려적 테스트에 필요한 전략의 명확한 교수
- 행동적(haptic) 훈련
- 언어적 중재 전략 - 새로운 정보의 명명화
- (사고)처리과정을 보류함으로써 학습자가 학습과제에 대하여 숙고할 수 있도록 하기
- 학습자들로 하여금 응답할 수 있는 시간을 늘리게 하고 오류는 줄이도록 강화하기
- 사려적 행동의 모형화
    * 요구된 행동과 평가기준을 묘사하기
    * 학생들로 하여금 새로운 단어 목록을 찾아보도록 요구하기
    * 학습자들에게 필요한 수업상의 보조적 도움을 주기(예제의 수, 연습목록)
    * 학습자들에게 (자신들의) 질문을 (수업)목표에 관련짓도록 요구하기
    * (학습자의 오류를 수정할 수 있는) 교정적인 피드백의 제공

사려형이 좋아하는 것들을 이용하는 한편, 충동형의 호기심을 자극하는 수업조건에는 다음과 같은 것들이 있다.

- 낮은 (수준의) 구조
- 학습자(스스로)의 통제와 의사결정을 보다 많이 요구하기

### 4) 순차형과 총체형

순차적 학습/총체적 학습의 인지양식은 정보의 조직과 관련된 것으로 학습자들이 정보를 선택하고 표현하는 방법을 설명하는 상반되는 정보 처리 인지전략의 기준이다

처음으로 총체적 인지양식과 순차적 인지양식을 구분한 파스크(Pask, 1976)는 관련 연구를 통해 다음과 같은 결론을 얻었다. 전자의 속성을 가진 학습자는 문

제해결에 있어서 별 관계가 없는 사실들 간의 관련성을 찾기 위해 노력하고, 과장된 설명을 하고, 기발한 생각을 하거나 개인적 유추를 하는 등 과제를 전체로 보는 경향을 보였다. 그러나 순차적 학습양식의 소유자는 단계별 학습절차를 선호하고, 어떤 주장을 함에 있어서 세세한 사실과 증거에 보다 많이 의존하며, 학습과제를 수행함에 초점을 좁히는 경향을 보였다.

총체적 학습자는 우선 정보에 대한 광범위한 묘사에 집중함으로써 학습하는 전체적이고 주제적인 접근 방법을 사용한다. 총체적 학습자는 대개 동시에 한 주제의 여러 면에 주의를 집중한다. 그리고 계층적 구조의 다양한 단계들을 포함하는 많은 목표들과 작업 토픽(working topics)들을 가진다. 그런 후 다단계의 정보와 연결하기 위해 복잡한 연결고리들을 사용한다. 상위의 관계로부터 하위의 요소들이 연결되는 top-down approach를 사용하기를 좋아한다(Tillema, 1982). 한 토픽에 있어서 이론적이고, 실용적이고, 개인적인 면들 간의 내부 연계는 유추, 비교, 일화의 사용을 통해 형성된다(Entwistle, 1979; Ford, 1985). 파스크(Pask, 1976)는 총체적 학습자의 단점을 세부 사항을 간과하거나, 이에 충분히 집중하지 못하는 점으로 보았다.

순차적 학습자는 전체적인 그림을 개념화하기 전에 세부 사항과 처리 순서에 더욱 면밀하게 집중하는 접근방법을 사용한다. 그들은 대개 계층구조의 하위에 위치한 작은 정보 묶음에 주의를 집중하면서 1차원적인 순서로 정보를 결합한다. 즉, bottom-up approach를 사용한다. 순차적 학습자는 단순한 연결고리를 사용해 연관질 수 있는 잘 정의되고 순서적으로 나열된 묶음에 집중하여 이런 좁은 틀 안에서 계단을 한 개씩 오르듯 작업한다(Tillema, 1982). 전형적으로 순차적 학습자는 객관적이고 논리적인 논거를 발달시키기 위해 개념들 간의 연결고리들을 시험한다. 파스크는 순차적 학습의 단점을 중요한 연관성들을 무시하거나 간과하는 것으로 보았다.

Pask(1984)는 융통성 있는 학습자를 총체적 및 순차적 학습전략 양쪽을 다 이용하는, 그리고 "최초의 충돌인 여러 가지 전망(perspectives) 혹은 가설의 주요부분에서의 충돌을 나란히 놓거나 해소함으로써 유용한 유추를 창조"(p.16)하는 학생들이라고 설명했다. 그렇게 함으로써, 그들은 전체적인, 그리고 상세하고 한정된 접근방법 양쪽을 사용할 수가 있다. 그들은 묘사와 처리 순서로 구성된 완전하고 깊은 이해를 성취하는데 성공한다. 융통성 있는 학습자는 대부분의 혹은 모든 교수방법으로부터의 학습에 능숙하다.
  양자의 특성을 표로 정리하면 다음과 같다

<표 9-6> 총체적 학습자와 순차적 학습자의 차

| 총체적학습자 | 순차적학습자 |
| --- | --- |
| 총체적 접근방식의 학습 | 한정된 접근방식의 학습 |
| 개념 지향적 | 세부 사항 지향적 |
| 낮은 변별 기술 | 높은 변별 기술 |
| 동시적 자료 처리 | 사안별 처리 |
| 광범위한 묘사 처리 | 면밀한 처리 순서에 입각 |
| 넓은 계층구조 사용 | 좁은 계층구조 사용 |
| top-down processor | bottom-up processor |
| 한번에 다양한 수준을 다룸 | 차례차례 작업함 |
| 이론과 실용을 연관시킴 | 이론과 실용의 분리 학습 |
| 넓은 관련성 지향 | 좁은 관련성 지향 |
| 이해 위주의 학습 | 작동적 학습 위주 |
| 일반화된 가설 형성 | 특정한 가설 설정 |
| 이전 경험에 개념을 연관시킴 | 개념 안에서 특성들을 연관시킴 |
| 개념의 개인화 | 객관적으로 남아있음 |
| 전체와 부분의 부정확한 연결 우려 | 중요한 연결을 무시할 우려 있음 |

  순차적 학습과 총체적 학습과 관련된 연구들을 정리하면 총체적 학습자는 다음과 같은 학습 과업에서 좀 더 뛰어난 것 같다는 결론을 내릴 수 있다.
  **요약하기, 개념적인 개관, 변환 과업, 퇴고, 많은 토픽들 종합하기**

  이들은 다음과 같은 학습전략들을 습득하고 효과적으로 사용한다.
  **단락화/요약, 이미 지니고 있는 지식과 새로운 지식 비교하기**
  **개념 지도 그리기/ 의미 망상 조직, 원인 추론, 결과 예상**

  순차적 학습자는 다음과 같은 학습 과업에서 보다 더 뛰어난 것 같다고 결론 내렸다.
  **정보 회상해 내기, 세부사항에 주의 집중하기, 지식 조직하기, 절차적·순서적인 과업**

그리고 다음과 같은 학습전략들을 습득하고 효과적으로  사용한다.

**정보 조사하기, 자료의 정당성 입증하기, 정보에 집중하기, 현재의 정보 평가하기, 회상을 위해 자료 반복하기, 핵심 아이디어의 분석, 윤곽 그리기**

총체적 학습자가 선호하는 방식을 이용하면서 순차적 학습자를 자극하는 교수 방법에는 다음과 같은 것들이 있다.

- 시뮬레이션
- 학습자들에게 유사한 내용과 관련짓기를 요청하기
- 발산적인 사고의 예를 제공하기
- 정교화를 통해 회상하도록 학습자에게 요청하기
- 정보로부터 추론하기
- 이야기 줄거리 만들어 내기, 이야기체의 정보 설명
- 패턴 노트 조직하기와 그래픽 조직자
- 귀납적 순서 사용하기

총체적 학습자의 단점을 보완할 교수 상황은 다음을 포함한다.

- 강조점 부각시키기
- 윤곽 제시하기
- 작은 묶음으로 세부 사항 설명하기
- 연관된 세부 사항들 밑줄 긋기
- 핵심 아이디어 분석하기
- 분석적, 세부적 피드백 제공하기
- 수업 진행 사이사이에 질문하기

순차적 학습자의 선호를 이용하면서 총체적 학습자를 자극하는 교수사항은 다음과 같다.

- 내용의 윤곽 제시하기
- 어울리는 예/반례 제공하기
- 학습자에게 정보의 출처 골라내기를 요청한다.
- 학습자에게 이해도를 관찰해 볼 것을 요청한다.
- 노트에 적기

- 핵심 아이디어 분석하기
- 요소 유목화 하기
- 분석적, 세부적 피드백 제공하기
- 학습과다
- 연역적인 순서 사용하기

순차학습자의 단점을 치료하고 보완할 교수상황은 다음을 포함한다 :
- 내용의 관련성 설명하기
- 내용 목차 만들기
- 학습자에게 친근한 내용과 관련짓기
- 그래픽 조직자/개관 제시하기
- 정의 석의 하기
- 원형적인 예 사용하기
- 발산적 사고 예 사용하기
- 정교함 제시하기
- 풍부한 피드백 제공하기

학생들은 인지양식에 있어서뿐만 아니라, 학습양식에 있어서도 현저한 개인차를 보인다. 학습양식은 학업성취에도 상당한 영향을 미친다. 지능이나 정서적 요인, 성격적 문제보다도 학습양식의 영향이 더 클 수도 있는 것이다. 집중력이나 지구력은 학업성취의 가장 중요한 변수의 하나이다.


## 3. 인지양식 및 학습양식 총괄

인지양식이나 학습양식에 대한 논의 중 상당 부분은 개인이 정보를 받아들이고, 처리하고, 저장하고, 소통하는 방식에서의 지각양식을 설명하는데 할애된다. 그들은 학생들을 시각적, 청각적, 또는 촉각적 학습자 중의 하나로 분류한다. 반면에 이러한 분류가 단지  선호도와 능력만을 가리키고 있다는 것을 지적하는 학자도 있다.

　　Keefe (1988)는 사람마다 어느 한 쪽에 더 기울어 있는 것으로 여겨지는 인지 및 학습양식의 차이를 다음과 같은 20가지로 분류하고 있다.

## 1) 20가지 기본적 인지 및 학습양식

　　1. 지각방식: 두드러진 것/자기가 선호하는 것
　　2. 장독립적/장의존적(분석적 vs.비분석적)
　　3. 동시적-연속적 처리(정보 처리 경향)
　　4. 초점 중심-전체 주목(주목 방식)
　　5. 연역적-귀납적(개념화 양식)
　　6. 사려적-충동적(개념화 속도)
　　7. 좁은-넓은 유목화(등가화 범위)
　　8. 단순한-복잡한(인지 복잡성)
　　9. 예리한-수준별(기억 양식)
　　10. 활동적-성찰적 지향(외향적-내향적)
　　11. 사고적 판단-감정적 판단(의사결정 가치)
　　12. 사회적 동기화의 차이(사회-문화적 결정 정도)
　　13. 불안 수준 (각성 및 활성화 정도)
　　14. 구조화에 대한 필요성 정도(개념화 수준)
　　15. 성취동기 수준
　　16. 모험적-신중함(애매모호한 것에 대한 참을성)
　　17. 지속성이 정도
　　18. 활동 선호 시간(생리적 리듬)
　　19. 환경적 요소(소음, 빛, 온도, 공식적-비공식적)
　　20. 변동의 욕구 정도

## 2) 인지 및 학습양식에 따른 학습전략

　　시각적, 촉각적, 언어적, 청각적 등의 선호하는 인지양식에 따른 차이도 인지 및 학습양식에서 많이 논의되는 사항이다. 이에 대한 분류는 여러 형태로 나타나므로 일률적인 언급에 다소 어려움이 있다. 따라서 이를 순서 없이 살펴보면 다음과 같다.

### (1) 시각형/언어형의 설명

시각형/언어형의 인지유형은 정보에 주의를 기울이고 처리하는데 있어서 시각적 정보 혹은 언어적 정보에 대한 개인적 선호를 의미한다. 어떤 사람은 도표, 그림, 삽화와 같이 시각적인 것을 통해 정보를 처리하는 것을 선호한다. 또 어떤 사람은 읽기나 듣기와 같이 말을 통해 정보를 처리하는 것을 선호한다( Kirby, Moore & Schofield, 1988).

시각적 차원은 5가지 특성, 즉 공간적 관계, 시각적 구별, 도형과배경의 구별, 시각적 완결성과 대상 지각으로 특성 지워진다. 시각형은 심상과 개인적인 정보를 사용하여 좀 더 구체적으로 사고하는 경향이 있다. 학습할 때 교재를 바탕으로 한 자료에 그래프, 도표나 그림을 덧붙이기를 선호한다. 언어형은 심상에 의한 것보다 읽기나 듣기와 같은 낱말들로 정보를 처리하는 것을 선호한다( Kerby et al., 1988). 그들은 또 그들이 학습하는 정보에 대해 훨씬 더 객관적이다.

다른 분류는 높은 심상과 낮은 심상의 차원에서 설명되었다. 고심상 능력을 가진 사람들은 상징을 통해 정보를 처리하는 시각형이다. 반면에 저심상의 능력을 가진 사람은 언어형이 되며 언어적 상징을 통해 정보를 처리하는 경향이 있다.

양자간의 차이는 다음의 <표 9-7>과 같다.

<표 9-7> 시각형/언어형의 특성적 차이

| 시 각 형 | 언 어 형 |
| --- | --- |
| 심상 지향적인 | 단어 지향적인 |
| 도해에 능통한 | 단어에 능통한 |
| 꿈이 생생한 | 꿈을 거의 안 꾸는 |
| 보아줄 사람이 있는 것을 선호하는 | 생각에 관해 읽기를 즐기는 |
| 조각그림 맞추기를 즐기는 | 단어 게임을 즐기는 |
| 주관적 자기지향 | 객관적 과업지향 |
| 좌안구 운동 | 우안구 운동 |
| 시각적 이해 | 어의의 복합성을 이해 |
| 심상을 다루고 변형하는 | 상징을 다루고 변형하는 |

## (2) 시각형/언어형에 관련된 개인적 차이

**장 의존적/장 독립적**: 시각형은 보다 장 의존적인 반면 언어형은 보다 장 독립적이다( Kirby et al., 1988).

**총체적/ 순차적**: 시각형은 보다 총체적이며 언어형은 보다 순차적이다.

**좌우 뇌**: 특정의 심리적 기능을 통제하는 좌뇌와 우뇌의 영역과의 관련성을 재는 것이다. Richardson(1977)은 시각형은 우뇌 영역과, 언어형은 좌뇌 영역과 관계가 큰 것으로 보았다.

**내향성/외향성**: 시각형은 보다 내향적인 반면 언어형은 보다 외향적이다( Riding & Burt, 1982).

**정신 능력**: Kirby등(1988)은 언어형이 어휘, 언어 유사성, 언어 추리, 언어 유추 문제 해결 등에서 측정되는 언어 능력에 강점이 있고, 시각형은 복합적인 모양의 복합적인 변형이 필요한 공간적 시각화와 정적 상관이 있다고 보고했다.

## (3) 유형별 학습전략

**시각형** : 시각형에 유리한 학습전략은 다음과 같다.
- 밑줄 긋기 등에 형광펜을 사용한다.
- 장이나 절 별로 기억할 요점을 필기한다.
- 필기 내용을 컬러로 만들어 다시 복사하여 공부한다.
- 칼럼, 범주, 외곽선 등을 사용하여 노트를 시각적으로 조직하거나 재조직한다.
- 정보가 위치한 곳을 시각적으로 기억한다.
- 일정표, 모형, 도표, 망 등을 작성한다.
- 아무 때나 볼 수 있도록 벽, 침대보, 큰 포스터에 사실, 공식, 포스트 잇, 노트 등을 붙여둔다.
- 색인 카드에 있는 사실, 공식, 필기를 정리하고 벽, 게시판, 마루, 침대 등에 재정리한다.
- 위의 두 가지를 위해 색 코드 마커나 카드를 사용한다.
- 시각적 기억술을 사용한다.
- TV/video는 이해하거나 기억하는데 중요한 보충을 해준다.

- 시각적 활동 "배경"의 사용은 집중하는 것을 도와준다.

**시각적·비언어적 학습자**(시각적이고 따라서 비언어적인 학습자)들에게 권장되는 사항들을 더 첨부하면 다음과 같다. 기억하는데 필요한 핵심 정보의 플래쉬 카드를 만들어라. 기억을 쉽게 하기 위해서 카드에 기호와 그림을 그려라. 그 플래쉬 카드에 핵심 단어와 그림을 강조하기 위해 형광펜을 사용하라. 카드 당 정보의 양을 제한해서, 당신이 마음속으로 정보의 "그림"을 가질 수 있게 하라. 당신이 그 글을 기억하는데 도움을 주는 핵심 어휘, 기호, 다이어그램을 교과서의 가장자리 여백에 표기하라. 그 정보의 "색 분류(color code)"를 위해 대비되는 색의 형광펜을 사용하라. 수학적이거나 기술적인 정보를 배울 때에는 그 정보를 체계화하기 위해 도표를 만들어라. 수학적인 문제가 단계의 어떤 연속성을 포함할 때, 연속성에서 정보의 적절한 내용을 포함하는 각각을 일련의 박스로 그려라. 핵심 개념들을 설명하는 도표와 다이어그램을 만드는 것을 보조해주기 위해 커다란 모눈종이를 사용하라. 기억하기 위해 필요한 자료를 체계화하는 것을 보조하기 위해 컴퓨터를 사용하라. 워드 프로세싱을 사용할 때는 코스 자료를 이해하고 유지하도록 도와주는 표와 도표를 만든다. 배울 필요가 있는 자료를 더욱 체계화하기 위해서는 스프레드시트와 데이터베이스 소프트웨어를 사용해라. 가능한 많이 어휘와 개념을 기호, 그림, 다이어그램으로 변환해라.

그림, 도표, 지도, 그래프와 같은 시각적 자료들을 사용하라. 글에서 중요한 포인트를 강조하기 위해 색을 사용해라; 노트를 쓰거나 교사에게 인쇄물 제공을 요청해라; 필기 전에 너의 생각을 그림이나 브레인스토밍 버블로 형상화하라. 이야기를 쓰거나 그것을 그려라; 멀티미디어를 사용해라(컴퓨터, 비디오, 슬라이드) ; 언어적 방해물들에서 떨어진 조용한 장소에서 공부해라 ; 그림책을 읽어라; 기억에 도움을 주기 위해 정보를 그림으로 시각화해라.

**언어형**: 언어형에 유리한 학습조건들로는 다음과 같은 것들이 있다.

- 필기 없이 듣기.
- 그룹 토의, 스터디 그룹에 참여.

- 새로운 학습 이후 즉시 친구와 함께 개념, 사실, 견해를 논의할 필요가 있다.
- 종종 친구와 통화하면서 숙제를 하는 것이 더욱 잘 이해되고 많이 남는 것처럼 보인다.
- 나중에 다시 듣기 위해서 강의나 노트를 녹음한다.
- 기억을 위해서 사실, 공식, 정보를 반드시 반복해서 말한다.
- 말하며 걷는 동시에 공부한다.
- TV/비디오/라디오는 정보를 얻는데 유용하다.
- 기억력을 돕기 위한 운율, 리듬, 또는 음악으로 정보를 설정한다.
- 청각적 기억술을 활용한다.
- 정보가 청각적 영역의 어디에 위치하는지 기억한다.(종종 "누가 말했지?"를 덧붙인다.)
- 공부하기 위해 각기 다른 목소리를 쓴다(대본을 만들거나 연극을 연기하는 것처럼)
- 집중하기 위해 당신에게 도움이 되는 배경음악을 사용한다.
- 조용한 공부 환경을 선호한다.

**언어적·청각적 학습자**(언어적이고 따라서 청각적인 학습자들)를 위한 학습 전략으로는 다음과 같은 것이 있다.

당신을 도와줄 수 있는 스터디 그룹에 합류해라. 또는, 핵심 정보를 복습하고 시험을 준비하기 위한 전제로 진행하는 "스터디 버디"로 일해라. 혼자 공부할 때에는 기억하는데 도움이 되기 위해 큰 소리로 말해라. 당신 스스로를 아무도 귀찮게 하지 않는 방에 있게 하고 노트와 교과서를 큰 소리로 읽어라. 강의를 녹음해라. 관계없는 정보가 녹음되는 것을 피하기 위해 '일시 정지' 버튼을 사용해라. 세 자리 카운터가 있는 녹음기기를 사용해라. 각각의 강의가 시작할 때 카운터를 '000'으로 설정해라. 만약 강의 중에 논의하는 개념이 특별히 혼란스럽게 보인다면, 그 카운터 숫자를 흘긋 보고 노트에 그것을 적어둔다. 나중에, 당신은 수업 중에 헷갈렸던 그 자료를 복습하기 위해 그 숫자를 빨리 앞당길 수 있다. 녹음하는 동안 카운터와 일시정지 버튼의 사용을 하도록 하는 것이 강의 테입을 몇시간 동안 들어야하는 지루한 작업를 피하도록 해준다. 기억을 돕기 위해서 오디오 테입을 상업용 책 테이프처럼 사용하라. 또는, 녹음기로 노트와 교과서의 정보를 읽어서 당신만의 오디오 테입을 만들어라. 시험을 준비할 때에는, 당신 차의 테이프 플레이어나 "워크맨" 플레이어로 들을 수 있을 때마다 그 테이프를 복습해라. 수학적이거나 기술적인 정보를 배울 때에는, 새로운 정보를 통해서 "당신만의 방식을 말해라" 당신만의 어휘로 그 문제를 진술해라. 자신에게나 공부 파트너에게 큰 소리로 말하며 문제해결법을 논한다. 단계의 연속성을 배우기 위해서는, 그것들을 문장형식으로 쓰고 큰 소리로 읽어라.

수업 토론/논쟁에 참여해라; 연설과 발표를 해라: 필기하는 대신 강의 중에 녹음기를 사용해라; 글을 큰 소리로 읽어라; 기억하는데 도움이 되도록 음악적인 운율을 만들어라; 기억하는데 도움이 되도록 기억술을 만들어라; 당신의 생각을 말로 토론하라; 누군가가 당신의 생각을 받아 적는 동안 그들에게 구술하라; 언어적 논리를 사용하고 당신의 요점을 말로 나타낸다.

**촉각적·운동감각 학습자를 위한 전략** : 촉각적/운동감각 학습자를 위한 몇 가지 전략이 있다.

수업에 집중할 수 있도록 교실의 앞쪽에 앉고 수업 시간 동안에는 필기를 한다. 철자가 맞거나 완벽한 문장을 쓰는 것에 대해서는 걱정하지 마라. 당신이 들은 정보를 기억하는데 도움이 되는 핵심 단어를 메모하고 그림을 그리거나 도표를 만들어라. 공부할 때, 교과서, 노트, 플래쉬 카드를 손에 들고 앞뒤로 걸으며 그 정보들을 큰 소리로 읽어라. 당신이 배운 것을 유형화 시키는 방법을 생각하라, 즉 그것은 당신이 손으로 만질 수 있는 어떤 것이다. 예를 들면, 핵심 개념을 나타내는 모형을 만든다. 중요한 절차를 배우기 위해 만들어놓은 실험실에서 남는 시간을 보내라. 당신 주제의 직접적 경험을 얻기 위한 장소(예를 들면, 박물관, 역사적인 장소, 또는 일터)에서 시간을 보내라.

단계들의 연속성을 배우기 위해서 각 단계마다 3"×5" 플래쉬 카드를 만들어라. 그 카드를 올바른 순서로 테이블 위쪽에 배열해라. 당신의 플래쉬 카드에 정보를 기억하는데 도움을 주는 단어, 기호, 그림을 넣어라. 중요한 요점을 강조하기 위해 대비되는 색들로 형광펜을 사용해라. 기억하는데 도움이 되는 카드 당 정보의 양을 제한해라. 순서가 자동적으로 될 때까지 카드를 놓는 연습을 해라. 새로운 정보를 복습할 때, 칠판, 화판, 또는 다른 쓸 수 있는 커다란 면에 핵심 요점들을 복사해라. 촉감을 통한 학습을 강화하기 위해 컴퓨터를 사용하라. 워드 프로세싱 소프트웨어를 사용할 때 당신의 노트와 교과서의 중요한 정보를 복사하라. 반드시 배워야하는 자료를 더욱 체계화하기 위해서 그림, 표, 스프레드 시트를 사용하라. 운동하는 동안에 워크맨 테이프 플레이어로 오디오 테입을 들어라. 중요한 과목 정보가 포함되어있는 당신만의 테입을 만들어라.

더 많은 추천이 있다, "공부하는 종종 휴식을 취해라; 새로운 것을 배우기 위해 주변을 돌아다녀라. 선 채로 공부해라; 공부하는 동안 껌을 씹어라; 읽는 자료를 강조하기 위해 밝은 색을 사용해라; 당신이 일하는 곳을 포스터로 꾸며라; 당신이 원한다면, 공부하는 동안에 음악을 들어라; 자료를 자세히 읽어 고정되기 전에 무엇에 관한 것인지 대략적인 생각을 얻기 위해 읽는 자료를 대충 훑어보아라."

인지양식과 관련된 여러 부분을 엔트위스틀(Entwistle, 1990, p. 260)은 다음과 같이 정리한 바 있거니와 이러한 여러 가지 요소(특히 통합적인 A+B의 상태)를 고려한 학습이 요망된다 하겠다.

그는 학습 자료를 제시함에 있어서 자신의 방식만을 고집하는 일은 매우 위험하고, 독선적인 일이라 하면서, 학습자가 자신의 인지양식을 깨닫고 이의 장점을 살리면서 취약한 부분을 보완해 나가도록 지도해야 한다고 했다.

〈표 9-8〉 인지양식과 학습과의 관계

| 양식 | 통합적 | 양식 | 양식 | |
|---|---|---|---|---|
| 유형 | A+B | A | B | 미개발 상태 |
| 지각 | – | 장 의존적 | 장 독립적 | – |
| | 빠르고 정확 | 충동적 | 사려적 | 느리고 부정확 |
| 정보 처리 | | | | |
| 유목 | – | 광범위 | 협소 | – |
| 개념 | – | 관계적 | 분석적 | 기술(記述)적 |
| 사고 | 둘다 강함 | 발산적(상상적) | 수렴적(논리적) | 둘다 약함 |
| 학습 | 통합(다능) | 총체적 | 순차적 | 기계적 |
| 성격 | 통합적 | 표현적 | 자기규제적 | – |
| | | 정서적 | 억제적 | |
| | | 인지적 복합 | 실용적 | |

# 제 10 장
## 지적능력과 학습

# 1. 학습의 개인차

학습에는 개인차가 있기 마련이다. 게다가 지적 능력과 성격, 정서적 측면, 동기 등은 학습에 큰 영향을 미친다. 이러한 몇 가지 개인적 특성과 학습과의 관계를 개인차를 염두에 두면서 살펴보기로 하겠다.

개인차에 대한 초기 연구의 대부분은 인간의 지능에 대한 차이를 밝혀내는 것이었다. 그러다 점차 성격적인 면, 지각적인 면으로 그 범위가 확대되었다. 인간의 신체 및 생물학적·생화학적인 측면에 있어서의 개인차가 매우 크다는 사실은 이미 알려진 사실이다. 인간의 심리적 특성에 있어서도 개인차의 정도가 매우 크다는 사실이 많이 밝혀지고 있다.

트라버스(Travers, 1970, p. 193)는 개인 차 중에서도 주로 학습과 관련된 여섯 가지 변인을 다음과 같이 제시하고 있다.

(1) **지각의 차** : 사람들은 자신에게 보여진대로 행동함으로 그러한 지각의 차이가 학습에서도 차이를 나타낸다.

(2) **지능의 차** : 학생들은 다양한 능력과 재능에서 각기 수준의 차이를 보인다. 지능과 수월성은 다양한 차원을 갖고 있다.

(3) **성숙 수준의 차** : 연령에 따라 주의집중의 정도, 근육의 협응, 자기 지도(自己指導) 및 추상에 대한 이해 능력 등에 차이를 보인다.

(4) **성숙도의 차** : 같은 연령 내의 개인이라 할지라도 발달의 정도에 큰 차이를 보인다. 수업목표, 자료, 방법은 학생의 신체적·정신적·사회적 및 정서적 발달 수준에 적합한 것이어야 한다.

(5) **사회적 요구의 차** : 사회변동에서 나타나는 요구는 결과적으로 학생들에게도 이에 상응하는 변화를 요구한다. 학교는 변화에 적응함은 물론 나아가서 학생들에게 변화에 대응하는 방법, 재학습의 방법도 가르쳐 주어야 한다. 오늘날의 교육은 공부하는 방법을 가르치는 데 주력해야 할 것이다.

(6) **목표의 차** : 개개인은 독특한 욕구체계가 있으며, 이러한 욕구를 만족시키기 위해 제각기 독특한 목표를 추구한다. 교사와 학생은 상이한 목표를 갖고 있으며, 이러한 차이의 극복은 교수-학습의 성공의 결정 요인이 된다.

트라버스의 이러한 견해를 염두에 두고, 개개인의 제 특성과 이러한 특성에서의 개인차가 학습과 어떤 관련을 맺는지 살펴보기로 하자.


## 2. 지능의 이론

지능에 대한 정의는 매우 다양하며, 그 강조하는 바가 조금씩 다르다. 그 강조하는 바에 따라 지능에 대한 정의를 분류하면 다음의 세 가지로 요약할 수 있다.

첫째, 지능은 추상적인 사고능력이라는 것이다(L. M. Terman, L. L. Thurstone 등의 주장). 이와 유사한 견해로는 웩슬러(D. Wechsler)를 들 수 있다. 그는 지능이란 유목적적으로 행동하고, 합리적으로 사고하여 환경을 효과적으로 다루는 개인의 종합적 능력이라고 정의내리고 있다.

둘째, 지능을 학습능력으로 보는 견해를 들 수 있다(W. F. Dearborn). 그러한 학습능력은 경험에 의해서 얻어지는 것이라고 디어본은 주장했다.

셋째, 문제 해결 및 결과물 산출능력으로 보는 견해이다(H. Gardner). 다중 지능의 개념을 소개한 가드너는 지능을 '문제를 해결하거나 결과물을 창출하는 능력'(the ability to solve problems, or to create product)으로 보았다(Gardner, 1993).

넷째, 지능은 새로운 환경에의 적응능력이라는 주장을 들 수 있다(W. Stern, R. Pintner, J. Piaget 등). 쾰러(W. Köhler)는 형태심리학적 입장에서 지능을 목적에 따라 장(場)을 재구성하는 능력으로 보기도 했다. 특히 피아제(Piaget, 1966)는 네 번째 관점을 종합적으로 나타낸 정의를 내리고 있는 데, 그는 "지능은 모든 감각운동과 인지적 요소를 계속적으로 적응시킴으로써 유기체가 평형상태를 유지하도록 이끄는 능력으로서, 이에는 동화(同化)와 조절능력, 유기체와 환경간의 상호작용이 포함된다"(p. 11)고 말했다.

지능을 사고능력, 학습능력, 적응능력으로 딱히 구분 짓기에는 다소의 문제점이 있을 수 있다. 그러나 지능이 내포한 다양성의 입장에서 볼 때 웩슬러와 가드너, 그리고 피아제의 정의가 그런 대로 포괄성이 있는 것으로 보인다.

## 1) 길포드의 다차원적 지능구조

지능의 구조, 또는 구성요인이 어떠한 것인지에 대해 학자들 간에 합의된 단일한 견해는 없다. 그러한 가운데서도 지능의 구조를 가장 종합적이면서 체계적으로 정리한 것으로 길포드(Guilford, 1967, 1988)의 SI(Structure of Intellect) 모델을 들 수 있다. 그는 지능이 5개의 요소의 작용(operation), 4개의 요소로 구성된 내용(contents), 6개 요소로 구성된 산출(products)이 상호 조합되어(5×4×6=120) 120개의 요인으로 구성된 것으로 보았다. 그 후 SI모델은 처음의 120개 요인에서 '작용'과 '내용'에 분화가 이루어져 6개 요소의 작용, 5개 요소의 내용, 6개 요소의 산출(6×5×6=180)로 바뀌면서 60개 요인이 추가되어 도합 180개 요인이 되었다(Guilford, 1988).

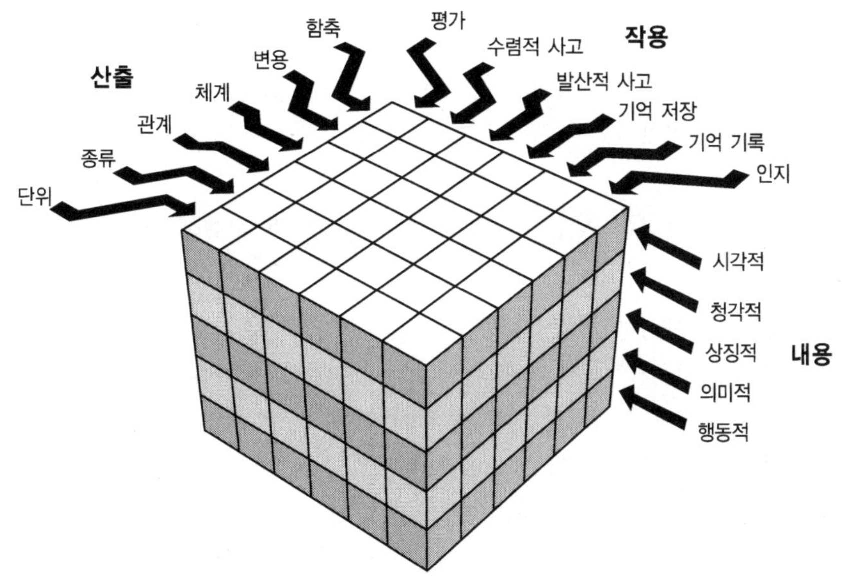


(그림 10-1) 길포드의 지능의 3차원적 모형

지능 구성의 3개 영역 및 이의 하위요인에 대한 설명은 다음과 같다(Guilford & Hoepfner. 1971, pp. 20-21, Guilford, 1988).

≪**작용**≫ 지적 활동, 또는 과정의 중심적 요소로서 정보의 조직에 있어서 사물을 유기적으로 보는 능력이다.

(1) **인지** : 종합적인 이해의 다양한 형태 속에서 자료에 대한 즉각적인 발견, 깨달음, 또는 재발견을 하는 것

(2) **기억 기록** : 정보를 기억 속에 부호화시키는 과정으로 단기 기억에 관여한다. 길포드는 처음에는 기억 기록과 기억 저장을 한데 묶어 **기억**으로만 분류했었다.

(3) **기억 저장**: 기억 보유는 내용을 좀더 장기간 보유하는데 필요한 과정과 관련이 있다.

(4) **발산적 사고** : 주어진 자료로부터 논리적인 대안(logical alternatives)을 유발시키는 것으로 다양성, 양의 풍부성, 그리고 동일한 자료로부터의 결과가 적절성을 지녀야 함이 강조된다.

(5) **수렴적 사고(收斂的 思考)** : 주어진 자료로부터 논리적인 결론을 유발시키는 것을 유일한 해답을 얻는 것, 또는 관례적으로 가장 좋은 결과에 이를 것을 강조하는 사고형태이다.

(6) **평가** : 정확성, 동일성, 일관성 등 변인과 준거에 합당한 판단을 내리기 위해 정보의 항목들을 비교하는 것

≪**내용**≫ 폭 넓고 풍부한 정보의 기본적 요소, 또는 그 영역에 포함되는 것들을 말한다.

(1) **시각적** : 시각내용은 공간적, 형태적, 상상적 정보를 포함한다. 처음에 길포드는 시각적과 청각적을 묶어 **형태적** 이라는 표현을 써서 이미지의 형태로 지각, 또는 회상된 구체적인 정보와 관련된 것이 이에 속한다했으나 '형태적'의 내용을 **시각적**인 것과 **청각적**인 것으로 나누었다.

(2) **청각적** : 청각내용은 청력, 소리 또는 기타 청각자극을 포함한다.

(3) **상징적** : 글자, 숫자, 음표, 부호 등과 같이 그 자체만으로는 특별한 의미를 갖지 않는 기호의 형태에 속하는 정보

(4) **의미적** : 사고와 의사소통에 쓰이는 개념이나, 의미 있는 단어 형태의 정보, 의미 있는 그림도 이에 속한다.

(5) **행동적** : 태도, 욕구, 갈망, 기분, 의도 등과 같이 인간의 상호작용을 내포

한 비형상적이고 비언어적인 정보

≪산출≫ 유기체가 정보 처리의 결과로 얻어지는 것
(1) **단위** : 물체의 성격을 지닌 정보의 묶음이나 항목으로 분리하는 것
(2) **종류** : 공통된 속성에 따라 일련의 정보의 항목에 기초한 개념을 집단화시키는 것
(3) **관계** : 정보의 항목들 간의 관계
(4) **체계** : 정보 항목이 조직되거나 구조화된 집합체를 이루는 것
(5) **변용** : 현존의 자료가 다양한 종류(재정의, 이동, 변환, 수정 등)로 변화하는 것
(6) **함축** : 소속을 증진시키는 정보 항목간의 상황적 연결

## 2) 비네의 지능 구조와 지능검사

최초의 지능검사는 1905년 비네(Alfred Binet)에 의해 만들어졌다. 이 검사는 당시 프랑스 문부성 장관이 초등학교 입학생 중 정상적인 수업을 할 수 있는 아동과 그렇지 못한 아동을 구분할 필요를 느껴 이러한 용도에 적합한 검사를 비네에게 부탁하여 제작하게 되었다. 정상아와 정신박약아를 구별하고자 하는 의도에서 출발하게 된 것이다. 비네는 동료 시몬(T.Simon)의 도움을 받아 Binet-Simon 검사를 개발했고, 이를 토대로 1917년 스탠포드대학의 터만(L. M.Terman)은 '스탠포드-비네' 검사를 제작하여 심리검사의 발전을 도모해왔다. 스탠포드-비네 검사는 1960년에는 3개정판이 나왔고, 2004년에는 15개정판이 나와 널리 사용되고 있다. 이 검사는 곧 이어 제시되는 썰스톤의 지능의 다요인설로 이어 지면서 지능검사의 전범(典範)의 위치를 점하고 있다.

비네가 생각한 지능의 구조와 이에 따른 지능검사를 한데 묶은 표로 제시하면 다음과 같다.

### 〈표 10 - 1〉 스탠포드-비네의 지능 척도(Intelligent Scale)

여기서 사용된 질문(문항)은 실제의 스탠포드-비네 검사에서 사용되는 것은 아니며 검사의 각 주요 내용 범위에 의거해 사용될 수 있는 질문의 형태를 보이기 위한 것이다.

| 내용 범위 | 임무(task)나 문제의 설명 | 가능한 임무나 문제의 예 |
|---|---|---|
| **언어학적 논증** | | |
| 어휘 | 단어의 의미에 대한 정의 | 단어: deligent(부지런한)의 의미는? 사람들은 때때로 돈을 왜 빌리나? |
| 이해 | 세계가 스스로 작용하는 법에 대한 이해를 보여주는 것 | (아이스하키 선수가 수영복을 입은 사람들이 잠수하는 호수에서는 아이스 스케이트를 타지 않는다는 것을 인지하라) |
| 모순 | 그림에서 이상하거나 부조리한 점을 알아내는 것 | (사과, 바나나, 그리고 오렌지는 먹을 수 있고 머그잔은 먹지 못한다는 것을 주목하라) |
| 언어학적 관계 | 네 개 중 세 개는 비슷하나 다른 하나는 왜 다른지 말할 수 있다. | |
| **수량적 논증** | | |
| 수의 연결 | 수의 연결을 완성하시오 | 주어진 수, 1 ,3 ,5 ,7 ,9 다음에 어떤 수가 올 것인가? |
| 수량 | 간단한 수학 문제를 푸시오 | 만약 마리아가 6개의 사과를 자신과 친구 2명에게 똑같이 나누길 바란다면, 1명의 친구에게는 몇 개의 사과를 주게 되나요? |
| **도형/추상적 논증** | | |
| 패턴 분석 | 조각들을 모두 합쳐 맞춰 특정 기하학적 모양을 이루도록, 피검사자는 조각들을 합하여 기하학적 모양을 만들어야 한다. | 다음의 조각들을 가지고 기하학적 모양을 만드시오  |
| **단기 기억** | | |
| 문장 암기 | 한 문장을 들으시오. 그 다음 시험관이 말한 대로 정확히 따라하시오. | 이 문장을 나에게 반복하여 말하시오: "Harrison이 늦게 자고, 다음날 아침 일찍 깼났다." |
| 수치 암기 | 연속된 수를 들으시오. 그 다음 그 수를 순서대로 또는 거꾸로 말하시오. | 다음 수를 거꾸로 나열하시오 "9, 1, 3, 6" |
| 대상 암기 | 시험관이 그림 속에서 일련의 물체들을 가리키는 것을 보시오. 그 후, 시험관이 가리킨 순서대로 그대로 같은 물체들을 가리키시오. | (당근을 가리켜라. 그 다음, 괭이, 다음은 꽃, 다음은 허수아비, 다음은 야구공)  |

### 3) 서스톤의 기본정신 능력

서스톤(L. I. Thurstone)은 각각의 독특한 지적능력을 규정하려는 시도를 했고, 그는 이것을 기본정신 능력(primary mental abilities)이라 불렀다. 이 기본 정신 능력을 규정하기 위해 서스톤은 240명의 시카고 지역 대학생 지원자를 대상으로 56가지에 이르는 다양한 종합지능검사를 실시하였다. 이 검사의 결과를 토대로 요인분석방법을 적용하여 그는 7가지의 각기 다른 기본 정신능력을 밝혀냈다(김정휘역, 2006).

그의 이론은 흔히 지능의 **'다요인설'** 이라 불리며, 우리나라의 경우 집단용 검사로는 그의 이론에 입각한 심리검사가 많이 채택되고 있다.

7가지 기본 정신능력(요인)은 다음과 같다.

1. **언어 이해력(Verbal Comprehension)** 인용 문구나 속담 등을 설명하고, 반대말, 동의어, 비슷한 말을  찾아내는 것과 같은 단어 시험에 의하여 측정된다.

2. **언어  유창성(Verbal Fluency)** 주어진 글자에 대하여 가능한 많은 단어를 생각하여 주어진 시간에 단어를 인식하는 검사로 측정된다.

3. **귀납적 추리력(Inductive Reasoning)** 이 능력은 추리력, 추론, 내용 삽입 등과 같은 추리적인 것을 포함한다. 유사성 및 수열 완성하기에 의한 검사로 측정된다.

4. **공간 지각력(Spatial Visualization)**
이 요소는 시각 능력과 공간 지각력, 시각적인 것의 유사성과 다른 방향에서 시각적인 것이 어떻게 나타나는지를 추측함으로 표현한다.

5. **수리력(Number, Numerical)** 간단한 계산 및 수학 문제를 푸는 검사로 측정된다.

6. **기억력(Memory)** 정보를 저장하고 상기하는 재능으로  그림과 단어 기억 검사로 측정된다.

7. **지각 속도(Perceptual Speed)** 테스트 대상자가 그림들에서 미세한 차이점들을 인지하는 정도와 속도를 측정한다.

### 4) 웩슬러의 지능관과 지능검사

웩슬러(D. W. Wechsler)는 1939년에 지능검사를 만들기 시작하여 오늘날에 이르기까지 'Wechsler 성인용 지능 척도'(WAIS-III, 3개정판))를 비롯하여, 아동용 척도(WISC-IV, 4개정판), 그리고 유아용 지능 척도(WPPSI)를 개발해왔다. Wechsler 검사는 언어 영역과 동작 영역으로 구성되어 있다. 언어 영역은 어휘와 언어적 유사성을 측정하는 것을 기본으로 한다. 언어적 유사성은 검사 대상자에게 두 가지가 어떻게 유사한지를 말하는 것이다. 동작 영역은 몇 개의 검사에 근거한다. 하나는 한 대상의 그림에서 없어진 부분을 확인하는 그림 완성검사이며, 다른 하나는 일관성 있는 이야기를 말 할 수 있도록 마구 뒤섞인 만화 같은 그림들을 순서대로 재배치하는 그림 배열이다. 웩슬러 지능검사는 현재 개별검사로 가장 많이 쓰이는 지능검사이며, 미국의 경우 모든 심리검사 중에서 임상가들이 가장 많이 쓰는 검사로 알려져 있다.

그 대체적 체계와 내용은 다음의 <표 10-2>와 같다.

<표 10-2> 웩슬러의 지능검사 내용

| 이 검사의 질문(문항)은 실제 웩슬러 검사의 것과는 다른 것임 | | |
|---|---|---|
| **언어 척도(Verbal Scale)** | | |
| **이해** | 사회 지식의 문제에 답하시오. | "한 땀의 바느질에 아홉을 꿴다"는 말의 의미는? 유죄판결을 받은 죄수는 왜 감옥에 가게되나? |
| **어휘** | 단어의 의미를 정의하시오 | persistent(끊임없는)의 의미는? archaelology(천문학)의 뜻은? |
| **정보 유사성** | 일반적으로 알려진 정보를 제공하시오. 두개의 사물이나 개념의 유사성을 설명하시오. | Laura Bush는 누구인가? 뉴잉글랜드의 6개 주는 무엇 무엇인가? 타조와 펭귄은 어떤 점이 서로 비슷한가? 램프와 히터는 어떤 점이 비슷한가? |
| **계산** | 간단한 산수 문제를 푸시오. | 만약 Pual이 14.43달러를 가지고 있고, 샌드위치 두개를 산다고 하자. 하나에 5.23달러라면, 잔돈을 얼마 돌려받을 수 있는가? 만약 당신이 한 시간에 60마일을 여행한다면 1200마을을 여행하는데 걸리는 시간은? |
| **수 간격** | 일련의 수를 듣고, 그 수들을 앞으로, 거꾸로, 또는 둘 다의 방법으로 반복하여 말하시오. | 다음 수들을 거꾸로 나열하시오.: "9, 1, 8, 3, 6" 내가 말한 대로 수들을 나열하시오.: "6, 9, 3, 2, 8" |

| 동작(수행) 척도(Performance Scale) | | |
|---|---|---|
| **목적 집합** | 조각들을 합쳐 특정한 일반 대상을 만드시오. | 다음의 조각들을 놓아 어떤 것을 만드시오. |
| **블록 디자인** | 패턴화된 블록들을 사용하여 검사자가 보여준 디자인 그대로 디자인을 만드시오. | 오른쪽의 디자인과 일치되도록 왼쪽의 블록들을 조립하시오. |
| **그림 완성** | 각 그림에서 빠진 점을 말하시오. | 다음 그림에서 빠진 점은? |
| **그림 정리** | 만화 같은 그림들을 순서대로 놓으시오. 그리고 일관성 있는 이야기를 말 하시오. | 이야기가 되도록 다음의 그림들을 순서대로 정리하시오. 그 다음 무슨 일이 일어났는지 이야기하시오. |
| **수기호** | 특정한 숫자에 특정한 기호를 연결시킨 표가 주어졌을 때, 연속된 기호를 사용하여 기호를 수로 번역하시오. | 다음 표에서 숫자에 대응하는 기호들을 주의 깊게 살펴보시오. 각 빈칸 위에 있는 기호들을 정확히 숫자로 나타내어 빈칸에 적으시오. |

## 5) 가드너의 다중 지능론

가드너(Gardner, 1999)는 다중 지능론(multiple intelligence)을 제안했다. 그는 지능을 '다양한 문화 상황에서 가치 있는 문제를 해결하거나 결과물을 창출하는 능력'(An intelligence is the ability to solve problems, or to create products, that are a valued within one or more cultural settings)으로 정의하였다. 따라서 지능은 추상적 사고능력과 같은 단일한 요인으로 구성된 것이 아니라 상대적으로 각기 독립적인 다중 구조로 구성되어 있다는 것이다. 그는 지능을 비교적 독립적인 8개의 영역으로 구분하였다. 이러한 체계는 어떤 문제해결적 행동을 하기 위해 각기의 요인은 서로 연결되어 상호 작용하지만, 그 요인 자체의 기능은 분리된 체계라는 것이다.

그는 다음과 같은 8가지 이유를 들어 지능이 각기 독립적 요인이라는 주장을 펴고 있다(Gardner, 1983, pp. 63-67).

1. 두뇌의 손상에 의한 잠재적 고립이나 두뇌의 분리된 영역의 파괴(실어증에 관계된 영역)가 특별한 종류의 지능적인 행동을 파괴할 수도 있다.

2. 예외적인 개인들의 존재(음악적, 수학적 천재들). 그들은 특별한 종류의 행동에 있어서 비범한 능력이나 결손을 보여준다.

3. 신원을 분별해 내는 행동들(음색을 듣고 등장인물들의 관계를 알아내는 행동). 특별한 종류의 지능적인 행동을 수행하는데 있어 필수적인 행동이다.

4. 풋내기에서 전문가로 이끄는 발전적 역사(사실). 본질적으로 다른 전문가적 행동이 수반된다(좀 더 발전적인 방향으로 변화하는 지능의 정도)

5. 특유의 진화하는 역사(독특한 발달의 경험). 지능의 향상은 환경에서의 고양된 적응과 연결된다.

6. 인식론적이고 실험적 조사를 통한 이론을 뒷받침하는 증거들. 분리된 종류의 지능을 아우르는 과제의 특정한 수행에 있어서의 차이가 있다(공간시각적인 과제 vs. 언어적 과제). 분리된 부분의 지능 속에 과제를 아우르는 수행에 있어 유사성이 있을 수 있다(공간 시각적 이미지의 정신적 순환 vs. 공간 시각적 이미지의 회상).

7. 지능 요인이 독립적임을 알려주는 테스트로부터 수집되어 뒷받침하는 증거(공간 시각적 능력을 시험하는 수행능력 vs. 언어 능력의 시험에 있어서의 수행능력).

8. 상징체계(예: 언어, 수학, 음악의 기보 법)의 부호화에 있어서의 민감성(예: 춤, 스포츠, 연극, 공학, 운동감각적 지능의 고안된 표현으로서의 수술)

가드너가 가정하고 있는 8가지 지능의 유형과 그 내용을 살펴보면 다음과 같다.

〈표 10-3〉 가드너의 8가지 지능 (Gardner,1999, 2003)

| 지능의 유형 | 각 유형의 지능이 나타내는 사례 |
|---|---|
| 언어/음성학적 지능 | 잘 발달된 언어적 기술과  말 소리와 의미, 리듬에 대한 민감성. (예를 들어, 시인, 작가, 기자, 변호사 등) |
| 논리/수리 적 지능 | 개념적이고 추상적으로 생각하는 능력, 논리적 추론, 수학적 증명 해결(예; 논리학자, 수학자, 과학자, 컴퓨터 과학자 등 |
| 공간적 지능 | 이미지와 심상으로 생각하는 능력, 정확하고 추상적으로 시각화하는 능력. 자동차의 트렁크에 물건을 가득 넣을 때 공간을 잘 맞춰 모두 들어가게 하는 일(예; 파일럿, 지도 제작자, 건축가, 지리학자 등) |
| 음악적 지능 | 리듬, 음조, 음색을 표현하고 만드는 능력. 악기연주, 음악감상 등의 능력 (예; 음악가, 작곡가, 지휘자, 연주자, 음악사상 등) |
| 운동감각적 지능 | 몸의 움직임을 조절하고 기술적으로 다루는 능력. 모든 운동 능력(예; 댄스, 운동 등) |
| 대인관계지능 | 다른 사람의 기분, 동기, 욕망 등을 감지하고 적절하게 반응하는 능력. (예를 들어, 치료사, 영업사원, 종교 지도자, 정치가 등) |
| 자기이해 지능 | 자신을 지각하고 내면의 감정, 가치, 신념, 생각하는 과정의 조화. 자신을 이해하고 변화시킬 수 있는 능력(예; 상담가, 철학자 등) |
| 자연적 지능 | 식물, 동물 등 자연의 현상을 인식하고 분류하는 능력 (자연주의자, 식물학자, 플로리스트 등) |

　가드너는 9번째 지능의 유형으로 실존적 지능: 삶의 의미, 왜 우리는 죽는가, 우리는 어떻게 여기에 왔는가 등의 인간 존재에 대한 깊은 질문을 던지는 민감성, 능력(예; 철학자, 사상가)을 추가하기도 하며, 이 외에 여러 가지 더 많은 지능의 유형을 검증하고 있다. 그는 지능의 유형을 검증하기 위해 심리측정 이외에도 다양한 방법을 동원하고 있다.

　지능에 관한 현재 또는 미래의 과제의 하나는 유형별 지능에 대해서 책임지는 부분(부위)을 밝히는 일이다. 가드너는 적어도 이러한 장소(부위)에 관해서 추측했다. 그러나 그것은 단지 추측일뿐 이러한 분리된 지능이 명백히 존재하고 있다는 것에 대한 명확한 증거는 아직 발견되지 않았다. 게다가, 어떤 과학자들은 자폐증세를 보이는 학자들에게 나타나는 특정한 인식론적 기능을 예로 들면서 가드너의 이론의 엄격한 모듈성에 의문을 제기하기도 했다(Nettelbeck & Young, 1996). 자폐증세를 보이는 일부 학자들은 심각한 사회적, 인지적 결점을 가지고 있지만, 좁은 영역에서는 상당한 능력을 보유하고 있다. 그들은 그러한 학자들의 능력이 지능은 분리되어 있다는 주장에 대한 증거로는 실패했다고 생각한다. 좁은 영역에서의 장기간의 기억능력이나 특정능력은 실제로는 지능과 관련이 없거나 적을지도 모른다는 것이다.

## 6) 스턴버그의 삼두체계 지능론

Gardner가 다양한 측면에서 지능의 독립성을 강조한 반면, 스턴버그는 지능들이 자신이 주장한 삼두체계론(Triarchic Theory)으로 통합성을 갖는 것으로 보았다(Sternberg, 1985, 1996, 1999). 삼두체계론에 의하면 지능은 (1) 개인의 내적 세계와의 관계 (2) 경험과의 관계 (3) 외부 세계와의 관계를 통해 상호 유기성과 통합성을 갖는다는 것이다.

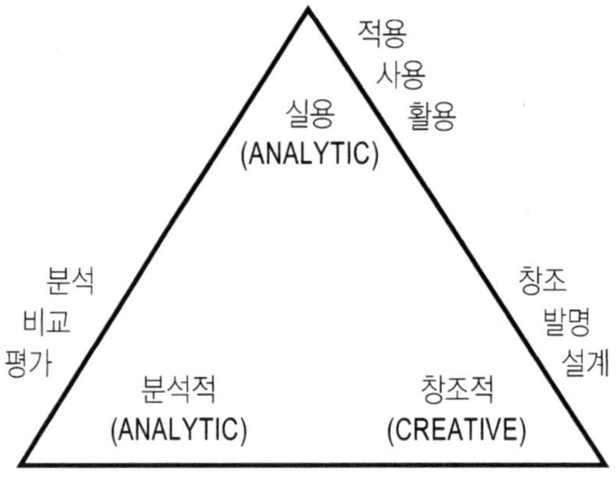


(그림10-2) 지능의 삼두체계 모형(Sternberg)

스턴버그에 의하면 지능은 분석적이고 창조적이며 실용적인 능력으로 구성되어 있다. 분석적인 지능은 문제의 원소나 그 원소 중에서 관계를 조절하는 전략을 사용함으로서 익숙한 문제를 해결하려고 노력한다. 대체로 수렴적 사고에 해당하는 문제를 해결하고, 아이디어의 질을 평가하는데 유용한 지능이다. 창조적인 지능은 그 문제가 그것의 원소에 대해 새로운 방법에서 생각할 것을 요구하는 문제의 새로운 종류를 해결하려고 노력한다. 문제의 발견, 새롭고 독창적인 아이디어를 산출하는 지능이다. 실용적인 지능은 일상생활에서 유용한 아이디어, 문제해결 방법을 적용하는 능력이다.

### (1) 지능과 개인의 내적 세계와의 관계

여기서 강조되는 것은 정보처리 과정이다. 정보처리는 세 가지 관련 요소를 통해 살펴볼 수 있다. 첫째는 초인지와 같은 계획하고 주시하며 문제 해결을 평가하기 위해서 사용되는 고차원적인 처리과정이다. 둘째는 실행 요소로 초인지의 명령을 이행하는 것을 위해 사용되는 저차원의 처리과정에 해당된다. 세 번째는 지식 획득 요소로 문제를 어떻게 해결하는가를 알기 위해서 사용되는 과정이다. 각기의 요소들은 매우 상호의존적이다.

보고서를 제출하도록 요청 받았다고 가정해보자. 당신은 고차원의 결정을 위해서 자신의 초인지 전략을 사용할 것이다. 주제를 정하고, 보고서의 윤곽을 잡고, 쓴 글을 검토하고 평가하기 위해서 그 방식을 사용할 것이다. 또 주제를 알기 위한 조사에서 지식 획득 요소를 사용할 것이다. 실제 글을 쓰는 것을 위해 수행 요소를 사용할 것이다. 실제적으로 세 가지 종류의 요소들이 고립되어서 기능하지는 않는다. 실제로 글을 쓰기 전에 당신은 먼저 주제를 결정해야 할 것이다. 그때 조사를 실시해야 한다. 새로운 정보를 수집함에 따라 보고서를 쓰기 위한 당신의 계획은 변할지도 모른다. 선택된 주제에 관해서 충분한 정보가 없다는 것을 깨달을 수도 있다. 정보의 결핍은 당신이 강조하고 싶은 내용의 중심을 옮기게 할 수도 있다. 글을 씀에 있어서 특정 부분이 나머지 부분보다 잘 진행된다면, 글을 쓰는 당신의 계획은 변할 수 있다.

### (2) 지능과 경험과의 관계

개인의 경험 세계가 세 가지 정보 처리 요소와 어떻게 상호작용 하는 지를 살펴보자. 우리 모두는 다양한 수준의 경험을 요하는 상황에 직면한다. 그것은 우리가 전혀 이전의 경험을 가지고 있지 않은 완전히 진기한 과제일 수 있고, 광범위한 경험을 가지고 있는 친숙한 과제일 수도 있다. 친숙한 과제는 많은 의식적인 노력이 필요하지 않다. 진기한 일을 처리할 때와 자동적인 일을 처리하는데에는 서로 다른 지능이 필요하다.

삼두체계론에 따르면 다른 나라를 방문하거나, 새로운 과목을 익히거나, 외국어를 배우는 일처럼 익숙하지 않은 일은 지능의 많은 부분을 요구한다. 완전히 친숙하지 않은 과제도 마찬가지이다. 가장 지적으로 자극적인 일은 도전적이면서도 어느 정도의 숙련을 필요로 하는 과제이다.

### (3) 지능과 외부 세계와의 관계

삼두체계론은 지능의 다양한 요소들이 실제 세계에서의 경험에 적용되는 것으로 보고 있다.

첫째는 우리 자신을 현존하는 환경에 적응시키는 것이다.

둘째는 새로운 환경을 형성하기 위해서 현존하는 환경의 모양을 만드는 일이다.

셋째는 새로운 환경을 선택하는 일이다.

예를 들면, 당신이 처음 대학생활을 시작했을 때, 당신은 아마도 대학 생활의 명료하고 함축적인 규칙을 이해하려고 시도할 것이다. 또한 당신은 나름대로의 환경을 형성할 것이고, 어떤 행동이 취해져야 할지, 어떤 코스를 선택해야 할지 결정할 것이다. 당신은 당신 주변의 것들에 대해 취할 행동을 선택할 것이다. 마지막으로, 만약 당신이 환경에 적응할 수 없거나, 자신에게 적합하도록 환경을 바꿀 수 없다면, 당신은 또 다른 환경을 선택할 지도 모른다. 예를 들면 당신은 다른 대학으로 옮길 수도 있다.

사람마다 우위를 보이는 지능에 차이가 있다. 어떤 사람들은 추상적이고, 학구적인 문제에 직면해서 더 지능적일지 모른다. 다른 사람들은 구체적이고 실제적인 문제에 있어 더 지능적일 수 있다. 지능적인 사람이라고 해서 반드시 지능의 모든 측면에서 뛰어난 것은 아니다. 오히려, 지능적인 사람들은 자신의 장점과 단점을 안다. 그들은 자신의 장점을 사용하는 방법을 알며, 그들의 결점을 보충하거나 수정하는 방법을 잘 안다. 중요한 것은 당신의 강점을 최대한 이용하고, 당신이 가지고 있는 약점을 개선하거나 편안히 약점과 공존하는 일이다.

스턴버그와 그의 동료들은 삼두체계론의 타당성과 수행능력을 개선하는데 있어서 유용성을 테스트하는 포괄적인 연구를 수행했다. 그들은 학생들이 지닌 지적 능력 유형에 따라 에 대한 교수와 평가를 일치시키는 일이 개선된 수행능력으로 이끌 것이라고 예측했다(Sternberg, 1999). 5가지 전제에 따라 학생들은 각기 4유형의 수업집단 중 하나에 무작위로 배정되었다. 5가지 전제는 1)분석적인 일에 있어서만 탁월한 것, 2)창조적인 능력에 있어서만 탁월한 것, 3)실용적인 능력에 있어서만 탁월한 것, 4)세 가지 모든 능력에 있어 탁월한 것, 5)세 가지 능력 가운데 어떤 것에 있어서도 탁월하지 못한 것 이었다.

네 가지 수업지도 집단은 1)기억 중심의 수업집단 , 2)분석적 수업위주 집단, 3)창조적 수업위주 집단, 4)실용적 수업위주 집단이었다. 이에 따른 학생들의 성취도가 평가되었다. 그 결과 자신이 탁월함을 갖춘 능력과 가르치는 방식이 일치하는 집단이 그렇지 못한 집단보다 더 수행능력이 뛰어났음이 밝혀졌다. 예를 들면, 분석적인 교수방법을 사용하는 집단에 배치된 분석적인 능력을 갖춘 학생이 실용적인 사고를 가르치는 집단에 배치된 분석적인 학생보다 수행 능력에 있어서 더 탁월함을 보였다.

특기할만한 연구는 모든 학생들에게 그들의 능력이 어느 분야에서 탁월하건 분석적, 창조적, 실용적 능력의 모든 것을 사용하여 가르치는 것은 개선된 학업성취도를 가져왔다는 점이다(Grigorenko, Jarvin & Sternberg, 2002).

스턴버그는 지능에 대한 다각적 검토를 통해 **성공지능**(Successful Intelligence; SI)이라는 개념을 도출해내었다. 성공지능은 분석적, 창조적, 실용적 지능의 세 국면이 균형과 조화를 이루를 정도에 좌우된다는 것이다. 분석적인 문제는 비교하고 분석하고 평가하도록 요구할 것이다. 창조적인 문제는 고안하고 창안하도록 요구할 것이다. 그리고 실용적인 문제는 정보를 다른 상황에 적용하도록 요구할 것이다. 이 세 가지 지능은 단지 소유하고 있는 것만으로는 제대로 기능하지 않는다. 이를 적합하게 활용하는 때와 방법을 아는 것이 중요하다. 구슬을 꿰는 지혜가 필요하다는 것이다.


## 3. 지능과 유전·학습

### 1) 지능과 유전

1940년대에 캐텔(Cattell)은 유동지능(fluid intelligence)과 결정지능(crystal intelligence)이라는 개념을 발전시켰다. 그의 지능론은 오늘날 사용되는 대부분의 지능검사에 적지 않은 영향을 미쳤다. 그는 지능검사 시에 나타나는 문화적 편향에서 비롯되는 오류를 제거하기 위한 시도를 하면서 이 아이디어를 창안해 냈다. 그는 개인의 지능 점수가 수시로 변화를 보인다는 사실을 관찰했다. 그는 이 변화의 이유가 무엇인가 의아해하는 중에 지능검사에 학습(문화적 영향)에 기초한 정보가 빠져있다는 것을 알게 되었다. 이로부터 그는 지능을 구성하는 두 가지 일반적인 요소가 있을 가능성을 발견했다.

유동지능은 문화적 영향, 즉 교육이나 경험에 크게 영향 받지 않는 선천적 성향을 띤 능력이다. 기억력, 공간지각력, 추리력, 추상화 능력, 문제해결력 등이 유동지능에 해당된다. 유동지능은 15세 경에 발달의 정점을 이루고 20대까지 최고의 능력을 발휘하고 나이가 듦에 따라 퇴화한다. 결정지능은 학습, 즉 경험, 학교생활, 문화, 개인적 노력, 동기 등에 영향을 받는 능력이다. 언어이해력, 개념형성, 일반적 추리력, 판단의 합리성, 창의적 사유 등이 이에 해당한다. 환경조건과 학습의 영향을 지속적으로 받으며 30세에서 그 이후 60세경까지 계속 증진, 개발되는 것으로 보고 있다. 그 시간계기상의 추이를 살펴보면 다음의 (그림10-3)과 같다(Newkrug & Fawcett, 2006).

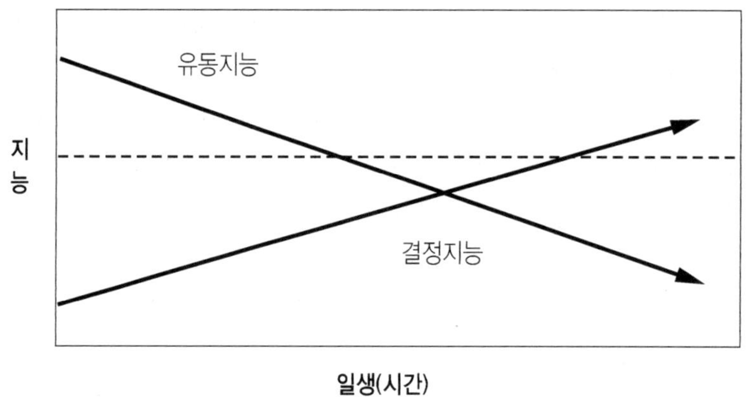


(그림10-3) 유동지능과 결정지능의 시간계기상 변화

캐텔은 가족구성원 내의 유동적 지능의 유전적 변량이 0.92임을 추론했다. 이것은 기본적으로 만일 부모가 어떤 형태의 유동적 지능을 가지면 그 자녀도 거의 부모와 유사한 능력을 갖게 됨을 의미한다(Cattell, 1980).

지능은 키보다도 유전의 영향이 강한 것으로 알려져 있다. 부자간의 지능의 상관정도는 r= .5이고, 지능의 유전요인을 강하게 주장하여 인종차별 문제로 까지 비화시킨 바 있는 젠센(Jensen, 1969)의 경우 지능의 약 80% 정도가 유전적 요인에 의한다는 주장을 하기도 했다.

인간의 행동 특성의 유전적 요인에 관한 연구는 19세기 중반 이후 영국의 골톤(F. Galton)의 연구를 효시로 많이 수행되어 왔다. 그는 어느 우수 가문의 家系를 검사해 본 결과 977명의 인원 중에서 89명의 아버지들, 114명의 형제들, 129명의 아들 등 332명이나 되는 인원이 모두 지적으로 출중한 사람임을 밝히고, 이를 토대로 이 가족의 우수성은 유전된 것이라는 결론을 내렸다.

한편 1912년 미국에서는 고다드(Henry Goddard)가 Kallikak家(가명)의 가계연구를 수행한 바 있다. 마르틴 컬리카크는 남부전쟁 당시의 한 청년이었는데 그는 술집 여자였던 정신박약한 여자와 관계하여 낳은 자식과 전쟁 후 착실한 집안의 정상적인 여자와 관계해 낳은 자식들을 거느리게 되었다. 이들이 낳은 자손들을 추적해 본 결과 정상적인 여자와의 사이에서 낳은 자손들 496명 중 두 명의 알코올 중독자를 제외한 모든 사람들이 정상적이거나 뛰어난 사람들인데 비해 정신박약의 여자 사이에서 낳은 후손 480명은 대다수가 변변치 못하였다. 즉, 이들 중 143명은 정신박약, 82명은 요절했으며, 33명이 성적 부도덕자, 24명은 알코올 중독자, 3명이 범죄자 등이었다(윤희준, 1977). 이 결과를 통해 고다드는 인간의 유전적 요인을 크게 부각시키고자 하였다.

Goddard는 또한 지능 조사를 통해 미국으로 이주한 이탈리아인의 89%가 저능하다고 발표했다. 이주 유태인, 헝가리인, 러시아인들의 약 80% 역시 이탈리아계와 마찬가지로 지능이 낮았다고 단언했다. 그는 또한 도덕적 타락 역시 지능의 결함과 관계가 있다고 확신했다. 그는 그가 수행한 지능 테스트가 모든 이주민들에게 수행되어져야 한다고 주장했고, 그가 기준 이하라고 판단한 사람들은 미국으로의 이주에서 배제시켜야 한다고 말했다. 그러나 당시 저능으로 판단된 이탈리아계 미국인 학생들의 다음 세대(자식)는 오늘날 미국인 전체 평균보다 약간 높은 지능지수를 보여준다(Ceci, 1991). 고다드가 좋지 않게 평했던 다른 이주민들도 지능지수에서 비슷한 놀라운 증가를 보여주었다. 열렬한 유전론자조차 몇 세대에 걸친 그러한 급격한 지능지수의 증가를 유전으로 돌리기는 어려울 것 같다.

앞에서의 이러한 연구 결과는 환경적 요인이 그만큼 중요한 것임을 설명해 주는 연구로 볼 수도 있다. 정상적인 아버지와 정상적인 어머니가 마련한 교육환경에서 자란 아이들은 대부분 정상적이기 마련이며, 품행도 바르지 못하고 정신박약이기도 한 어머니 밑에서 정상적인 교육이 이루어질 수 없고, 그러한 열악한 교육환경의 악순환은 되풀이되기 마련인 것으로 볼 수도 있는 것이다.

## 2) 지능과 학습

지능의 차이는 개인이 지닌 동기나 교사의 교수기술 등의 변인보다도 학습에 더 큰 영향을 미치는 것으로 알려져 있다. 지능지수와 학력간의 상관은 대략 .5-.7로 나타나고 있다. 즉, 지능은 학업성적과 상당히 밀접한 관계에 있으며, 지능이 높으면 학업성적도 꽤 높으리라는 기대를 할 수 있다.

지능에 대한 근래의 연구는 1960년대와는 다른 각도에서 전개되고 있는데, 레스닉(Resnick, 1981)은 이러한 경향을 첫째, 지능이라는 개념을 재정의 하고자 하는 시도, 둘째, 연구의 초점을 인지과정과 실제의 학습과정에 맞추려는 시도, 셋째, 학업성취의 예언은 물론 인지과정상의 개인차에 맞는 수업을 설계하는 데 도움을 주기 위한 전력 개발을 목적으로 하는 연구 등 세 가지로 압축하였다.

지능에 영향을 미치는 요인을 살펴보면 다음과 같다.

### (1) 영양과 지능

지능은 우선 영양상태와 밀접한 관련을 갖는다. 특히 뇌가 틀잡히기 시작하는 생후 6개월까지의 영양상태는 매우 중요하며, 이 시기에 영양실조가 되면 후에 만회하기가 거의 불가능한 것으로 알려져 있다. 포올(L. E. Poull)의 연구에 의하면 41명의 영양실조아를 대상으로 이들에게는 1년 반 동안 우량한 급식을 하고, 비교집단을 그대로 방치한 결과, 그후 전자의 I. Q.가 평균 10점 이상 향상되었다고 한다.

### (2) 초기 경험과 지능

바람직한 초기경험 역시 지능의 향상에 큰 몫을 한다. 초기 경험의 중요성은 각인(刻印) 현상과 결정기라는 개념으로 잘 설명된다. 결정기는 최적학습시기, 최적자극시기, 최적 기본 사회관계 형성시기 등으로 나누어 볼 수 있는 데, 유아기 때 이러한 초기 경험이 어떻게 작용하는가에 따라 후일의 여러 행동에 차이를 가져오게 된다.

블룸(Bloom, 1964)에 의하면 일반지능 및 지력, 남아의 공격성, 여아의 의존성 등의 상향발달의 급속한 시기는 생의 초기의 5년간이라는 것이다. 그는 또한 지능은 50%가 4살까지, 나머지 30%가 4-8세에, 그리고 나머지 20%가 8-17세까지 발달하는 것으로 보았다. 또한 지능은 3-7세 사이에 가장 왕성하게 발달하는 것으로 보고되고 있다. 블레어(Blair, 1975) 등의 모형은 이를 잘 드러내 보이고 있다(그림 10-4).

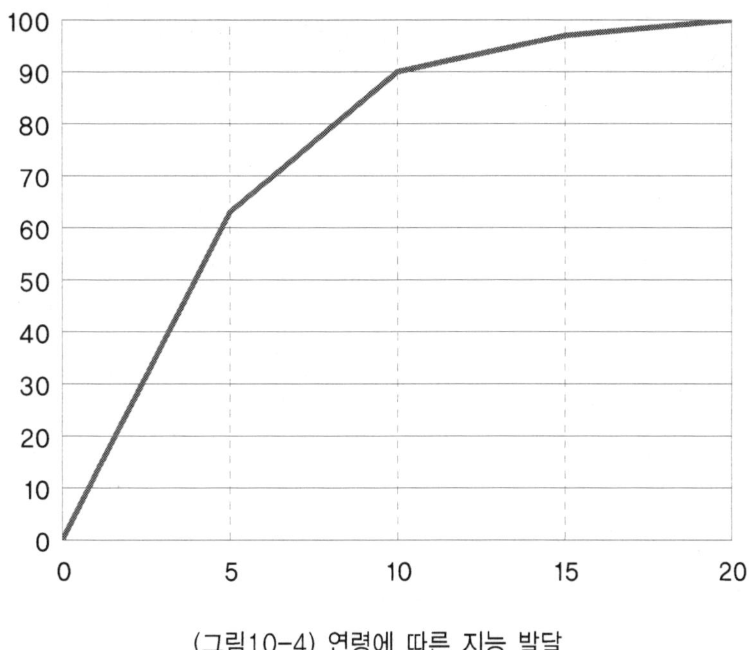

(그림10-4) 연령에 따른 지능 발달

그러한 의미에서 조기교육은 효율성을 높이는 측면이 있음을 보게 된다.

## (3) 문화수준과 지능

문화적 수준 역시 지능을 차이 나게 하는 요인으로 작용한다. 문화수준이란 부모의 직업, 교육수준, 사회경제적 지위 및 지리적 조건 등을 뜻한다. 전문직에 종사하는 부모의 자녀와 비전문적에 종사하는 부모의 자녀간의 지능지수의 차이는 10-20점에 달한다는 것이다. 농촌 학생과 도시 학생의 차이는 대략 2-5세에서 5점, 6-14세에서 11점, 15-18세에서 12점 등으로, 나이가 많아짐에 따라 차이가 커진다. 물론 도시 아동의 지능이 높다. 흑인 아동을 대상으로 뉴욕시에 거주한 기간에 따른 지능지수에 대한 연구는 지능이 환경에 매우 큰 영향을 받고 있음을 시사해 준다. 개개인의 문화적 배경의 차이가 지능의 차이를 만들고, 이는 또 학습에 차이를 가져오는 요인이 되기도 하는 것이다.

문화와 지능은 매우 밀접한 관련이 있다. 토마셀로(Tomasello, 2001)는 문화는 인간의 지능을 동물의 지능과 구분시키는 절대적 요소라고 주장했다. 인간은 부분적으로는 문화적 적응성 때문에 진화해왔다는 것이다.

한 지역만(한 문화)을 대상으로 연구한 결과를 일반화시키는 일의 잠재적인 위험성에 대해 많은 연구들이 경고를 하고 있다. 예를 들면, 마야의 아이들이 시험을 치르는 것과 미국의 아이들이 시험을 치르는 것은 다르다는 것이다(Greenfield, 1997). 마야인들은 협력하는 것을 자연스럽다고 생각했으며, 오히려 협력하지 않는 것이 부자연스럽다고 생각했다. Nisbett(2003)은 어떤 문화, 특히 아시아 문화는 그들의 사고에 있어서 변증법적인 특성이 강한 반면에, 유럽이나 북아메리카 문화에서는 선형적(linear; 직선의 연속선상)인 사고를 한다는 것을 발견했다. 그러한 발견은 한 문화권에서만 조사된 개념형성이나 정체성 연구의 결과에 대해 의혹의 시선을 보내는 결과를 초래했다.

이와 같이 지역이나 문화에 따라 개념이든 시험을 치르는 일이든 피상적으로 같은 것처럼 보이는 것을 다르게 생각할 수 있다. 일반적으로 지능의 차이라고 생각되는 것들이 실제로는 문화의 차이일 수도 있는 것이다.

헬름-로렌쯔와 그의 동료들((Helms-Lorenz, Van de Vijver & Poortinga, 2003)은 지적인 행동에 있어서의 차이점은 문화적 복잡성에 있어서의 차이로부터 연유한다고 주장했다. 그러나 문화의 복잡성은 지극히 정의하기가 어렵고, 한 문화의 관점에서 단순하거나 복잡한 것처럼 보이는 것들이 다른 문화의 관점에서는 다른 것처럼 보일 수도 있다.

## 3) 지능에 대한 해석과 지능검사가 갖는 문제점

지능 평가방식에서의 변화의 필요성은 근래에 상당히 강도 높게 제기되고 있다. 현재의 지능의 측정과 평가가 너무 한쪽에 치우쳐 있다는 것이다. 현행의 지능검사는 대체로 분석적인 능력 위주의 측정을 하고 있으며 따라서 지능의 창조적이고 실용적인 평가는 거의 고려되지 못하고 있다는 것이다(Wagner, 2000).

지능과 학습과 관련하여 한 가지 고려해야 할 점은 지능지수는 어느 정도의 가능성을 예언해 주는 것이지, 그것 자체가 절대적인 의미를 갖는 것은 아니라는 점이다. 주지하다시피 지능지수는 정신연령을 실제 연령으로 나눈 것에 100을 곱한 것이다(I. Q.=MA/CA×100). 이것은 동일한 생활연령의 아동은 동일한 학습기회를 가졌음을 전제로 하는 것이다. 그러나 실제에 있어서 같은 연령의 아동이 같은 학습기회를 갖는 것은 아니다. 또한 평균 이상의 지능을 가진 학생도 왕왕 학업에 실패한다. 학업에는 지능 이외의 많은 변수가 작용함을 의미하는 것이다.

또한 지능검사 자체에도 다음과 같은 문제점이 있어서 이러한 약점을 감안한 해석을 요한다. 지능검사의 문제점을 몇 가지 열거하면 다음과 같다.

첫째, 현행의 지능검사는 교육적인 경험을 많이 사용하고 있어서 학력검사와 중첩되는 부분이 상당하다는 점이다. 이에 따라 양자간의 상관이 본래의 것 이상으로 높게 나올 수 있다. 문화 차이에 의한 지능의 왜곡 현상 역시 앞에서 지적한 바 있다.

둘째, 속도 검사를 한다는 점이다. 주류 미국 문화에서는 빠름이 지능과 연결된다. '빠르다' 라는 말은 그 사람이 영리하다는 말이다. 집단 지능검사는 엄격히 시간이 제한된다. 개인 지능검사에서조차 검사자는 응시자의 반응 시간을 제한한다. 많은 학자들이 정신적 속도의 기능으로서 지능을 연구한다.

그러나 세계의 많은 문화권에서, 빠르다는 것이 액면 이상의 가치를 지니고 있는 것은 아니다. 이러한 문화권에서는 영리한 사람들은 매사에 빠르게 돌진하지 않는다고 믿을 수 있다. 만약 당신이 돌진해서는 안 되는 일에 돌진한다면 어느 누구도 당신을 영리하다고 생각하지 않을 것이다. 예를 들면, 일반적으로 배우자, 직업, 집을 고르는 문제를, 당신이 지능테스트 문제를 풀 정도의 20내지 30초 내에 결정을 한다면 현명하지 못한 사람이다. 적어도 현재에는 문화적으로 공평한 지능테스트는 존재하지 않는다(Sternberg, 2006).

셋째, 문항 자체도 도시의 중산층에 유리하여 소수의 특정 층에는 불리하다는 점.

넷째, 문항수가 너무 적을 뿐만 아니라 지능의 구체적인 요인이 망라되어 있지 못해 포괄성이 결여되었다는 점

다섯째, 발산적 사고 등을 측정할 수 있는 창의력의 측정이 누락되었다는 점 등을 들 수 있다.

또한 지능은 개발, 즉 향상이 가능하다는 것이 정설화 되고 있다. 휨베이 (Whimbey & Whimbey, 1975) 등에 의하면 실제로 모친의 지능지수가 75 이하 인 문화적으로 불리한 취학전 아동들이 훈련에 의해 평균지능 이상으로 증진되었 다는 연구 보고도 있다. 뿐만 아니라 이들은 지능이 학습 능력과는 다른 것이라 는 견해를 여러 가지 연구의 결과를 예로 들어 밝히고 있기도 하다.

지능이 학업성취에 주요 요인이기는 하나, 이에 너무 집착하는 것은 교육적으 로 좋지 않다고 본다.


## 4. 창의성과 학습

### 1) 발산적 사고와 창의성

길포오드(J. P. Guilford)는 지적 과정에 포함된 작용을 인지적 사고력, 기억력, 수렴적 사고력, 발산적 사고력, 평가적 사고력 등으로 구분하였다. 이 중에서 수 렴적 사고란 주어진 자료로부터 논리적인 결론을 유발시키는 것으로 유일한 해답 (정답)을 얻는 것, 또는 관례적으로 가장 좋은 결과에 이르게 하는 사고방식이며, 발산적 사고는 주어진 자료로부터 논리적인 대안(alternatives)을 유발시키는 것으 로, 다양성, 양의 풍부성 등이 그 특징을 이룬다. 즉, 발산적 사고는 문제에 대한 무제한적인 반응을 찾는 자유분방한 사고로서 특정한 반응에 얽매이지 않고 새로 운 것을 널리 탐구하는 사고 유형으로 간주된다.

사고력과 관련한 길포오드의 지적 능력의 구분은 다음의 (그림10-5)와 같다.

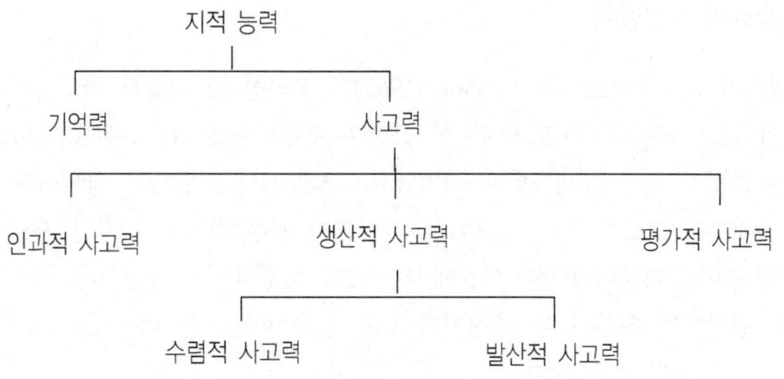


(그림10-5) 길포오드의 지적 능력의 구분

이러한 발산적 사고는 창의성을 이루는 요체인 바, 발산적 사고력을 강조한 검사가 창의성 검사이다.

길포오드와 호프너(Guilford & Hoepfner, 1971)는 창의성의 지적 특성으로 다음과 같은 8가지 가설을 세우고 이를 검증한 바 있다.

1. 문제에 대한 민감성(sensitivity to problems)
2. 유창성(fluency) : 많은 양의 아이디어를 내는 것
3. 융통성(flexibility) : 새로운 방법과 다양한 착상
4. 독창성(originality)
5. 분석력(analysis)
6. 종합력(synthesis)
7. 재정의 능력(redefinition)
8. 통찰력(penetration)

이러한 여덟 가지 지적 특성 중 분석력과 종합력만이 수렴적 사고의 영역에 속하고, 나머지 것은 모두 발산적 사고의 영역에 속하는 것임을 밝혔다. 그러나 분석력과 종합력도 역시 창의성의 발휘에 필요한 것으로, 발산적 사고와 수렴적 사고는 상보적인 관계에 있다고 할 수 있다.

## 2) 창의성과 학업성취

게첼스와 잭슨(Getzels & Jackson, 1962)은 창의성 및 지능과 학업성적과의 관계를 알아보는 연구를 하였다. 즉 한 집단은 지능지수가 최상 5위 이내였으나 창의력은 그렇지 못한 학생들로 구성되었고, 다른 집단은 실제로 창의력은 높았으나 지능지수는 그렇지 못한 집단이었다. 여기서 높은 창의력을 지닌 학생들은 거의가 평균지능 이상이었다는 시실에 유의해야 하겠다. 두 측정치의 의미를 보다 정확히 판단하기 위하여 두 측정치가 모두 높은 학생들은 대상에서 제외하였다. 그 결과는 다음의 표와 같다.

〈표 10-4〉 지능·창의력과 학업성취도    (*는 p〈.01)

| | 전체 집단 N=449 | 고지능 집단 N=449 | 고창의성 집단 N=449 |
|---|---|---|---|
| 지능 | 132 | 150* | 127 |
| 학업성취도 | 50 | 55* | 56* |
| 성취동기수준 | 50 | 49 | 50 |
| 교사의 평정 | 10.2 | 11.2* | 10.5 |

이에서 보는 바와 같이 고지능 집단의 학업성취는 전체 학생의 평균치보다 훨씬 높았으나 고창의성 집단의 학업성적보다는 낮음을 볼 수 있다. 이와 비슷한 결과는 다른 학교에서도 얻어졌다. 즉, 높은 창의성은 높은 학업성취를 예언할 수 있음을 증명한 것이다.

창의성과 지능은 어느 정도 상관이 있는 것으로 보고되고 있다. 왜냐하면 지능검사가 측정하는 능력들과 창의성 검사가 측정하는 능력들이 중복되는 경우가 꽤 있기 때문이라는 것이다. 그러나 지능지수가 120 이상을 넘어서면 양자간에 밀접한 관계를 찾을 수 없다(상관의 정도 r=.2~.3). 지능이 높은 사람이 창의성 검사에서 낮은 점수를 받는가 하면, 평균지능의 소유자가 창의성 검사에서 높은 점수를 얻기도 한다. 토렌스(E. P. Torrance)나 게첼스와 잭슨의 연구에 의하면 지능지수가 130 이상인 사람만을 선발할 경우 약 70%의 창조적 아동이 누락될 우려가 있다는 사실은 창의성이 반드시 높은 지능을 요하는 것이 아님을 알 수 있다. 그러나, 대체적으로는 지능지수 120 정도는 되어야 고도의 창의성을 발휘할 수 있다고 보고되고 있다.

### 3) 창의적 아동의 특성

창의성은 성격 특성과도 밀접히 관계되는 것으로 알려진 바, 바론(Barron, 1969), 토랜스(Torrance, 1962), 안범희(1977) 등의 연구에 의하면 창의적인 사람은 무질서를 수용하고, 문제 해결에 도전적이고, 융통성이 있고, 자신감 및 성취의욕, 호기심 등이 높다고 한다. 특히 토랜스가 지적한 창의적 아동의 특성은 다음과 같다.

- 창의적 아동은 대체로 원만한 성품이 아니다.
- 어려운 과제에 도전하기를 좋아한다.
- 유목적적이다.
- 쉬지 않고 공부하는 학생이 꽤 있다.
- 상호간의 차이를 인정한다.
- 심리적 불화로 고통을 받는 경우가 꽤 있다.
- 자율학습을 좋아한다.
- 모험적인 과업을 택한다.
- 상이한 가치관을 갖고 있다.
- 자신의 독자성을 추구한다.
- 친구 관계가 소원한 경향을 보인다.

앞의 표에서 보는 바와 같이 교사의 평정은 지능이 높은 집단을 창의성이 높은 집단보다 선호하는 경향을 보이는데, 이는 교사들이 지능이 높은 학생들이 공부를 더 잘할 것이라는 기대감을 가질 뿐 아니라, 창의성이 높은 아동들은 그들의 성격 특성에 있어서 말썽꾸러기 비슷한 공격성이라든지, 별난 행동, 자유분방함이 상대적으로 강하기 때문으로 풀이된다.

예를 들면 교사가 학생들에게 "머리를 그려라"라고 지시했더니, 창의적인 아동 중의 하나가 "머리의 바깥쪽을 그리느냐, 내부를 그리느냐"고 반문했고, 교사는 이에 화를 냈다는 일화 등이 이에 속한다.

따라서 교사는 이들의 특징을 유심히 관찰하고, 다소 감정이 상하더라도 인내하면서 이들에 대한 건전한 지도와 격려를 통해 창의성이 싹틀 수 있는 분위기를 조성해 주어야 한다.

## 4) 창의성 증진 교육

### (1) 창의적 사고력 키우기

창의성을 증진시키기 위해서는 창의적 학습풍토가 마련되는 일이 중요하다. 학습 자체가 창의적으로 진행된다면 그 속에서 창의성은 저절로 증진될 수 있다. 발산적 사고, 수렴적 사고가 창의성과 밀접한 관련이 있음을 밝힌 바 있다. 그 외의 다양한 사고 능력이 양질의 창의성을 보장해준다.

뛰어난 사고 능력이 누군가를 창의적인 인물로 만드는 보증수표는 아니다. 그러나 그러한 능력의 부족은 창의력 발휘에 한계를 가져오게 된다. 따라서 다양한 유형의 사고기법을 개발하는 창의성 증진에 반드시 필요한 필요조건이다. 그러나 그것이 당면한 복잡한 문제의 해결을 위한 창의적 해결책의 개발에 있어 충분조건은 아님을 인식해야 한다.

김영채(1998)는 창의성 개발의 영역으로 사고의 기능과 전략 개발, 지식, 사고의 태도를 들고, 그 사고의 태도로 적극적인 사고, 새로운 방식을 추구하는 사고, 폭 넓은 사고를 꼽았다.

훈련을 통해 증진될 수 있는 사고기법의 몇 가지는 다음과 같다.

#### ① 비판적 사고

비판적 사고(critical thinking)란 열린 사고, 논리성, 감정의 배제, 진리에 대한 호기심, 그리고 탐구심 등을 내포한 사고의 접근법을 의미한다. 다각적인 의미 분석, 추론, 논쟁 축소도 이에 포함된다. 비판적 사고의 핵심은 타당성에 있다. 비판적 사고자는 유효 타당한 증거에 근거하여 결론에 도달하게 된다. 비판적 사고는 관찰, 연역적, 귀납적 추론, 가치평가, 개념의 명료화, 그리고 전략적 사고 등을 내포하고 있는 개념이다. 창의성과 관련하여 비판적 사고는 새로운 문제의 개발과 그에 대한 대체적인 해법의 도출을 가능케 하는 수단이 된다.

#### ② 연역적 사고

연역적 사고(deductive thinking)란 인지된 기존의 원칙과 지식에 근거한 추론,

즉, 일반성에 입각하여 개별적 결론에 이르는 추론과정이다. 창의성과 관련하여 연역적 사고는 새로운 지적 산물의 도출과 그 구체적인 적용에 있어서 유용하다.

### ③ 발산적 사고

발산적 사고(divergent thinking)는 아이디어의 생성을 통해 주어진 문제에 적절한 해결책을 제시하는 사고 과정으로 이에는 인지적 기술은 물론 태도와 같은 정서적 요소도 포함된다. 또한 발산적 사고는 질적인 측면, 관념의 정서적 측면, 문제의 인식과 정의능력, 그리고 그러한 문제에 대한 평가능력 등에 초점을 두고 있다(Runco, 1993). 창의성 발휘에 기본이 되는 사고라 할 수 있다.

### ④ 귀납적 사고

귀납적 사고(inductive thinking)는 구체적으로 관찰된 예로부터 일반적 원칙에 이르는 과정의 사고로 특정의 사건, 과정과 사례를 관찰해서 어떤 포괄적인 수준의 원칙에 도달하는 사고방식이다. 누군가가 무엇인가를 두들기기 위해서 망치를 사용하는 광경을 지켜보다가 '만약 20개의 망치가 있다면 어떨까'라는 생각을 한다. 그리하여 스프링 해머가 탄생하게 되는 것과 같은 과정인 것이다.

### ⑤ 수평적 사고

수평적 사고(lateral thinking)는 이제까지와는 다른 어떤 아이디어, 다른 방법, 다르게 보는 어떤 관점 등을 모색하는 변화 지향적 사고이다. 수평적 사고는 옳고 그름의 판단은 불필요하고 이것과는 다른 어떤 방안이 없는지를 찾아내는데 초점을 둔다(Bono, 1986). 발산적 사고와 유사하나 함의성, 연속성 그리고 계획성을 그 특징으로 하는 점에 차이가 있다. 전략을 써서 새로운 아이디어들을 창출해내는 것이다. 이와 같은 유형의 사고 훈련을 통해 해당 문제에 대한 대안적인 수단의 도출이 가능하게 되며, 결과적으로 새로운 아이디어와 해법이 도출된다. 또한 수평적 사고는 부적절한 정보와 같은 방해적 요소에 대해서도 도발적이면서도 호의적인 양면적 반응을 보인다.

### ⑥ 수직적 사고

수직적 사고(vertical thinking)는 구멍파기벌레처럼 자료를 파고들어 탐구하는 과정이다. 또한 수직적인 사고는 낮은 단계에서 높은 단계에 이르는 계층적 체계의 개념을 탐구하는 과정을 의미하기도 한다. 이 사고방식은 선택적이며 분석적인 것이 그 특징이다.

### (2) 창의적 문제 해결법

이는 오스본(A. F. Osborn)의 브레인 스토밍(Brain storming) 기법에 토대를 둔 것으로, 집단적 토의의 과정으로 이루어지는 것이 보통이나 개인적으로도 이 방법을 쓸 수 있다(Torrance, 1970).

**[1단계] 문제에 대해 감지 및 도전** : 복잡한 상황에 처하게 됨으로써 이를 감지하고 도전으로 인정하는 단계

**[2단계] 문제의 본질에 대한 인식** : 문제에 대해 재삼 숙고하여 그 성직을 파악하고, 커다란 혼란의 덩어리를 종합하여 그 문제의 본질적 요소를 파악하는 단계

**[3단계] 대안의 산출** : 문제에 대한 많은 선택적인 해결안을 생산해 내는 단계[1]

**[4단계] 착상의 평가** : 모든 종류의 착상에 대해 평가하는 단계로, 최상의 착상을 선별하기 위해서는 평가의 기준을 선별할 필요가 있으며, 이 규준은 경비, 시간, 요구사항, 유용성, 실용성, 사회적 수용성 등에 기초를 두게 된다. 기준의 설정 자체도 역시 창의적인 도전이 된다.

**[5단계] 착상의 사용 준비** : 착상(대안)이 마련되면 이를 받아들이게 하는 도전을 하게 된다. 이의 수행과정에서는 수정이 필요하며, 이를 증진시키기 위한 개발 계획은 새로운 착상을 요구한다. 착상의 적용시 예상되는 가능한 결과 및 수행에 따라 있을 것으로 예견되는 장애물을 상정할 필요가 있다.

이상을 간단히 요약하면 1단계 : 요인발견, 2단계 : 문제 발견, 3단계 : 착상의 획득, 4단계 : 해결안의 발견, 5단계 : 채택 가능성의 발견 등이다.

---

1) 이때 주의할 점은 대안에 대해 비평을 하지 말 것. 자유로운 사고를 할 것. 풍부한 양의 대안을 낼 것. 그 대안을 결합하고 개선할 것 등이다.

### (3) 발명적 산출 단계

창의적 사고의 보편화된 이론으로서 발명에 이르는 사고의 일반적 단계를 제시한 사람은 월라스(Wallas, 1975)이다. 이의 단계는 다음과 같다.

① **준비단계** : 경험을 획득하고 기본적인 기능을 배우고 지식을 쌓는 과정

② **부화단계(incubation)** : 준비단계와 영감의 불꽃이 솟기 전의 과도기적 단계로서 창의적 사고의 특징적인 단계[1]

③ **조명단계(ilumination)** : 준비와 부화의 단계를 거쳐서 오는 영감과 통찰 및 완성의 단계

④ **구체화의 단계** : 창의적 사고의 최종단계로서 획득한 통찰력이나 영감을 구체화하여 표현하는 단계

### (4) 창의성 증진 교육

학생들의 창의성을 증진시키기 위해 고려되어야 할 점은 다음과 같은 것이다(안범희, 1977).

첫째, 창의성은 정도의 차이가 있으나 누구나가 지니고 있는 인간의 속성임을 유의해야 한다. Maslow(1970)는 창의성을 ①특수재능의 창의성(special talent creativeness)과 ②자아실현의 창의성(self actualization creativeness)으로 구분하고, 전자는 천재적인 재질을 지닌 과학자, 발명가, 문필가 등의 속성인 한편 후자는 모든 개인이 지닌 창의성을 뜻하는 것이다. Cropley(2001; 이경화 외, 2004)는 이를 탁월한 창의성과 평범한 창의성으로 구분하기도 하였다.

둘째, 창의성은 지적 능력에 기초를 둔 창의적 사고능력에 좌우되는 것이므로 학습을 통해 이의 기초적인 능력을 배양하여야 하며, 분석적·논리적·수렴적 사고는 물론 직관적·발산적 사고 및 이원연상(二元聯想)의 사고능력을 함양시켜야 한다.

셋째, 이러한 창의적 사고는 개인의 성격기제를 보다 자발적으로 구사할 수 있는 환경을 마련해 줌으로써 가능하며, 따라서 자발적으로 사고하고 자율적으로 행동하는 독립심을 조장해야 할 것이다.

---

1) 부화의 단계는 두 가지 다른 측면을 포괄한다. 하나는 특수한 문제에 있어서 부화가 진행되는 동안에 자발적이고 의식적인 생각을 하지 않는다는 소극적 사실이고, 두 번째는 그 기간 동안에 일련의 잠재의식적이고, 무의식적인 정신활동이 작용한다는 사실이다.

넷째, 이의 한 방법으로 학생들이 성취감을 느낄 수 있는 기회를 많이 부여해야 하며, 교사의 권위적 태도를 지양, 억압적인 분위기가 되지 않도록 해야 하겠다.

다섯째, 창의적 성격 특성을 보이거나, 실제로 창의적인 학생들을 대함에 있어서 교사는 보다 그들의 긍정적인 측면을 이해해야 하며, 그들의 창의성이 위축되지 않는 범위 내에서 올바른 성격지도의 방향을 설정해야 할 것이다. 그들에게 개선되어야 할 문제들을 제시하고 이를 비판, 대안을 마련하는 기회를 부여하는 방법 등이 있을 수 있다.

여섯째, 남녀간의 창의적 능력에는 차이가 없음에도 불구하고 여성의 창의적 재능이 남성보다 발휘되기 어려운 상황을 개선해야 할 것이다. 어머니의 창의적 태도는 창의적 아동을 만드는 매우 중요한 의미를 갖는 것이다.

**학습상황에서 창의성을 증진시킬 수 있는 구체적 방안**에 대해 후레더릭센(Frederkdesn, 1984)과 울훌크(Woolfolk, 1990)가 정리한 것은 다음과 같다.

1) 발산적 사고를 수용하고 격려하라.

① 토의가 진행되는 동안 "이 문제에 대해 다른 방법으로 의견을 제시할 사람 있습니까?"라는 식의 물음을 던질 것.

② 최종 결과가 완전하지 않을지라도 일상적이 아닌 방법으로 문제를 푸는 시도를 고무, 격려해 줄 것.

2) 다른 의견에 대해 관용하라

① 반대의견에 대해 지지하는 학생의 견해를 말하도록 고무시킨다.

② 견해에 동조하지 않는 학생일지라도 부당한 대우는 전혀 없이 동등한 권리와 보상을 받게 됨을 학생들에게 주지시켜라.

3) 스스로의 판단을 신뢰하도록 학생들을 격려하라.

① 당신이 생각하기에 조금만 신경 쓰면 그들이 답할 수 있는 질문을 그들이 했을 경우, 이를 재진술 하거나 명료화시켜 되묻는 방법을 쓰라.

② 때때로 평점을 매기지 않는 과제를 제시하라.

4) 누구나가 어떤 형태로든 창의적 잠재력이 있음을 주지시키라.

① 위대한 예술가나 발명가의 업적을 마치 슈퍼맨이나 할 수 있는 일인 양 설명하는 일이 없도록 한다.

② 학생들이 공부하는 중에 창의적 노력을 기울인 점을 찾아 격려해 주고, 독

창성이 발휘된 과제에 대해서는 각별히 주목하거나 후한 점수를 줄 것.

5) 창의적 사고를 자극하라.

① 가능한 과제에 대해서 브레인 스토밍 기법을 활용하라.

② 학급의 문제를 비일상적인 방법을 써서 해결한 창의적 문제해결의 모델을 제시하라.

③ 모든 가능성이 다 고려될 때까지 문제해결을 위한 특수한 방안에 대해 판단하는 일을 유보하도록 지도하라.

# 제 11장
## 자아개념·귀인·포부수준과 학습

학습자의 성격이나 동기적 요인들은 학습에 적지 않은 영향을 미친다. 학습자가 열의와 흥미를 갖고 학습에 임하는 경우와 그렇지 않은 경우, 학업성취의 질과 수준에서 현저한 차이를 보인다. 블룸(Bloom, 1976)은 학생이 어떤 학습을 잘하기 위해서는 새로운 학습과제에 대해 개방성을 가져야 하며, 그것을 잘 학습해 내려고 하는 어느 정도의 의욕, 곤란이나 장애가 있을 경우 정력과 노력을 기울여 이를 극복해 내겠다는 자신감이 있어야 한다고 했다. 그는 학습의 변인 중 50%는 학습자의 인지적 특성이, 25% 정도는 학습자의 정의적 특성이, 나머지 25%는 수업의 질이 좌우하는 것으로 보았다.

학습자가 지닌 자아개념, 성취동기, 포부수준 등이 성격적 요인 내지는 동기가 학습의 중요한 변인이 되고 있는 것이다. 창의적 아동이 지니는 융통성, 개방적 태도 등은 성격 특성으로서 이러한 성격 특성이 능력 차의 한 변인이 되고 있음을 주목할 필요가 있다. 학습 장면은 여러 가지로 동기를 유발하게 한다. 그리고 특정 장면에서의 동기는 사람마다 차이가 있다. 이러한 차이는 추동, 욕구, 목표유인(goal attraction)의 강도에 있어서 차이가 나는 것으로 설명할 수 있다. 어떤 학습자는 과제에 도전적인가 하면, 다른 학습자는 자신이 없어하거나 회피적이다. 추동은 긴장을 수반하며, 이는 일반적으로 불안의 수준으로 나타난다. 그러한 불안의 수준은 학습자의 특성에 따라 다르다. 이러한 것들이 학습과 어떠한 관련이 있는지를 항목별로 살펴보기로 한다.


## 1. 자아개념과 학업성취

### 1) 자아의 특성

"자아란 개인이 그 자신에 관해 사실이라 믿는 믿음들의 복합적이고 역동적인 체제로서, 이러한 각기의 믿음은 가치와 부합되는 것이다"(Self is a complex and dynamic system of beliefs which an individual holds true about himself, each belief with a corresponding value). 라고 퍼어키(Purkey, 1970)가 정의 내린 바 있다.

'개개인이 자신을 보는 눈'이라고 요약될 수 있는 이러한 자아개념의 중요한 특성을 세 가지로 요약하면 다음과 같다.

### (1) 자아는 조직되는 것이며 역동적이다.

자아에 대한 연구자들의 합의된 견해는 자아가 대체적으로 조화와 질서에 의해서 특징지워지는 안정성을 지닌 것이라는 점이다. (그림11-1)에서 보는 바와 같이 전체는 작은 나선형의 부분들이 모여서 이루어진 것이다. 이러한 작은 나선들은 개인이 그 자신에 대해 견지하고 있는 믿음들을 나타내고 있다.

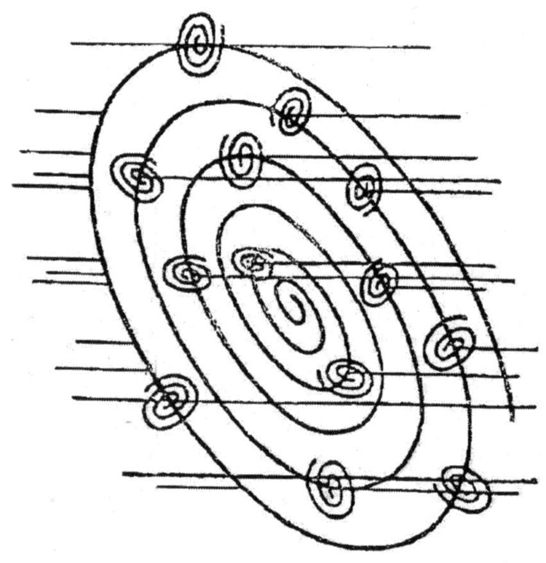

(그림 11-1) 자아의 조직

개개인은 그 자신에 관해 무수히 많은 믿음들을 가지고 있지만 이 모든 것들이 모두 같은 정도로 중요한 것은 아니다. 본질적이고, 따라서 변화에 저항이 큰 자아개념은 중심부에 위치한다. 바깥 쪽에 위치할수록 변화가 용이한 자아이다. 각각의 개념은 긍정적이거나 부정적인 가치를 갖고 있다.

(2) 개개인이 지닌 자아는 개인적 세계의 중심이 되고 있으며, 개개인은 자신의 자아에 입각해 모든 사물을 관찰하고, 해석하고, 이해하고자 한다.

자아는 개개인의 기본적 준거체제이자 중핵적인 요소로 지각의 장을 구성하는 데 영향을 미치고 있다( Combs & Snygg, 1959, p. 146). 사람은 자신이 의식하는 한도 내에서 만의 세계에 존재하는 것이다. 우리는 세계와 그 세계가 지닌 의미를 자신의 관점에 입각해 평가한다. 많은 학생들이 단지 학교가 자신이나 자신의 세계와는 동떨어진 일을 하는 것 같다는 생각으로 인해 적응을 잘못하고 있다. 매번 좋지 않은 성적을 받은 학생은 애당초부터 좋은 성적을 받기는 그른 것으로 생각하기 쉽다. 자신의 판단과 나타난 결과의 불일치에 대해서도 자신의 판단이 더 옳은 것으로 여긴다. 자신이 훌륭한 교사라는 것이 그의 커다란 긍지이자 가치인 사람은 수업에서의 실패를 자신이 아닌 다른 요인에서 찾고자 하는 것이다.

(3) 인간의 동기는 자아를 유지하고, 보호하고, 고양시키고자 하는 공통적 노력의 소산이다.

자아의 이러한 속성이 모든 행동의 이면적(裏面的) 동기라는 것이다. 사람들은 자신이 알고 있는 자아와 위배되는 것은 잘 받아들이려 하지 않는다. 비록 그것이 거짓되고 온전치 못한 자아상이라도 지키고자 애쓰는 경향이 있으며, 새로운 것을 대할 때 자신의 관점이나 자아에 적합한 성질의 것이면 쉽게 동화시킨다.

개인이 자신의 자아를 고양시키고자 애쓴다는 사실은 교사에게 고무적인 일로 받아들여 질 수 있다. 자아를 유지하고 고양시키고자 하는 기본적 욕구는 행동(학습을 비롯한)의 강한 동기가 되기 때문이다.

## 2) 자아개념과 학업성취

### (1) 자아개념과 학업성취와의 관계

자아개념은 학문적 자아개념과 비학문적 자아개념으로 구분되는 것이 일반적이다. 마아쉬와 샤벨슨(Marsh & Shavelson, 1985)은 (그림11-2)에서 보는 바와 같이 자아개념이 세 가지 차원으로 구성되어 있는 것으로 보고 있다.

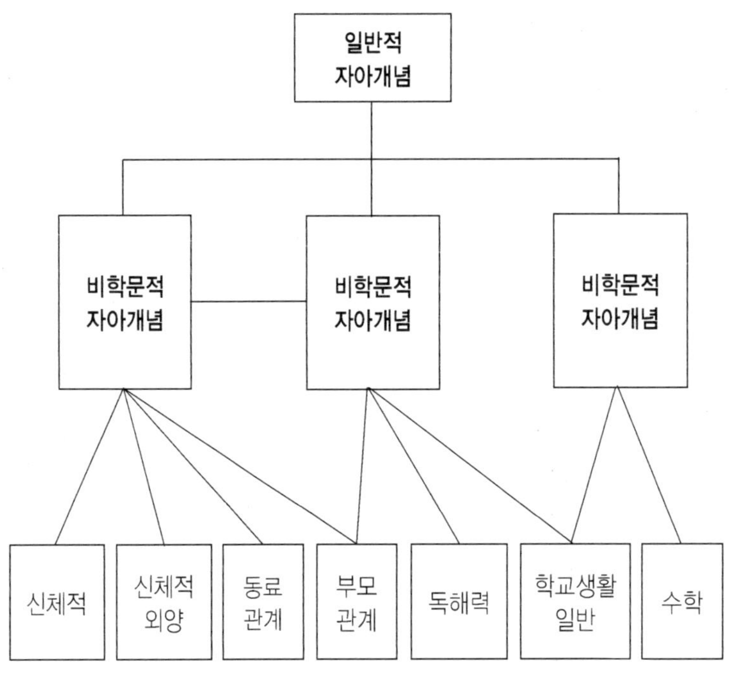



(그림11-2) 자아개념의 구조

일반적 자아개념이란 개인이 자신에 대해서 전반적으로 느끼고 있는 자아개념이다. 즉, 자신을 긍정적으로 보느냐, 부정적으로 보느냐와 그 정도를 나타내는 것으로 볼 수 있다. 긍정적인 자아개념을 가진 사람은 자신을 능력있고(유능), 존재 가치가 있으며(가치), 믿을만 하다고(신뢰) 보는 입장을 말한다. 이에 비해 부정적 자아개념을 지녔다 함은 자신을 무능, 무가치, 불신의 눈으로 봄을 뜻한다. 이하의 내용은 주로 퍼어키(Purkey, 1970)의 저서에서 재인용 한 것으로, 이름 뒤에 연도 표시가 안된 것은 재인용된 부분이다. 자세한 내용은 안범희(1985)의 「자아개념과 교육」을 참고 바란다.

비학문적 자아개념은 공부 이외의 것에서 갖는 자아개념을 뜻한다. 학문적 자아개념은 모든 학과목에 대해 갖는 자아개념으로, 여기서 예로 든 것 외에 과학, 사회, 국어 등의 과목이 망라되는 것으로 보면 된다.

비학문적 자아개념은 신체적 자아, 도덕적 자아, 성격적 자아, 가정적 자아, 사회적 자아 등으로 구분하는 것이 일반적이다. 이는 휘츠(W. Fitts)가 자아개념 검사를 제작하면서 제시한 영역 구분이다.

현재까지의 연구결과를 두고 볼 때 자아개념과 학업성취 간에는 전반적으로 의미 있는 상관관계를 갖는 것으로 나타나고 있다. 그리고 이러한 상관성은 여학생들보다는 남학생들에게서 더 강하게 나타나고 있다. 캠벨(P. B. Campbell)과 블레드소(J. Blesoe)가 각기 나름대로의 자기진술 방식을 써서 행한 연구 결과를 보면 자아개념과 학업성취 간의 관련성은 여학생 집단보다 남학생 집단에서 더 상관이 높음을 볼 수 있다. 이러한 성별 간의 차이는 주로 학습부진아(under achievement)의 경우에 두드러진 것으로 나타났다. 즉 남학생의 학습부진아들은 여학생의 학습부진아들에 비해 더욱 부정적인 자아개념을 가지는 경향을 보인 것이다. 이러한 이유는 아마도 바움(M. Baum)과 그의 동료들이 행한 연구에서 간접적으로 그 대답을 찾을 수 있을 것 같다. 즉, 이들이 자기보고 방식을 취한 학습자 척도로서 자아개념을 반복적으로 조사하여 본 결과 학업성적이 좋은 학생이나 저조한 학생 모두 여학생은 남학생보다 높은 자아개념을 갖고 있더라는 것이다. 자아개념이 이렇게 성별 간에 차이 있는 영향을 미치는 사실은 앞으로 더욱 연구해 볼 만한 가치가 있고, 또 그래야만 할 것이라 생각된다.

학습부진아와 이들이 지닌 자아개념과의 관계를 알아보는 연구는 횡크(M. B. Fink)에 의해서도 행해졌다. 그는 초등학교 9학년 학생들을 역시 학습 우수집단과 부진집단으로 양분하여 조사를 실시하였다. 이 연구에서는 캘리포니아 심리검사(California Psychological Inventory), 벤더 비쥬얼모토 게스탈트 검사(Bender Visual-Motor Gestalt Test), 인물그리기 검사(Draw-A-Person Test), 고흐의 형용사 검목표(Gough Adjective Checklist) 등의 도구 이외에도 개인의 신상자료와 "20년 후의 자기 모습"이라는 제하의 작문을 토대로 세 명의 심리학자가 각 학생들의 자아상이 적절한 것인지 그렇지 않은지를 제각기 판단토록 하였다.

세 명이 심리학자들이 내린 판단을 종합해 본 결과 학습 우수 집단과 부진 집단 간에는 의미 있는 차이가 나타났는데, 학습우수 집단에 속한 학생들이 자신의 자아개념, 자아상을 보다 적절히 지각하고 있는 것으로 나타났다. 횡크 역시 자아개념과 학습부진 간에는 의의있는 상관이 있으며, 이러한 상관은 여학생보다는 남학생의 경우 더욱 두드러지게 나타난다는 결론을 내렸다.

하마체크(Hamachek, 1995)는 학습자 중에는 지능이 낮거나 그 밖의 결함 때문에 학업이 부진한 것이 아니라, 학습능력이 모자라는 것 같다는 스스로의 부정적 자아개념 때문에 학업성취에 문제가 있는 학생이 적지 않음을 지적하면서 이에 대해 교사가 각별히 유념해야 할 것임을 강조하고 있다.

블룸(Bloom, 1976)이 밝힌 학문적 자아개념과 학업성적 간의 관계는 다음과 같다.

〈표 11-1〉 학문적 자아개념과 성적과의 상관

|  | 1~5학년 | 6~8학년 | 9~12학년 |
|---|---|---|---|
| 특정학력검사<br>—특정 학문적 자아개념* | .31 | .30 | .25 |
| 과목 성적평점<br>—특정 학문적 자아개념* | .35 | .45 | .43 |
| 종합적 학력검사<br>—일반적 학문적 자아개념 | .30 | .52 | .30 |
| 평균성적<br>—일반적 학문적 자아개념 | .23 | .57 | .51 |

*특정 학문적 자아개념은 수학 관련 자료에 의한 것임. 이에서 보면 학문적 자아개념과 학업성취 간에는 적지 않은 상관관계가 있음을 알 수 있다.

## (2) 성공적인 학생의 자아개념

단적으로 말해서 성공적인 학생들은 역시 자신을 본질상 긍정적으로 본다는 것이 많은 연구에서 밝혀져 왔다. 일찍이 고등학교와 대학에서의 학업성취요인을 조사한 바 있는 고완(J. C. Gowan)은 성취자들은 자기확신, 자기수용 및 긍정적 자아개념을 지니고 있는 것이 특징임을 밝혔다. 활즈(R. J. Farls)는 중학교 학생들을 대상으로 하여 조사 연구한 결과, 역시 성적이 좋은 남·여학생들이 성적이 저조한 남·여학생들보다 일반적으로 확고하고 바람직한 자아개념을 지니고 있다고 하였다. 한편 데이비슨과 그린버그(H. H. Davison & J. W. Greenberg)는 하층계급에 속하는 아동들 중에 성공적인학생들과 그렇지 못한 학생들을 구분하여 몇 가지 변인과의 상관관계를 밝혀보고자 하였다. 그 결과 성공적인 학생들은 자아의 세 가지 측면, 즉 개인적 능력, 학문적 능력, 그리고 사회적 능력에서 자신을 우수하게 보는 것으로 나타났다.

1962년에서 1968년까지 브룩코버(Brookover)와 그의 동료들이 7~12학년 학생들을 대상으로 광범위한 연구를 진행시킨 바 있는데, 그 결과 또한 앞에서 살펴본 바와 비슷한 것으로서, 지능이 통제되지 않은 상태(지능의 분포가 다른 상태)에서도 학업 성적은 학생 자신의 자아개념에 의해 상당한 영향을 받는 다는 것과 다른 일반적 자아개념 보다는 학습능력에 관련된 자아개념이 성적에 대해 보다 신뢰로운 예언변인이 된다는 사실을 보여주었다.

성공적인 학생들은 대체로 자신에 대해 좋은 평가를 내리고 있었고, 자신의 미래의 성취에 대해 낙관적이었다. 이러한 학생들은 일반적인 능력에 대해서도 그러한 확신을 지니고 있었다. 따라서 이들은 타인으로부터의 호의적인 평가에 그다지 큰 신경을 쓸 필요가 없으며, 자신은 열심히 공부하고 있으며, 다른 학생들이 자신을 좋아하고 있고, 대체로 자신은 공손하고 정직하다는 느낌을 갖고 있는 것으로 나타났다. 요컨대 이러한 일치되는 견해를 종합하여 볼 때 성공적인 학생들은 긍정적인 자아개념을 지니고 있으며, 하나의 개인 또는 학생으로서 자신이 가치 있는 존재라는 느낌을 갖고 있다는 것이다. 이러한 사실은 이제 살펴보게 될 성공적이 아닌 학생들이 지닌 자아개념의 양태와 좋은 대조를 이루고 있음을 보게 될 것이다.

### (3) 성공적이 아닌 학생의 자아개념

학업부진아가 부정적인 자아개념을 지니는 경향을 보인다는 연구사례는 꽤 많은 편이다. 골드버그(M. L. Goldberg)는 9~12학년의 학업부진아를 대상으로 '나는 어떠한가'<How I Am>라는 제하에 자신의 특성과 능력에 대한 질문지를 통해 답하게 하였는데, 학습부진아는 자신에 대해 주어진 과제를 성취할 능력이나 배우겠다는 열의, 그리고 야망이 부족하다는 인식을 스스로 하고 있음이 드러났다. 쇼오(M. C. Show)는 부진아가 성취자에 비해 부정적 자아개념을 갖는 경향이 짙었고, 그들의 행동 역시 또래 집단에 비해 덜 성숙된 경향을 보였다고 지적한 바 있다.

콤즈(A. W. Combs)가 남고생을 대상으로 자아지각과 학습부진과의 관계를 조사한 바에 의하면 학습부진아는 자신이 타인들에게 부적절하고 비수용적인 사람으로 간주되고 있는 것으로 보고 있으며, 그들의 동료나 주위 어른들 역시 그들을 그러한 시각으로 보고 있음이 드러났다. 듀어와 쉬마츠(W. K. Durr & R. R. Schmats)는 성적이 우수한 학생들과 부진한 초등학교 학생들의 차이점을 살펴본 결과 학습부진아는 자신이 없고, 독립성이 부족하고, 자신을 가치 있는 인격체로 보는 경향이 적었으며, 집단에의 소속감도 결여되어 있음을 밝혔다. 아울러 이들의 행동은 미숙하고 부적절한 느낌을 지니고 있음도 밝혔다. 테일러(R. G. Taylor)는 성격특성과 이에 따른 성취간의 상관에 관하여 문헌연구를 시도한 바 있는데, 이에 의하면 학습부진아는 자기비하적이고 의기소침하며, 부적절한 느낌을 갖고 있고, 심한 열등감을 느끼고 있다는 것이다.

연구결과를 종합해 보건대 성공적이 되지 못하는 학생들, 즉 학습부진아건 성취를 못한 자이건, 읽기 능력이 부족한 학생들이건 간에 이들은 그들 자신에 대해 그리고 자신이 지닌 능력에 대해 전반적으로 부정적인 태도를 견지하고 있는 것으로 보는 것이 합당하리라 생각한다. 그들은 성공적인 동료들에 비해 자신이 능력이 없으며 부적절하고 자기확신감도 적다고 보는 것이다. 이러한 경향은 특히 남학생에게 두드러진 현상으로, 여학생의 경우는 이보다 제한된 해석을 해야 할 것이다. 자신의 능력에 대해 부정적 자아개념을 지닌 학생은 학교 생활을 성공적으로 이끌기 어려운 것이다. 프롬(Erich Fromm)이 지적한 바와 같이 자신을 무가치한 존재로 보는 것은 건강하지 못한 성격(비생산적 성격)의 특성이기도 하다. 그런데 과연 학업성취가 낮은 까닭에 그들이 부정적인 자아개념을 갖게 되는 것인지 아니면 그들이 부정적인 자아개념을 지니고 있는 까닭에 학업성취가 낮은 것인지에 대한 기본적 의문은 아직 남아있다.

### 3) 인과관계(因果關係)

지금까지의 연구결과를 토대로 하여 판단해 볼 때 자아와 학업성취 간에는 지속적이고 일관성 있는 상관이 있음에 틀림없다. 그러나 자아개념이 학업성취를 좌우하는 것인지, 아니면 학업 성취의 정도에 따라 자아개념의 형성이 영향을 받는 것인지에 재해서는 상당한 주의를 기울여 추정해 보아야 할 것이다. 양자간에 관계는 지금가지 알려지지 않은 요인에 의해 영향 받을 수도 있다. 그러나 현재 우리가 알고 잇는 범위 내에서 말할 수 있는 것은 양자간에 지속적인 상호작용이 이루어지고 있다는 점이다.

### (1) 자아개념이 학업성취에 영향을 미친다는 견해

인간의 사고가 그의 행동을 결정한다는 상식화된 견해에 이의를 제기할 사람은 별로 없을 것이다. 일단 우리가 우리 자신에 대한 어떤 관념(idea)을 획득하게 되면 이는 우리가 입수하는 모든 정보를 그 틀에 맞추어 처리하고 장차의 행위에도 영향을 미치게 된다. 몇몇 연구는 이같은 맥락에서 자아개념이 학업성취의 원인적 관계에 있는 것으로 파악하고 있다.

레이미(Lamy, 1965)는 유치원 원아들이 가지고 있는 자신과 주변 세계에 대한 인지양식으로서의 자아개념이, 그들이 초등학교 1학년이 되었을 때의 읽기 능력을 어느 정도 예언해 줄 수 있는가를 전문적 자질이 있는 관찰자를 동원하여 조사 연구하였다. 그 결과 자신에 대한 지각, 즉 자아개념도 지능지수 못지않게 읽기 능력에 대한 예언력을 갖는다는 사실이 밝혀졌다. 그렇다면 지능지수와 자아개념을 합쳐서 관계를 살펴보는 경우 이의 예언력은 훨씬 더 높아질 것으로 예상할 수 있다. 연구를 종결하면서 레이미는 아동이 자신과 자기 주변세계를 여하히 지각하느냐 하는 것은 단순히 읽기 능력과 관련성이 있는 정도를 넘어서 사실상 학업성취의 원인이 되는 독립변인으로 작용하는 것임을 시사하였다.

모오스(R. J. Morse)는 능력에 대한 자아개념이 오히려 지능지수보다 학업 성적을 더 잘 예언해 주며, 이러한 예는 흑인과 코카서스지방 학생들에게서 쉽게 찾아볼 수 있다고 하였다. 하아러(D. L. Haarer)는 9학년 학생들을 대상으로 연구한 바 있는데, 역시 능력에 대한 자아개념이 공립학교 남학생이나 소년원의 보호아들의 학업성취를 예언하는데 있어서 지능보다 더 예언력이 높다고 보고한 바 있다. 브룩코버(W. B. Brookover)와 그의 동료들은 그들의 연구를 토대로 자아개념의 변화가 학업성취에서의 변화를 가져 올 수 있다고 결론지었다. 하아딩(K. L. Harding)은 어느 정도의 학업성취가 가능한가 하는 자신의 능력에 관한 태도가 고교생들이 학업을 계속할 수 있는지 아니면 중도에 포기해야 할지를 가름하는 본질적인 요소라고 지적한 바 있다. 또한 키이퍼(K. E. Keefer)는 대학생을 대상으로 한 학업 성취의 자기예언(self- predictions)연구에서 대학생이 고등학교에서의 학업성적이나 미국 대학검사(American College Test)점수에 의한 자기예언보다 더 정확한 예언력을 가졌으며, 2학년이 되고부터는 전통적인 예언 측정방식이나 성취검사 점수보다도 예언의 정확성이 더 높음을 볼 수 있었다. 끝으로, 루드윅과 매어(D. J. Ludwig & M. L. Maehr)는 고교생들에게 있어서 자아개념에 변화가 오면 이들이 선호하는 것이나 선택에 있어서도 명백한 변화가 뒤따른다는 점을 지적하였다.

이렇게 볼 때 다음과 같은 결론을 내리는 일이 가능할 것 같다. 즉 자신과 자기의 능력에 대한 태도가 어떠하냐 하는 것이 학업에서의 성취여부를 결정하는데 중요한 역할을 한다는 것이다. 그러나 이제껏 우리가 살펴본 바와 같이 이는 양면성을 지니고 있는 것이어서, 학업성취 또한 자아개념에 지대한 영향을 미친다는 점도 간과할 수 없는 것이다.

### (2) 학업성취가 자아개념에 영향을 미친다는 견해

많은 연구자들이 학업에서의 성취여부가 자신에 대한 개인적 평가에 어떠한 영향을 미치는가를 연구해 온 바 있다. 이들의 공통된 견해는 학업이 부진하거나 기대치에 못 미치는 성적을 받는 학생들은 자존감의 상실로 인해 고통을 받는다는 것이다. 이러한 유형의 연구 예로서는 기비(Gibby & Gibby, 1967)의 연구를 들 수 있는데 이들은 7학년 학생들을 대상으로 하여 성적불량에서 오는 정신적 충격의 효과를 연구한 바 있다.

연구자들은 한 분야에서의 실패는 자기 자신과 자신의 능력에 대해 과소평가를 하게 하는데 커다란 영향을 미친다는 가정을 하고 있다. 더욱이 그러한 실패의 경험이 거듭됨에 따라 아동들은 자기 주위 사람들마저도 자신을 보잘것없는 아이로 평가하리라고 생각한다는 것이다.

이들은 세 가지 검사를 받았는데 이는 영문법, 기비 지능평정(Gibby Intelligence Rating Schedule), 그리고 언어유창성 검사 등이었다. 사흘 후에 양 집단은 언어유창성 검사를 다시 받았다. 그러나 시험 바로 직전에 실험집단에 속한 학생들에게는 사흘 전에 치를 검사의 성적이 좋지 않았다는 통보를 해 주었다. 그런 다음 실험집단과 통제집단의 점수를 비교하였는데 결과는 평상시에는 성적이 탁월했던 학생들이었음에도 불구하고 이전의 시험에 대한 실패감을 느끼고 있는 상황에서 그들이 자신의 능력을 소신껏 발휘하지 못하더라는 것이다. 더욱이 실험집단의 학생들은 자신에 대한 평가를 진술하는 말에서 보는 바와 같이 자신을 높이 평가하지 않는 경향이 나타나고, 의미 있는 타인들로부터도 높이 평가받지 못하고 있다고 믿는 경향을 볼 수 있었다. 그리고 이들의 지적 소산 역시 위축되는 것으로 나타났다. 이러한 사실에 입각해 볼 때 실패에 따른 부적 효과는 자기진술을 통해 나타난 자아개념과 측정을 통해 알아본 인지기능(cognitive function) 모두에 작용하는 것임이 명백해졌다.

이러한 실패로부터 비롯되는 자기평가의 정하 현상은 성적우수자 뿐만 아니라 학습부진아에게도 나타나는 것으로 알려졌다.

학업성적의 저조가 자부심을 손상시키는 것과는 대조적으로 성공적인 수행은 이를 고양시킨다. 칼튼(L. Calton & R. H. Moore) 등의 읽기 능력에 관한 연구에서 그들은 문화적으로 불리한 입장에 있는 학생들로 하여금 그들 스스로 극이나 동화를 선택하게 한 결과, 이들의 읽기 능력이 크게 향상되었음은 물론, 각 학과목에 대한 자아개념에 변화가 일어나고, 이러한 자아개념의 변화가 꽤 지속성을 띤다는 점도 아울러 밝혔다.

이로써 학업과 관련된 학교생활에서의 성공과 실패는 학생이 자신을 보는 제 관점의 형성에 지대한 영향을 미친다는 사실을 인정할 수 있을 것 같다. 즉 학업에서 계속 성공적인 경험을 하는 학생은 자신의 능력에 대해 긍정적이고 고무적인 감정을 지니게 되지만, 실패의 경험이 많은 학생은 자신에 대해 부정적인 자기감정을 갖기 쉽다는 것이다.


## 2. 귀인(歸因)과 학업성취

### 1) 귀인과 통제의 소재

귀인이란 사건이나 행동의 결과를 놓고 그 결과에 작용한 원인을 탐색하는 행위를 의미한다. 즉, "……는 ……의 탓이다"라는 진술은 귀인행동을 설명하는 적절한 표현일 수 있다. 귀인이론은 관찰된 행동의 동기를 추리하려는 시도로서, 사건이나 행동 결과에 대해 인간이 내리는 원인론적 해석을 다루는 이론이다. 이 이론은 개인의 귀인 양식이 그 자신의 행동에 어떠한 영향을 미치는가에 관심을 두고 있다. 예컨대 사람들이 성공, 혹은 실패의 책임이나 원인을 과제의 성질, 노력, 능력, 혹은 운세 등 어디에 주로 귀인 시키고 있으며, 그에 따라 개인의 성취수준과 행동 및 정서와 어떠한 관계를 가지는가에 대해 관심을 가진다(교육학 용어사전, 배영사, 1981).

웨이너(Weiner, 1985)는 귀인이론적 관점에 근거하여 인간의 성취행동을 다음과 같이 분석하였다.

$$\text{자극} \rightarrow \text{인과관계 인지} \quad \nearrow \ \text{영향} \ \searrow \quad \text{반응}$$
$$\searrow \ \text{목표기대} \ \nearrow$$

자극은 정보의 원천을 의미하며, 인과관계 인지는 들어오는 자극의 속성을 파악하여 "의미"를 부여하는 신념체계가 된다. 이것이 목표기대를 자극하여 반응(행동)을 보이게 된다. 성패의 원인에 대한 신념인 귀인은 선행하는 자극체와 뒤따르는 행동적 결과를 매개한다.

한편, 웨이너는 목표지향적 행동은 긍정적 예측과 성공의 기대가 합쳐질 때 일어나며, 행동의 결과가 원하는 대로 되면 다음에도 그 같은 일에 성공의 기대를 갖게 되어 실천에 옮기는 것으로 보았다. 목표지향적 행동에 대한 그의 도식은 다음과 같다.

$$\text{긍정적 예측} \ \searrow$$
$$\text{행동} \rightarrow \text{산출(성공)}$$
$$\text{성공의 기대} \ \nearrow \qquad \text{(시도 하는 경우)}$$

교육현장에서도 귀인 행동이 일어남을 볼 수 있다. 교사는 성공이나 실패의 경험을 맛보는 학생들을 자주 관찰하게 되는데, 이러한 성공과 실패는 흔히 객관적으로 결정될 수 있지만 분명치 않은 것은 그 성공과 실패에 관한 이유의 설명이다. 성공적인 경우를 보면, 과제가 쉽다든가, 상당한 능력이 있다든가 열심히 노력을 해서라든가 아니면, 행운이 따랐다든가 등의 다양한 해석을 한다. 교사는 이들 원인들 중 어느 것이 성공의 원인일 것이라고 결정할 필요가 있으며, 그의 결정은 곧 그의 학생들에 대한 반응 방식에 결정적인 영향을 미친다. 즉, 학생의 성공이 속임수에 의한 것이라고 믿을 경우 교사의 반응은 그 성공이 학생의 능력에 의한 것이라고 믿었을 때와는 아주 다를 것이다(김병성, 1991).

통제의 소재에 있어서의 귀인 요소별 개인차는 다음과 같이 요약될 수 있다(Jonassen & Grabowski, 1993).

〈표 11-2〉 통제의 소재에 관한 개인차

| 내부귀인 | | 외부귀인 |
|---|---|---|
| 자신 | ………………………………………………… | 타인 |
| 성취가 높은 | ……………………………………… | 성취가 낮은 |
| 목표를 추구하는 | …………………………… | 실패를 두려워하는 |
| 자기 확신적인 | ……………………………………… | 불안한 |
| 지속적인 | ……………………………………………… | 좌절하는 |
| 사려깊은 | ……………………………………………… | 충동적인 |
| 위험을 감수하는 | ……………………………… | 조심하는 |
| 조직화된 | ……………………………………………… | 산만한 |
| 언어적인 | …………………………………… | 시각적/근육운동지각의 |
| 분석적인 | ……………………………………………… | 총체적인 |

연속선에 따르면, 외부귀인 쪽은 상대적으로 바람직하지 않은 특성으로, 내부귀인 쪽은 비교적 바람직한 것으로 설명되기도 한다.

일상생활에서, 또는 교수-학습 상황에서 사건이나 특정 행동 결과에 대해 귀인하는 내용들은 귀인자의 수만큼이나 많고, 다양할 것이다. 그러나 귀인 이론가들은 이 모든 요소들을 단순히 기술하기보다는 질적으로 분류하는데 관심을 가지며, 귀인하는 내용의 질적 차이에 따라 과제수행과 정서에서 보이는 차이에 주목하고 있다.

이들이 제시한 대표적인 귀인요소로는 능력, 노력, 과제곤란도, 운 요인이 있으며, 이 요인들을 속성별로 분류하는 데 주로 이용되는 준거는 통제의 소재(locus of control)와 안정성(stable) 차원이다. 이에 더하여 웨이너(Weiner, 1979)는 귀인요소를 확장하고, 통제성이라는 새로운 준거를 포함시켜 귀인요소들을 다음의 <표 11-3>과 같이 분류하고 있다.

〈표 11-3〉 귀인요소의 분류체계

| 분류체계 | 내적 | | 외적 | |
|---|---|---|---|---|
| 통제성 | 안정 | 불안정 | 안정 | 불안정 |
| 통제 가능<br>통제 불가능 | 지속적 노력<br>능력 | 일시적 노력<br>능력 | 교사의 편향<br>과제 난이도 | 타인의 도움<br>운 |

첫째, 통제의 소재(locus of control) 차원은 개인이 행동이나 사건결과의 원인을 추론함에 있어서 그 원인을 행위자의 내적 상태(internal status)로 귀인할 것이냐, 아니면 외적 세력(external force)에로 귀인할 것이냐에 관한 것이다 (Freedman et al., 1981). 이 차원은 귀인 성향을 분류함에 있어서 가장 일반적으로 적용된 준거이다. 성취 결과의 원인 중 능력, 노력, 기분, 성격특성, 태도, 동기, 피로, 질병 등과 같은 요인들은 외적 요인들에 해당된다. 이 개념은 하이더 (Heider, 1964)가 개인 내적인 요인인 능력, 노력, 그리고 외적 요인인 환경적 요인을 행동 결과의 중요한 귀인·요소로 본 데서 비롯되었으며, 로터(Rotter, 1966)가 통제의 소재라는 개념을 도입하여 인간의 귀인 성향을 내적 통제 성향과 외적 통제 성향으로 분류하면서 일반화되었다.

둘째, 안정성 차원은 귀인하는 내용들이 시간에 걸쳐 변화할 수 있는 것인지에 관한 것이다. 학업성취 상황에서 비교적 안정성이 높은 귀인요소들은 능력, 과제 난이도 등이며, 불안정한 용인으로 분류되는 것은 노력, 기분 피곤, 질병, 운 등이다. 이 차원은 귀인 성향과 후속 성취 기대 및 정서 간의 관계를 밝히는데 많이 적용된 차원이다.

셋째, 통제성 차원은 귀인하는 내용들이 행위자의 입장에서 볼 때 통제가 가능한 것인지에 따라 분류된다. 예컨대, 자신의 노력과 같은 것은 개인의 통제 하에 있는 것이지만, 능력이나 과제 곤란도와 같은 것은 개인 통제 밖에 있다. 이 차원은 귀인 성향과 성취 상황에서의 과제 관련 정서 간의 관계를 규명하는데 많이 적용되어왔다.

## 2) 귀인 성향과 정서적 반응

귀인성향은 정서적 특성 및 성취와 관련된 정서적 반응, 기대, 성취동기와 같은 요인들과 밀접히 관련되므로, 학습의 측면에서도 중요한 의의를 갖는다. 자아개념은 내적 귀인 성향과 정적 상관이 있으며(Gordon, 1977), 자아개념과 직접적으로 관련된 구인인 자존감 역시 내적 귀인성향과 정적 상관을 갖는다(MaQsud, 1983). 또한 귀인 성향에 따라 성취 상황에서 발생하는 정서적 반응이 다르게 나타나는데, 성공을 외부 귀인하면 감사와 놀라움을, 내부 귀인하면 자부심, 확신감, 만족감을 느낀다. 실패를 외부 귀인하는 경우에는 분노, 놀라움, 적개심을 나타내고, 내부 귀인하면 죄의식, 후회, 목적의식의 상실과 같은 부정적인 정서 반응을 일으킨다(Weiner, Russel & Lerman, 1979).

호시드와 맥밀란(Forsyth & McMillan, 1981)은 성공을 내부 귀인하고 실패를 외부 귀인하는 학습자가 자신에 대해 긍정적인 정서반응을 보이지만, 특히 성공을 통제 가능한 요인인 노력에 귀인했을 때 자신에 대해 더욱 긍정적인 정서반응이 일어난다고 봄으로서 통제성 차원을 추가하였다.

울홀크(Wolfolk, 1990) 역시 성공적인 성취 결과를 통제 가능한 요인으로 귀인시키는 사람은 그 성취에 자부심을 느끼게 되며, 장래의 성취 상황에도 성공적일 것이라고 믿게 되지만, 자신의 성취가 통제 불가능한 요인과 관계가 있다고 지각하면 그는 단지 고마움을 느끼며, 그러한 행운이 지속되기를 바라게 된다고 했다.

능력 귀인과 노력 귀인은 같은 내부 귀인이면서도 각기 다른 정서적 반응을 일으킴으로서 관심의 대상이 되어왔다. 웨이너와 쿠클라(Weiner & Kukla, 1970)는 능력과 노력 모두 개인 내적 귀인 요소이지만 능력 귀인보다 노력 귀인이 정서 표현과 더 밀접한 관련성이 있음을 밝혔다. 성공에 대해 노력 귀인을 했을 때에는 강한 자부심을 경험하지만, 실패를 노력 결여에 귀인했을 때에는 수치심을 가진다는 것이다.

그러나 노력을 적게 했다는 사실이 수치심을 증가시킨다는 이들의 연구 결과와는 달리 코빙톤 등은(Covington & Omelich, 1979) 오히려 많은 노력을 했다는 사실이 수치심을 증가시키는 것으로 보았으며, 능력귀인이 노력귀인보다 성공에 대해서는 더 큰 자부심을 주고, 실패에 대해서도 더 큰 수치심을 일으킨다고 했다. 이러한 가정은 자기 가치이론에 근거한 것이다. 즉, 미국 사회에서 능력과 개인의 가치를 동일시하는 경향 때문에 학생들은 노력 결여 보다 오히려 능력 결여에 상대적으로 더 수치심을 느낄 수 있다는 것이다.

한편, 박영신(1987)의 연구에 의하면, 한국 학생들은 실패를 능력의 부족 보다는 노력의 결여에 귀인했을 때 죄책감, 수치심과 같은 부정적인 정서를 더 강하게 느끼며, 모든 발달단계의 학생들이 능력 보다는 노력을 더 가치로운 것으로 지각하고 있음을 밝혔다.

일반적으로 학습자가 성공을 내적 요인과 안정적 요인으로 귀인할수록 후속 성취 기대가 높은 것으로 알려져 왔다. 로터(Rotter, 1966)는 능력과제(skill task)에서의 성취 결과를 내부귀인 하게 되면 규칙적인 기대 변화가 일어나고, 우연과제(chance task)에 대한 외부귀인은 불규칙적인 기대변화를 초래한다고 봄으로써, 통제의 소재에 대한 신념 여하에 따라 후속 성취 기대가 달라짐을 시사했다. 이와 함께 웨이너(Weiner, 1985)는 통제의 소재 차원 뿐만 아니라 안정성 차원이 후속 기대 변화에 작용하는 중요한 요인으로 보았다. 즉, 안정성 차원은 그 속성상 미래의 성취 기대와 직접적으로 관련이 있다. 성공(또는 실패)을 안정적 요인으로 기대하는 사람은 미래의 유사한 과제에서도 성공 (또는 실패)을 기대할 것이다. 그러나 성취 결과를 불안정 요인으로 귀인하는 사람은 장래의 유사한 과제에 직면할 때, 그 성취 결과가 불규칙하게 변화할 것으로 생각하게 된다.

한편, 박영신(1987)은 학습자가 성공을 능력과 같은 내적이고 안정된 요인에 귀인하면 성취 기대가 높아지지만, 반대로 성공을 운 요인과 같이 외적이고 불안정한 요인에 귀인하고, 실패를 능력이나 과제 곤란도와 같은 통제 불가능한 요인에 귀인하면 성취기대가 낮아지는 것으로 보았다. 임형진(1984)은 교사가 아동의 성격을 내적이고 안정된 요인으로 귀인하면, 아동의 성적에 대한 긍정적 기대가 형성되는 바, 특히 성적이 상위 집단에 속하는 아동의 경우 그러한 경향이 크다고 하였다.

귀인 성향은 성취동기와 과제수행 태도와도 관련되므로 학업 성취에 직접적인 영향을 미친다. 일반적으로 개인에게 일어나는 일들이 자기의 행동에 의해 결정되는 것으로 믿는 내적 통제자가 더 높은 성취동기를 가진다.

웨이너(Weiner, 1970)는 성공 접근 동기가 강한 사람은 실패 회피 동기가 강한 사람에 비해 성공적인 결과의 원인을 능력이나 노력과 같은 내적인 것에 귀인하는 경향이 있으며, 반대로 실패 회피 동기가 강한 사람은 성공을 과제의 쉬움과 운과 같은 외적인 요인에, 그리고 실패는 능력의 부족과 같은 내적인 요인에 귀인한다고 했다. 또한 성공적인 상황에서 성취동기가 높은 사람은 내적이면 안정적인 요인에 귀인하고, 실패 상황에서는 성취동기가 높을수록 실패한 결과를 노력 결여나 불안정한 용인에 귀인하며, 성취동기가 낮을수록 실패를 안정된 요인인 능력의 결여에 귀인한다고 했다.

귀인 성향은 과제수행 태도에도 영향을 미친다. 웨이너(Weiner, 1980) 등이 과제 수행 강도(强度)와 귀인 성향과의 관계를 분석한 결과에 의하면, 실패를 안정적 요인인 능력 결여나 과제 곤란도로 귀인하는 사람보다는 불운이나 노력의 결여로 귀인하는 사람이 더 강한 강도를 가지고 과제를 수행하였다. 따라서 이들은 노력 귀인이 성취 관련 활동의 방향과 정도와 지속도를 결정하는 중요한 요소라는 결론을 내렸다.

드웩과 리푸치(Dweck & Repucci, 1973)는 실패 상황에서 과제 수행 시도가 저하되는 아동과 과제를 지속하는 아동 간의 귀인성향의 차이를 밝혔다. 이 연구 결과에 의하면, 과제수행이 저하되는 아동은 수행 결과에 대한 개인적 책임감이 낮아서 성공을 했을 때에도 자기에 대한 신뢰도가 낮고, 실패 상황에서도 자기 비난의 정도가 낮았다. 그러나 실패 상황에서도 과제를 지속하는 아동은 수행의 결과를 결정하는데 자신의 노력이 중요함을 강조했으며, 자신의 실패를 노력의 결여로 귀인했다.

## 3) 귀인성향과 학업성취

귀인성향은 학업 성취 수준과도 밀접한 관계가 있는 것으로 보고되고 있다. 바-탈과 바-조알(Bar-tal & Bar-Zohar, 1977)은 학업성취와 내적 귀인성향과의 상관관계에 관한 연구 36편 중 31편의 연구는 정적 상환을 보였고, 1편은 부적 상관, 나머지 4편은 무의미한 상관을 보이고 있음을 지적하여 귀인성향과 학업성취가 의의있는 상관이 있음을 지지하였다.

한편, 일부 연구들은 귀인성향이 교육에 의해 변화될 수 있음을 주장한다. 쿠클라(Kukla, 1972)는 한 피험자 집단에게는 성공적인 성취 결과가 능력과 노력이 모두 성취 결과와 직결됨을 주지시켰다. 그 결과 능력을 중요시한 집단에서는 성취동기가 높든 낮든 모두 과제를 해결하려는 노력을 보이지 않은 반면, 능력과 노력을 모두 강조한 집단에서는 성취동기가 높은 사람이 낮은 사람보다 과제수행이 향상됨을 밝혔다.

보다 직접적인 실험적 방법을 동원하여 귀인조작을 한 연구들이 있다. 귀인조작이란 조작자에 의해 하나 또는 그 이상의 귀인 요소가 선택되고, 그 요인에 사람들이 귀인하도록 피드백이나 지시를 주어 기존의 귀인 성향을 변화시키는 것이다. 메드웨이와 베니노(Medway & Venino, 1982)는 실패 상황에서는 "좀더 열심히 해야겠군요"라는 피드백을 주고, 성공했을 때는 "좋아요, 정말 열심히 했군요"라는 식의 노력 피드백을 제공한 결과, 과제 지속성이 향상됨을 밝혔으며, 앤드류와 디버스(Andrew & Debus, 1978)는 아동에게 노력 귀인을 하도록 강화하면, 사회적 강화를 받은 학생에 비해 결코 성취 행동의 지속성이 뒤떨어지지 않음을 밝혔다.

귀인 조작은 통제 불가능한 경험에서 유발되고, 그것이 다른 상황에서도 일반화되는 것으로 보이는 학습된 무력감(learned helplessness)을 완화시키는 데에도 이용될 수 있다. 애브람슨(Abramson, 1978) 등은 통제 불능성을 야기한 요인이 매우 안정적인 속성을 가질 경우 미래의 통제 불능성은 계속된다고 했다. 이에 근거하여 이들은 통제 불능성을 치료하는 방안으로 학습자의 성공 경험에는 내적, 안정적, 일반적 요인으로 귀인을 조작하고(학습자의 능력, 노력 등을 칭찬해 줌), 실패 경험에는 외적, 불안정적, 특수적 요인으로 귀인을 조작(운이 나빴다는 등)할 것을 제안했다.

또한 드웩(Dweck, 1975)은 학습된 무력감을 겪고 있는 아동을 두 집단으로 분류하여 한집단의 아동에게는 성공만을 경험하는 실험처리를 하고, 다른 집단의 아동들에게는 실패의 원인을 노력 부족으로 귀인 시키는 처치를 한 결과, 노력 피이드백을 받은 아동들은 성취가 향상되거나 유지되었지만, 성공만을 경험하는 처치를 받은 아동들은 성취가 낮아지는 현상을 발견했다.

이상과 같은 연구 결과에 비추어 볼 때, 교사가 학생들의 귀인 성향을 적절히 통제하기 위해 학습 과제 성취 상황에서 학생들이 지니는 귀인 성향을 파악하는 일이 매우 중요한 일임을 알 수 있다. 또한 학생들의 성취 결과에 대한 교사의 귀인 행동이 학생들의 귀인 성향에 상당한 영향을 미친다는 점을 간과해서는 안 될 것이다. 이러한 점을 감안하여 교사는 학생들에게 대한 자신의 귀인이 편파되거나 왜곡된 점이 있는가를 반성하고 개선하여, 학생들의 미래의 학업 성취 결과에 대해 긍정적인 정서, 기대, 태도 및 학습에 대한 성취동기를 갖도록 지도해야 할 것이다.

귀인성향과 관련된 내용을 표로 요약하면 다음과 같다.

### 〈표 11-4〉과제수행상황별 귀인유형이 학습행동에 미치는 영향

| 수행<br>결과 | 귀인<br>유형 | 귀인요소 | 정서적 반응 | 학습행동 |
|---|---|---|---|---|
| 성공 | 내부<br>귀인(P) | 노력, 능력 | 유능감,자신감,<br>만족감 | |
| | 외부<br>귀인(N) | 가정환경,<br>교사의 편향,<br>타인의 도움,<br>과제난이도 | 감사, 놀라움 | |
| 실패 | 내부<br>귀인(N) | 노력, 능력 | 죄의식, 후회,<br>목표 상실감 | |
| | 외부<br>귀인(N) | 가정환경,<br>교사의 편향,<br>타인의 도움,<br>과제난이도 | 분노, 놀라움,<br>자존감 훼손 | |
| 성공 | 통제<br>가능<br>귀인(P) | 노력 | 자기효능감 및<br>자존감,<br>통제감 고양,<br>성공기대 | **과제몰입형**–학습결과보다는 과제를 완성 하는 데 관심을 더 가지며, 과제성취를 위해 보다 많은 노력과 몰입을 한다.<br>완숙지향학습–학습결과보다 성취에 가치를 두고 목표에 집중한다. 도전적인 과제선호 |
| | 통제<br>불능<br>귀인(N) | 능력<br>(주로 지능) | 자기효능감,<br>자존감, 성공<br>기대가능하나<br>기대가 지나<br>칠 수 있다. | **자아몰입형학습**–자신의 유능감을 유지하기 위해 오히려 노력을 게을리 할 수 있다.<br>실패회피형학습–실패를 염려하여 현재 아는 것에 고착하거나 위험부담을 지지않거나  실패상황에서 현재의 과제수행에 큰 가치를 두지 않는다.<br>도전적인 과제 회피 |
| 실패 | 통제<br>가능<br>귀인(P) | 노력 | 실패로 인한<br>정서적결손이<br>거의 없다. | **과제몰입형학습**–과제성취 위해 노력 지속.<br>완숙지향학습–학습결과보다는 성취에 가치 를 두고 학습목표에 집중한다. 미래의 성공 위해 새로운 학습전략을 세우고 분발한다. |
| | 통제<br>불능 귀<br>인(NN) | 능력<br>(주로 지능) | 학습된<br>무력감,<br>목표상실 | 실패수용형학습자–실패가 낮은 능력 때문 이고, 그것에 관해 자신이 할 수 있는 것이 전혀 없다고 믿어 학습에 대해 냉담, 무관심, 자포자기한다. |

주: P=Positive, N=Negative, NN=Negative & Negative.

## 4) 귀인에 따른 학습전략

### 1) 귀인성향별 학습자 특성

귀인성향, 특히 통제의 소재와 관련하여 많은 연구가 행해졌는데, 이를 학습의 측면과 관련지어 정리하면 다음과 같다.

내부귀인 우위의 학습자는 성공이나 실패의 원인을 그들 자신에게 귀인하는 경향이 있다. 성공은 노력, 능력, 경쟁의 결과이며, 실패는 그러한 것들이 부족하여 생긴 결과라고 본다. 대체로 내부귀인자는 나이가 듦에 따라 개인적 효능감이 증가하는 경향을 보인다.

외부귀인 우위의 학습자는 개인적인 수행을 통제하는 외적인 힘에 그들의 성공이나 실패를 귀인하는 경향이 있다. 이들은 성공을 도움을 받을 수 있는지 없는지, 쉬운 과제, 행운, 우연이나 선택적인 편견에 귀인하며, 실패는 불운, 도움의 결여나 불필요하게 어려운 과제 때문인 것으로 귀인한다. 앞서 소개된 바 있는 통제의 소재와 학업성취에 대한 36개의 연구를 검토해 본 바에 따르면(Bar-Tal & Bar-Zahor, 1977), 내부귀인하는 사람이 더 지속적으로 과제를 수행하고, 더 많은 노력을 기울이고, 과제 관련 정보를 더 잘 이용하기 때문에 더 많은 성취를 하는 것으로 나타났다.

내부귀인 우위의 학습자는 수업에서 내용의 일부분을 학습자 스스로가 구조화하도록 하였을 때 더 효과적이었다. 본인이 반응 정확성을 결정하는 교수가 더 도움이 되는 반면, 외부적인 사람은 교사가 반응 정확성을 결정하는 교수가 더 도움이 된다(Pascarella, 1983). 즉, 외부귀인자는 교사가 잘 구조화시킨 수업에서 더 도움이 되었다. 내부귀인 우위의 학습자는 그들 스스로에 의해서만 행동할 수 있다고 믿기 때문에 보다 많은 정보를 필요로 하며 외부적인 사람보다 정보를 더 잘 이용하는 것으로 추정된다.

### 2) 귀인성향별 학습전략

내부귀인 우위의 학습자는 다음과 같은 학습과제에서 탁월하다.
1) 학습자가 많은 양의 정보를 통합하는 것이 필요한 개념적인 과제
2) 학습상황에 더 집중적인 관여가 필요한 문제 해결과 높은 수준의 사고 과제

이들에게 효과적인 학습전략은 다음과 같다.
- 정보에 집중하기
- 결과를 예측하거나 원인을 추론하기
- 학습에 동원된 개인적인 기술들을 검증하기
- 지식의 유용성이나 가치를 판단하기

외부귀인 우위의 학습자는 다음과 같은 학습과제에서 탁월하다.
1) 사회적 상호작용을 수반하는 과제
2) 공감과 이해를 필요로 하는 과제

이들에게 효과적인 학습전략은 다음과 같다:
- 자료를 반복하거나 시연하기
- 지식을 심상화 하거나 도해로 만들기
- 감정과 기분을 조절하기

대체로 내부귀인 우위자는 인지양식 중 장 독립형에 가깝고, 외부귀인 우위자는 장 의존형에 가깝다. 학업 성취도 내부귀인 우위자가 더 우월한 것으로 보고되고 있다. 양자의 강점을 살리고, 부족한 면을 보완하기 위해 교사가 수업에서 제공해야 할 학습 환경을 조나센(Jonassen & Grabowski, 1993) 등의 견해를 종합하여 표로 정리하면 다음과 같다.

<표 11-5> 귀인성향별 학습환경조성

| 외부귀인자 선호 학습이면서<br>내부귀인자에게 보완적인 활동 | 내부귀인자 선호 학습이면서<br>외부귀인자에게 보완적인 활동 |
|---|---|
| • 연역적인 활동들<br>• 교사나 수업에 의해 통제되는 고 도로 구조화된 수업<br>• 많은 강화를 주는 수업<br>• 중요한 정보나 과제를 학생에게 알려주는 단서에 공을 들인 수업<br>• 언어적, 물리적인 것보다 활동적이거나 시각적인 자료의 제시<br>• 움직이지 않고 오래있는 것을 피하는 수업<br>• 학습자의 반응에 칭찬하고 보상해주는 수업 | • 자신의 성취를 자신이 평가하게 하기<br>• 귀납적인 경험 제공하기<br>• 요약된 내용에 대해 개별적인 지시 주기<br>• 지속적 주의가 필요한 과제 주기<br>• 분석적 사고를 요하는 과제 주기<br>• 학습량, 유형, 속도, 전달 양식을 학생들 자신이 정하게 하기<br>• 선택사항을 많이 제시하는 수업<br>• 학습자가 관련된 정보를 선택하고 적용하는 문제해결 환경 |

 학습자의 귀인성향에 따라 학업 성취가 달라질 수 있으므로 교사는 가능한 한 양자 모두에게 도움을 줄 수 있고 약점을 보완해 줄 수 있는 수업전개가 필요하다. 개별지도나 학습 활동을 통해 양자의 단점을 보완할 수 있는 방안은 다음과 같다.

외부귀인 학습자의 단점을 보완하는 교수조건
① 점차적으로 단서 주기와 강화를 줄이되 불안을 일으키도록 하지는 않음으로서 어려운 과제를 지속하도록 격려한다.
② 등급에 따른 계약 계획의 사용; 고도로 구조화되고  교사의 긍정적인 피드백이 주어지면 외부귀인적인 학생에게도 사용할 수 있다.
③ 학습 과정에 보다 개인적인 주의를 기울이게 한다.
④ 성취동기를 고양시킬 수 있는 과정을 제공한다.
⑤ 학습하는 방법의 학습 기술을 익힘으로써 스스로 하는 학습 역량을 쌓게 한다.
⑥ 현실적인 목표 결정하기, 자신의 강점과 약점 이해하기, 목표달성을 위한 행동 구체화하기와 그들의 목표에 도달할 시기를 결정하기와 같은 진취성을 기르기 위한 개인적인 인과관계 훈련하기.
⑦ 성취를 통해 도전과 강화 제공하기
⑧ 높은 구조, 분명한 방향, 명확한 선택, 즉각적으로 점검되는 일과 강제적으로 시간제한 주기
⑨ 반 회합 늘리기, 조금씩 더 어렵게 시험보기, 성적 결과를 분명하게 알리기
⑩ 외부귀인 통제소재의 효과를 조절하고, 이를 시정하기 위해 분명한 과제 지시 주기
⑪ 노력과 관련한 수행에 대해 분석적인 피드백 주기

내부귀인 학습자의 단점을 보완하는 교수조건
 내부귀인 학습자는 비교적 좋은 학습습관과 기술을 지닌 것으로 평가되며 따라서 단점에 대한 보완 사항도 몇 가지 안된다.
① 학업 수행을 혼자 독립적으로 하기보다는 협동적으로 하거나 서로 관찰할 기회를 준다.

② 단서에 직접적인 주의를 기울이게 한다.

③ 능력이 많은 학생이 능력이 적은 학생을 가르치는 소집단 환경을 조성한다.

### 5) 자기효능감과 귀인

귀인성향 이외에도 학습자의 신념체계가 학습동기에 영향을 미친다. 가장 대표적인 신념으로 자기효능감과 능력에 대한 학습자의 신념을 들 수 있다. 자기효능감이란 특정 학습과제의 성취도에 대한 개인의 기대수준을 의미한다. 자기효능감은 과거의 유사한 경험과 유사한 과제에 대한 타인의 수행결과를 관찰함으로써 형성된다. 자기효능감은 목표와 지속성에 영향을 주면서 목표수립을 통해서도 학습동기에 영향을 미친다. 만일 주어진 과제에서 높은 자기효능감을 가질 경우 높은 목표를 세우게 되며, 어려움에 처하여서도 끈기를 보인다. 자기효능감은 귀인과도 관련된다. 주어진 과제에 대해 강한 자기효능감을 가지는 경우 자신의 실패를 노력으로 귀인하는 반면, 자기효능감이 낮은 학습자는 그 실패를 능력으로 귀인한다. 능력에 대해 학습자가 가지는 신념 역시 학습동기에 영향을 미친다. 일반적으로 능력하면, 지능을 떠올리고 그 지능은 안정적이고 선천적이며 통제 불가능한 개인의 특성으로 인식되지만, 이러한 신념은 학습자마다 다를 수 있다. 능력에 대한 신념은 고정적 능력의 견해(entity view of ability)와 증가적 능력의 견해(incremental view of ability)로 구분된다. 전자는 능력이란 불변하고 통제 불가능한 것으로 인식하는 방식을 말하며, 후자는 능력이 변화가능하고, 통제 가능한 것으로 인식하는 방식을 말하는 것으로, 그 능력이 노력과 연습에 의해 확장되거나 향상될 수 있다고 믿는 것을 말한다.

이러한 능력에 대한 신념체계들은 발달과정을 통하여 다르게 나타난다. 예컨대, 초등학교 저학년의 경우에는 능력과 노력에 대한 개념이 미분화되어서 똑똑한 사람들은 열심히 노력하고, 열심히 노력하면 똑똑해질 수 있다고 믿는다. 하지만, 11세 내지 12세 이후에 이르게 되면, 능력과 노력은 뚜렷이 구분되는 개념으로 인식하기 시작하며, 누군가 전혀 노력을 하지 않고도 성공하는 사람이 진짜 똑똑한 사람이라고 믿기 시작한다.

문제는 학습자가 능력과 노력의 개념을 구분하는 것 자체보다는 그들이 능력 있는 사람과 노력하는 사람 중 어떤 유형의 인간을 선호하느냐이다. 일반적으로 초등학생보다는 중등학교 학생들이, 그리고 중등학교 학생들보다는 대학생들이 노력형(hard worker)보다는 능력형(smarter)을 선호하는데, 이는 나이가 들수록 능력에 대한 개인의 신념이 학습동기를 위협하는 중요한 요소로 작용하고 있음을 보여주는 것이다. 이러한 발달경향성은 심리학자들과 교육자들에 의해 영향을 받은 면이 없지 않다. 학습능력에 대한 개념은 심리학자들이 조작적으로 정의하고 측정도구를 개발하여 세상에 내어놓은 IQ의 개념을 반영한다. IQ의 측정이 학습능력의 진단이라는 순수한 교육적 목적만으로 정당화되기에는 너무도 많은 부작용을 일으킬 수 있음을 유념할 필요가 있을 것이다.


## 3. 포부수준과 기대수준

### 1)포부수준

학습자가 어떤 특수한 학습과제에 당면했을 때, 어느 정도의 성취를 하겠느냐를 결정하는 것, 즉 구체적 과제에서의 구체적 성취도, 또는 목적 수준을 포부수준(level of aspiration)이라고 한다.

계속되는 성공이나 실패의 경험은 학생의 학습 도달 목적의 설정이나 포부수준에 영향을 미친다는 점에서 포부수준은 학업성취와 밀접한 관련을 맺는다. 처음으로 포부수준의 개념을 소개한 독일의 심리학자 홉페(E. Hoppe)에 의하면 한 개인이 어떤 과제에서 성공한 뒤에는 그 과제 수행에 대한 기대 수준을 높이며, 실패한 뒤에는 낮추는 경향이 있다고 한다.

시어스(P. S. Sears, 1940 ; Dembo, 1977에서 재인용)역시 성공은 도달 목표를 안정적으로 설정하는 데 계속적인 영향력을 미치고, 포부수준을 높여주지만, 실패의 경험은 포부수준을 낮추게 하는 경향을 보인다고 했다.

포부수준은 학습의 동기적인 측면도 지니지만, 학습의 결과에 대한 귀인(歸因)과 강화라는 측면에서 현재의 학습은 물론 차후의 학습에도 적지 않은 영향을 미친다.

학교 성적에 대한 기대는 과거 및 미래의 성적과 밀접한 관계가 있으며, 어떤 학생들의 경우에는 수년 간에 걸쳐 그 영향력이 일관성 있게 나타난다. 장기간에 걸친 성취 기대의 일관성에서 포부수준은 성격과 비슷한 역할을 하는 것임을 볼 수 있다. 여기서 우리의 현실을 좀 살펴보자.

A라는 학생이 중간고사 수학과목에서 80점을 얻었는데, 기말고사에서는 90점을 맞겠다고 작정하면, 이것이 곧 그 학생의 포부수준이 된다. 같은 학급의 B라는 학생은 중간고사에서 50점을 맞았는데, A라는 학생이 90점을 맞겠다고 한 얘기를 듣고, 자신도 90점을 맞겠다고 작심하면, 이 역시 B학생의 포부수준이 된다.

시험 결과 A학생은 90점을 맞았고, 따라서 그는 성취감을 맛보고, 자신의 능력과 노력에 스스로 만족하면서 긍정적 자아개념을 높일 수 있게 된다. B라는 학생 역시 매우 열심히 공부했으나 80점을 맞는데 그쳤다면, 그는 실패감을 느끼고, 자신은 아무리 해도 안된다는 자신의 능력에 대한 자기 비하를 할 것이다. 만약 그가 목표를 70점에 두었다면 결과에 대한 스스로의 평가는 달라질 것이다.

교사와 학부모의 지나친 기대 수준은 종종 학생을 무력하게 만드는 원인이 되고 있음을 반성해야 할 것이다. 자신의 능력에 비추어 곧잘하는 학생임에도 불구하고 부모의 과도한 기대수준으로 인해 학생은 낙망감과 좌절을 느끼고, 자아개념에 큰 손상을 입으며, 심지어는 이로 인해 자살을 하기도 하는 것이다.

교사의 경우에는 시, 도 학력고사 결과 자신이 담당한 학과목이나 학급의 점수가 상대적으로 낮으면, 다음의 시험에서 70점 이하의 점수를 맞는 학생은 '종아리 열대'라는 식의 일방적 기대 수준을 정해 놓고, 학생을 닦달한다.

물론 교사가 모든 학생이 성공적이게 만들기는 어렵다. 마찬가지로 모든 학생을 실패하지 않게 만드는 일도 어렵다. 실패하는 학생은 대체로 비현실적인 목표를 설정하는 경향이 있으며, 그들이 실패한 (학습)활동에 흥미를 잃는 경향을 보이며, 부정적 자아개념을 형성하게 된다.

교사가 설정한 70점이라는 기대 수준은 50~60점대의 점수를 맞는 학생들에게는 현실적이고 합당한 포부수준이 될 수 있으나, 20~30점을 맞은 학생들에게는 극히 비현실적이고, 오히려 해악적인 포부수준이 될 수 있다.

학생의 포부수준은 주위의 의미 있는 사람들, 특히 부모와 교사의 영향을 많이 받는다. 각기의 학생 수준에 맞는 기대수준을 설정하는 일은 기실 유능한 고사가 지녀야 할 가장 기본적 덕목이기도 한 것이다.

## 2)기대수준

앞에서 보았듯이 특정 학생 자신이 설정한 도달 목표는 포부수준이 되고, 그 특정 학생에 대해 교사가 갖는 예상 기대 도달 목표는 기대수준이 된다. 14장에서 보다 상세히 다루겠지만, 교사가 자기 자신에 대해서 믿는 것과 학생들에 대해 믿는 것(기대하는 것)이 학습의 효율성을 결정짓는 중요한 요인이 된다. 콤즈(Combs, 1969)는 교사의 자기 자신에 대한 태도나 학생들에 대한 태도는 그의 교수 방법이나 숙련의 정도, 학습자료 못지않게 중요한 학습의 변인임을 지적한 바 있다.

로젠탈과 제이콥슨(Rosenthal & Jacobson, 1968)의 연구 결과에서 비롯된 이른바 피그말리온 효과(Pygmalion effect)는 고사의 학생에 대한 기대가 학업성취에 적지 않은 영향을 미치는 데 대한 대명사처럼 쓰이고 있다. 자성예언(自成豫言), 자기수행예언, 자기 충족적 예언(self-fulfilling prophecy)등으로 불리우는 이 개념은 교사가 학생을 유능하다고 보면 그들에 대한 기대감이 높아지고, 또한 그 기대에 맞는 지도를 하게 되며, 따라서 학업성취가 증대된다는 것이다. 반대로 학생을 무능하다고 보게 되면 기대도 없고, 성의 있는 지도도 안하게 되고, 그러니까 낮은 수준의 성취 밖에 이루지 못하게 된다는 것이다.

굳이 연구 결과를 들추지 않더라도 이러한 현상은 몇 번의 전근 경험이 있는 일선교사라면 그런 것 같다고 동의할 수 있는 사항일 것이다.

### (1) 기대효과의 두 유형

교사가 학생들에게 가질 수 있는 기대효과는 두 가지 유형으로 구분된다. 하나는 자기 수행 예언이고, 다른 하나는 기대 지속 효과이다.

#### ①자기 수행 예언

굳과 브로피(T. L. Good & J. E. Brophy)는 교실에서 자기 수행 예언이 일어나는 과정을 다음과 같이 설명하고 있다.

첫째, 교사는 특정 학생에게 특수한 행동과 성취를 기대한다.

둘째, 이러한 기대 때문에 교사는 각기의 학생들을 다르게 취급한다.

셋째, 교사의 이러한 각기 다른 취급 행동은 교사가 학생들에게 무언가 다른 행동과 성취를 기대하고 있다는 기대감을 전달한다. 그리고 교사의 각기 다른 취급은 학생들의 자아개념, 성취동기, 포부수준 등에 영향을 준다.

넷째, 교사의 학생에 대한 각기 다른 취급이 시간이 경과해도 지속되고, 이를 학생들이 적극적으로 거부하지 않는다면, 교사의 각기 다른 취급은 학생의 성취 및 행동에 영향을 줄 것이다. 즉, 교사의 기대가 높은 학생은 높은 수준의 성취를 이룩할 것이며, 교사의 기대가 낮은 학생은 낮은 수준의 성취를 할 것이다.

다섯째, 시간이 경과함에 따라 학생의 성취와 행동은 교사가 처음에 대상 학생에게 기대했던 수준에 더욱 밀접히 접근할 것이다.

자기 수행예언 효과가 초등학교 1-2학년 수준에서 상대적으로 높게 나타나는 것을 보아서나, 우리의 현실이 모든 학생을 세밀히 관찰하고, 평가를 할만큼 좋은 학교 환경이 아니라는 점을 감안하면, 이 과정이 모든 연령의 우리나라 학생에게 동일한 형태로 적용되는 것 같지는 않다. 그러나 반드시 그렇지는 않더라도, 이와 유사한 경우는 얼마든지 볼 수 있고, 그러한 기대감(?) 때문에 초등학교에서의 치맛바람이 특히 거센지도 모르겠다.

중요한 점은 교사가 개개 학생이 지닌 능력을 잘 파악하고, 이들의 능력을 인정하고(실제로 정박아 등 특수한 일부를 제외한 대부분의 학생들은 과제 수행능력을 갖고 있다) 열심히 가르치면 학업성취는 증대될 것이다. 특히 시골의 소규모 학교나 유사한 처지에 있는 학교에서 가르치는 경우, 학생들의 능력에 대해 회의를 느끼기 쉬운데, 이는 그들이 처한 환경 탓이지 개인적 능력에 원래부터 차이가 있는 것으로 판단해서는 안 될 것이다.

### ② 기대 지속효과

때로는 정확할 수도 있고, 때로는 편견일 수도 있는 각기의 학생에 대한 기대는 좀처럼 변하지 않는 속성이 있다. 교사는 자신의 판단이 옳은 것으로 간단히 치부해 버리는 경향이 있는 것이다. 그러한 경향의 일단은 외국이나 우리나라나 대동소이 하다. 몇 가지 예를 들어보면 다음과 같다.

브라운(C. Brown, 1976 ; Woolfolk, 1990)이 제시한 다음의 (그림 11-3)을 참조하면 이해가 더 쉬울 것 같다.

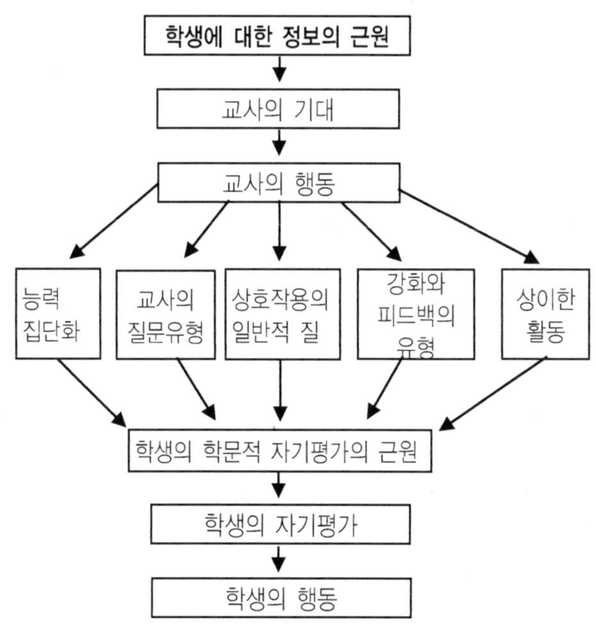


(그림11-3) 교사의 기대와 학생 행동의 변화

교사가 특정학생에게 부여한 낮은 기대와는 달리, 그 특정학생이 어느 정도 높은 성취를 이루는 경우, 교사가 이를 감지하고 그에 대한 기대수준을 높인다면 바람직한 일이겠으나, 현실에서는 그렇지 못한 경우가 많다. 쿠퍼와 굳(Cooper & Good, 1983)은 이러한 기대 지속효과가 자기 수행예언 현상보다 더 빈번히 발견되는 일이라는 지적을 하고 있다. 한번 교사로부터 불리한 판정을 받은 학생들은 결국 더 높은 성취를 이룰 수 있는 기회를 놓치는 결과가 되는 것이다.

(그림11-3)은 교사의 기대가 어떻게 형성되고, 그 기대가 어떻게 행동으로 나타나며, 그것이 궁극적으로 학생의 행동에 어떠한 영향을 미치는가를 도식화 한 것이다.

학생의 정보에 관한 근원은 학생의 행동으로부터 관찰되는 것과 그밖의 여러 경로를 통해 입수된다. 우리나라의 경우 정보의 상당 부분은 생활 기록부와 전년도 담임선생님으로부터 입수되는 것 같다. 이에는 지능지수, 출신 학교나 전년도 성적, 가정의 사회-경제적 지위, 용모 등 여러 가지가 포함된다. 브라운은 이중에서도 지능이 제일의 영향을 미치는 것으로 보았으나, 다른 연구에 의하면 학생의 교사에 대한 태도를 결정짓는 것의 1순위는 부모의 사회-경제적지위였다는 것이다. 굳원과 샌더스(W. Goodwin & J. Sanders, Dembo, 1977에서 재인용)가 초등학교 1-6학년 교사를 대상으로 아동의 학업 성취를 예언하는 변인 7가지의 순위를 매기게 했더니 부모의 사회-경제적 지위가 1위, 지능이 2위로 나타났다.

다시 위의 그림을 보면, 교사는 학생들을 우선 능력의 정도에 따라 그룹화시키고, 심지어는 이에 따라 자리 배치도 달리하는 경우도 있다 한다(미국의 경우). 시원치 않아 보이는 아동은 뒷자리로 보낸다. 교사의 질문도 우수 집단으로 분류(기대된)된 학생에게는 우호적이고, 답변에 대한 힌트나 시간도 더 준다. 엉뚱한 대답이 나와도 "그런 관점에서 볼 수도 있겠지"는 식의 관용적이다. 낮은 기대로 분류된 학생에게는 질문의 기회도 적고, 답변시간도 짧게 주고(대답 못할 것으로 기대하니까), 틀리면 핀잔을 준다. 기타의 부분에서도 이러한 악순환이 계속된다. 한 번 찍힌 낙인이 지워지지 않는 것이다.

특정 학생에게 호감을 갖거나 기대수준을 높이는 일은 나쁜 일은 아니다. 오히려 바람직한 일일 수도 있다. 그러나 특정 학생에게 편견의 낙인을 찍고, 방임해 버리는 일은 교사의 책무를 저버리는 행위로 비난받아 마땅할 것이다. 교사는 학생에게 영향력을 행사하고, 학생은 그 영향을 받아 '변화'해야 하는 것이 학교 존립의 이유이기 때문이다.

# 제12장
## 동기와 학습

# 1. 동기의 기능

## 1) 동기와 행동

동기는 행동을 설명하는 매개변인으로 간주된다. 어떤 행동의 결과를 놓고 흔히 우리는 그 행동의 동기가 무엇인가를 따지려 드는 것이다. 동기와 행동 간의 관계는 다음의 도식에서 보는 바와 같다.

| 욕구 | — | (동인) | — | 동기 | — | 행동 |
|------|---|--------|---|------|---|------|

(그림 12-1) 동기와 행동과의 관계

여기서 욕구(need)는 개체의 어떤 결핍, 결함 상태로, 이로 인해 정신적, 신체적인 긴장상태가 유발되는 현상이라 할 수 있다. 그리고, 욕구와 동기를 매개하는 중간과정으로 흔히 동인(動因-drive)이라는 개념을 쓰는데 이는 욕구가 행동을 촉진시키는 면을 일컫는다. 즉, 욕구에 의해 행동촉진이 형성되기까지의 관정을 일컫는 말이다.

동기(motivation)는 동인(추동이라고도 함)이 어떤 목표에 대한 방향성을 가진 것을 일컫는다. 즉 유기체가 내부로부터 움직여서 목표 추구를 위한 행동을 하게 하는 개체의 조건, 또는 태세를 이르는 말이다.

동기는 ①행동의 방향성을 제시하고, ②행동의 강도(强度)를 결정한다. 욕구이론에 의하면 행동의 방향성과 강도는 욕구 상태의 성질이 여하하냐에 따라 영향 받는다고 한다. 개인이 욕구를 가졌다 함은 무언가가 결핍되거나 필요한 상태이다. 물에 대한 욕구를 가졌다 함은 갈증이 나고, 그래서 물이 필요한 상태이다. 개인은 물을 구하고자 한다. (물을 구하고자 하는)행동의 강도는 갈증 상태가 여하하냐에 달려 있다.

욕구는 개개인의 동기에 영향을 미친다. 그러나 그것은 단지 영향만을 미칠 뿐이지 동기를 전적으로 설명해주는 개념은 아니다. 동기는 부분적으로는 외부 환경의 영향을 받기 때문이다. 동기에 대한 외부적 영향력을 머레이(Murray, 1962)는 압력(press)이라 명명한 바 있다.

따라서 동기는 내부적 욕구와 외부적 압력의 영향을 받아 움직여 행동을 일으킨다. 그러나 일반적인 견지에서는 자발성을 띤 행동만을 동기화 되었다고 한다. 여하튼 동기가 내부적 욕구와 외부의 압력에 영향 받는다는 사실은, 스스로에 의해 발동되는 내재적 동기와 외부의 칭찬이나 질책에 의해 부여되거나 유발되는 외재적 동기의 근거가 되는 것으로 볼 수 있을 것이다.

오슈벨(Ausubel, 1968)은 동기와 관련된 6가지 욕구를 제시하였는데 이는 동기 관련 욕구가 행동의 원천이 되고 있음을 여실히 보여주는 사례라 할 것이다.

1. 탐험에 대한 욕구: '저 산의 다른 쪽을 보고 싶은 ' 미지의 것을 탐험하고 싶은 욕구
2. 조작에 대한 욕구: 환경에 작용하여 변화를 일으키고자 하는 욕구
3. 활동에 대한 욕구: 신체적, 정신적으로 운동하고 활동하고자 하는 욕구
4. 자극에 대한 욕구: 환경과 다른 사람들, 또는 생각이나 사고, 감정 등에 의해서 자극을 받고자 하는 욕구
5. 지식에 대한 욕구: 탐험, 조작, 활동, 자극의 결과를 처리하고 내재화하여 문제에 대한 해결과 스스로 모순이 없는 지식 체계를 구축하고자 하는 욕구
6. 자아성취에 대한 욕구: 자기 자신을 알리고 남으로부터 받아들여지고 인정받고 싶은 욕구

## 2) 동기의 기능

동기는 학습의 원인적인 측면은 물론 결과적인 측면에서도 매우 중요한 요소로 간주되고 있다. 학습과 관련하여 볼 때 동기가 갖는 기능은 다음의 세 가지이다.

①시발적(始發的) 기능 : 행동을 촉발시키는 기능으로서 학습태도를 유발시키고, 학습활동을 개시시킨다.

②지향적(志向的) 기능 : 행동의 방향을 규정짓는 기능으로서 학습의 목표를 향

한 학습태도를 갖게 한다. 뜻을 두고 나간다는 점에서 指向, 대신 志向이라는 한 자를 썼다.

③강화(强化的) 기능 : 학습 결과가 주는 만족의 정도, 행동의 적부성(適否性)을 결정짓는 기능으로서 학습의 결과가 만족스러우면 보다 의욕적인 태도를 갖게 하고, 또 만족의 유인(誘因)에 대해 강한 결합을 하게 한다.

흔히 동기의 기능은 행동을 촉발시키는 시발적 기능 위주로 설명되어 온 경향이 있으나, 동기의 강화적 기능은 시발적 기능 보다 더 중요한 것으로 볼 수도 있을 것이다. 톨만(Tolman, 1959)에 의하면 동기화에는 두 가지 형태가 있다. 결핍은 욕구 증진의 내적 상태를 일으키고, 보상은 동기의 강도를 결정짓는다는 것이다. 즉, 우리는 작은 것보다는 큰 것을 얻을 수 있는 일에 더 동기화 된다. 그는 행동을 동기화 하는데 있어서의 보상의 영향을 받는 현상을 유인동기(incentive motivation)라 부르고 있다. 그리고 이러한 보상의 효과는 그와 유사한 상태에서의 그 일을 하게 하는 강한 추진력이 될 것이다.

손다이크(E. L. Thorndike)의 효과의 법칙-반응의 결과가 만족스러우면 자극과 반응 간의 결합, 즉, 학습이 잘 일어난다는-과도 밀접히 관련된 강화적 기능이 강조되면 동기유발이 최종적으로 겨냥하고 있는 내재적 동기 유발이 보다 용이해질 것이다.


## 2. 내재적 동기와 외재적 동기

동기는 보상의 유형에 따라 두 가지로 구분된다. 보상에는 자발적으로 행동의 과정이나 결과에 대해 만족을 느끼는 내적 보상과, 외부로부터 주어지는 외적 보상이 있으므로, 이에 따라 동기 역시 내재적 동기와 외재적 동기로 구분된다.

흥미나 호기심, 자기 만족감 등에서 비롯되는 동기는 내재적 동기이며, 이는 활동 그 자체가 보상받는 것이므로, 외부의 별다른 보상을 필요로 하지 않는다. 반면에 과제, 그 자체에는 매력이 없으나 보상을 받거나 벌을 피하기 위해, 부모나 선생님을 기쁘게 해주기 위해 또는 그 밖의 이유로 과제를 수행하고 이에 따라 보상을 받는 것을 외재적 동기라 한다.

브루너(Bruner, 1960)는 내재적 동기유발의 중요성을 크게 강조하면서 수업 활동을 통해 교사는 다음 네 가지의 내재적 동기 유발에 힘쓸 것을 권유한 바 있다.

1. 학습의욕의 고취
2. 다른 학생들과 협동하려는 본질적인 충동의 고무
3. 호기심 유발과 확실한 것으로의 탐색 권장
4, 능력 향상에 대한 충동의 고무

그러나 내재적 동기 유발이 학습에 매우 효과적이긴 하지만, 학교 학습에서는 양자의 동기가 모두 중요하다. 학습 활동의 상당 부분은 흥미나 호기심을 자극하는 등 내재적 동기를 장려함으로써 이루어질 수 있다. 그러나 문법이나 장제법, 원소명의 암기, 그밖에 많은 학습 활동이 재미와는 관계없이 수행되어야 한다. 따라서 외재적 동기 역시 무시될 수 없다.

교사는 상황에 따라서, 과제의 성격에 따라서, 그리고 학습자의 특성에 따라서 그에 알맞는 동기유발을 시켜야 한다.

교사는 외재적 동기가 적절한 수준에 이르렀다고 판단되면 내재적 동기를 격려하고, 촉진시키는 것이 바람직하다(Brophy, 1988). 마지못해, 아니면 매우 어렵게 진행된 학습의 결과에 대해 보람과 자부심을 갖게 되면 이는 출발은 외재적 동기에서 비롯되었더라도 결국은 내재적 동기화 되는 것이며, 교사는 이러한 좋은 기회의 포착을 놓쳐서는 안될 것이다.

이와 유사한 심리적 현상을 올포트(Allport, 1961)는 기능적 자율성(functional autonomy)이라는 말로 표현하고 있다. 한 아동이 존경하는 선생님이나 사랑하는 부모의 인정을 받기 위해 (마지못해) 독서열을 발달시켰는데 후에는 독서, 그 자체가 재미있어서 독서를 계속하는 현상 같은 것이 기능적 자율성이다.

또한 학습의 초기 단계에서는 계속적인 보상(강화)이 주어지는 것이 좋지만 일단 어느 수준에 이르면 강화(보상)를 간헐적으로 해주는 것이 좋다.


## 3. 동기의 일반적 원리

사람마다, 그리고 각자 처한 상황에 따라서 동기는 다를 수 있다. 그러나 동기가 갖는 다양성 못지않게 동기에도 공통되는 점이 있다. 그러한 동기의 일반적 특성을 정리하면 다음과 같다.
1. 모든 행동은 동기에 의한 것이다. 모든 사람은 동기화 된다. 다만 그 지향하는 바가 다를 뿐이다.
2. 동기는 개인 내부의 욕구나 열망으로부터 나온다.
3. 동기는 부실한 책, 부실한 수업, 또는 부실한 학습 환경 하에서는 활성화되기 어렵다.
4. 문화에 따라 동기화의 유인도 다르다. '청소년' 이라는 것도 그 자체가 하나의 문화이다. 따라서 각기의 세대는 그 세대의 흐름에 맞는 동기 체제를 갖게 된다.
5. 사람들마다 각기 다른 성공에 대한 견해가 있을 수 있으므로 자신의 잣대로 동기화가 성공적이라 판단하기는 어렵다.
6. 특정 과제를 개인이 선택해서 시도해보아야 과제에 대한 책임감을 갖게 된다.
7. 사고는 동기화의 과정이다. 무시당하는데 대한 두려움 없이 생각한 것을 말할 수 없는 분위기라면 수업에서의 동기는 활성화되지 않는다.
8. 상호작용을 통해 많은 동기화가 이루어진다. 지역사회라는 것도 따지고 보면 상부상조하는 가운데 안전과 동일시, 공동의 가치를 나누는 상호작용 집단인 것이다.
9. 매슬로우의 욕구위계 이론에 의하면 공포는 안전의 욕구를 위협하여 상위 단계 욕구로의 진입을 어렵게 한다. 하위의 욕구가 충족되어야 상위 요구로의 이행이 가능하다는 것이다.

### (1) 교육에 필요한 동기화된 행동

교육적인 면에서의 동기화된 행동을 촉진하기 위해서는 다음과 같은 사항을 고려해야 한다.
1. 교육 및 교육활동 전반이 학생 개개인의 흥미와 목적에 적합한 것이 될 수 있도록 한다.
2. 학생들이 학습과제를 성공적으로 달성할 수 있는 충분한 능력과 기술을 갖고 있음을 믿는다.
3. 학생들이 그들 스스로 개인적 목적을 구체화하고 달성할 수 있는 책임 있는

당사자임을 믿는다.
4. 고등수준의 사고와 자기 규제 기술이 목표달성을 가능케 한다는 사실을 이
   해해야 한다.
5. 효과적 효율적으로 부호화하고 파지하고 회상할 수 있도록 하는 여러 가지
   방도를 강구한다.
6. 학습활동이나 동기유발을 촉진시킬 수도 있고 방해가 될 수도 있는 정서나
   분위기를 적절히 통제해야 한다.
7. 성공적인 목적달성의 징표로 여겨질 만한  성과물이 있어야 한다.

## (2) 동기유발을 위한 분위기 조성

동기유발에 앞서 효율적으로 동기를 유발할 수 있는 토대가 조성되어 있으면
동기유발이 보다 쉽게, 그리고 효율적으로 이루어질 수 있다. 그러한 분위기 조
성의 방법으로는 다음과 같은 것들이 있다.
1. 당신이 대접받고 싶은 방식으로 남을 대하라. 학생들을 존중과 존엄성을 가
지고 대하며 개인의 독특성을 존중하라.
2. 소속감을 증진시킨다. 상호협력하며 지역사회 발전에 기여할 수 있는 과제
를 제공한다. 긍정적 기대감을 가질 수 있게 하고 모두가 성공할 수 있다는 점을
부각시킨다.
3. 개개인이 자신의 견해를 십분 피력할 수 있으며, 남과 다른 견해도 아무 거
리낌 없이 표현할 수 있는 심리적으로 안전한 분위기를 창출한다.
4. 모두에게 성공의 기회를 자주 맛보게 하며 실패의 위험은 극소화시킨다. 동
기는 학생의 성공과 흥미를 증진시키는 마력을 지닌 독특한 심리기제이다.
5. 학생들의 성취, 그 자체에 대해서만 아니라 그들의 노력에도 가치를 부여한
다. 비록 학생들의 시도가 실패했더라도 그 노고 자체가 값진 것이며, 실수나 실
패도 학습의 하나의 경험임을 주지시킨다.
6. 학생들이 서로를 잘 알 수 있는 기회를 마련하고, 그들이 서로간의 경험을
공유할 수 있는 시간을 가지게 한다.
7. 동료들이 공동의 목표를 세우게 하고 이의 수행과정을 정기적으로 평가해주
며 필요한 경우 전략을 바꿀 수 있게 돕는다.

## 4. 학습이론별 학습동기

학습 동기는 교육에서의 주요 탐구대상이므로 학습에 관한 다양한 이론들이 학습동기의 문제를 다루어 왔다. 강조하는 학습동기 유형, 동기의 근원, 동기유발 주체 및 효과적인 동기유발 방식에 걸쳐 이론마다 각기 다른 접근법을 시도하고 있다. 이를 정리하면 다음과 같다.

〈표 12-1〉 학습이론별 학습동기의 접근방식

| 학습<br>이론 | 학습자관 | 강조<br>동기 | 동기의 근원 | 동기<br>주체 | 주요학자 |
|---|---|---|---|---|---|
| 행동<br>주의 | 외부환경에 반응하는 존재/외부환경에 의해 조형되는 수동적 존재 | 외적<br>동기 | 보상, 처벌, 유인물 등 외적 자극 | 교사/<br>부모 | Skinner,<br>Thorndike,<br>Hull |
| 인본<br>주의 | 선천적인 학습 경향성 과 자아실현 동기를 타고난 능동적 존재 | 내적<br>동기 | 생득적 학습 경향성과 욕구 | 학습자 | Maslow,<br>Deci |
| 인지<br>주의 | 환경과 자기를 스스로 지각하고 판단하여 자신의 행동을 조절, 결정하는 존재 | 내적<br>동기 | 기대, 자기 효능감, 귀인 및 학습관련 신념 | 교사/<br>부모/<br>학습자 | Weiner,<br>Schunk, ,<br>Covington<br>Bandura |
| 사회<br>학습<br>이론 | 외부환경에 반응하고, 관찰하고, 그결과로서 기대를 형성하는 존재 | 내·외적<br>동기 | 목표의 가치, 목표도달에 대한 기대 | 모델(부모,<br>교사, 또래<br>등) | Bandura |
| 구성<br>주의 | 환경에 자발적으로 적응하는 존재 | 내적<br>동기 | 인지부조화, 문제해결을 위한 환경 적응, 본능 | 문제상황,<br>교사/부모/<br>또래/학습<br>자 | Piaget,<br>Vygotsky |

### 1) 행동주의 학습이론

행동주의자들은 심리학의 탐구대상으로서 관찰 가능한 외현적 행동에만 주목하여야 한다고 주장하기 때문에 직접적으로 동기라는 용어를 언급하거나 그와 같은 심리적 개념들을 직접적으로 다루는 것을 거부한다. 하지만, 행동주의 학습이론은 동기의 한 유형인 외적동기의 개념을 형성하는데 있어서 이론적 기반이 되는 핵심적인 이론이다.

행동주의자들은 외적보상이나 유인체계 등과 같은 개념으로 행동을 유발하고, 지속시키고 강화하는 원리들을 탐구한다. 보상(rewards)은 어떤 특정한 행동의 결과에 따라 주어지는 유쾌한 자극을 말하며, 유인체계(incentive)는 행동을 조장하거나 단념시키는 사물이나 사건을 말한다. 행동주의적 관점에 따르면, 학생의 동기에 대한 이해는 교실에서 제시되는 유인체계와 보상에 대한 주의 깊은 분석에서 출발한다. 학교학습장면에서 우리가 흔히 관찰할 수 있는 것처럼 학습결과에 대해 점수를 부여하고, 칭찬하고, 벌주고 하는 행동들은 모두 외적 수단에 의해 학생들의 학습을 동기화 하려는 것으로써 행동주의 원리를 따르고 있는 것이다.

## 2) 인본주의 학습이론

인본주의 심리학자들은 조건화와 강화의 원리에 기초한 행동주의와 프로이트가 주창한 정신분석적 접근법이 사람들 개개인의 행동을 설명하는데 있어 부적절하다고 비판한다. 인본주의 심리학자들은 동기의 근원을 설명함에 있어서, 인간은 본래부터 선천적으로 '자아실현'을 위한 생득적 경향성과 '자기결단'을 위한 욕구를 가진 존재이기 때문에 행동주의자들처럼 동기를 유발하기 위해 별도의 외적 환경적 자극을 요하지 않을 뿐만 아니라 그러한 외적 통제는 오히려 개인의 자아실현과 성장하려는 동기를 저해한다고 비판한다. 즉, 인간은 자신의 잠재력을 실현시키기 위한 생득적 욕구를 가지며, 이것이 학습동기의 본질적 요소라고 본다. 따라서 인본주의자들에게 있어서 학생들을 동기화 시킨다는 것은 그들의 내적자원, 즉, 유능감, 자존감, 자율성과 자아실현 등을 격려해줌을 의미한다.

## 3) 인지주의 학습이론

인지주의 학습이론 역시 다양한 측면에서 행동주의적 관점에 대한 비판과 반발에서 출발했다. 인지이론가들은 어떤 행동이 단순히 과거에 그 행동을 보상받았는지 아니면 처벌받았는지에 따라 결정되는 것이 아니라 우리의 사고에 의해 결정된다고 믿는다. 행동은 계획되고, 유목적적이며, 기대와 행동결과에 대한 귀인(歸因)방식 및 기타 신념들에 근거하여 시작되고 유지되고 조절된다. 인지적 접근법의 중심 가정 중의 하나는 사람들이 외부의 사건이나 자극에 단순히 반응하는 존재가 아니라 그런 외적 자극과 사건들을 적극적으로 해석하고 지각하는 존재라는 점과, 이러한 인지적 요소들이 행동을 결정한다는 점이다.

또한 인지주의 학습심리학자들은 인간을 자신과 관계있는 문제들을 해결하고 그와 관련되는 정보를 찾는 적극적이고 호기심 많은 존재로 보며, 그 일을 즐기고, 그 일에 대해 알고 싶어 하기 때문에 행동을 유발시키고 지속시키기 위해서 외적 자극에 의존할 필요가 없다고 본다. 따라서 인지주의 학습심리학자들은 내재적 동기를 강조한다고 볼 수 있다.

### 4) 사회적 학습이론

사회적 학습이론은 학습동기에 대한 행동주의 접근법과 인주주의 접근법을 통합하고 절충한 접근법으로 볼 수 있다. 사회적 학습이론을 주창한 Bandura는 인간과 환경이 서로 영향을 주고받는 상호결정론적 입장을 취한다. 사회적 학습이론은 행동의 효과나 결과에 관한 행동주의적 관심과 개인적 신념과 기대의 영향에 대한 인지주의적 관심 모두를 수용한다.

동기와 관련하여 사회적 학습이론은 '기대×가치'(expectancy×value)이론으로 불리 운다. 이것은 동기란 두 가지 요인 즉, 목표에 도달할 수 있을 것인지에 대한 개인의 판단을 의미하는 '기대'와 그 목표가 가치로운 것인가에 대한 판단을 의미하는 '가치'에 의해 결정되는 것으로 보았다. 전자는 인지적 접근법에서 강조되는 동기의 근원이며, 후자는 행동주의 학습이론이 강조하는 동기의 근원이다. 즉, 동기의 주 근원인 기대와 가치가 모두 충족될 때에만 개인은 특정행동을 수행하려는 동기를 형성한다는 것이다. 그러나 만일 이 두 가지 요소 중 하나만 충족되지 않아도 동기는 유발되지 않는다.

## 5. 각성-불안과 동기

### 1) 각성(arousal)

각성이란 신체적, 심리적 반응이 주의 집중적이고, 세심하고, 깨어있는 상태를 말한다. 아무리 동기유발이 잘되어 있어도 지나치게 졸립다거나, 너무 재미가 없으면 학습의 효과를 기대할 수는 없다. 반대로 입학시험에서와 같이 한, 두 문제를 더 맞고 틀리는 것이 합, 불합격을 좌우하는 경우, 지나친 흥분과 각성에 따라 오히려 시험을 그르칠 수 있다.

일반적으로 교사는 모든 학생이 높은 각성 수준을 갖기를 원하고, 또 요구한다. 교사는 마땅히 학생들로 하여금 학습과제에 주의를 집중하고, 최적의 각성 수준을 유지하도록 해야 한다. 그러나 요즘의 고등학교에서와 같이 하루에 십수 시간 씩을 학교 공부에 할당하는 경우, 주의 집중이 그리 쉽게 되지 않는다. 그것은 사실 무리한 일이다. 따라서 수업의 질과 효과를 높이기 위해서도 수업시간을 좀 더 단축할 필요가 있다.

"교과목에 대한 학생의 목적의식의 자각과 의욕이 학습의 효율성을 배가시키는 바, 그러한 경우 그 과제를 학습하는데 필요한 시간의 평소의 1/3내지 1/5이면 족하다"는 뎀보(Dembo, 1977)의 견해에 귀 기울일 필요가 있는 것이다.

학습과제의 성격에 따라 요구되는 각성 수준이 다를 수 있다. 모리스(Morris, 1988)는 이를 다음과 같은 도표(그림12-2)로 보여주고 있다.

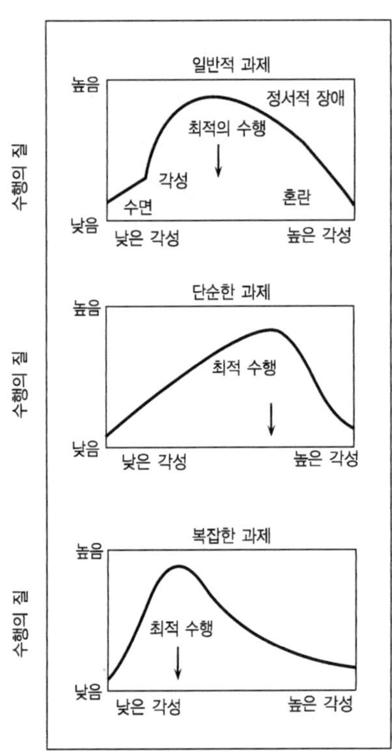


(그림12-2) 학습과제에 따른 각성 수준

일반적으로 말해서 색깔 별로 단추를 분류하거나, 잘 아는 시를 암송할 때와 같이 단순한 과제는 높은 수준의 각성이 효과적이고, 논문을 작성하거나 입학시험을 치르는 것과 같이 복잡한 과제는 오히려 낮은 수준의 각성이 더 효과적이라는 것이다.

교사가 학생들을 동기 유발시킴과 아울러 적절한 각성 수준을 유지하는 방법은 상황에 따라 다양하게 강구될 수 있을 것이다. 몇 가지 예는 다음과 같다(한종철, 1986).

첫째, 교사가 학생들이 전혀 기대하지 않았던 수업활동을 한다거나, 혹은 음성의 강도, 억양, 고저 등을 변화시키는 방법

둘째, 의사소통의 방식을 바꿈(시청각 자료 활용)으로써 주의를 환기시킴

셋째, 모순, 대비, 부조화의 효과를 살리는 방법

넷째, 강의-토론 방법의 혼합 사용

다섯째, 문제에 대한 논쟁을 구체화 시키는 방법

여섯째, 적절한 질문의 제시

## 2) 불안수준과 학습

각성 수준이 지나치게 높은 것은 불안으로 나타나기도 한다. 시험불안 같은 것이 그 좋은 예이다. 경우에 따라서 각성 수준과 불안 수준은 동의어처럼 혼용되기도 한다.

불안은 특성불안과 상태불안으로 구분할 수 있다. 전자는 습득된 행동 경향으로 개인적 성격 특성화 된 불안이고, 후자는 시험불안과 같이 특정의 상황에서 일시적으로 나타나는 정서적 흥분 상태로서, 강도가 수시로 변하고, 지속성에서도 변화를 보이는 불안을 말한다. 그러나 상태불안도 반복되는 횟수가 많거나 고통이나 처벌과 연합되는 특성불안화 할 소지가 있다.

테일러(Taylor, 1953)는 이 점에 착안하여 외현 불안(外顯不安)이라는 용어를 만들었다. 전에는 무해했던 자극들이 고통이나 처벌과 연합되면 결국 불안을 유발시키게 된다는 것이다. 그리고, 개개인의 경험은 제각기 다르므로 불안수준에는 개인차가 있기 마련이라는 것이다. 테일러는 겉으로 드러나는 만성적 불안을 재는 척도를 MMPI(다면적 인성검사)에서 발췌하여 만들어 그 이름을 외현불안 척도(The Manifest Anxiety Scale)라 하였다.

MAS에서 높은 점수를 받는 사람은 만성적인 불안을 갖고 있는 것으로 간주된다. 이들은 불안 특성이 높고, 이 불안은 오랜 기간에 걸쳐 다양한 상황에서 나타나게 된다. 많은 연구가 이러한 불안 특성이 행동에 어떠한 영향을 미치는지를 보여주고 있다. 여기서는 언어학습을 중심으로 한 스필버거와 스미스(Spielberger & Smith, 1966)의 실험을 살펴보기로 하겠다.

### 언어학습을 통한 불안 실험

일반적으로 과제가 쉽거나, 해야 할 반응이 피험자의 행동목록에서 쉽게 찾아질 때에는 불안이 학습을 촉진하는 것으로 알려져 왔고, 반대로 과제가 어렵고 정반응에 대한 습관 강도가 낮을 대에는 불안이 수행을 방해하는 것으로 알려져 왔다. 이 견해를 확인시킨 실험연구가 바로 스필버거와 스미스의 연구이다.

피험자들에게는 12개의 계열 학습 목록으로 된 과제가 제시되고, 이를 25회 학습하였다. 이 절차에서 각 단어는 회상해야 할 다음 단어의 단서가 된다. 피험자에게는 실험이 지능과 관련되는 것이라고 일러주었다. 그 이유는 피험자들에게 높은 불안 수준의 충동 효과를 일으키기 위해서였다. 피험자는 MAS 점수가 높은 집단과 낮은 집단으로 구분되었다.

결과는 예측된 대로 쉬운 목록의 단어 학습에서는 불안 수준이 높은 피험자 집단이 불안 수준이 낮은 피험자 집단보다 우월한 수행(10회 수행 후)을 보여 그 후로도 우월성을 유지하였다는 것이다. 그러나 어려운 목록의 단어에서는 사정이 달라졌다. 즉, 처음에는 불안수준이 낮은 집단이 과제 수행에 뛰어났으나, 시간이 지나면서 차차 불안수준이 높은 집단의 수행이 더 잘 이루어졌다는 것이다.

이와 유사한 몇 가지 연구를 통해 불안과 학습간의 관계에 대해 결론을 내리면 다음과 같다.

1) 단순과제에서는 불안수준이 높은 사람들이 불안이 낮은 사람들보다 과제 수행을 더 잘한다(그 이유는 단순과제의 경우 경쟁하는 오(誤)반응의 수가 적으므로 조심하면 잘 맞춘다).

2)어렵거나 복잡한 과제의 경우는 불안 수준이 높은 사람들이 낮은 사람들보다 초기 단계에서는 과제 수행의 정도가 떨어지지만, 시간이 갈수록 향상되어 나중에는 불안수준이 낮은 집단의 수행을 능가한다(그 이유는 정반응이 경쟁하는 오반응보다 약하므로, 높은 불안 수준이 그 틀린 경향들을 활성화시키므로 수행이 빈약하다가, 여러 번 반복한 결과 변별력이 생기면 수행이 오히려 증가되는 것으

로 보인다).`

**시험불안**

시험불안은 '시험' 그 자체가 불안의 요인이라기보다는'시험'이라는 상황을 그가 '위험'이라고 지각하는 데서 비롯되는 성질의 것이다. 중요한 것은 객관적 상황이 아니라 그것에 대한 학습자의 평가이다.

나름대로 시험준비를 철저히 했다고 '느끼는'학습자는(교사가 보기에는 아주 미흡한 상태라 할지라도) 별 불안 없이 시험에 임할 수 있다. 반대의 경우도 상정할 수 있다.

시험불안의 특징을 사라슨(Sarason, 1980)은 다음과 같이 밝힌 바 있다.

1. 상황이 어렵고, 도전적이고, 위협적인 것으로 보인다.
2. 당면 과제를  다루기에 스스로가 비효율적이라거나 부적절하다고 본다.
3. 자신의 불충으로 인한 바람직하지 못한 (예상)결과에 주의가 쏠린다.
4, 자신을 비난하는 생각이 강해져서 문제풀이와 관련된 인지적 활동이 방해받는다.
5. 실패와 이에 따른 타인의 무시를 예상한다.


사라슨은 시험불안 척도(TAS-Test Anxiety Scale)를 제작하였고, 이 방면의 연구에 이 검사지는 많이 활용되었다. 시험과 관련하여 불안이 미치는 영향은 부정적인 것이었는데, 이에 대한 대체적인 결론은 다음과 같다.

1. 주어진 과제를 잘 하기 위해 필요한 과제 자극을 올바르게 이용할 수 있는 능력에 부정적 영향을 미친다.
2. 과제 수행 중의 성공이나 실패에 대한 반응에 부정적 영향을 미친다(이에 대해서는 앞의 귀인과 학업성취 부분을 참조 바람).
3. 과제 수행 중의 신체 상태에 이상이 있을 수 있고, 정서가 불안하다.

## 3)불안과 학습의 일반적 관계

심한 불안은 일종의 부적응을 나타내는 현상으로 볼 수 있다. 그러나 학습과 관련지어 볼 때, 불안의 정도는 일반적인 충동 수준의 표시이며, 동기의 강도로 간주된다. 일반적으로 단순한 학습의 경우에는 높은 불안 수준의 집단이 낮은 수준의 집단보다 쉽게 학습한다. 그러나 학습상황이 점차 복잡해지고, 반응하는 데 있어서 선택할 수 있는 반응의 수가 증가함에 따라 적어도 학습의 초기 단계에서는 불안이 학습에 장애가 되는 것으로 알려져 있다.

이는 정반응과 오반응이 경쟁에서 정반응이 상대적인 열세에 있기 때문으로 설명한 바 있지만, 또 다른 심리현상으로 풀이할 수도 있을 것 같다. 즉 불안감이 높다는 것은 가장 유망한 반응을 해야겠다는 집착으로 인해 사고의 개연성이 위축된다는 것이다.

이는 터널 비젼(tunnel vision)현상으로 볼 수도 있는데, 터널 비젼이란 한 가지 일의 해결에 너무 집착한 나머지 사고의 개방성, 융통성이 위축되는 경우를 말한다.

앞서의 연구 외에 스필버거는 불안상태와 학습에 관한 일련의 연구를 통해 다음과 같은 결혼을 내렸다.

첫째, 불안이 높은 학생은 기억 실수의 가능성이 적을 때, 기억검사에서 높은 점수를 얻고, 불안이 낮은 학생은 비교적 기억 실수의 가능성이 높을 때 높은 점수를 받는다.

둘째, 지능과 불안과의 관계는 다음과 같다.

① 평균 정도(중간 정도)의 지능지수를 가진 학생들의 경우, 불안 수준이 낮은 학생이 높은 학생들보다 성적이 좋다.

② 높은 불안 수준은 지능이 낮은 학생의 학업성취에는 아무런 영향도 미치지 못한다.

③ 아주 높은 지능을 소유한 학생들의 경우에는 높은 불안이 학업성취를 촉진하는 경향을 보인다.

셋째, 일련의 기계적 계열학습(앞의 실험의 예)의 경우, 불안이 낮은 학생은 학습초기에 우수하고, 불안이 높은 학생은 학습후기에 우수하다.

넷째, ① 개념학습은 불안이 높고 지능도 놓은 학생이, 지능이 높으나 불안이 낮은 학생보다 더 잘한다. ②불안이 높고 지능이 낮은 학생은, 불안과 지능이 모두 낮은 학생보다 오히려 수행이 떨어지는 경향을 보인다.

사라슨(Sarason, 1980)은 불안 수준이 학습에 적지 않은 영향을 미치고, 개인 간에 불안 수준에 차이가 있으나, 교재의 성질이나 수준, 학습장면에 따라서 유리한 경우와 불리한 경우가 달라진다는 점을 지적함으로써, 상황에 맞는 지도가 따라야 한다는 점을 시사하고 있다. 그러나 지나친 불안은 어느 경우에도 도움이 되지 않는다는 지적도 아울러 하고 있다.


## 6. 성취동기

동일한 지적 능력을 지닌 두 학생의 성취수준은 왜 다른가? 학생들의 기대의 수준을 결정하는 요인은 무엇인가? 성공에 대한 기대가 학업 성취에 어떠한 영향을 미치는가? 성공이나 실패에 대한 귀인은 앞으로의 노력에 어떤 영향을 미치는가? 등의 문제가 성취동기와 관련된 사항이다. 이러한 성취동기는 교사가 학생들을 고무, 격려함으로서 향상을 기대할 수 있는 내재적 동기의 주요 자원의 하나이다.

### 1)머레이의 성취욕구

인간이 지닌 욕구를 체계적으로 정리한 사람이 머레이(Murray, 1962)이다. 그는 12가지의 생리적 욕구와 28가지의 심리적 욕구, 도합 40가지의 욕구 목록을 제시한 바 있다. 심리적 욕구 중에서도 큰 비중을 차지하는 것으로는 성취의 욕구, 친애의 욕구, 지배의 욕구 등이 있다.

그는 성취의 욕구가 강한 사람의 특성으로 다음의 다섯 가지 사항을 꼽고 있다(Hjelly & Ziegler, 1984).

1. 어려운 일을 달성하고자 한다.
2. 물체, 인간, 관념 등에 대해 가능한 한 신속하고 독립적으로 숙달하고, 조직하려 한다.
3. 장애를 극복하고 높은 목표에 도달하고자 한다.
4. 자신을 탁월하게 만들고자 한다.
5. 경쟁하고 타인을 능가하고자 한다.

머레이는 인간이 지닌 여러 가지 욕구를 측정하는 방법으로 투사기법(투사기법)을 사용한 TAT(Thematic Apperception Test-주제통각검사)를 개발하였다. 성취욕구도 물론 이것을 통해 측정하였다. 피험자에게 이미지가 분명치 않은 애매

모호한 상황의 인물 중심의 그림을 제시하고, 그것에 관해 몇 가지 질문을 통해
유도하면서 5분간의 이야기를 쓰게 하는 것이다.

대표적인 그림은 그림(12-3)에서 보는 바와 같은 것이다. 총이 있고, 누워 있는
사람에게 칼을 들이대고 있는 모습이다. 자, 이 소년은 지금 무엇을 생각하고 있
는가?

(그림12-3)성취동기를 측정하는 주제통각검사의 한 장면

「유명한 의사가 되기를 꿈꾸고 있다」는 식의 이야기가 나오면 그는 성취동기가
높은 사람인 바, 성취동기가 높은 사람들 중 상당수의 답변이 실제로 그런 식으
로 나온다.

## 2) 성취동기와 학업성취

맥클리랜드(McClelland, 1965)는 성취동기가 모든 경우는 아니지만 상당히 많
은 조건하에서 성적과 정적인 상관이 있는 것임을 밝혔다. 또한 성취동기육성훈
련 과정을 거친 학생들이 그렇지 않은 학생들보다 후에 훨씬 더 높은 성적을 거
두었다는 실험보고도 있다. 성취동기와 성적 간에는 대략 .4 내외의 상관이 있는

것으로 알려져 있다.

성취지향적인 노력에는

1) 성공을 성취하려는 경향과

2)실패를 피하려는 경향이 있다(Atkinson, 1965). 성공을 성취하려는 경향은

1. 성공하고자 하는 동기가 강할 때

2. 자신의 노력이 성공을 가져오리라는 기대가 작용할 때

3. 성공을 위해 노력하도록 하는 유인이 있을 때 나타난다.


한편, 실패를 피하고자 하는 경향은

1. 실패를 피하고자 하는 동기가 강할 때

2. 노력을 해도 성공하기가 어려울 것으로 판단될 때

3. 실패를 피하게 만드는 유인이 있을 때 나타난다.

성공을 성취하려는 경향이 실패를 피하려는 경향보다 강할 때, 학생들은 어느 정도 어렵고, 도전적인 학습과제를 선택하고, 이에 노력을 기울이고, 실패에 대한 인내심을 갖게 된다. 반면에 실패에 대한 두려움이 많은 학생은 성공의 가능성이 꽤 있는 과제에서조차 회피하려는 경향을 보인다.

성취동기가 높은 사람과 낮은 사람이 성취와 관련된 상황에서 어떻게 반응하는가에 대한 연구 결과를 보면 흥미로운 사실이 발견된다.

애트킨슨의 연구에 의하면 높은 성취욕구를 지닌 사람은 중간정도의 어려움 (intermediate difficulty)을 지닌 과제를 선호하는 경향을 보였다. 이에 비해 낮은 성취욕구를 지닌 사람은 아주 쉽거나 매우 어려운 과제를 택하는 경향을 보였다.

그 이유에 대해 트로프(Trope, 1970)는 중간 수준의 곤란도를 지닌 과제가 자신의 수행능력에 관한 가장 많은 정보를 제공해 주기 때문인 것으로 풀이했다. 쉬운 과제는 누구나가 다 잘하기 때문에 자신이 수행한 부분의 능력에 대해 알 수 없고, 너무 어려운 과제는 누구나 다 실패하기 때문에 이 역시 자신의 능력에 대한 정보를 주지 못한다는 것이다. 중간 수준의 과제만이 자신에 대한 많은 정보를 준다.

다른 한 가지 이유로는 성취동기가 강한 사람은 성취에 대해 강화를 받으므로 성취할 수 있는 일만 골라서 한다고 볼 수도 있을 것 같다. 여러 가지 선택의 기회가 있는 경우라면, 이들은 성취할 수 있고, 그에 따른 만족감을 느낄 수 있는

과제를 선택할 것이 틀림없다.

낮은 성취욕구를 지닌 사람(또는 실패 회피 성향의 사람)이 쉽거나 매우 어려운 과제를 택하는 경향을 보이는 것은, 쉬운 과제는 실패의 위험이 거의 없어서 괜찮고, 아주 어려운 과제는 누구도 못하니까 실패에 대한 추궁이나 힐난이 따르지 않을 것이기 때문이다.

웨이너(Weiner, 1972)에 의하면, 학습결과에 대한 귀인에 있어서도 성취동기가 높은 학생과 그렇지 않은 학생 간에 차이가 있는 것으로 보고 있다. 성취동기가 높은 학생들은 자신의 노력과 능력이 성취를 가져온 것으로 보고, 실패했을 경우에도 그것을 자신의 노력부족으로 귀인한다. 이에 비해 성취동기가 낮은 학생들은 자신의 실패를 능력 탓으로 돌리고, 노력과는 관계없는 것으로 귀인하는 경향을 보였다.

성취동기가 높은 학생들은 성취를 위해 자발적으로 노력하며, 집중적으로 몰두를 하며, 실패에 대한 인내심도 강하고, 선택이 가능한 경우라면 자신의 능력에 비추어 다소 도전적인 과제를 선택하는 경향을 보인다.

## 3) 성취동기의 고양 방안

학습 상황과 관련하여 교사가 학생들의 성취동기를 고양시키는 방법으로는 다음의 몇 가지를 들 수 있다.

1. 자신이 성공적으로 학습과제를 수행할 수 있다는 기대감을 높여준다. 그 구체적 방법으로는 과제를 원래의 상태보다 더 쉽고 용이하게 다룰 수 있도록 몇 개의 하위 단위로 나누어 주는 것이다. 또한 과제 수행에 필요한 기술, 훈련, 기타의 것을 교사가 적극적으로 도움을 준다.

2. 학생들이 주어진 과제를 성공적으로 수행하는 경우에는 이를 학생의 능력과 노력에, 실패하는 경우는 학생의 노력 부족에 그 원인을 귀인 시키도록 훈련시킨다.

3. 실패에 대해 관용하는 태도를 보임으로서, 시도나 실패에 대한 두려움을 없앤다.

4. 성취동기 고양훈련을 시킨다.

요즘 각급 학교에서 시행되는 심성훈련, 집단상담 등은 자기 이해, 자기 발견을 통해 자아실현을 돕는 심성개발을 목적으로 하고 있다. 교사는 일련의 집단 상담 계획을 세워 틈틈이 성취동기 고양을 도모할 수 있다.

이를 위한 다양한 프로그램이 제시되고 있으므로, 교사는 단지 이를 학급형편에 맞게 선택하여 시행만 하면 된다. 이와는 별도로 맥클리랜드가 제시한 방안을 소개하면 다음과 같다.

1. 목표설정 단계로서 학생들이 현실적이고 실제적인 학습목표를 정하도록 도와준다.

2. 성취지향적 사람이 하는 것처럼 생각하도록 도와준다. 어느 정도 어려운 과제에 도전하도록 격려해 주어야 하며, 자신의 능력에 자신감을 갖고, 성공이란 노력 여하에 달린 것으로 생각하도록 지도한다.

3. 자신을 성취지향적 사람으로 보게 한다. 교사는 학생들이 자신은 어느 정도 어려운 과제에 도전하고, 성취에 가치를 두는 사람이며, 또한 자신의 노력으로 성공하기를 원하는 사람으로 느끼게 지도한다.

4. 학생들이 성취하려는 노력을 할 때 집단적으로 지원을 해 준다. 동료 학생들과 협동적으로 학습 목표를 세워 같이 공부하도록 함으로써 자기 동료들과 교사 모두가 자신의 성취노력에 보조한다는 사실을 깨닫게 한다.


## 7. 동기유발 방법

이상에서 살펴보았듯이 동기와 관련된 요소는 무수히 많다. 그 사람이 지닌 모든 것이 동기와 관련되어 있다고 보아도 무리가 아니다. 따라서 동기를 유발하는 방법도 개개인의 특성과 상황에 따라서 다양해 질 수밖에 없다. 로드코스키 (Wlodkowsky, 1982)는 (그림12-4)에서 보는 바와 같이 학습자의 동기 유발을 수업 전과 수업 중, 수업 후의 활동으로 구분하여 제시하고 있다. 이 체계에 따라 앞에서 논의된 사항과 그밖에 몇몇 사항을 묶어 동기유발 방법을 살펴보기로 하겠다.

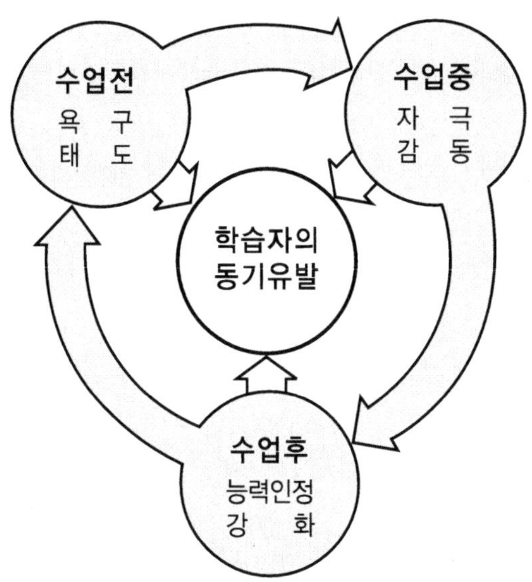

(그림12-4) 학습동기 유발의 개념모형

## 1) 수업 전의 동기유발

1. 학습의 목표를 명확히 제시하고, 목표를 분명히 이해하도록 돕는다. 또한 달성 가능한 목표를 제시한다.

학습의 목표는 구체적이고, 학습이 끝났을 때 어떠한 행동의 변화, 즉 학습이 일어났는지를 분명히 알 수 있도록 제시하는 것이 동기 유발에 효과적이다. 학급 구성원의 선수 학습 수준에 따라 달라지기는 하겠지만, 어느 정도 노력하면 대다수의 학생들이 달성할 수 있는 목표를 제시하는 것이 바람직하다. 구성원의 이질성이 큰 경우에는 기본 학습과제, 진보 학습과제, 심화학습과제 등으로 나누어 각자의 수준에 맞는 목표를 달성하도록 자극, 고무 시킨다.

2. 학습의 목표를 개인적 욕구와 결부시킴으로써 관심과 흥미를 갖게 한다.

호기심에 대한 자극, 남에게 인정받으려는 자존의 욕구 자극, 이 문제는 꽤 머리를 써야 풀 수 있는 문제라는 식의 도전의욕 고취가 필요하다. 입시를 염두에 둔 중, 고생의 경우, 이 문제는 어느 해 수학능력시험에 출제된 문제라든가, 출제 가능성이 높은 문제, 이 과제를 해결해야 다음 단계로의 진입이 가능하다는 등의 안내도 효과적이다.

3. 교사가 학습에 대해 갖고 있는 기대감의 수준이 적정해야 하며 이것이 학생

들에게 전달되어야 한다.

교사는 학생의 학습능력을 정확히 파악하고, 이에 맞추어 적절한 수준의 과제를 학생이 성취해 줄 것을 기대한다는 느낌을 학생들이 느낄 수 있도록 해주는 것이 바람직하다.

4. 교과목이나 학습과제에 긍정적인 태도를 가질 수 있도록 지도해야 한다. 교사의 태도 역시 학생들에게 전달되는 것임을 유념해야 한다.

교과목의 성격에 따라 학생들이 좋아하는 과목도 있고, 그렇지 않은 과목도 있다. 경우에 따라서는 선생님에 대한 유쾌한 경험, 또는 불쾌한 경험이 과목에 대한 호오(好惡)의 원인이 되기도 한다. 열심히 가르치는 교사로부터는 그 태도를 학생들이 본받아 학습에 좋은 태도를 갖기도 한다. 따라서 교사는 학생들에게 혐오감을 줄지도 모르는 행동은 삼가야 하며, 열심히 가르치는 교사로부터는 그 태도를 학생들이 본받아 학습에 좋은 태도를 갖기도 한다. 따라서 교사는 학생들에게 혐오감을 줄지도 모르는 행동은 삼가야 하며, 열심히 가르치는 인상을 주어야 하며, 유쾌한 학습 분위기를 조성하는 한편, 학과목의 호오에 대한 원인이 어디에 있는가를 파악하여, 이를 수정하는 조처를 취해야 한다. 이를테면 "수학은 참 어렵고 하기도 싫지요?"라는 반문을 통해 "네"하는 학생들의 동의를 얻어낸 후 재미있는 수학 상식 몇 가지를 들려주는 등의 조처를 취할 수 있다.

5. 학습하기에 적절한 환경을 마련해 주어야 한다.

실내의 온도, 채광의 정도, 책걸상의 상태, 소음통제, 단정한 자세, 피로상태 등을 고려하여 쾌적한 학습 분위기를 조성해야 한다. 학생 등이 지나치게 피로를 느끼는 경우라면 피로를 푸는 간단한 심호흡, 체조, 이완 동작, 다소의 수면 등의 조처를 취한 후 학습에 임하는 것이 좋다.

## 2)수업 활동 중의 동기유발

1. 교사가 수업 전체를 주도하지 말고, 학생들의 직접적 참여를 유도한다.

가급적 흥미로운 질문을 던져 호기심을 자극하는 한편, 적절한 힌트를 주어 학생들이 스스로 문제를 해결했다는 성취감을 자주 느끼게 하는 것이 좋다. 아주 간단한 것으로는 "식물이 성장하는데 필요한 것은 물과 토양이……"라고 교사가 답변을 유도하면, 학생들이 "공기와 햇빛"이라고 답하는 수준에서부터 토의법의 활용에 이르기까지 그 수준은 다양할수록 좋다.

2. 학생들에게 성취의 기회를 자주 부여하고, 바람직한 반응(성취)에는 즉시 강화를 해준다. 칭찬이나 보상이 벌보다 효과적이다.

교사가 문제를 처음부터 끝까지 다 풀어주는 것보다는 학생들 스스로가 풀거나, 거의 다 풀었을 때까지 기다렸다가 강화(칭찬)를 해주는 것이 효과적인 동기유발 방법이다. 작은 것이라도 각자의 수준에 맞게 과제를 제시하고 이를 성취하게 하는 것이 좋다. 이러한 성취감은 자신감을 갖게 하며, 아울러 긍정적 자아개념을 갖게 하는 데에도 효과적이다. 또한 이러한 성취가 있으면 즉각적으로 강화를 해주는 것이 좋다. 벌은 일시적으로 그 반응을 중단케 하는 효과만 있으므로 교육적으로 꼭 필요하다고 생각되는 경우(학업이 아닌 태도, 성격 등 생활지도적인 측면에서만)에만 가하고, 될 수 있는대로 칭찬이나, 그 밖의 보상을 주는 것이 효과적이다.

3. 학습의 진전의 정도를 수시로 알려주는 것이 효과적이다.

학습의 진전의 정도를 즉시 즉시 알려주는 일은 학습의 효과를 증진시킬 뿐만 아니라, 학습자의 동기를 강화시키는 데에도 매우 효과적이다. 이를 통해 학생들은 잘못한 것에 대한 자극을 받기도 하고, 잘한 것에 대해 고무되어 학습을 촉진시키게 된다.

또한 교사가 학생에게 늘 관심이 있다는 것도 느끼게 됨으로 학습태도를 좋게 하는 데에도 도움이 된다.

4. 동료들 간에 협동적인 분위기를 조성하되, 경우에 따라서는 적절한 경쟁심을 유발시키는 것도 효과적이다.

학교 학습은 교사와 학생간의 1 : 1적인 관계도 성립되지만, 대부분의 학습과정은 전 학급 구성원의 상호작용을 통해 이루어진다. 집단토의나 집단 브레인 스토밍(group brain storming)을 통해 과제를 해결하는 것도 효과적이며, 분단별로 토의 결과를 발표케 함으로써 협동과 경쟁을 아울러 도모함으로써 동기유발의 효과를 극대화시킬 수 있다. 이러한 과정은 비단 동기 유발의 측면에서 뿐만 아니라, 민주시민의 교육을 위해서도 필요한 일이다.

5. 과제나 문제해결에 다양한 방법을 동원하고, 이를 기억케 하기 위한 다양한 통로를 마련해 줌으로써 학습자가 다소간의 감탄과 더불어 학습에 흥미를 느끼게 한다.

교사는 그 과제에 정통해 있으므로 조금만 신경을 쓰면 그 과제를 쉽게 해결하는 방법, 다른 방식의 해결법, 이의 변형, 쉽게 기억하는 방법 등을 제시할 수 있다. 이렇게 하면 학생들은 그 과정에 흥미를 느낄 뿐 아니라 교사에 대한 신뢰심과 존경심도 아울러 갖게 되는 일석이조의 효과가 있다. 초·중·고에서의 교재연구는 이러한 측면을 개발하는 데 더 많은 시간을 할당하는 것이 바람직 하지 않나 생각된다.

### 3) 수업 후의 동기유발

1. 학습 결과에 대해 긍정적인 평가를 해주고, 미흡한 점에 대해 언급해 주는 것이 바람직하다.

학습이 일단락되면, 처음의 목표에 비추어 이러 이러한 진전이 있었음을 알리고, 이런 점은 참 좋았다고 일단 긍정적 평가를 해주는 것이 차후의 동기유발에 효과적이다. 미흡한 점에 대해서는 차시에 다룰 것을 언급하면서 핵심적인 문제를 한두 개 택해 과제로 내주는 것이 좋다.

2. 학습 결과에 대해서는 반드시 그 정보를 알려준다.

시험의 결과는 물론이거니와 간단한 퀴즈, 숙제 등에 대해, 이러 이러한 점이 썩 좋았다든가, 이 점은 이렇게 하는 것이 더 좋겠다든가 등의 촌평을 해주는 것이 바람직하다.

3. 촌평을 하는 경우 우선 학생이 잘했다는 점을 밝혀 학생의 능력과 노력을 인정해주고, 미흡한 점은 학생의 능력이 부족해서가 아니라 노력이 부족했거나 보는 관점이 달랐다는 등 노력이 중요하다는 점을 부각시키는 것이 바람직하다.

# 제13장
# 발달과 학습

# 1. 발달의 개념 및 원리

## 1) 발달의 개념

발달이란 나이를 먹음에 따라 정상적으로 발생하여 증가하는 일련의 행동 변화라는 의미로 쓰여왔다. 그러나 질병, 또는 노쇠 현상과 같은 소극적 변화는 발달 개념에서 제외되며, 일반적으로는 수정(受精)이 되어 성인에 이르기까지의 진보적이고 적응적인 변화 과정을 발달이라 일컫는다.

발달에 대해 코프카(K. Koffka)는 "유기체와 그 기관(器官)이 양적으로 증대하고, 구조가 정밀해지며, 그 기능이 유능해 지는 것"이라 하고 이에는 성숙과 학습의 측면이 동시에 작용하는 것임을 지적했다.

성숙(成熟)은 개체의 완전한 발달 상태로서 개인이 생활해 나가는 동안에 타고난 기능을 발휘하여 자신의 행동을 높이는 것으로서 주로 선천적, 또는 유전적인 변화를 뜻한다. 요약하면, 성숙이란 발달의 일정한 시기에 가서 어떤 기능이 발휘되는 것(grow up의 측면)이라 할 수 있다. 이에 비해 성장은 키가 크고 체중이 느는 등 유기체가 양적으로 변화하고 증대하는 면으로서 환경의 영향을 최저로 제한하여도 개체가 지니고 있는 생득적인 규정성에 의해 자연히 발달하는 것을 뜻한다.

학습이란 후천적으로 유기체 자신이 끊임없는 일과 노력, 즉 경험, 또는 연습을 통해서 행동 수준을 높여가는 것을 뜻한다.

한편 허얼록(Hurlock, 1956)은 발달의 특징을 다음과 같이 제시한 바 있다.

(1) **크기의 변화** : 키, 몸무게, 가슴둘레 등의 증대 및 제 기관의 구조의 변화.

(2) **비율의 변화** : 신생아와 성인의 키, 몸무게, 가슴 둘레, 머리 둘레의 비율을 성장함에 따라 변화하여 나타나는 발달 면에서의 차이를 보이는 현상.

(3) **새로운 특징의 획득** : 신체적, 정신적 발달에 의하여 유아기의 보행의 시

작, 언어개시, 아동기의 신체 성장, 청년기의 성적 발달이 나타나는 것.

(4) **낡은 특징의 소실(消失)** : 유치(乳齒), 반사작용(反射作用), 유치한 행동 등 성장에 따라 여러 가지 신체적, 정신적인 특징이 없어지는 것 등을 발달의 측면으로 보았다.

발달은 또한 분화의 과정과 통합의 과정을 밟는다. 레빈(K. Lewin)은 "발달이란 통일적인 인격 구조가 그 통일성을 유지해 가면서 점차로 분화되어 그 의미, 그 내용이 보다 풍부하게 변해가는 일"이라 했다.

결국 발달이란 수정에서부터 사망에 이르기까지 성장과 성숙이라는 유전적이며 내적 작용에 의한 개체의 변화와, 후천적이며 외적 작용에 의한 학습을 통해 개체의 행동수준을 바람직한 방향으로 높여가는 분화와 통합의 연속적 과정으로 볼 수 있다.

## 2) 발달의 원리

발달의 원리를 살피기에 앞서 우리가 왜 발달의 원리, 또는 법칙을 알아야할 필요가 있는가를 살펴볼 필요가 있다. 발달에 대한 연구의 의의는 크게 다음과 같은 두 가지 사실에서 찾아볼 수 있다.

첫째, 개체(아동)의 발달과업이 무엇이며, 언제 그것을 기대해야 할지를 아는데 도움을 준다.

만일 우리가 발달의 단계와 양상에 대한 제반 측면을 모른다면 아동지도에 많은 곤혹을 느끼게 될 것이다. 왜냐하면 우리는 그들에게서 너무 많은 것을 기대하는 경향(욕심을 부리는 경향)이 있기 때문이다.

둘째, 발달의 원리를 이해하는 일은 각 발달단계마다 최적발달(最適發達)의 방법을 강구하는 데 도움을 준다.

우리가 발달의 연속성에 대한 제반 정보를 알게 되면 각 단계를 최상의 성장으로 이끌 수 있으며, 일련의 각 단계에 최상의 준비를 조성함으로써 아동들에게 도움이 되는 경험들을 증진시킬 수 있을 것이다.

한편, 교육에서 크게 고려되는 발달의 주요사항에 대해 리(Lee, 1972)는 다음과 같은 7가지 사항을 들고 있는 바, 이는 여러 학자들의 연구내용을 종합한 것이다.

(1) 발달과정에서 아동의 자아개념(自我槪念)이 여하히 형성되는가 하는 것은 그의 자아실현, 또는 전인적 발달을 기하는 데 큰 비중을 차지한다(A. H. Maslow, C. Rogers, A. Combs 등).

(2) 일반지능 및 지력, 남아의 공격성, 여아의 의존성 등의 상향 발달의 급속한 시기는 생의 초기의 5년 간이다(B. S. Bloom).

(3) 지능은 단지 한 가지 요인에 의한다기보다는 많은 종속 요인들에 좌우된다 (J. P. Guilford).

(4) 창의성은 자극적인 환경 속에서 고양된다.

(5) 지능은 환경적인 여건에 의해 조정될 수 있는 개념이며, 이를 증진시키는 가장 좋은 시기는 유아기(幼兒期)이다.

(6) 아동의 사고와 지적 발달의 진행은 감각운동 조절을 획득하는 다양한 단계를 거쳐 형식적 조작 사고에 이른다.(Jean Piaget).

(7) 아동은 연령에 따른 필수적인 발달과업이 있으며, 어느 특정 단계를 거쳐야만 다음의 발달 단계를 성공적으로 수행할 수 있다.

그러면 이러한 발달이 지향하는 기본적 가치, 내지는 과업이 무엇인가를 살펴보자. 브레큰리지와 빈센트(M. E. Breckenridge & E. L. Vincent)가 제시한 바는 다음과 같다.

① 건강함, 각인이 타고난 신체의 최대한의 효율성 발휘
② 타인과의 관계에서 매력적인 외양(外樣) 및 태도를 견지
③ 지력의 효율적 사용
④ 유용한 지식의 바람직한 구축 및 습관과 기술의 효율적인 고착
⑤ 신뢰할 만한 성품
⑥ 생(生)에 대한 믿음직스런 철학을 갖는 것

이들이 지적한 가치들을 보면 뒤에 설명하게 될 발달의 제 국면 즉, 신체적, 지적, 사회성, 도덕성, 성격 발달 등에 대한 전반적인 가치를 제시하고 있음을 알 수 있다. 따라서 발달이 지향하는 기본적 가치를 한마디로 요약한다면 이는 '전인(全人)으로의 발달'이 될 것이다.

일반적으로 알려지고 있는 발달의 원리를 소개하면 다음과 같다.

**(1) 발달은 양적인 동시에 질적인 것이다.**

발달은 성장이라는 측면에서의 크기의 증대(키, 무게, 부피 등)와 성숙이라는 측면에서의 구조의 변화 및 기능의 증진에 의한 개인의 능력 향상이 동시에 이루어지는 것이다.

**(2) 발달은 순차적(順次的)으로 이루어지며, 이 순서는 일정하다.**

신생아가 앉고, 서고, 걷기까지의 동작은 16단계로 구분되는 데, 이 과정을 차례로 거치지 않고는 제대로 걸을 수 없다. 언어발달 역시 같은 현상을 보인다. 구조가 기능보다 먼저 발달한다.

**(3) 발달에는 방향이 있다.**

발달은 순차성과 아울러 방향성이 있는 바, 이는 몇 가지로 구분된다.

① 두부(頭部)에서 미부(尾部)로 : 신생아의 발바닥을 간지르면 발가락을 부채처럼 펴게 되는 데(바빈스키 반사라함), 이는 발바닥 중심부에는 신경이 발달돼 있으나 발바닥 말초에는 아직 신경 분화가 제대로 이루어지지 않고 있기 때문이다.

③ 구체적인 것으로부터 추상적인 것으로

④ 자기 중심성에서 관점주의로

⑤ 외적 통제로부터 내적 통제로

⑥ 절대주의에서 상대주의로

발달의 순차성과 방향성은 발달의 전 단계는 다음 단계로의 발달에 기초가 됨을 의미하기도 한다.

**(4) 발달은 계속적인 과정으로 이루어지지만 발달의 속도는 동일하지 않다.**

발달은 항구적이거나 일정한 비율로 이루어지는 것은 아니나, 개체의 내재적인 힘에 의해 연속적인 과정으로 나타난다. 지능은 청년이 되기까지 계속 발달하고 어휘의 증가, 키도 그러하다. 그러나 지능은 3-7세에 가장 왕성하게 발달하고 어휘는 유아기에 급격히 발달하며, 키는 유아기와 사춘기에 많이 커지는 등 발달의 속도는 일정하지 않다.

**(5) 발달에는 개인차가 있으며, 각기의 개체는 그 자신의 독특한 방법으로 발달을 추구한다.**

발달은 순차적으로 일정한 법칙에 따라서 일어나는 것이긴 하지만 이에는 개인적 차이가 있다. 그 차이는 유전적인 것일 수도 있고, 환경적인 것일 수도 있다. 또한 개개인은 자신의 독특한 면모를 어려서부터 드러내 발달해 가는 것을 볼 수 있다.

**(6) 발달은 복합적인 것이며 그 모든 국면은 서로 밀접한 관계 하에 있다.**

신체적 발달, 지적발달, 정서발달, 사회성발달 등은 각기 독립적인 것이 아니라 서로 밀접한 관계하에 이루어진다.

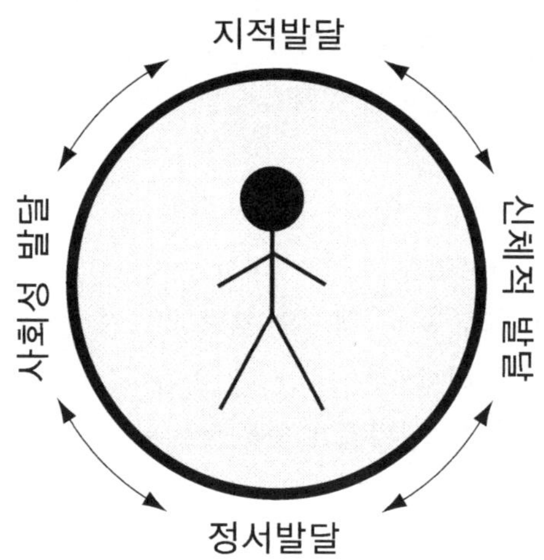


(그림 13-1) 발달의 상호 관련성

그림에서 보는 바와 같이 신체 발달은 지적 발달, 그 밖의 발달에 영향을 미치는 바, 신체 발달이 우수하면 지적 발달도 우수하고, 지적 발달이 우수하면 사회성이나 정서 발달도 좋은 것으로 알려지고 있다. 지능과 언어개시, 보행개시 등이 밀접한 관련이 있음을 볼 때 지적 발달, 정서적 발달 역시 신체적 발달에 영향을 미치는 것으로 볼 수 있는 것이다.

(7) 발달의 수준과 양상은 개체의 내-외부조건 여하에 따라 변화 및 수정이 가능하다.

발달의 양상은 외부적인 조건 즉, 영양 상태나 질병에 의해 영향을 받을 수도 있고, 환경에 따라 좋을 수도 있으며, 적절한 처지에 의해 바람직한 방향으로 이끌 수도 있는 것이다.


## 2. 발달과 학습과의 관계

발달은 학습과 불가분의 관계에 있을 수밖에 없다. 발달 자체가 이미 성숙과 학습에 의해 일어나는 현상이기 때문이다. 물론 여기서의 발달과 학습과의 관계는 주로 인지발달과 학습의 제측면과의 관련성을 말한다. 발달은 교육과정(敎育課程)의 편성에서부터 교육의 방법에 이르기까지, 학습내지는 교육과 밀접히 관련된다.

발달의 제 원리와 양상이 교육(학습)과 전반적으로 어떠한 관련을 갖는지에 대해 저어실드(Jersild, 1950)가 그의 저서 <Child Development and the Curriculum, pp. 8-31>에서 밝힌 내용을 보면 다음과 같다. 수십년 전에 발표한 내용이 오늘날의 교육에 대해서도 시사하는 바가 크고, 대부분 그대로 적용되는 사실임을 발견하게 된다. 요약, 발췌한 내용으로 번호는 임의로 붙인 것이다.

### 1) 교육은 선택을 포함한다.
모든 교육 계획의 내용은 많은 대안들 중에서 선택되는 것이다. 모든 현상에 대해 다 학습할 수 없으므로 선택은 불가피하다.

### 2) 선택은 아동의 발달단계와 일치해야 한다.
교육의 목적은 발달의 목적과 노선을 같이해야 한다. 즉, 유기체의 행동양식에 적합한 교육내용이 선정되어야 한다.

### 3) 인간의 잠재능력에 대한 개념은 변화하는 것이다.
아동의 특성에 대한 많은 발견은 완벽할 수 없고, 많은 영역에서의 연구가 부적절할 수 있다. 아동의 행동 양식, 태도, 습관, 기능 등의 특성은 그들에게 기대되어지는 것과 이에 대한 기회의 제공에 영향을 받는다. 아동은 많은 잠재력을 갖고 있는 바, 교육은 이 잠재력의 개발에 탄력적으로 대응해야 한다.

### 4) 성숙의 수준

정상적인 발달은 성숙 지향성으로 귀결된다. 교육계획은 각 단계의 발달이 그의 성숙의 가능한 수준에 이르도록 아동을 돕는 방향으로 계획되어야 한다.

### 5) 학습과 성장

학습은 부분적으로 가치와 관련된 경험에 의해 발생하는 행동의 변화이며, 성장은 유기체가 성숙을 지향하여 유기체 내에서 발생하는 생물학적 변화이다. 양자는 상보적인 관계인 동시에 혼재된 상태로 상호 영향을 미친다.

### 6) 발달의 방향성과 형태

발달이 진행됨에 따라 크기와 능력이 증대되며, 근육의 발달과 더불어 반응이 방향성을 띠게 되고, 정신능력의 발달은 더욱 복잡해진다.

### 7) 발달의 속도

발달 속도는 발달의 초기에 가장 급속하고, 시간의 경과에 따라 점감된다. 정신능력의 발달은 생후 일년간이 가장 빠르고 해마다 그 비율이 점차 떨어진다. 발달의 변화가 빠를 때 이의 조장이 더욱 용이하며, 따라서 초기 아동의 교육은 중요한 의미를 갖는다.

### 8) 성장능력의 표현으로서의 고유한 동기

동기는 아동의 생리적 욕구 및 지적, 신체적, 사회적, 정서적 영역에서의 능력을 표출하는 것으로 볼 수 있다. 이러한 성장능력에 따른 아동의 충동을 통합적인 발달로 이끄는 것이 교육의 임무이다. 나아가서 그러한 충동을 표현하는 가장 좋은 통로(channel)를 발견케 해야 한다.

### 9) 예측의 원리

발달의 과정 및 전 기간을 통해 계속적으로 미래에 대한 예기 및 대비가 있어야 한다.

### 10) 경험의 간접적 확산

초기 아동기부터 아동은 자신이 신체적으로 직접 접촉하는 상황을 벗어난 것을 경험할 수 있는 능력이 있다. 여행, 견학 등 많은 경험이 중요하다.

### 11) 행동의 발달적 수정

행동은 변한다. 학교교육은 집중력, 좋은 지적 습관과 같은 것을 조장해 주어야 한다.

### 12) 다양한 성장의 양태간의 상호작용

운동기능의 발달은 건강한 신체나 손재주의 발달뿐만 아니라, 사회적, 정서적 적응 등과도 상호 관련된다.

### 13) 보완적, 잠재적으로 상충하는 힘의 활동

아동은 의존성과 독립성, 자아중심성과 외부 지향성 등의 상충적인 심리 기제를 갖고 있음을 감안하여 교육해야 한다.

### 14) 개인은 발달의 비율, 양상 및 발달의 궁극적 수준에서 차이가 있다.

따라서, 교육은 한편으로는 규준적인 것(norm)을 다루어야 하지만, 다른 한편으로는 규준에서 벗어난 경우도 다루어야 한다.

### 15) 성격의 기초적 특성의 조기 구축

성격은 유아(幼兒)에게서부터 나타나기 시작하여, 나이에 따라 그 특성이 두드러지게 나타난다. 성격은 유전이나 초기의 환경 어느 하나에 의해 전적으로 미리 규정되는 것은 아니다. 각 아동의 독특한 개성을 인정해야 하고, 다수의 정상 아동은 통합적인 성격을 지니게 되지만, 이의 적절성은 개개 아동의 관점에서 살펴봐야 하는 것이지 일률적으로 규정될 성질의 것은 아니다.

## 3. 피아제의 인지발달론과 학습

### 1) 발달과 학습에 대한 피아제의 견해

앞서의 3장 4절 구성주의 학습이론에서 피아제와 비고츠키의 학습이론을 살펴본 바 있다. 여기서 피아제를 다시 등장시킴은 그의 발달이론이 학습에 시사하는 바가 매우 크다는 점에 있다. 중복을 피해 발달과 학습에 대한 그의 견해를 정리하면 다음과 같다.

피아제는 인간의 지적 발달이 개체와 환경과의 상호작용(상호작용 주의)에 의해 그 개인 내부에서 점차적으로 구성되는 과정(구성주의)으로 보고 있다. 그의 학습관의 특징은 발달이 학습보다 우위에 있다는 것이다. 어떠한 정보가 주어져도 적절한 인지구조(발달적인)가 없으면 올바로 처리되지 않는다는 즉, 학습이 일어나지 않는다는 것이다.

피아제(Piaget, 1959)는 협의의 학습과 광의의 학습을 구분하고, 후자의 학습이 전자의 학습의 본질을 규정한다고 주장한다. 즉, 발달이라고 부르는 광의의 학습이 일반적으로 학습이라고 부르는 협의의 학습을 지배하는 것으로 본 것이다. "개개 학습의 요소는 전반적인 발달의 한 기능으로서 작용하는 것에 불과하며, 또한 학습은 경험에 의해서 촉진되는 인지 발달의 한 부분에 불과하다"는 것이다.

협의의 학습과 광의의 학습은 다음과 같이 구분된다(김억환, 1984).

**협의의 학습** : 새로운 정보나 특수한 상황에만 국한되는 새로운 반응이다. 예를 들면, 지리교과에서 아동은 그 나라에 관한 것을 배운다. 그 나라의 수도, 위치, 각 시, 동의 명칭 등에 대해 배운다. 이런 종류의 학습은 어떤 특정문화 내용에 국한된 것이어서 일반적 적용(일반화)이 되지 않는다. 미국에서 태어난 아동은 미국의 50개 주에 대해서 배운다. 그 아동이 캐나다로 전학을 한다면 캐나다의 주 이름과 수도 명을 배울 수밖에 없을 것이다. 이 같은 종류의 학습은 중요하지 않다고 볼 수는 없겠지만, 특수한 것이어서 일반화 될 수 없는 것이다.

**광의의 학습**(발달이라는 측면에서의 학습) : 여러 가지 상황에 적용하는 일반적 사고 구조의 획득을 말한다. 예를 들면, 나라와 수도에 관한 어떤 일반적인 사고방식을 갖는 것이다. 어떤 주가 두 곳에 동시에 있을 수 없다든지, 미합중국은 개개의 주보다 더 크다는 식의 개념을 발달시킬 때 넓은 의미의 학습이 된다.

그런데 이러한 '일반적 사고 구조의 획득'은 발달의 결과로 일어난다는 것이다.

인헬더와 싱클레어(Inhelder & Sinclair, 1969) 역시 피아제의 이론에 근거하여 "학습은 발달의 법칙에 예속된다. 발달은 단순히 단편적인 학습의 연속적인 누적으로 이루어질 수 없다. 왜냐하면 발달은 논리적이고, 생물학적인 구조화의 법칙을 따르기 때문이다." 라고 말한 바 있다. 이들의 주장에서 보는 바와 같이 인지발달론자들은 발달이 학습에 필수적인 과정이라는 기본적인 가정을 하고 있는 것으로 볼 수 있다.

### 2) 인지과정

피아제는 두 가지 인지기능을 상정하고 있는 데 하나는 조직(organization)이고, 다른 하나는 적응(adaptation)이다.

**조직**: 정보를 체계적으로 인지 구조에 포함시키는 과정이다. 인간은 이러한 인지 구조를 통해, 무선적이며, 무질서하게 들어오는 모든 정보를 어떤 규칙성과 질서 있는 정보로 조직하게 된다. 인간은 세상을 내적으로 일관성 있게 조직화해서 표상하려는 일관된 욕구를 가지고 있는바, 이를 조직 동기라 한다. 인간은 적극적이고 능동적인 자세로 정보를 받아들이고 해석한다. 인간은 끊임없이 인지적인 요소들을 하나의 체계에 연결시키려 한다. 따라서 우리는 어떤 분류나 범주를 정해 놓고, 이에 모든 정보를 귀속시킴으로써 환경에 적응해 나간다.

**적응**: 새로이 접하는 정보를 자신의 인지구조에 포함시키는 조직의 과정에서 균형(평형)을 취해가는 과정이다. 피아제는 "지능이란 모든 감각운동과 인지적 요소를 계속적으로 적응시킴으로서 유기체가 평형 상태를 유지하도록 이끄는 능력으로서, 이에는 모든 동화의 조절 능력, 유기체와 환경간의 상호작용이 포함된다"고 한 바 있다(Piaget, 1966, p. 11).

그는 개체의 환경에의 적응 과정을 동화와 조절이라는 개념을 도입하여 설명하고 있는 바, 적응이란 동화와 조절을 통해 세상을 인식하고, 그 과정에서 동화와 조절 중 어느 한 쪽에 치우치지 않고, 균형을 취하는 것을 일컫는 것으로 피아제는 이를 평형화라는 개념을 통해 설명하고 있다.

따라서 도식. 동화, 조절, 평형화는 피아제의 인지발달론을 이해하는데 결정적인 단서들이 되는 개념들이다. 각기의 개념은 앞의 3장에서 설명한 바 있다.

피아제는 학습이 3단계에 걸친 평형화의 과정을 거쳐 이루어지는 것으로 보았다. 그 첫째는 저차원의 단계에서 일시적 인지적 평형을 이루는 것이고, 둘째 단계는 이전에 주목하지 않았거나 미치지 못했던 자신의 인지구조와 모순된 자료를 접하면서 인지적 불균형이나 갈등을 경험하는 것이고, 마지막 단계는 그 갈등상태를 해결하는 방식으로 인지구조를 재구성함으로서 좀더 높은 수준의 인지적 평형상태를 성취하는 것이다.

유기체는 일생동안 계속해서 환경에 적응해야 하고, 그의 반응을 조직화한다. 그러나 개인이 그것들을 달성하는 도구, 즉 심리적인 구조는 연령에 따라 변한다. 이 점이 피아제 이론의 독특한 점이다. 그의 이러한 관점은 교육에서의 준비성(readiness)이라는 개념과 밀접한 관련을 가짐으로서 관심의 대상이 되어 왔고, 학습과 관련하여 많이 논의되고 있다. 그는 지적발달이 서로 상이한 종류의 구조로 특징지워지는 일련의 규칙적인 단계를 거친다는 가설을 세웠다. 피아제의 이론에서 인지발달의 과정은 크게 감각동작기, 전조작기, 구체적 조작기, 형식적 조작기의 4단계로 나누어진다.

## 3) 인지 발달단계

피아제는 인간의 조작(operation)능력이 생득적으로 존재하는 것이 아니라, 개체가 환경과 상호작용 하는 과정에서 구성되고, 확장되는 것으로 보았다. 각기의 발달단계 및 이의 특징적 사항은 다음과 같다.

### (1) 감각운동기(sensory motor period) : 0-2세

감각과 운동으로만 반응하는 단계, 다소의 인지 발달이 있지만 개념적으로 사고하지는 못한다. 이 단계의 지능은 내면화된 사고의 형태를 띠지 않기 때문에 조작(능동적인 사고와 문제해결 능력)이라는 말을 쓰기 어렵다. 그러나 동작은 인지 도식이 활용되고, 그들의 협응 속에서 일어나며, 지능발달에 필요한 기본적인 개념들(공간, 시간, 인과성 등등)을 초보적인 동작의 수준에서 획득하게 된다. 감각 운동기는 6단계로 구분된다.

1단계(반사기; 생후 1개월): 반사적 행동(빨기, 잡기, 울기, 몸 움직이기)을 하는 시기

2단계(1차적 순환 반응기; 1-4개월): 단순한 반복행동을 재미로 하는 것이 특징이며, 손과 입, 눈과 사물 등의 협응이 생긴다.

3단계(2차적 순환 반응기; 4-6개월): 유익하고 흥미있는 결과를 가져오는 반응을 반복한다. 사물, 사건 지향적이며, 의도적 행동이 시작되는 단계이다.

4단계(2차적 반응 협응기; 6-10개월): 초보적 단계의 지능이 발휘되기 시작하는 시기이다. 간단한 문제의 해결을 할 수 있다. 장난감을 잡기 위해 베개를 치우는 정도의 행위를 할 수 있다.

5단계(3차적 순환 반응기; 10-18개월): 조작기능을 갖게되어 문제해결에 필요한 도식을 형성하기 시작하며, 시행착오의 과정을 통해 새로운 수단(도식)을 발달시킨다.

6단계(정신적 결합기; 18-24개월): 감각운동적 수준을 벗어나 표상적 지능으로의 발달을 시작한다. 상징의 사용이 시작되어 인지적인 문제해결이 시작되는 즉, 사고가 시작되는 단계이다.


### (2) 전조작기(pre operation period) : 2-7세

언어 활동이 활발해지고, 개념이 빠른 속도로 발달한다. 이 시기의 아동은 영상이나 언어 등과 같은 상징에 의해서 그가 직면하는 세계를 표상하는 능력을 획득한다. 상징의 사용으로 지능이 작용하는 영역을 시간적, 공간적으로 확장시킨다. 그러나 사고는 아직 미숙한 상태로 본격적인 조작을 하지 못한다. 자기 중심적 사고를 하여 자신의 관점에서만 세계를 이해한다. 사회화가 활발히 진행되는 시기이다. 이 시기는 2단계로 나누어진다.

**전 조작 단계(2-4세)**: 상징적 기능이 나타나며, 언어발달이 현저하게 된다. 사물의 크기, 길이 등 단일 차원으로 분류한다. 주변에서 나타나는 일에 호기심과 의문을 많이 갖게 되고, 탐색적, 탐험적 행동이 많아진다. 물활론적(物活論的) 사고를 한다. 2세 때 대략, 200-300 단어, 5세경에 약 2000개의 단어를 구사할 수 있게 된다.

**직관적 단계(4-7세)**: 개념화 능력이 확대되고, 직관적 사고를 하게 되며, 사물을 유목으로 분류하고, 관계성을 인식하는 스키마(쉐마)가 발달하기 시작한다. 그러나 아직 일반화 된 명제를 만들지는 못하고, 자극의 특성만을 인지하는 수준이다. 물활론적 사고에서 벗어난다.

### (3) **구체적 조작기**(concrete operations period) : 7-11세

추리 과정이 논리적으로 되며, 인지적 조작이 가능해 진다. 조작의 가역성을 획득하며, 협동의식이 발달하고, 시간, 공간, 수, 논리의 초보적 개념이 획득되는 시기이다. 어떤 행동이 일어날 가능성이나, 그 행동의 결과의 가능성을 시행착오를 통하여 사고할 수 있게 된다. 선택적으로 정보를 사용할 수 있게 된다. 이 시기에 나타나는 인지 능력은 다음과 같은 것들이다.

1. **가역성(可逆性)의 획득**: 진행되어 온 사고과정을 거꾸로 되밟아 나갈 수 있는 사고 능력을 말한다. 일단 변형된 상태가 반대의 그 절차에 따라 원래의 모습으로 돌아갈 수 있음을 알게되는 것이다. 문제해결이 잘못 진행되었을 경우 아동은 가역성의 개념을 작동시켜(조작하여) 사고 과정을 일단 중지하고, 머릿속에서 시발점으로 되돌아가 새로운 문제해결을 시도할 수 있게 된다.

2. **보존개념의 확립**: 외관상 표면적인 변화가 일어났다 하더라도, 본래의 속성은 변화되지 않는다는 사실을 이해한다. 가역성의 획득으로 양의 불변성을 이해하게 되는 것이다. 일반적으로 5세 경에 양의 보존성의 원리를 이해하게 되고, 6세경에는 무게의 보존성을 이해하게 되며, 7세 이후가 되어야 비로소 부피의 보존성을 획득하게 된다.

3. **분류화**: 사물을 유사한 것끼리 한데 묶는 능력이다. 이는 동화를 통한 도식의 확장이 본격화 되는 현상으로 볼 수 있으며, 이는 내포나 포함으로 알려진 어떤 준거를 정확히 규정할 수 있을 때 가능한 조작적 사고이다.

4. **관계**: 분류 능력의 획득은 동시에 사물간의 서열, 비대칭, 계열 등 사물의 관계를 파악하게 한다. 7세 경에는 A<B이고, B<C이므로 A<C이다 라는 것을 추론할 수 있다. 그러나 이러한 관계의 이해는 구체적인 사물의 관계에서만 가능할 뿐 추상적인 것에는 이르지 못하는 수준의 것이다.

5. **수 개념**: 7세 이하의 아동도 셈하는 방법과 부분적인 수의 조작이 가능하다. 그러나 이것이 수의 개념을 이해했음을 가리키는 것은 아니다. 분류의 결합과 비 대칭관계의 배열이나 서열화가 완전히 이루어져야만 수의 개념이 확립된다.

그밖에 시간과 공간에 대한 개념을 형성하게 된다.

## (4) 형식적 조작기(formal operations period) : 11-16세

'now and here'라는 사실적이고 직접적인 사물이나 사상에 대하여 논리적 사고를 하는 구체적 조작기와는 달리, 형식적 조작기에서는 여러 가지 가능성을 탐색하고 상정하며, 여러 개의 변인을 동시에 고려하고, 조작하여 연역적으로 가설을 형성할 수 있으며, 그 가설의 타당성의 여부를 체계적으로 입증할 수 있다. 논리적 사고, 과학적 추리, 상징의 사용 능력이 크게 신장된다. 이 기간에도 동화와 조절은 인지구조를 변형, 발달시킨다. 인지구조의 발달은 이 시기에 그 절정에 달하는 바, 15세 경이 되면 도식(schema)은 지적 발달의 극대에 이르게 된다.

## 4)피아제 이론의 학습 및 교육에의 함의

피아제의 인지 발달이론은 학습이론의 한 계열을 이룰 정도로 교육에 미친 영향과 시사하는 바가 크다. 특히 교육과 관련하여 지능계발, 학습의 준비성, 학습동기, 학습자의 행동이라는 측면에서 많은 논의가 이루어졌다.

피아제의 이론이 학습 및 교육과 관련하여 어떠한 시사점을 갖는지를 요약하면 다음과 같다.

### (1) 지능은 교육에 의해 증진된다.

피아제의 발생학적 인식론은 지능의 선천설을 부정함과 동시에 극단의 환경결정론도 배격한다. 그에 의하면, 교육이 지능 발달에 필요한 요소라는 것이다. 이러한 그의 입장은 지능에 대한 그의 개념과 학습을 보는 관점에서 여실히 드러나고 있다. 앞서 살펴본 바와 같이 그가 지능의 핵심으로 본 것은 여러 가지 사실들에 대한 묘사적인 정보나 내용이 아니라 그런 것들을 이해 가능하게 해주는 작동적인 인지구조와 그 기능이라는 것이다. 그는 발달의 개념을 일반적인 학습의 개념보다 포괄적인 개념으로 상정한다. 그에게 있어서 학습이란 특수한 환경에서 개인이 보이는 특수한 사고나 행동의 변화가 아니라 성숙과 환경의 유기적인 상호작용에서 창조되는 새롭고 전반적인 인지구조의 변화를 의미한다.

**(2) 개인의 적극적 활동이 인지발달을 도모하며, 교육은 이러한 활동을 뒷받침해주는 적절한 조건을 제시해 주어야 한다.**

인지구조 변화와 발달은 유전이나 환경적인 요인보다는 개인 스스로의 환경에 대한 적극적 활동에 의해 촉진된다. 따라서 교육은 개인 내부의 자기 조정적 활동을 조성해 주는 적절한 조건을 제시하는데 주력해야 하며, 자기 조정적 활동을 활성화시키는 조건과 노력이 주어진다면 지적 발달이 촉진될 수 있다는 것이 그의 기본적인 시각이다.

피아제가 지식의 구성에서 가장 핵심적인 역할을 하는 것으로 본 것은 학습자의 내부 세계와 환경적 압력간의 평형을 찾으려는 학습자 자신의 자기 조정적 활동이다. 즉, 학습자가 습득해야 할 지적 능력이나 지식은 궁극적으로 학습자 자신의 활동에 의해서만 학습될 수 있으며, 그 누구도 이를 대행해 줄 수 없다는 것이다.

**(3) 발달단계에 따른 학습 준비도가 고려된 학습 및 교육계획이 수립되고 진행되어야 한다.**

개개인의 능동적인 학습에의 참여는, 적극적으로 탐구하고 창조하는 능력을 기르는 교육의 목표와 일치한다. 이 목표를 달성하기 위해 성인들은 아동에게 조급한 성장의 기대와 개입을 하는 경우가 많지만 피아제는 발달 단계를 고려한 학습의 준비도와 일치하는 학습이 되어야 할 것을 강조한다.

아동의 능동적인 활동은 그의 인지 도식과 구조의 기능을 활성화시키고, 확장, 수정하는 역할을 한다. 그 나름대로 창조의 기능을 하고 있는 셈이다. 그러한 능동적인 활동의 조장은 발달 단계에 부합하는 것이어야 효과적이다. 구체적 조작기에 있는 아동은 실제로 물체를 만져보고, 움직여 보고, 직접 관찰하는 중에 효과적인 인지발달을 도모할 수 있을 것이다.

**(4) 충분한 하위 단계의 학습이 상위 단계의 학습에 선행되어야 한다.**

인지 구조의 변용은, 개개 하위 단계 간의 대등 결합을 거쳐 상위 단계로 통합되어 나가므로, 하위 구조에서의 학습이 충분히 이루어지고, 학습자에게 의미 있는 도식이 되도록 해야 한다.

**(5) 내재적 동기 유발을 위해 적절한 인지 갈등을 일으킬 수 있는 학습과제의 제시가 필요하다.**

아동은 인지적 불균형을 일으키는 사태에서 스스로 기존의 인지구조를 조절하여 불균형을 해소시키고자 하는 선천적인 내재적 동기를 지니고 있다. 따라서 교사는 아동이 지닌 지적 구조와 관련성을 가지면서, 동시에 그것이 아동의 내부에서 적정 수준의 불일치, 갈등, 파라독스, 한계 등을 촉발시킬 수 있는 도전적인 학습 경험을 선택할 필요가 있다. 발견학습, 탐구학습 등이 효과적인 방법일 수 있다.

한편, 한충효(1989)는 피아제의 이론에 입각해 초·중등 단계별로 교사가 고려해야 할 점을 제시한 바 있는데, 이를 요약하면 다음과 같다.

《취학 전 및 국민학교》
각 아동의 사고의 수준과 유형을 측정·평가한다.
활동과 직접적인 경험을 통한 학습이 되도록 충분히 자료와 기회를 제공한다.
아동이 상호작용을 통해 배울 수 있는 상황을 구성한다. 우수아와 미숙아를 묶는 것이 바람직하다.
아동의 사고의 수준을 고려하여 학습 경험을 계획한다. 사고 수준을 알아보기 위해 여러 가지 질문을 하고 답하도록 한다. 둘 이상의 속성 간의 관계를 내포한 문제를 제시하기 전에, 먼저 단일 속성에 기초하여 사물을 분류하게 한다.
아동들은 자기중심적 언어와 사고에 영향을 받을 수도 있다는 가능성을 인정하고, 이에 대한 인내심을 갖고 적절한 대책을 세워야 한다.
《중·고등학교》
각각의 학생이 어떤 유형의 사고를 하는지 다양한 방법을 동원하여 파악한다.
문제를 보다 체계적으로 해결하는 방법을 학생들에게 가르쳐야 한다.
일부의 고교생들은 현실보다는 가능성에 더 관심을 둘 수도 있다는 점을 유념해야 한다. 학급 토론이 비현실적으로 이론적이거나 가설적인 것이 될 경우, 사실과 실제적인 난점(難點)에 주의를 환기시켜야 한다. 여러 가지 상황의 복잡성에 대한 지적도 해주는 것이 좋다.

# 제14장
## 교사효능감

# 1. 교사효능감

교수행위(teaching)가 학생들에게 효력을 지니며, 교사 자신이 효력을 발휘할 수 있는 능력을 가진 존재라는 믿음은 교사가 가져야 할 기본적인 자세일 것이다. 교수행위의 영향력에 대한 부정적인 신념과 자신의 교수능력을 불신하는 교사에게서 효율적인 교수행동을 기대할 수는 없기 때문이다.

교사효능감(teacher's sense of efficacy)은 "교사변인이 학생들의 성취에 얼마나 영향을 미칠 수 있을 것인지에 대한 교사의 지각"을 의미한다. 이 개념은 전통적 교사 효율성 연구, 특히 행동주의적 접근을 시도하는 교사효율성 연구들이 교사의 지각, 의도, 동기 등을 이해하는데 제한성을 가진다는 비판에서 최근들어 부각되고 있는 개념이다. 이 개념은 아모르(Armor, 1976) 등과 버만(Berman,1977) 등이 실시한 연구에서 제기된 다음의 두 질문에 의해 형성되었다.

(1) 학습자들의 성취와 동기는 주로 그들의 가정환경에 달려있기 때문에 교사는 별다른 영향력을 가질 수 없다.

(2) 내가 교사로서 열심히만 한다면, 나는 가장 다루기 힘들고 동기화 되지 않는 학생들일지라도 잘 이끌어 나갈 수 있다.

이 연구에서 교사효능감은 "교사가 학생들의 성취결과에 영향을 미칠 수 있는 능력을 가지고 있다고 믿는 정도"로 개념 정의 되었다.

한편, 애쉬톤과 웹(Ashton & Webb, 1986)은 교사 효능감을 개념화 함에 있어서 반두라(Bandura, 1977)의 자기효능 이론을 적용하였다. 반두라는 자기효능 이론에서 인간의 기대를 결과기대(outcome-expectancy)와 효능기대(efficacy-expectancy)로 구분하여 다음의 <표 14-1>과 같이 제시하였다.

<표 14-1> 결과 기대와 효능 기대

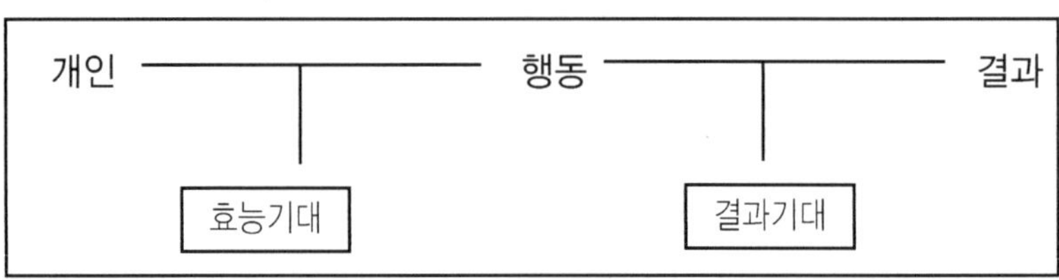


결과기대는 특정 행동이 어떤 결과를 가져올 것인가에 대한 개인적 평가를 의미하며, 효능기대는 개인이 그 결과를 성취하는데 필요한 행동을 성공적으로 수행할 수 있다는 개인적 신념을 의미한다(Bandura, 1977). 즉, 결과기대는 행위-결과간의 발생 가능성에 대한 인과적(因果的) 신념을 의미하고, 효능기대는 그 결과를 산출하는데 요구되는 행동을 자신이 수행할 수 있다는 신념과 관련된다는 점에서 양자는 구분된다. 따라서 개인은 특정 행동이 특정 결과를 가져올 것이라고 믿을 수는 있지만, 자기 자신이 그 행동을 할 수 있을 것인지에 대해서는 의문을 가질 수 있다.


## 2. 교수효능감과 개인적 교사효능감

이러한 배경에서 일부 연구자들은 (Ashton & Webb, 1986 ; Gibson & Dembo, 1984 ; Denham & Michael, 1981) 교사효능감을 "교수효능감"(teaching efficacy)과 "개인적 교사효능감"(personal teacher efficacy)의 독립된 두 차원으로 구분하고, 양자가 서로 상호작용하여 교사의 동기, 정서, 행동을 결정한다고 보았다.

이들은 앞서 제시한 바 있는 아모르와 버만이 개발한 두 문항 중 첫 번째 문항이 교사의 결과 기대를 측정할 수 있고, 두 번째 문항이 교사의 효능기대를 측정할 수 있다고 보았으며, 이들을 각각 "교수효능감"과 "개인적 교사효능감"으로 명명하였다.

깁슨과 뎀보(Gibson & Dembo, 1984)는 교수효능감을 "교사가 환경을 통제할 수 있다고 믿는 정도”로 정의하였다. 즉, 교수효능감은 “가정환경, 배경, 학교의 환경, 학생들의 지능과 같은 외적 요인들이 일정하게 주어진 상화에서 교사가 학생들의 성취결과에 얼마나 영향을 미칠 것인지에 대한 교사의 판단”을 의미한다. 한편 이들은 개인적 교사효능감을 “긍정적인 학생들의 변화를 일으킬 수 있다는 자신의 능력에대한 교사의 개인적 평가”로 정의했다. 애쉬톤과 웹(Ashton & Webb, 1986)은 교수효능감을 “교수행위가 학생들의 학습에 영향을 미칠 수 있다는 교사의 기대”로 정의하고, 개인적 교사효능감을 “자기자신의 교수 능력에 대한 개인적 평가”로 정의하였다.

덴함과 마이클(Denham & Michael, 1986)은 교사효능감을 인지적인 요소와 정의적인 요소가 결합된 매개변인으로 정의했다. 인지적인 요소는 다시 두 가지 요인을 포함하는데 첫째 요인은 “표준적인 교사들이 학생들에게 긍정적인 변화를 일으킬 수 있을 것이라고 믿는 정도”를 의미하며, 둘째 요인은 “그러한 변화를 일으킬 수 있는 자신의 능력에 대한 개인적 평가”를 의미한다. 첫째 요인은 본질적으로 환경(일정한 학습자의 선천적 특성, 가정환경, 학교 변인)이 교사에 의해 통제될 수 있다고 믿는 정도를 반영하는 것으로 교수효능감과 일치하는 것으로 볼 수 있고, 두 번째 요인은 개인적 교사효능감과 일치하는 것으로 볼 수 있다.

요컨대 교수효능감은 교수행위와 학습결과 간의 일반적 관련성에 대한 교사의 지각을 의미하고, 개인적 교사효능감은 교사자신의 개인적 교수능력에 대한 지각을 의미한다. 이러한 맥락에서 보면, 교사들은 교수행위가 일반적으로 학생들의 성취결과에 영향을 미치는 강력한 요인으로 믿으면서, 동시에 자신을 학습자들에게 강력한 영향력을 미칠 수 있는 존재로 믿거나 혹은 무능한 존재로 믿는 것이 가능하다(Woolfolk & Hoy, 1990).

연구자들이 이와 같이 교사효능감을 독립된 두 차원으로 구분하는 의의는 각각의 차원에서 보인 교사의 반응이 각기 개별적으로 교사의 정서 및 행동에 영향을 미치고, 두 차원에서 보인 개인의 반응형태(교수효능감을 개인적 교사효능감보다 높게 지각한 집단 / 교수효능감을 개인적 교사효능감보다 낮게 지각한 집단)별로 행동과 정서에서 차이를 보인다는데 있다.

덴함과 마이클은 귀인이론에 근거하여, 교사효능감의 인지지적인 두 요소들이 상호작용하여 나타난 정의적 요소로, 자부심과 수치심을 들고 있다. 즉, 교사가 비교적 성취하기 어려운 과제를 성취할 수 있다고 믿을 때, 그는 자신의 능력에 대하여 자부심을 가지게 되며, 여간해서는 성취하기 어려운 과제를 성취할 수 없다고 느낄 때는 자신의 능력에 대해 수치심을 느끼지 않는다고 했다. 그러나 표준적인 교사라면 충분히 성취할 수 있는 과제를 성취할 수 없다고 믿을 때, 교사는 수치심을 느끼고 무력감에 빠진다고 했다.

애쉬톤과 웹(Ashton & Webb, 1986)은 학습된 무력감(learned helplessness)이론을 토대로 교사들이 효능성을 지각하지 못함으로서 나타나는 결과들을 다음의 (그림14-1)과 같이 제시하고 있다.

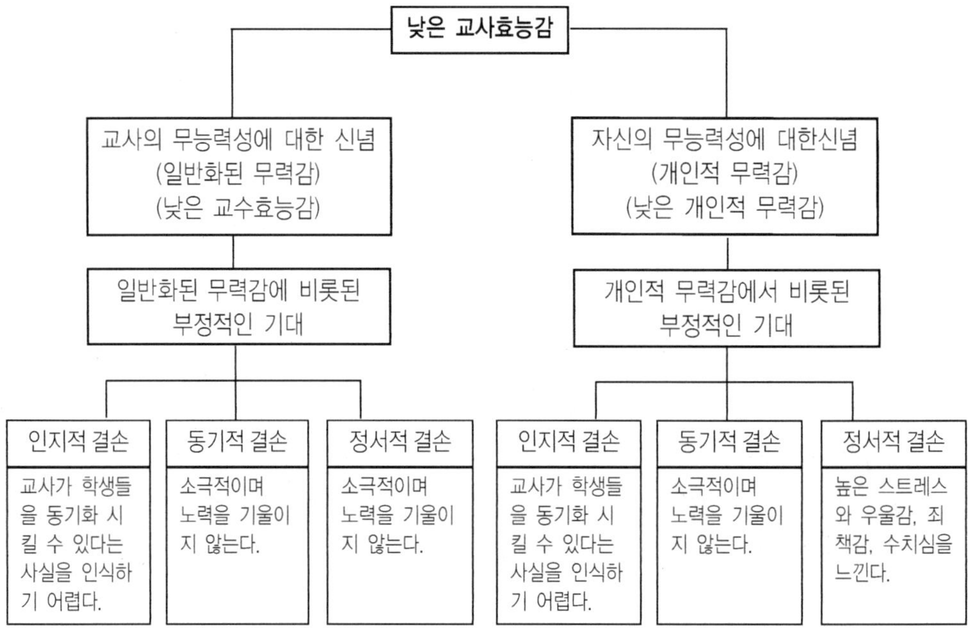


(그림14-1) 개인적 무효능감과 보편적 무효능감의 비교

그림에서 보는 바와 같이 일반화된 무력감과 관련된 낮은 교수효능감과 개인적 무력감과 관련된 낮은 개인적 교사효능감은 모두 교수상황에서 교사의 인지적 결손과 동기적 결손을 가져온다. 그러나 교수효능감의 수준이 낮을 경우 실패상황에서 정서적인 결손을 입지 않는 반면, 개인적 교사효능감은 심한 정서적 결손을 가져온다.

이와 관련하여 애쉬톤과 웹은 일반화된 무력감과 관련된 낮은 교수효능감을 가진 교사들은 학생들이 실패했을 경우 그 결과를 당연한 것으로 받아들이고, 그 결과를 학습자 및 환경의 책임으로 돌림으로써(외부귀인) 자신의 전문적 자존심에 손상이 간다거나 심한 스트레스를 경험하지 않는 반면, 자신의 효능성(개인적 교사효능감)을 의심하는 교사들은 학생들의 실패에 대한 책임을 인정하며, 낮은 성취를 하는 학생들이 자기보다 능력있는 교사와 학습한다면 성취결과가 향상될 것이라고 봄으로써 실패상황에서 많은 스트레스를 경험하게 되며, 자신의 전문적 자존심에 손상을 입는다고 했다.

## 3. 교사효능감과 교사의 행동 및 학업 성취와의 관계

교사효능감에 대한 선행 연구들은 교사효능감이 교사의 효율성을 결정하는 중요한 변인이라는 관점에서 교사효능감과 교사의 행동 그리고 궁극적으로 학생들의 성취결과에 미치는 영향을 밝히려는 시도를 해왔다. 교사효능감은 교수학습 상황에 매개하여 학업성취와 학습자의 동기에 영향을 미치며, 특히 교사의 교실 관리 전략, 수업전략 및 교사의 학생통제관과 같은 변인들과 관련됨이 밝혀졌는데, 이것들은 교사효율성을 평가하고 결정하는 중요한 요소로 여겨지는 것들이다.

애쉬톤(Ashton, 1984)은 주제통각검사(Thematic Apperception Test)를 통하여 교사효능감이 높은 교사들과 낮은 교사들 간에 보인 행동적 차이를 다음과 같이 제시했다.

### (1) 개인적 성취에 대한 지각

교사효능감이 높은 교사 - 학생들과 함께 하는 일을 의미있고 중요한 것으로 느끼며, 학생들에게 긍정적인 영향을 미칠 수 있다고 생각한다.

교사효능감이 낮은 교사 - 자신의 교수행위에 대하여 실망과 좌절을 자주한다.

### (2) 학생들의 행동과 성취에 대한 긍정적인 기대

교사효능감이 높은 교사 - 학생들보다 진보하고, 자신의 기대를 실현해 줄 것으로 기대한다.

교사효능감이 낮은 교사 - 학생들이 실패할 것으로 기대하며, 학생들이 자신의 교수노력에 부정적인 영향을 미치고, 비행을 저지를 것으로 기대한다.

### (3) 학습에 대한 책임

교사효능감이 높은 교사 - 학습결과의 책임이 자신에게 있는 것으로 기대하며, 실패상황에서 학생들에게 보다 도움이 될 수 있는 방향으로 자신의 수행을 검토한다.

교사효능감이 낮은 교사 - 학습의 책임이 학생들에게 있는 것으로 이해하며, 실패상황에서 실패의 원인을 학생의 능력, 가정환경, 태도의 관점에서 설명한다.

### (4) 목표달성을 위한 전략

교사효능감이 높은 교사 - 교수·학습을 계획하며, 자신과 학생들의 목표를 수립하고, 그것을 달성하기 위한 전략을 세운다.

교사효능감이 낮은 교사 - 특별한 목표를 가지지 않으며, 목표달성에 대한 확신을 가지지 못하며, 전략을 세우지 않는다.

### (5) 정서

교사효능감이 높은 교사 - 교수행위와 자신 그리고 학습자에 대하여 그 존재가치를 인정한다.

교사효능감이 낮은 교사 - 학생들과 함께 하는 일에 대하여 부정적인 태도와 실망을 자주 표현한다.

### (6) 통제에 대한 지각

교사효능감이 높은 교사 - 자신이 학생들의 학습에 영향력을 행사할 수 있다는 자신을 가진다.

교사효능감이 낮은 교사 - 학생들에 대해 무력감을 경험한다.

### (7) 공유된 교사 - 학생의 목표에 대한 자각

교사효능감이 높은 교사 - 학생들과 공유하는 목표를 달성하기 위해 학생들과 연대적인 사업에 관련되어 있다고 느낀다.

교사효능감이 낮은 교사 - 학생들의 목표와 관심사가 자신의 것과 대립된다고 봄으로써 학생들과 적대적인 투쟁관계에 있는 것으로 지각한다.

### (8) 민주적인 의사결정

교사효능감이 높은 교사 - 의사결정과정에 학생들을 참여시키며, 목표달성을 위한 전략을 수립할 때도 학생들을 참여시킨다.

교사효능감이 낮은 교사 - 의사결정과정에 학생들을 포함시킴이 없이 학습전략과 목표를 일방적으로 결정한다.

특히 교사의 효능성을 높게 지각하는 교사들과 낮게 지각하는 교사들 간의 차이점은 교사-학생관계 및 학생통제 형태에서도 나타나고 그 결과 학업성취와도 밀접히 관련되는 것으로 보고되고 있다.

애쉬톤은 효능감이 높은 교사들은 교실에서의 학생들과의 관계에서 적극적이고 수용적 태도를 보이며, 학생들의 느낌과 아이디어에 보다 개방적인 태도를 보이고, 문제해결 과정에서 학생들의 제안과 시도를 적극적으로 수용하며, 학생들이 보다 자발적이고 열성적이기를 기대함으로써 학생들의 내발적 동기를 자극한다고 했다. 애쉬톤과 웹(Ashton & Webb, 1986)은 교사효능감이 매개하여 나타난 교사의 행동 및 학생들의 행동, 그리고 학생들의 학업성취간의 관계를 다음의 (그림14-2)와 같이 제시하고 있다.

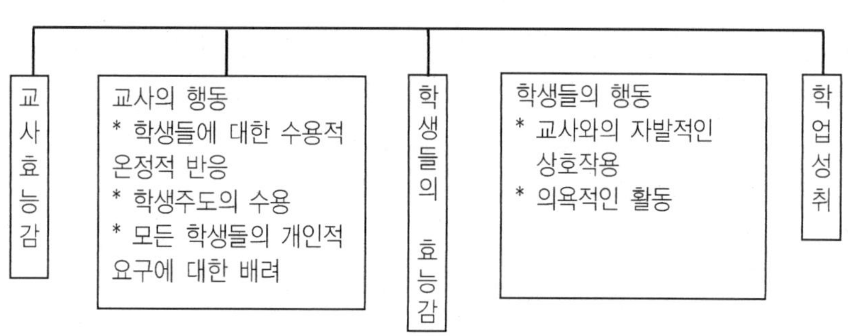


(그림14-2)교사효능감과 교사의 행동 및 학업성취와의 관계

교사효능감, 학교의 사회경제적 지위, 교사의 학생통제관[1] (Pupil Control Ideology)간의 관계를 밝힌 연구(Barfield & Burlingame, 1974)에 의하면, 교사효능감이 낮은 교사들을 교사효능감이 높은 교사들에 비해 학생들을 통제함에 있어 구속적(custodeal)인 태도를 보였으며, 특히 사회경제적 지위가 낮은 학교에서 교사효능감이 낮은 교사들은 학생들을 통제함에 있어서 더 구속적인 태도를 보임을 밝혔다.

애쉬톤과 웹은 교사효능감이 서로 구분되는 두 차원(교수효능감, 개인적 교사효능감)을 가진다는 점에 주목하여, 이 두 하위영역이 각각 교사가 학생을 통제함에 있어 차이가 있음을 밝혔는데, 개인적 교사효능감이 높은 교사들은 학생들에게 행동의 규칙을 부과하고 통제함에 있어서 그 이유를 설명하거나 지침을 마련해 주거나 피이드백을 제공하지 않는 반면에, 교수효능감이 높은 교사들은 학생들에게 지시를 함에 있어서 그 이유를 설명하는 경향을 보였다. 이는 교수효능감이 높을수록 교사들은 자신의 행동에 대한 학생들의 반응, 판단 및 인식을 신중히 고려하는 태도를 지니고 있음을 암시하는 것으로, 교수학습 상황에서 학생들의 가치와 능력에 대한 긍정적인 태도를 가지고 있음을 보여주는 것이다.

임성택(1993)의 연구에서도 교사효능감이 낮을수록 교사들은 구속적인 학생통제관을 가졌으며, 교사효능감의 두 하위 영역 중 교수효능감에서는 의의 있는 상관을 보인 반면, 개인적 교사효능감에서는 의의있는 상관을 보이지 않았다. 또한 교사효능감의 두 하위영역에 대한 반응형태별로도 차이를 보였는데, 교수효능감을 개인적 교사효능감보다 낮게 지각한 집단이 교수효능감을 개인적 교수효능감보다 높게 지각한 집단에 비해 더 구속적인 학생통제관을 보였다.

깁슨과 뎀보는 교사효능감이 교사효율성에서의 개인차를 설명할 수 있다는 관점에서 교사효능감의 수준에 따른 교사행동(학문적인 면에의 시간분배, 피이드백, 실패상황에서의 지속성)에서의 차이를 밝히는 연구를 하였다. 이 연구 결과 교사효능감이 높을수록 전체 수업시간 중 학문적인 면에의 시간분배가 상대적으로 많았다. 이는 수업에 직접적으로 소비한 시간의 양이 학생들의 학업성취와 긍정적

---

1) 이 개념은 교사의 학생통제가 인본적인 형태에서 구속적인 형태의 양극단에 걸쳐 형성된 연속적 개념이다. 교사가 구속적인 학생통제관을 가질수록 교사는 학생들을 믿지 못하며, 비인격적이고 비관적인 태도를 보임으로서 처벌을 위주로 한 통제를 가한다. 반면, 교사가 인본적인 학생통제관을 가질 수록 학생들간의 상호작용을 촉진시키고 학생들을 신뢰하고 학생들의 요구를 적극적으로 수용하며 자율성을 인정한다.

인 관련성을 가지며, 반면에 비수업적인 활동에 시간을 소비하는 경우는 학생들의 학업성취와 부적인 상관성을 가진다는 교사효율성 연구결과(Stalling & Kaskowitz, 1974)에 비추어 볼 때 학생들의 학업성취와 깊은 관련성을 가질 것이 예상된다.

한편, 교사효능감과 교사의 피이드백 유형과의 관계에서, 교사효능감이 높을수록 학생들의 정 반응에 대한 교사의 칭찬 빈도가 높았고, 반대로 오반응에 대해서는 교사효능감이 높을수록 교사의 비난이 적었으며, 교사효능감이 높은 교사들이 비교적 학생들의 오 반응에 대한 지속성(persistence)[각주 - 피이드백 상호작용율로서 정의되며, 학생들의 오반응에 대해 반복해서 다시 질문을 하고, 단서를 제공하고, 같은 과제에 대한 새로운 형태의 질문을 계속적으로 시도하는 것을 의미한다.]이 더 큰 것으로 밝혀졌다. 즉, 학생들이 학습할 것을 기대하고, 자신의 교수능력에 대해 확신을 가지는 교사들은 실패 상황에서 학생들을 비난하지 않으며, 그들이 정확한 답을 할 때까지 다른 학생이나 다른 질문을 하지 않고 지속적으로 교정적 정보를 제공했다(Gibson & Dembo, 1984).

학습자의 입장에서 보면, 교사는 교실환경을 이루는 중요한 부분이다. 교사가 지닌 기대와 신념체계는 관찰가능한 행동을 통해서는 직접적으로, 은연중에 이루어지는 의사소통을 통해서는 간접적으로 학생들의 학습동기와 학업성취에 영향을 미친다.

교사효능감과 학생의 기대, 지각된 성취수준, 지각된 과제 곤란도와의 관계를 분석한 결과에 의하면, 교사효능감이 높은 교사들과 공부한 학생들은 효능감이 낮은 교사들과 공부한 학생들에 비해 미래에 학습결과가 향상될 것으로 기대하고, 과제 곤란도를 적게 지각하는 것으로 밝혀졌다(Midgley 등, 1989).

이와함께 교사효능감이라는 용어를 직접 언급하고 있지는 않지만, 부룩코버(Brookover, 1979) 등은 교사의 학문적 무력감과 학생들의 능력 자아개념, 자기 신뢰감 간에 부적 관계가 있음을 밝혔으며, 브로피와 에버트슨(Brophy & Evertson, 1977)은 텍사스 교사효율성 연구에서 학생들의 학업성적을 산출 시키는데 성공적인 교사들은 보다 높은 기대를 가지고, 학습에 대한 자신의 개인적 책임감을 많이 지각하며, 어려움에 직면하여, 그 어려움이 적절한 교수법을 발견해냄으로써 극복될 수 있는 장애물로 여기며, 학생이 학습할 수 없다는 신호로서 여기지 않는다고 했다. 이 밖에 모든 연구들은 직접적으로 교사 효능감과 학업성취 간에 긍정적인 관계가 있음을 밝혔다.

학습에 대한 교사효능감의 영향력은 학생들의 성취수준과 사회경제적 지위에 따라 다르게 결정된다. 높은 성취를 하는 학생들은 교사효능감이 높은 교사와 공부하는 것과 상관없이 자신의 수행이 적합한 것으로 여기기 때문에 자신의 능력과 잠재력에 대해 긍정적으로 느낀다. 반대로 교사 효능감은 두 가지 이유에서 낮은 성취를 하는 학생들에게 강력한 영향력을 미친다.

첫째, 낮은 성취를 하는 학생들은 높은 성취를 하는 학생들에 비해 자신의 학문적 능력에 대해 부정적으로 느끼고, 미래의 성공에 대해 확신을 가지지 못하므로 외재적으로 동기화 되는 경향을 가진다. 그러므로 이들은 자신들을 가르치는 교사의 교사효능감 수준에 따라 심각한 영향을 받는다.

둘째, 효능성을 느끼지 못하는 교사들은 효능성을 높이 지각하는 교사들에 비해 일반적으로 낮은 성취를 하는 학생들에 대해 낮은 기대를 전달한다(Eccles & Wigfield, 1985). 브룩코버(Brookover, 1979)등은 학생들의 학업성취가 부모의 사회경제적 지위가 낮은 학생들이 다니는 학교에서 보다 사회경제적 지위가 높은 학교에서 높게 나타난다는 결과와 함께, 교사의 학문적 무력감이 학업성취에 영향을 미치는데 있어서, 학부모의 사회경제적 지위가 높은 학교에서 보다는 낮은 학교에서 학생들의 성취와 더 밀접한 관련성을 가짐을 밝혔다. 또한 교사의 학문적 무력감과 학생의 능력 자아개념과의 관련성은 높은 사회경제적 지위의 학교에서 보다 낮은 사회경제적 지위를 가진 학교에서 더 큰 관련성을 가짐이 밝혀졌다.

결국 이 모든 연구결과들은 교사효능감이 연구되어온 역사가 짧고, 축적된 연구결과가 적음에도 불구하고 교사효능감이 교사효율성을 결정하는 중요한 요인임을 입증해 주는 것으로 볼 수 있다.


## 4. 교사의 자아개념과 교육

### 1) 학교학습에서의 교사가 차지하는 비중

'교육의 질은 교사의 질 그 이상도, 그 이하도 아니다'라는 말이 있다. 교사의 자질이 교육을 좌우한다는 말이다. 그러나 교육현실에서 보면 학생의 질이 교육적 성취(주로 성적을 일컬음)를 좌우하는 경우를 더 많이 발견할 수 있다. 그렇다면 교육에서 교사가 차지하는 비중은 과연 어느 정도인가? 이를 수치로 환산하기는 무리한 일이고, 꼭 환산을 해야만 할 이유도 없다. 다만 요즘 공교육의 붕괴와 더불어 교사에 대한 평가가 관심사로 등장하고 이에 대해 의견이 분분한 만큼 교사의 위치와 역할을 새삼 짚어보다 보니 부질없어 보이는 질문도 던져보게 되는 것이다.

어떠한 형태의 교육에서건 교사 없이 교육이 이루어지지는 않는다. 이렇게만 보면 교육에서 교사의 위치는 절대적이다. 단지 그 교사의 영향력이 크냐, 작으냐가 문제이며 불행히도 우리나라의 경우는 교사의 영향력을 주로 학생들의 성적과 관련해서 평가해 왔다.

성적위주의 수업활동에만 국한시키는 경우 교사가 차지하는 몫, 비중은 25% 정도인 것으로 알려져 있다. 50%는 학생의 인지적 특성변인이고, 나머지 25%는 학생들의 동기가 여하하냐는 것이다. 이렇게만 보면 교사의 비중은 그리 큰 것으로 보이지 않을 수도 있다. 더구나 자기 나름대로 효과적인 학습방법을 터득하고 두뇌가 우수한 학생의 경우에는 어떠한 교사가 가르치건 수업성과에 있어서 크게 영향을 받지 않는다는 연구결과도 있고 보면 교사의 비중은 대단치 않은 듯이 보일 수도 있다는 것이다. 그러나 50%를 차지하는 학생 변인 중 상당한 비중을 차지하는 것이 학생들의 인지적 투입활동, 즉 학습과제가 요구하는 선수학습이라는 점, 그리고 정의적 특성이란 교사가 어떤 방식으로 동기를 유발, 또는 부여하는가에 따라 영향 받는다는 점을 감안하면 교사의 비중은 높아질 수밖에 없다.

교육의 목표를 크게 인지적 목표와 정의적 목표로 분류해 볼 때 우리 나라의 경우는 이제껏 전자가 현실적으로 지나치게 고려된 나머지 후자는 경시되거나 무시된 경우가 너무나 많았다. 정의적 목표는 느끼고, 믿고, 좋아하고, 싫어하는 주관적인 정서과정과 밀접히 관련된 것이며 학교교육에서는 마땅히 학생의 태도, 신념, 가치, 선호(選好), 감정 등을 다루어야 한다. 정의적 영역은 인지적 영역보다 개인에게 훨씬 더 중요한 것일 수도 있기 때문이다. 학생이 세종대왕, 이순신, 안중근, 슈바이처, 미국에 대해서 어떻게 느끼는가 하는 것이 그에 대한 사실적 지식을 하는 것보다 더 중요할 수 있는 것이다.

이러한 정의적 교육목표는 상당부분이 잠재적 교육과정을 통해 이루어진다. 교사의 수범, 태도, 인격, 가치관, 생활관 등은 모델링을 통해 은연중에 학생들에게 수용된다. 전인교육은 단순한 지식위주의 수업 이외의 이러한 잠재적 교육활동에 더 큰 영향을 받는다. 그 몫을 교사가 차지하고 있는 것이다.

그리고 학생들은 그 생생한 교육의 장면을 통해 나름대로 자아개념을 발달시킨다. 문제가 되는 것은 많은 학생들이 너무도 쉽사리 부정적, 비회의적, 또는 자기 파괴적인 자아개념을 형성해 가고 있다는 점이며 이 일에 학교교육(물론 교사도 포함된다), 나아가서 사회여건이 크게 개입되어 있다는 사실이다.

## 2) 자아개념과 교육과의 관계

개개 학생이 그 자신과 자신의 세계를 보는 방식(자아개념)은 ① 다른 사람들이 그를 어떻게 보는가에 따른 것이며, ② 이것이 그 학생의 학업성취에도 지대한 영향을 미친다. 우리의 현실을 보면 학생에 대한 평가가 전적으로 학업성적에 달려 있으므로 우수한 평가를 받는 소수의 공부 잘하는 학생을 제외한 다수 내지는 대다수의 학생들은 어려서부터 자신은 무가치하거나 열등한 사람이라는 등의 부정적 자아개념을 형성하는 경향이 짙다. 이러한 현상은 전적으로 입시위주의 학교교육에 책임이 있는 것이며, 넓게는 그러한 교육풍토를 요구하고 있는 사회의 분위기 내지는 사회여건에 책임이 있다. 신체불구는 알고, 정신적 불구는 간과하고 있는 것이 오늘 우리의 교육현실이다.

교사에게도 책임은 있다. 자신도 알게 모르게 공부 잘하는 학생들만을 선호함으로써, 또는 그 가치만을 강조하는 와중에 많은 학생들의 좌절감, 패배감을 조장하고 있기 때문이다.

자아개념과 학업성취 간에는 전반적으로 의미있는 상관이 있는 것으로 보고되고 있다. 브룩코버 등의 연구에 의하면 학생들이 학업에 대한 자신의 능력을 여하히 평가하고 인식하는가에 따라 학업성취가 달라지는데 물론 성공적인 학생들이 자신을 긍정적으로 보고 있다는 것이다. 특정한 학문(교과) 영역에 대해 갖는 특정한 자아개념이 그 교과의 성취정도에 영향을 미친다는 사실도 밝혀졌다. 이는 특정교과의 교사가 학생들을 어떻게 지도하느냐에 따라 그 과목의 선호가 달라질 수 있음을 시사하기도 하는 것이다.

자아개념과 학업성취 간에는 의의있는 상관관계가 있는 바, 일부학자의 경우는 양자간의 상관계수를 .50정도로, 그 밖의 연구에서는 대략 .30정도의 상관을 보이는 것으로 나타나고 있다. 양자간의 인과관계에 있어서는 자아개념이 학업성취에 영향을 미친다는 견해와 학업성취가 자아개념에 영향을 미친다는 견해가 있다. 자아개념의 변화는 학업성취에 영향을 미치며, 역으로 학업성취의 여부에 따라 자아개념에 변화가 일어나기도 한다. 이제까지의 연구는 긍정적인 자아개념이 성공적인 학업성취의 요인이 되는 것인지 아니면 그 역의 관계가 성립되는 것인지를 단정적으로 입증시키지는 못하고 있다. 그러나 많은 연구 결과가 양자간의 부단한 상호작용적 관계를 강조하는 한편, 자아개념을 고양시키는 일이 학업성취를 증진시키는데 큰 활력소가 된다는 가정이 근거있는 것임을 지지해주고 있다.

성공적인 학생들은 대체로 자신에 대해 좋은 평가를 내리고 있으며, 자신의 미래의 성취에 대해서도 낙관적이고, 일반적인 능력에 대해서도 확신감을 갖는 경향을 보인다. 학습부진아는 자신에 대해 주어진 과제를 성취할 능력이나 배우겠다는 열의, 그리고 야망이 부족하다는 것을 스스로 인정하고 있다. 이들은 자신의 능력에 대해 전반적으로 부정적인 태도를 지니고 있으며 자기확신감이 결여되어 있다. 그 결과 자신의 존재가치마저도 회의를 느끼는 경우가 많다. 우리나라의 경우 학업성취가 학생이나 교사에 대한 평가의 거의 전부를 차지한다 해도 과언이 아니어서 공부 못하는 학생들은 자신을 쓸모없는 존재, 무가치한 존재로 평가하고 그로부터 생기는 열등감, 부담감, 압박감이 적지 않은 학생을 자살로까지 이끌고 있다.

'과열'임에 틀림없는 치열한 입시경쟁은 많은 학생들을 멍들게 하는 단계를 지나 그들을 낙오자, 패배자로 일찍부터 낙인찍는 결과를 낳고 있다. 학교교육의 정상화와 성숙화, 사회분위기의 조성이 이 병을 치유할 수 있을 것이다.

### 3) 교사의 자아개념과 교육효과

교사와 학생간의 관계는 '변화와 영향력'의 관계라 할 수 있다. 교사는 학생들에게 마땅히 영향력을 행사해야 하며 학생들은 그 영향력을 받아 변화해야만 양자의 관계는 좋은 관계로 평가된다. 학생들은 교사의 영향을 받아 성장해야하며 소기의 목적을 달성해야 한다. 교사들 역시 자신의 역할이 학생들의 생활에 중요한 영향을 미치길 기대한다. 학생들에게 영향력을 미치기 위해서 교사는 학생들의 생활에 있어서 의미있는 타인(significant other)이 될 필요가 있다. 중요하거나 의미가 없어보이는 사람들에 의해서 변화되는 경우를 기대하긴 어렵다. 교사가 학생들에게 의미있는 중요한 사람으로 부각되는 것은 다음의 두 가지 사실에 달려있는 것으로 보인다. 즉 ① 그가 믿는 것은 무엇이냐(What he believes)와, ② 그가 하는 일이 무엇이냐(What he does) 하는 것이다.

## (1) 교사의 믿음

자아개념 이론의 기본적인 가정은 인간은 그들이 믿는 바에 따라 행동한다는 것이다. 이러한 가정이 사실이라면 교사가 자기 자신에 대해 믿는 것과 학생들에 대해 믿는 것이 학습의 효율성을 결정짓는 중요한 요인이 된다. 콤즈는 교사가 자기 자신에 대한 태도나 학생들에 대한 태도가 교수법이나 숙련의 정도, 학습자료 못지않게 중요한 것이라고 밝힌 바 있다.

교사가 다른 사람들을 존중하거나 좋아하기 위해서는 우선 자신과 자신의 능력에 대해 긍정적이고 현실적인 태도를 지닐 필요가 있다는 것이 일반적인 견해이다. 자신을 수용할 줄 아는 사람은 타인에 대해서도 역시 수용적이고, 자신을 거부하는 사람은 역시 타인의 존재에 대해서도 거부적, 부정적인 경향이 짙다는 것이다. 교사는 자신을 존중하고, 아끼고, 수용하는 자세를 지녀야 한다. 교사가 자신에 대해 근본적으로 호감을 지닌 긍정적 태도를 견지할 때 그는 학생들에게 긍정적이고 실제적인 자아개념을 형성케 하는데 큰 도움을 주게 된다.

한편, 교사가 학생을 평가하는 방식이 여하하냐에 따라 학생들은 자신의 학문적 능력을 평가하는 방식에 영향을 받는다. 따라서 교사는 학생들에게 의미있는 타인이라는 입장에서 학생들을 긍정적으로 볼 필요가 있고, 호의적인 기대를 보일 필요가 있다. 이는 초등학교 수준에서 특히 중요하며, 중고·대학생의 경우라 해서 그 중요성이 크게 떨어지지는 않는다. 교사가 특정학생에 대해 성취할 수 있을 것으로 믿으면 그 학생은 보다 성공적인 면모를 보이게 되고, 성취할 수 없을 것이라 믿으면 그렇게 되는 경우가 많다. 이러한 자기수행예언은 로젠탈과 제이콥슨(Rosenthal & Jacobson, 1968)에 의해 증명된 바 있다. 그들이 행한 연구의 기본가정은 학생들은 대체로 그들에게 기대되어진대로 행동한다는 것이었다.

이 가설을 검증하기 위해 두 연구자는 650명의 공립초등학교 학생들에게 실험을 실시하였다. 연구자들은 교사들에게 지난 봄에 실시한 능력평가에 기초해 볼 때 약 1/5에 해당하는 학생들이 올 한 해 동안 지적 능력에 있어서 괄목할 만한 증가를 보이 것으로 기대된다고 말했다. 그들은 교사들에게 높은 잠재가능성을 지니고 있는 학생들의 명단을 주었다. 그러나 그 명단은 연구자에 의해 무작위로 추출된 것이었다. 그럼에도 불구하고 몇 달 후 지능검사와 그밖의 몇 가지 검사가 시행되었을 때 잠재력이 있는 것으로 지명되었을 때 잠재력이 있는 것으로 지명되었던 학생들은 지명받지 못한 학생들에 비해 의의있는 높은 점수를 나타냈다. 또한 이렇게 지명받았던(우연으로) 어린이들은 그 후에도 지명받지 못한 아이들보다 더욱 명랑하고, 호기심 있고, 관심이 많으며 장차 성공의 가능성이 더 높은 학생들로 교사들에게 평가됨을 볼 수 있었다.

　로젠탈과 제이콥슨의 연구 결론은 교사가 그의 얼굴 표정이나 자세, 다독거려 주는 일 등을 통해서, 그리고 무엇을 어떻게 언제 말하는가를 통해 어린이의 학습에 지대한 영향을 미친다는 것이다. "교사에 의해 지적 성취가 기대된 어린이들은 그러한 성취가 기대되지 않는 어린이들보다 실제로 1년 후에 더 높은 지적 성취를 보여준다"는 사실을 강력히 제시하면서 그들은 그 연구를 마무리 지었다. 학생의 행동에 대한 교사의 기대, 학생의 동기와 자아개념의 수정을 통해 교사는 소기의 교육목적 달성에 진일보할 수 있는 것이다.

　흔히 피그말리온 효과(pygmalion effect)라 일컬어지는 자기수행예언의 교육적인 의미는 더 깊이 연구되고 거듭 검증되어져야겠지만, 교사가 학생을 보는 방식이 학생의 행동과 학업성취에 지대한 영향을 미친다는 사실은 확신해도 좋을 듯하다. 교사가 학생들에게 애정과 기대를 갖고 그들을 믿어줄 때 그들이 지닌 잠재력은 유감없이 발휘될 수 있을 것이다. 만약 교사가 자신이 맡은 학생들을 형편없는 아이들로 간주한다면 교사 자신의 교육에 대한 성의도 떨어지고 그러한 교사의 태도를 감지한 학생들의 태도 역시 부정적일 수밖에 없을 것이다. 비록 지금 형편없이 보이거나 실제로 실력이 뒤진 학생들이라해도 그들이 처한 입장을 이해해주고, 그들의 잠재능력을 믿어주면서 따뜻한 애정으로 돌볼 때 교사가 기대하는 변화가 있을 것이다. 그리고 교사는 자신의 영향력에 의해 성장된 학생들의 변화된 모습을 보면서 자기 자신에 대한 긍정적인 믿음을 더욱 강화할 수 있을 것이며, 자신이 능력있고, 가치있으며, 신뢰할 만한 존재라는 긍정적 자아개념을 더욱 고양시킬 수 있을 것이다. 긍정적인 자아개념을 지닌 교사 밑에서 긍정적인 자아개념을 지닌 학생이 나오기 마련이다. 이러한 긍정적인 믿음은 학업성취는 물론 제반 교육목표의 달성에 상당한 영향, 즉 효과를 가져온다.

### (2) 교사의 태도와 분위기의 조성

  학생들에게 긍정적이고 현실적인 자아개념을 심어주기 위해서 교사가 학생들에게 전달해야 할 태도로는 다음의 몇 가지를 들 수 있다.

  ► 나는 학생들에게 그들의 성장을 위해 존재한다는 사실을 그들이 느끼게끔 처신하고 있는가.

  ► 나는 학생이 과업을 달성할 수 있고 공부를 잘 할 수 있으며, 그럴만한 자질이 있다는 기대와 확신을 그들에게 전달하고 있는가.

  ► 나는 잘 다듬어진 가치규범을 제시하고 필요한 능력을 요구하며, 문제해결을 위한 적절한 안내를 하고 있는가.

  ► 나는 행동으로서 학생들에게 확실한 모델 역할을 다하고 있는가.

  ► 나는 학생들과 사적(私的)인 일로 서로 의사소통을 할 수 있도록 최대한의 기회를 부여하고 있는가.

  다음으로, 학생들에게 바람직한 자기상(自己像)을 구축할 수 있도록 하는 수업 분위기를 만드는데 중요한 요소로 퍼어키(Purkey, 1970)가 제시한 6가지 사항은 **도전, 자유, 존중, 온화함, 통제, 성공,** 등인 바, 도전의 분위기는 "이것은 어려운 일이지만, 너는 이 일을 할 수 있다고 생각한다"고 말한다. 이에서 중요한 것은 요구되는 학습과제가 학생의 경험세계에 적합한 것이고, 그 일이 학생에게 개인적으로 의미있는 일로 여겨지게 만들어 주는 일이다. 자유의 분위기는 선택의 자유는 물론 실패의 자유도 있어야 한다. 학생의 가치와 존엄성에 대해 교사가 지닌 기본적 느낌은 학생들의 자아개념 형성에 중요한 역할을 한다. 교육에서 학생 개개인이 중요하며 가치있는 존재이고 학습할 수 있는 충분한 능력을 갖고 있다고 믿는 교사의 느낌은 매우 중요한 것이다.

  온화함은 모든 학생들이 교사에게 기대하는 첫 번 째 요구사항이다. 우리나라 학생들의 경우 교사가 너무 엄격하다고 인식하는 학생들이 대다수로, 이들은 교사가 보다 친절하고 부드러웠으면 좋겠다는 반응을 보이고 있다. 심리적인 안전과 지지적인 학습 분위기는 개인적 가치를 존중해 주는 일만큼 학업성취에 기여하는 바가 큰 것으로 보고되고 있다. 통제란 목표가 명확히 설정되고 비교적 확고한 안내 및 지도가 학생들의 자아상 형성에 도움이 됨을 의미한다. 교사가 수업준비를 철저히 하고 열심히 노력하는 자세를 견지하고, 혼란스러운 모습을 피하고, 왜 일이 그렇게 되는가를 충실히 설명해 주고 일관성을 지키며 정중하고 확고함을 지키려 애쓰면 학급통제는 저절로 이루어질 것이다.

성공의 경험에 따라 학생들은 자신이 능력있는 존재임을 확인하게 된다. 따라서 경험이 풍부한 교사는 실패에 대한 지적보다는 성취한 부분에 대한 지적, 칭찬을 잘한다. 실패에 대해 지나친 반응을 보이면 학생들이 자신의 기대를 자꾸 낮추게 되는 것이다.

교사의 자아개념 여하에 따라 교육의 효과는 크게 달라질 수 있다. 교사는 일상적인 타성에서 벗어나 자신과 자신의 태도에 대해 부단한 자기평가를 함으로써 늘 새로워지는 자신을 대할 수 있어야 한다. 자기 자신과 자신의 일에 민감한 교사라야 학생과 더불어 발전을 기대할 수 있다.

공자 말씀에 군자불기(君子不器)라는 것이 있다. 군자는 한 가지 구실 밖에 못하는 그릇 같은 존재가 아니라는 것이다. 군자는 지식과 덕과 경험이 서로 원만한 조화를 이룬 전인적 인격의 소유자라야 하므로, 한 가지 구실밖에 못하는 그릇과 같이 융통성 없는 전문가는 아니라는 뜻이다. 여기서 군자를 교사로 바꾸어 놓으면 오늘날 교사의 위상이 어떠해야 할지를 위의 말은 매우 함축성 있게 표현한 셈이 된다. 교사는 학생을 상대하는 까닭에 상당한 융통성과 포용력, 관용 정신을 요구받게 된다. 그리고 사랑받는 방식대로 사랑을 베풀게 되듯 교사가 보이는 여러 덕목을 학생들은 답습하게 된다.

# 제15장
## 교수효율성 분석 및 교수행동의 평가

# 1. 교수행동 분석모형

　교수행동(敎授行動)에 대한 평가는 교육 과정(敎育過程) 전반에서 핵심적인 부분이 될 만큼 중요하다.

　학교에서의 교육계획에서 평가가 하는 역할은 교수·학습과정에 직접적으로 기여할 뿐만 아니라 계획된 수업방식, 교육과정 개발, 채점과 보고, 생활지도와 상담, 학교관리와 연구 등에 유용하다(Gronlund, 1981, p.7).

　학생의 성취수준을 평가하는 일은 학생에 대한 평가인 동시에 교사 자신에 대한 평가가 되기도 한다. 교수행동에 대한 평가 역시 위의 인용문에서 보듯 단순히 교사 자신에 대한 평가 이상의 의미를 갖는다. 그럼에도 불구하고 우리나라 교육 현장에서는 이 부분이 지극히 소홀히 다루어진 감이 없지 않다. 우리들의 교실수업은 대부분 교사·학생만의 폐쇄적 공간에서 이루어지고 있기 때문에 그 실상이 잘 드러나지 않을 뿐 아니라 연구수업, 공개수업의 경우에도 이를 관찰·분석·평가하는 어떤 종합적인 관점, 또는 기준이 없거나 있어도 극히 단순화된 것이어서 다분히 인상적인 느낌만 개진되거나 아니면 어떤 특수한 측면에 국한되는 논의로 일관하는 경향이 높다.

　수업은 교사, 학생, 교육 내용 등 다양한 요인들이 상호작용하는 복잡한 과정으로 이에는 양과 질, 내용과 과정, 심리적·사회문화적 제 측면들이 혼재되어 있다. 이런 복잡한 장면을 어느 한 측면의 관찰, 또는 특정 접근방식에 의한 분석에 국한하는 경우 수업의 전체 과정이 왜곡될 수도 있다.

　따라서 교수행동을 다각적인 측면에서 분석하고 평가할 수 있는 통합적 평가 기준을 제시하는 일은 교수의 효율성을 제고시키는데 필수불가결한 요소가 된다.

　교수행동 분석은 교수효과를 평가하고자 하는데 있다. 이제까지의 교수효과에 대한 연구로는 ①교사효율성 분석모형 : 교수효과는 교사들이 지니고 있는 여러 가지 자질이나 성격특성의 결과로 규정되었으며, 따라서 연구자들의 관심은 주로 이상적이거나 바람직한 교사의 특성을 밝히는 일에 집중됨 ②교수방법의 효율성

분석모형 : 교수방법이 교수효과를 결정하는 것으로 보고 효율적인 교수방법의 탐색에 집중시킴 ③ 상호작용(수업형태) 분석모형 : 교사와 학생간의 상호작용인 행동을 중시한 것으로 이에는 체계적 행동관찰 도구가 사용되었음 등을 들 수 있다.

### 1) 교사효율성 분석모형

1950년대까지는 교수효과를 주로 교사의 특성(자질)과 결부시킨 연구가 많았다. 효과적인 교사를 특징짓는 어떤 능력과 속성이 있다는 가정 아래에 그 소유에 대한 정도를 평가하는 것이었다.

그러나 바아(A. S. Barr)가 지적한 바와 같이(Medley, 1987) 교수효과의 궁극적 준거는 관찰자가 관찰한 교사의 특성이 아니라 학생에게 미친 영향이다. 그런데 교사가 받은 등급과 학생의 성취간의 상관이 0에 가깝다는 공통된 연구결과를 볼 때 이 방법은 교수효과 분석으로 그리 적절한 것이 아님을 알 수 있다.

1950년대까지의 교수효율성을 종합한 바 있는 라이언스(Ryans, 1960)는 6년간 6천여명의 초·중·고 교사를 대상으로 연구한 결과 효율적인 교사 특성으로 (1)애정과 이해 (2) 책임과 체계성 (3) 정열과 격려로 대분할 수 있는 25가지 행동 특성을 제시한 바 있다. 하이트(Hight, 1950)는 좋은 교사의 자질로서 교과목의 전문성, 교과에 대한 애착심, 학생에 대한 사랑과 이해, 상식의 풍부, 뛰어난 유머감각 등을 들었고, 좋은 교사의 능력으로는 탁월한 기억력과 관찰력, 의지력, 친절함 등을 꼽았다.

1960년대까지의 연구결과를 종합한 바 있는 하마체크(Hamachek, 1968)는 유능한 교사의 특성과 행동을 (1) 개인적 특성 (2) 교수절차의 스타일 (3) 자신에 대한 지각 (4) 타인에 대한 지각으로 나누어 살펴보았다.

(1)의 개인적 특성으로는 하트(Hart), 위티(Witty), 시어스(Sears), 코간(Cogan) 등의 연구를 예로 들었고, (2)는 홀랜더스(Flanders, 1960)의 견해를, (3) 과 (4)는 라이안스와 콤즈의 연구를 예로 든 바 있다.

하마체크 자신은 ① 훌륭한 교사는 훌륭한 인간이며, ② 특정한 견해에 압도되거나 고착됨 없이 항시 다양성을 발휘하는 융통성을 지닌 교사라고 압축했다(1968, pp. 198-99). 최정훈(1970) 역시 교원효율성 기준에 관한 연구를 종결하면서 훌륭한 교사는 "전체적인 교사(total teacher)"라는 결론을 내리고 있다.

교사 특성변인과 학업성취간의 관련에 대해 정적상관을 보고한 예가 여럿 있기는 하지만, 양 변인간의 관계에 일치된 결과를 찾기 어렵다는 점(Gage, 1963), 양자간의 관계의 모호성이 문제가 되고 있다. 그러나 그러한 약점에도 불구하고 교사의 특성변인은 학업성취에 적지 않은 영향을 미치리라는 경험적 기대를 무시하긴 어려울 것 같다.

선행연구를 토대로 교사효율성 평가기준을 제시하면 (그림15-1)과 같다. (※한 부분은 실제의 교사효율성 평가기준에서 제외해도 무방할 것 같다).

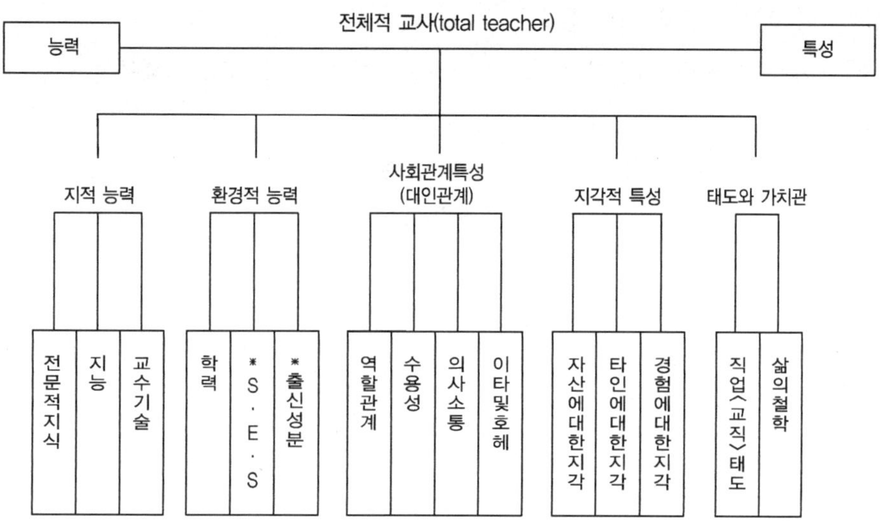


(그림 15-1) 교사 효율성 평가기준

## 2) 교수방법 효율성 분석 모형

교수효과를 극대화시키기 위해서는 교사의 자질이나 특성보다 교수방법(교수법)에 더 비중을 두어야 한다는 흐름과 함께 교수전략에 치중한 연구물들이 1960년대 이후부터 많이 나왔다. 그 대표적인 것으로는 1963년 캐롤(Carroll)이 제시한 학교학습모델을 들 수 있다.

각종 교수모형(models of teaching)도 교수전략의 하나이긴 하지만 교과(敎科)의 특성에 따라, 또는 단원의 특성에 따라 각 교수모형의 적용이 달라지거나 혼합되는 것이 보통이므로 이러한 교수모형은 논외로 하였다.

캐롤이 가정한 기본 명제는 학습의 정도는 그 학습을 위해 필요로 하는 시간에 대해서 실제로 어느 정도의 시간을 사용했는가에 달려 있다는 것이다.

그리고 그 학습에 필요한 시간량과 사용한 시간량을 결정하는 변수로서는 학습자 자신의 개인차 변수로서 ① 적성, ② 수업이해력, ③ 학습 지속력 등 세 가지를 들고, 학습조건에 속한 수업 변수로서는 ④ 수업의 질, ⑤ 학습기회를 들고 있다.

①의 적성이란 최적의 수업조건 아래 주어진 과제를 완전히 학습하는데 필요한 시간을 뜻하는 조작적 개념이다.

이 모형에 의하면 적절한 학습 자료와 교수방법이 동원되고, 충분한 학습시간 (개인마다 다르긴 하지만)만 보장되면 모든 학생이 주어진 학습목표를 달성할 수 있다. 따라서 수업에서의 중요한 문제는 ① 최적의 학습시간 제공, ② 질 높은 수업, ③ 학습지속력의 유도, ④ 학습과제의 손쉬운 이해를 위한 교육과정과 수업의 조직문제 등으로 압축된다.

②의 질 높은 수업에 대한 캐롤의 개념을 베네트(Bennett, 1987)는 다음과 같이 요약하고 있다. 첫째, 과제가 요구하는 의사소통의 명료성, 둘째는 제시된 과제의 적절성, 셋째, 과제의 계열성과 진도의 적절성, 넷째, 학습자의 요구와 특성의 고려 등이다.

완전학습에 대한 캐롤의 아이디어를 블룸(Bloom, 1971)은 다음과 같은 체제로 변형시켰다. 즉,

① 어떤 과목에 대한 완전학습은 그 과목의 일련의 주된 목표에 의해 정의된다.

② 내용은 몇 개의 비교적 작은 학습단원으로 나누어진다. 각 학습단원은 단원목표가 있고, 이러한 목표는 보다 큰 목표의 하위 목표이며, 완전학습에 필수적 요소이다.

③ 그 다음은 학습 자료가 선별되고 학습전략이 선택된다.

④ 각 단원마다 학생들의 학력수준을 측정하기 위한 진단평가가 실시되고, 개개의 학생이 지니고 있는 문제를 식별하는 조치가 수반된다.

⑤ 평가로부터 얻어진 자료는 학생이 자신의 문제를 극복할 수 있도록 보충수업을 제공하는데 이용될 수 있다.

그의 이론에 특징적인 것은 목표를 상세화 시켜야 된다는 점과 진단평가가 있어야 한다는 점이다.

한편, 블룸(Bloom, 1976)이 제시한 학교학습모형은 1) 학습자의 특성, 2) 수업, 3) 학습 성과의 세 가지로 되어있다(그림15-2).

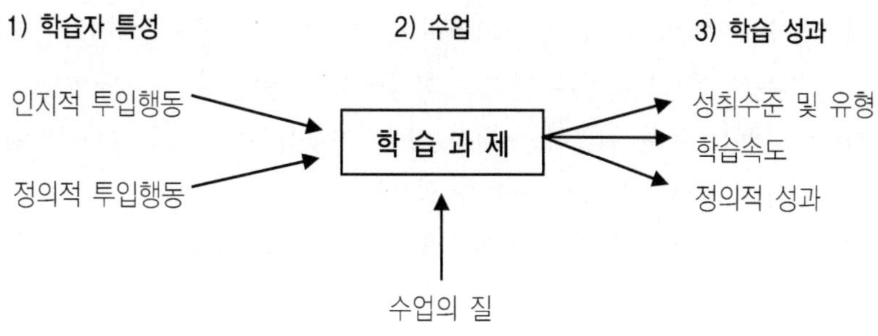


(그림15-2) Bloom의 학교학습모형의 구성요소

이 모형 중 수업과 관련시켜 수업의 질을 좌우하는 교사의 활동에서 중요한 네 가지 조건은 1) 단서 2) 강화 3) 참여 4) 피이드백 / 교정이다.

김호권(1985)의 설명을 빌리면 첫째의 단서란 학생들에게 배워야 할 것이 무엇이며, 그것을 어떻게 학습할 수 있는지 지시하고, 설명하고, 해설하는 일을 뜻한다. 최선의 단서는 학생에 따라 다를 수 있다. 둘째는 강화란 학습자에게 주어지는 보상으로 이 역시 개인이나 상황에 따라 종류와 양을 달리하는 것이 효과적이다. 셋째의 참여란 단서에 따른 연습, 반응, 참가 등 학생의 활동을 뜻한다. 피드백과 교정은 주어진 단서나 강화가 적절치 않거나 연습이나 참여의 양이 불충분한 것으로 여겨졌을 때 이를 보충하는 조치를 말한다. 이 과정에서 형성적 평가를 해보는 것이 바람직하다.

피츠버그 대학의 학습연구 및 개발센터에서 개발한 개별화 처방 수업(IPI)에서는 (Joyce & Weil, 2000) 학습자의 도달목표로 자신의 학습속도로 공부할 수 있게 하며, 자신이 완전학습에 도달했는지를 파악할 수 있게 하며, 자발적이고 자기통제적 학습의 개발, 단계별로 문제를 해결할 수 있는 능력을 개발하기, 자기평가와 학습동기를 조장해 주기 등을 설정해 놓고 있다. 그리고 학습과정과 이에 따른 학습 환경에서 특징적인 것을 몇 가지 꼽으면 계열성을 지닌 교수단위를 공부하는 경우 선수요건으로 명시된 최소한의 완전학습 정도를 획득할 때까지 새 단위를 공부할 수 없다는 것, 개별화 수업처방이 가능토록 빈번한 평가가 따라야 한다는 점, 학생 간의 지도를 통한 상호 학습향상이 가능하다는 점 등을 들 수 있다. 여기서도 수행모델을 일련의 계열적으로 조직된 행동목표로 분석하는 수업목표의 명세화가 필수적이다.

이외에 켈러와 셔먼(Keller & Scherman, 1982)이 개발한 개인화 교수체제(PSI) 등이 있는데, 이의 특징은 다인수 학급에도 적용될 수 있도록 어느 학생이고 한 사람의 개인으로서 취급하는 지식, 또는 기술을 완전 습득 시키는 것에 목표를 두고 있다. 따라서 교수보조자들을 필요로 한다.

이상의 수업모형들은 이른바 완전학습을 목표로 하는 것들로서 수업혁신을 도모하는데 많은 기여를 한 이론이자 교수전략이다.

이상에서 진술한 완전학습계열 및 그 이전의 프로그램 학습이 우리 나라에 소개되면서 수업개선을 위한 연구와 실천이 활발히 전개된 바 있다. 이에는 김호권의 도입과 노력에 힘입어 한국행동과학 연구소가 완전학습모형을 근거로 한 완전학습 자료의 보급, 한국교육개발원에서 추진한 바 있는 새 교육체제의 개발 및 이에 따른 교수학습자료의 개발, 탐구학습법 등 새로운 교수학습이론을 기초로 하는 각급교의 교과서 및 지도서 제작 참여가 있었다. 1974년 이후 꾸준히 진행된 각 교과별 수업과정 구안은 각 교과별 특성을 감안하여 체계적으로 제시한 점이 특기할 만한 사항이다.

그 밖에 어떤 모형을 제시하고 있지는 않지만 교수기술(basic skills instruction)에 대해 언급한 바를 살펴보면 다음과 같다.

로젠쉰(Rosenshine, 1979)이 제시한 교수기술 중 직접 가르치는 일에만 해당되는 기술을 살펴보면 명료한 수업전개, 수업활동의 다양성, 과제중심의 수업활동, 배울 내용의 제시와 이미 배운 내용의 요약 등이 수업에서의 필수기술로 보고 있다.

굳과 부로피(Good & Brophy, 1984)가 제시한 것은

① 교수에 대한 책무감, 학생의 능력을 인정하는 교사의 기대

② 최적 학습기회의 제공

③ 효율적 학습 분위기 조성 및 적극적 참여를 도모하기 위한 학급관리 및 조직

④ 개인차를 고려한 교과진도의 조절

⑤ 적극적이고 다양한 교수활동

⑥ 연습, 적용, 교정 등을 통해 완전습득이 가능하도록 지도

⑦ 지지적인 학습 환경 조성

⑧ 학년 수준에 맞는 지도방법을 찾는 부단한 노력

## 3) 상호작용(수업행태) 분석모형*

아무리 교사가 일방적으로 진행하는 수업일지라도 수업에는 교사-학생간의 상호작용이 있기 마련이다. 본 절에서는 상호작용, 또는 수업행태분석에 중점을 둔 모형을 1)언어상호작용 분석모형 2) 지적수준 분석 상호작용모형 3) 학습 분위기 분석모형으로 대분하여 살펴보고자 한다.

### (1) 언어적 상호작용 분석모형

이 방면에서 획기적인 분석모형을 개척한 홀랜더스(Flanders)는 수업과정에서 언어적 측면의 분석이 중요한 것임을 강조하면서 특히 교사가 사용하는 언어의 유형분류에 주목하였다. 그리고 교사의 발언을 학생들에게 미치는 영향에 따라 간접적인 것과 직접적인 것으로 나누고, 학생의 발언은 반응적인 것과 주도적인 것으로 나누었다. 그밖에 No TALK / ALL TALK부분을 두어 총 10개 유목으로 분석모형을 구성하고 이를 매 3초마다 해당하는 유형의 기호에 따라 분석하고 기록하게 하였다. 그의 이론을 일목요연하게 정리한 것이 다음의 <표 15-1>이다(Kryspin & Feldhusen, 1974, p. 55)

---

* 여기서 수업행태라는 말을 쓴 것은 상호작용 분석모형이 수업 중에서의 교수·학생 행동을 주로 분류화, 유형화시키는 방법을 쓰고 있기 때문이다.]

<표 15-1> 상호작용 유목 요약

| 교사발언 | 간접적 교사발언 | 1. **느낌의 수용** : 위협적이 아닌 태도로 학생들의 느낌을 수용하고 파악하는 것. 느낌은 긍정적인 것일 수도, 부정적인 것일 수도 있다. 과거의 느낌과 장차 있을 수 있는 느낌까지도 이에 포함된다.<br>2. **칭찬 또는 격려** : 학생의 행위나 행동에 대한 칭찬이나 격려, 학생에게 무안을 주지 않는 한도내에서 긴장을 푸는 농담의 사용, 고개를 끄덕여 줌."그래?", 또는 "계속 말해봐" 등이 이에 포함됨.<br>3. **학생의 아이디어의 수용 및 활용** : 학생이 제기한 아이디어나 의견을 분명하게 해주고, 장려하고 발전시키는 일. 교사가 점차 자신의 아이디어로 발전시켜 나가게 되면 이는 제5유목으로 분류된다.<br>4. **질문** : 내용이나 절차에 대해 학생의 답변을 요구하는 질문. |
| | 직접적 교사발언 | 5. **설명 및 정보의 제공** : 내용 및 절차에 관해 사실이나 의견을 제시하는 행위;자신의 의견 표현;형식적(수식적)인 질문.<br>6. **지시하기** : 학생이 행동으로 응할 수 있는 것으로 기대되는 지시나 명령<br>7. **비난·질책하거나 권위세우기** : 학생의 좋지 않은 행동을 바로잡고자 하는 언급으로 호통치거나, 왜 자신이 이렇게 하는지 변명을 늘어놓거나, 지나친 자신에 대한 언급을 하는 것. |
| 학생발언 | | 8. **학생의 발언 - 기대되는 것 또는 예기된 반응** : 교사의 행동에 반응하는 발언, 교사가 주도적으로 접촉하고 요청한데 대한 학생의 언급<br>9. **학생의 발언 - 주도적 반응** : 학생이 자발적·주도적으로 한 발언, 호명된 학생이 다음 발언학생을 지명했을 경우에 관찰자는 지명된 자가 답변하기를 기꺼이 원하는지 여부를 판단하여 여기에 분류한다. |
| 무발언/그 밖의 발언 | | 10. **무발언/그 밖의 모든 발언** : 침묵, 혼동, 휴지, 잠시동안의 침묵, 웃음, 판선 중 수라장이 되어 관찰자가 주가 말했는지 또는 그 내용을 잘 이해하지 못할 경우 |

훌렌더스의 모형에 대한 비교적 상세한 설명은 김호권(1979)의 <교수과정 분석>을 참조하면 좋을 것이다.

언어에 대한 분석모형으로 언어가 포함하는 논리적 조작의 유형이 무엇인가를 중심으로 분석모형을 제시한 스미스와 뮤(Smith & Meux, 1962)는 화자간의 주고받은 말을 단위로 분석하여 (이를 에피소드라 함) 분류하는 방식을 썼다. 이들이 제시한 논리적 유목은 ① 정의 ② 기술 ③ 지적 ④ 진술 ⑤ 보고 ⑥ 대치(代置) ⑦ 평가 ⑧ 의견제시 ⑨ 분류 ⑩ 비교 ⑪ 상황추론 설명 등이다.

이 방법은 연구수업이나 시범수업, 공개수업에서 즉각적으로 관찰분류될 수 있는(녹음기 등을 사용하지 않고) 편의성을 지닌 것으로 보여 각 교과별 특성에 따른 출현유형의 빈도 등을 연구하면(스미스와 뮤가 직접 한 일이다) 수업분석에 큰 도움이 될 것 같다.

이와 유사한 연구로는 벨락(Bellack, 1966)등의 연구를 들 수 있다. 이들은 교수운용의 종류로 구조화, 유발, 응답, 반응을 들고 논리적 조작의 유형으로는 스미스의 경우와 유사한 9가지 유형을 제시했다.

### (2) 지적수준 분석 상호작용 모형

훌랜더스(Flanders)의 모형은 수업활동 중 언어를 매개로 한 정의적(情意的) 측면에 관심을 많이 기울인 경향이 있으므로 이를 통해 수업과정의 지적수준을 가늠하기는 어렵다.

이에 비해 미니스와 쉬러블(Mlnnis & Shrable ; 김호권, 1979)이 제시한 지적수준 분석 상호작용 모형(Cognitive Levels Analysis Interaction Model)은 지적인 수준 즉, 자료 재생 수준, 추론 수준, 적용 수준 등으로 분류하는 한편, 교사학생의 활동에 대한 분석도 할 수 있다는 장점을 지니고 있다. 이를 표로 요약하면 다음의 표 <표 15-2>와 같다.

<표 15-2> 지적수준 상호작용 분석 모형

| 활동 \ 수준 | 수준 1(자료재생) | 수준 2(추론) | 수준 3(적용) |
|---|---|---|---|
| A교사주도 | A1 | A2 | A3 |
| B학생반응 | B1 | B2 | B3 |
| C교사반응 | C1 | C2 | C3 |

A1의 경우를 예로 들면 이는 교사 주도의 자료 재생수준(분류기호 1)이고, C3는 교사반응의 적용수준(분류기호9)이다. 분석 단위는 매 3초로 플랜더스의 방식과 같다. 이 방법은 지적 수준과 활동이 동시에 분석될 수 있고, 현장분석이 용

이하며, 수량적 관찰로 객관화 및 환류가 용이하다는 장점을 지니고 있다. 이 방법은 주로 문답법(이를 활용한 연구로는 김수천, 1971, 문답유형과 학업성취의 관계에 관한 연구가 있음)이나 탐구학습을 적용한 수업형태에 적합한 분석방식으로 보인다. 실상 문답법(발문법)은 탐구법의 기초적인 방법의 하나로(안범희, 1989a) 교사의 사전 준비와 예상되는 학생들의 답변을 미리 고려함으로써 논리적 사고력이나 탐구력을 증진시킬 수 있는 체계적인 수업방법으로 일찌기 소크라테스는 이의 모범을 보여준 바 있다.

### Hough 와 Duncan의 분석모형

앞서의 언어 상호작용분석이나 지적 수준분석 상호작용모형을 결합시켜 종합적인 수업분석모형을 제시한 사람은 휴와 던칸(Hough & Duncan, 1970)이다. 이들은 행동을 교사-학생행동, 과제관련행동- 관리적 행동(이는 다시 개방적 행동-폐쇄적 행동으로 동시에 분류된다)으로 구분하고 행동의 구체적 내용으로 ① 명료화 ② 요구에 대한 반응 ③ 정보의 주도 ④ 요청 ⑤ 교정적 환류 ⑥ 확인 ⑦ 수용 ⑧ 긍정적 개인적 판단 ⑨ 부정적 개인적 판단을 제시하고 있다. 그 외의 분류항목으로 침묵과 비기능적 수업행동(혼란상태 같은 것)이 포함되어 있다.

### (3) 학습분위기 분석 모형

교수효과에 대한 로젠쉰(Rosenshine)의 분류에서 이른바 적극적 수업을 가능케 하는 수업분위기는 "학생의 수업 참여도를 높임으로써 학습의 효과를 높이는 수업의 한 유형"(허경철, 1988, p. 417)이다.

수업분위기는 교사가 주도적으로 조성해야 할 사항으로 이 분야에 대한 연구도 적지 않다.

위달(Withall, 1969)은 학급의 사회적·정서적 분위기를 교사의 언어를 분석하여 파악하고자 하였는데 이에서 분석대상이 된 교사의 언어는 (김종서, 김영찬, 1983, p. 47, 재인용) ① 학습자 지원적인 말 ② 수용, 명료화 하는 말 ③ 문제 구성적인 말이나 질문 ④ 중립적인 말(형식이나 절차에 관한 망을 그대로 되풀이하는 것과 같은) ⑤ 지시적·권고적인 말 ⑥ 비난하고 꾸짖는 말 ⑦ 자기 지원적인 말 등이다.

퍼어키(Purkey, 1970)는 교사가 학생들에게 긍정적 자아개념을 심어주고, 이를 통해 학업성취를 증진시킴에 있어서 1) 교사가 학생에게 전달하는 태도와 2) 그가 만들어 내는 분위기가 중요하다고 주장하면서 이의 세부적인 행동규범을 제시하고 있다.(안범희 역, 1985, pp. 106~121참조). 이 중에서 교사가 창출해야 할 분위기로는 ① 도전 ② 자유(실패의 자유 포함) ③ 학생존중 ④ 온화함 ⑤ 통제(교사의 규율 및 일관성 유지 포함) ⑥ 성공의 기회 부여 등을 들 수 있다.

이성호(1985, pp. 35-60) 는 바람직한 교수 학습분위기를 종합해 본 결과 첫째로 교사와 학생간, 학생 상호간에 도움을 주는 상호작용을 촉진하고 둘째는 교사와 학생간에 이루어지는 경험을 분명히 할 수 있는 분위기이며 셋째는 교수학습행동의 적극적인 확산계기를 조성하는 분위기, 넷째는 교사학생, 학생상호간에 이해와 존경이 이루어지는 분위기가 중요하다고 했다. 아울러 그가 소개한 터크만(B. W. Tuckman, 1976) 의 교수학습분위기 측정도구는 교사의 1) 창의성 2) 역동성 3) 품위 4) 수용성의 정도를 측정하기 위해 7단계 평정척도로 된 28개의 형용사 검목표를 제시하고 있다. 이에 대한 설명은 이성호(1985)의 책을 참고하기 바란다.


## 2. 통합적 교수행동 평가기준의 제시

### 1) 평가기준 제시의 전제

교수행동을 분석하고 평가하는 모형은 꽤 많다. 교수행동은 교사가 가르치는 일에 따르는 모든 행동이며, 이는 단위 시간 또는 일련의 시간을 통해 한 학습에서 행해지는 교사의 행동을 의미한다. 이렇게 교수행동을 제한하고 보면 교수행동은 단위 시간에 한 학급에서 이루어지는 수업활동 중 교사 주도적인 모든 행동이라는 의미를 갖는다.

교수와 평가의 관련성을 논하면서 그론룬드(Gronlund, 1981)는 자신이 제시한 수업모형에 대한 다음과 같은 설명을 하고 있다.

1단계 : 바람직한 학습결과를 예상하여 수업목표를 명백히 하고, 이를 분명하게 진술함으로써 교수절차의 방향을 준비하고 학생들의 학습에 대한 평가단계를 설정한다.

2단계 : 수업목표를 세분시켜 제시할 때 성취하게 될 학습결과에 관련하여 학습자의 요구를 파악하는 일이 필요하다. 학생들이 그 수업을 받기에 필요한 능력과 기술을 갖추고 있는가? 의도된 학습 결과의 일부를 이미 성취한 상태인가 등의 여부를 알아본다.

3단계 : 진도 내용(course content)과 교수방법이 계획된 수업활동 속에 통합되어야 한다. 학습의 진도 조정과 학습의 곤란성 여부를 진단하는 조처가 따르며, 이에 따라 수업은 진단과 개별적 요구를 감안한 환류와 수정절차를 갖게 된다.

4단계 : 학생들에 의해 성취된 수업목표의 범위를 결정하고 평가한다.

5단계(평가 결과의 활용) : 평가절차는 (1) 의도된 학습결과의 본질을 명료하게 하고 (2) 단기목표 설정에 도움을 주며 (3) 학습진전과 관련된 환류를 제공하며 (4) 학습곤란의 극복과 장차의 학습 경험을 선택하게 하는데 자료를 제공해 주는 의의를 갖고 있다.

게이지와 베리너(Gage & Berliner, 1984) 역시 그론룬드와 같은 맥락의 교수·학습과정모형을 제시하고 있다(그림15-3). 이 모델에서는 수업 전, 수업 중, 수업 후의 단계가 첨부되어 있다는 점과 순환성을 띠고 있다는 점이 특징이다.

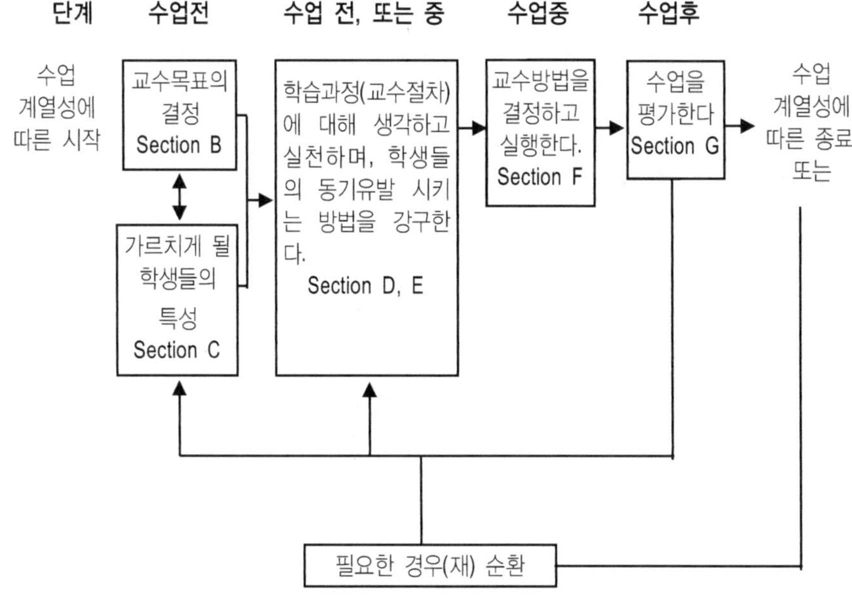


(그림15-3) 교수·학습과정 모형(Gage & Berliner, 1984, p.7)

이 두 가지 수업모형은 [1단계] : 수업목표 설정→[2단계] : 출발점 행동 진단→[3단계] : 수업 전개→[4단계] 학업 성취도 평가, 그리고 상호간의 환류로 수업 과정을 압축한 글레이저(Robert Glaser)의 수업모형에 근거하고 있다. 모든 수업의 절차는 이 모형에 포함된다. 중요한 것은 각 단계에서 교사가 구체적으로 어떤 행동(교수행동)을 하느냐 하는 점이며, 그 행동이 바람직하냐 바람직하지 않으냐의 기준을 어디에 둘 것인가 하는 문제이다.

이에 대한 가장 손쉬운 대답은 수업목표를 효과적으로 달성하는 최선의 행동이 될 것이다. 문제는 어느 상황에서나 꼭 들어맞는 종합적이고 단일한 교수이론 내지는 교수방법을 상정하기가 어렵다는 점이다

따라서 차선의 방법으로는 무릇 교수이론이나 방법이 갖추어야 할 최소한의 필요조건을 찾아봄으로써 이의 효율성 여부를 확인할 수도 있을 것이다.

브루너(Bruner, 1966) 는 교수이론(theory of instruction)은 네 가지 특징을 가져야 한다고 주장한 바 있다. 그 첫째는 개개인의 학습하고자 하는 성향에 가장 효과적으로 불을 지를 수 있는 경험들을 구체화시키는 것이어야 하고, 둘째로는 학습자가 가장 빨리 지식의 본체를 파악할 수 있도록 구조화시켜야 한다. 셋째, 제시된 자료를 학습하는데 가장 효과적인 계열성을 갖게끔 구체화시켜야 하며 끝으로, 교수·학습과정에서 상과 벌이 어떻게(언제) 사용되어야 할지를 구체화 시켜야 한다는 것이다. 브루너의 이러한 견해는 수업목표를 설정하고, 교수전략을 세우는 과정에서 필수적인 교수행동으로 간주될 수 있을 것이다. 마찬가지로 글레이저(Glaser), 그론룬드(Gronlund), 게이지(Gage)의 수업모형도 가장 일반적이고 필수적인 교수행동의 틀이 될 것이다.

교수행동의 전반적인 면모를 단순화시킨 모델(따라서 교수행동 평가의 일반적 준거가 될 수 있는)로는 던킨과 비들(Dunkin & Biddle, 1974)의 교실수업 모형 (원제는 A model for the study of classroom teaching)을 들 수 있다. 이 모형은 미첼(H. E, Mitzel)이 만든 모형을 수정·보완한 것이다(그림15-4).

던킨과 비들의 모형 중 교수행동 평가준거로 활용되는 범위는 교사변인 중 교사의 특성, 상황변인 중 학생의 특성, 산출변인 중 즉각적인 학생행동의 변화가 될 것이고 중점적인 것은 과정변인 - 그 중에서도 교사의 수업행동이 될 것이다.

과정변인에 대해 허경철(1987)은 이는 수업활동시 교사가 보이는 모든 관찰 가능한 행동으로 수업의 효과는 교사의 특성변인 보다는 그가 교실에서 시연해 보

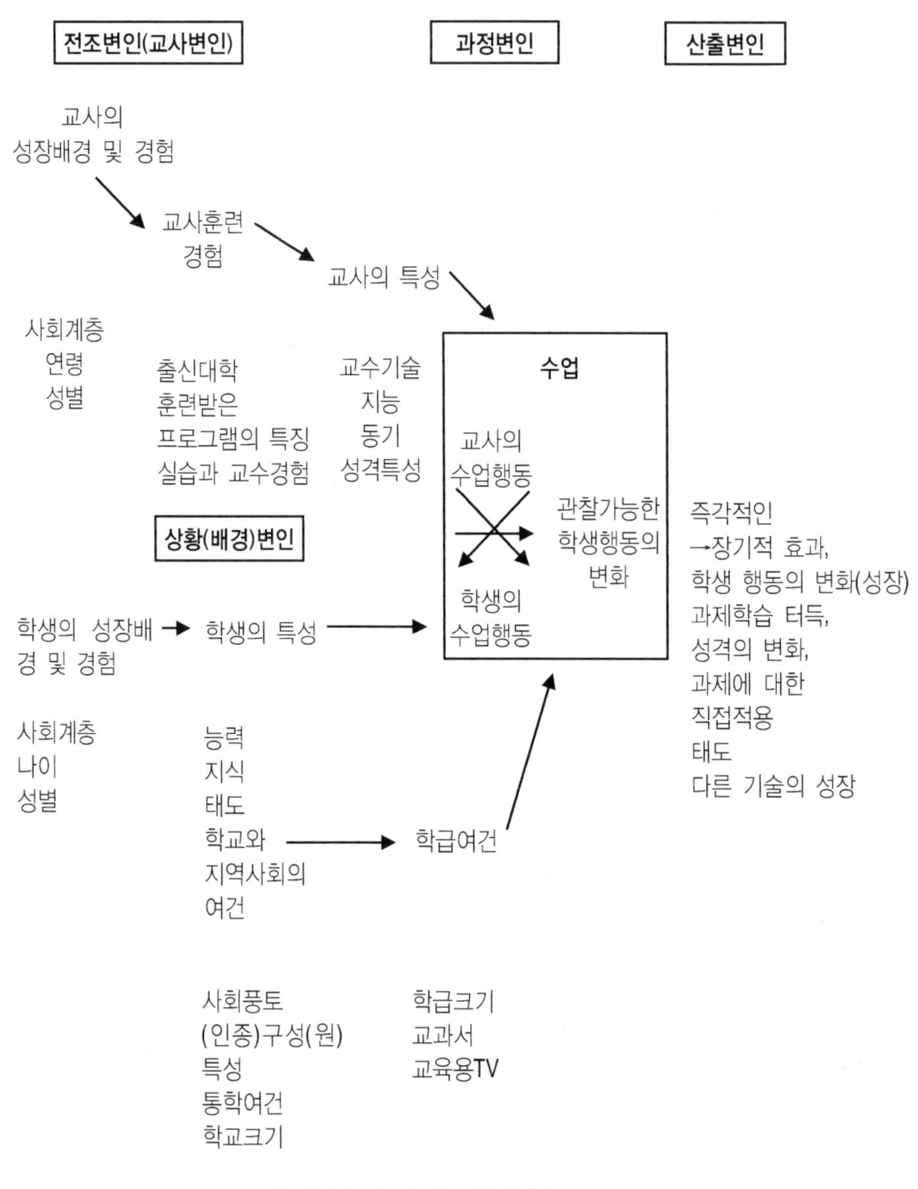



(그림15-4) 교실수업 모형

이는 구체적 행동에 더 많이 영향을 받는다는 가정을 깔고 있는 것으로 보고 있다. 슐만(Shulman, 1986)은 던킨과 비들의 연구가 과정 - 산출관계로 교수 효율성을 분석하는 분수령적 업적임을 치하하고 있다.

## 2) 통합적 교수행동 평가기준

교수행동을 평가하는 준거로서 고려될 만한 사항에 대한 이상의 검토를 통해 교수행동 평가기준 검목표 토대가 될 평가기준 분류표를 만들면 다음의 <표 15-3>과 같다.

〈표 15-3〉 통합적 교수행동 평가 기준 분류표

| 접근방식＼행동 | 교육과정·교수이론 및 교수 방법적 측면① | | | | | 심리·사회적 측면② | | | | | ③ 기타의 교사 특성변인 | ④ 상황변인 |
|---|---|---|---|---|---|---|---|---|---|---|---|---|
| | 수업목표설정 | 교수전략 | 교수기술 | 지적수준유형 | 평가활동 | 상호작용 유형 및 | 학습분위기 | 교사·학생의태도 | 학급운영방식 | 수업참여도 | | |
| 교사행동 — 수업전 | V | V | | | V | | | V | V | | | |
| 교사행동 — 도입단계 | | V | V | V | V | | | | | | | |
| 교사행동 — 전개단계 | | V | V | V | V | V | | | | V | | |
| 교사행동 — 정리단계 | V | | V | V | V | | | V | | V | | |
| 학생행동 — 수업전 | | | | | V | | | V | | | | |
| 학생행동 — 도입단계 | | V | V | V | V | | | | | | | |
| 학생행동 — 전개단계 | | V | V | V | V | | | | | V | | |
| 학생행동 — 정리단계 | | | V | V | V | | | V | | V | | |

<표 15-3>에서 ①은 과정변인 중 주로 학습지도 방법변인에 속하는 것이고 ②는 주로 수업운영 변인에 해당되는 것이다. ③의 기타의 교사특성변인은 교사의 학력, 경험, S.E.S. 등 수업관찰을 통해서는 그 영향을 파악하기 곤란한 것들을 묶은 것으로, 분류만 시켰을 뿐 실제 평가 대상이 되지는 않는다. ④역시 던킨과 비들의 모형에서 상황(배경) 변인으로 형식적인 분류만 한 것이다.

각 칸에 V표한 것은 수업단계별로 고려되는 시간계기상의 분류 표시이다. 만

약 수업의 각 단계별로 평가 검목표를 만드는 경우라면 이 표시가 유용성을 지니게 될 수도 있을 것이다.

평가기준분류표의 각 항목에 대해 간략히 요약설명하면 다음과 같다.

### (1) 교육과정·교수이론 및 교수방법적 측면

① **수업목표설정** : 명료한 수업목표, 수업내용의 조직화(구조화), 구체화, 학생의 능력과 특성 고려.

② **교수 전략** : 교과, 단원학습, 단위 과제학습, 학생특성에 적합한 교수 절차 구상, 가능한 개별지도 방안 강구, 상황에 따른 융통성(다양한 교수방법 사용), 유의미 학습으로의 유도

③ **교수기술** : 개괄적이고 효과적인 수업목표 제시, 배울 내용에 대한 명료한 지시·설명·해설, 동기유발, 다양한 질문기법과 유도, 분석이나 검증의 기준·절차제시, 연습적용·교정의 적절성, 적절한 강화, 적절한 학습보조 자료제시, 일단락된 부분의 요약제시, 예시의 다양성, 주의집중 지속기술, 진도의 적절성, 판서요령, 화술 및 언어사용의 적절성 등.

④ **지적 수준 유형(知的水準 類型)** : 학습내용이 지적 수준의 어느 유형에 속하느냐를 분석하는 것으로 가. 지식(자료재생 수준) 나. 이해(분류, 비교, 추론 수준) 다. 적용 수준 라. 종합 및 평가수준[1]* 등으로 구분한다. 교과의 성격에 따라 다소 차이가 날 수 있으나 여러 지적수준이 동원되는 수업이 효율적인 것으로 평가된다.

⑤ **평가활동** : 수업이 각 단계에서 형성, 진단, 종합평가가 어느 정도 반영되는지의 여부

### (2) 심리·사회적 측면

① **상호작용 유형 및 학습분위기** : 플랜더스의 상호작용 분석모형을 원용(援用)하여 유형을 분류한다. 간접적(비지시적) 교사발언 유형이 교수효과가 높은 것으로 보고되고 있으며, 아울러 학습 분위기도 파악할 수 있다. 도전·자유·학생존중·온화함·성공의 기회부여 등의 분위기 여부.

---

* 이는 Minnis와 Shrable의 분석모형과 Bloom의 교육목표 분류를 혼합한 것임

② **교사학생의 태도** : 교사의 태도는 교사효율성 분석모형에서 제시된 바 있는 "전체적 교사"의 자질과 특성과 중 사회관계 특성, 지각적 특성, 태도와 가치관에 해당하는 영역의 것이다.

③ **학급운영방식** : 통제방식, 자율·자발성 여부, 교사의 지도성 유형(통합·지배, 민주·권유·방임, 학생중심·교사중심, 비지시적·지시적 등).

④ **수업참여도** : 단위수업과정에서의 수업참여 활동의 수준(적극적, 소극적 등) 및 가정학습의 수준 파악, 수업참여도를 높이기 위한 교사의 아이디어와 노력에 대한 평가.

## 3. 통합적 교수행동 평가기준의 검토

### 1) 교수행동 평가검목표

위에서와 같은 이론적 검토를 거쳐 만들어진 것이 다음의 <표 15-4>와 같은 교수행동 평가검목표이다.

<표 15-4> 교수행동 평가검목표

| 문항번호 및 내용 |
|---|
| 1. 수업목표를 명료하게 제시하고 있는가<br>2. 수업내용이 조직화, 구체화되어 있는가<br>3. 학생의 능력과 특성을 고려하고 있는가 |
| 4. 교과, 단원학습, 단위 과제 학습에 적합한교수 방법을 쓰고 있는가<br>5. 상황에 따라 교수방법에 융통성(다양성)을 보이는가<br>6. 기계적 학습이 아닌 유의미 학습을 하고 있는가 |
| 7. 배울 내용에 대해 명료한 지시, 설명 등 동기유발을 시키고 있는가<br>8. 적절한 질문을 하고 있는가<br>9. 분석이나 검증의 기준, 절차를 제시하고 있는가<br>10. 연습, 적용, 교정이 적절히 이루어지고 있는가<br>11. 적절한 강화가 이루어지고 있는가<br>12. 학습보조자료의 제시가 잘 되고 있는가<br>13. 일단락된 부분의 요약과 제시가 잘 되고 있는가<br>14. 예시가 적절하고 다양한가<br>15. 주의 집중을 잘 시키고 있는가 |

| |
|---|
| 16. 진도는 적절한가<br>17. 판서 요령이 좋은가<br>18. 화술 및 언어 사용이 적절한가 |
| 19. 수업의 각 단계에서 형성, 진단, 종합평가가 잘 이루어지고 있는가 |
| 20. 우호적인 태도로 학생들의 느낌을 파악하고 수용하는가<br>21. 학생이 제기한 아이디어나 의견을 분명하게 해주고 장려하고 발전시키는 일을 하는가<br>22. 학습 과제에 대한 도전적, 의욕적인 분위기를 조성하고 있는가<br>23. 자유로운 학습 분위기를 조성하고 있는가<br>24. 온화한 태도로 학생을 대하는가<br>25. 학생들에게 자주 성취의 기회를 부여하고 있는가<br>26. 학생을 존중하는 태도를 보이고 있는가 |
| 27. 학생을 성장시키고 변화시키고자 하는 열의가 보이는가<br>28. 학생과의 의사소통이 원활히 이루어지고 있는가<br>29. 학생들을 능력있고 믿을 만한 존재로 보는 듯한 인상을 풍기는가<br>30. 수업진행에 있어서 교사의 태도가 당당하며 자신있어 보이는가<br>31. 전반적으로 교사로서의 품위를 지키는 언행을 하고 있는가 |
| 32. 전반적인 면에서 학생들의 수업참여활동의 수준이 적극적인가<br>33. 수업참여도를 높이기 위해 교사가 어떤 아이디어를 내고 노력하는가 |
| 34. 교사의 전반적 수업(학급분위기)운영 방식은 적절한가 |

위의 교수행동 평가검목표는 초, 중고 교사들의 문항평가에서 대체로 양호한 반응을 얻었다. 이를 현장에 적용해 본 결과 교수행동의 평가에 있어서 교사들이 가장 큰 중점을 두는 것은 수업목표의 설정이었고, 그 다음이 교사의 태도, 학습 운영방식, 상호작용 및 학습 분위기 순이었다. 교수전략, 교수기술이 상대적으로 덜 중시되는 것이 특징으로 나타났다. 전반적으로 심리·사회적 측면이 강조되는 양상을 띠고 있다.

평가검목표의 구성은 아래의 <표 15-5>와 같다.

〈표 15-5〉 교수행동 평가검목표

| 영역 및 문항번호 | | |
|---|---|---|
| 교육과정·교수이론 및 교수방법적 측면 | 수업목표 설정 | 1~3번 |
| | 교수전략 | 4~6번 |
| | 교수기술 | 7~18번 |
| | 평가활용 | 19번 |
| 심리·사회적 측면 | 상호작용 유형 및 학습분위기 | 20~26번 |
| | 교사 학생의 태도 | 27~31번 |
| | 학급운영방식 | 34번 |
| | 수업참여도 | 32~33번 |

## 2) 수업행태분석 검목표

수업행태분석 검목표는 앞에서 검토한 여러 가지 수업평가형태와 평가기준을 고려하여 저자가 만든 것이다.

〈표 15-6〉 수업행태 분석검목표

| | |
|---|---|
| 지적수준 | 1. 지식 수준 : 정의내리기, (자료)재생, 원라·원칙제시 등의 수업행위<br>2. 설명 : 이해수준; 해석, 설명, 분류· 비교, 분석행위<br>3. 추론수준 : 추정, 추리, 유도, 토론,<br>4. 적용수준 : 적용, 일반화, 재구성<br>5. 종합수준 : 종합, 정리, 총체적 결론<br>6. 평가수준 : 각종 평가 행위 |
| 질의응답형태 | 7. 교사질문 : 7-1(지식 수준의 질문)　　7-6(평가수준의 질문)<br>8. 학생답변 : 8-1(지식 수준의 답변)　　8-6(평가수준의 답변)<br>9. 학생질문 : 9-1(지식 수준의 질문)　　9-6(평가수준의 질문)<br>10. 교사답변 : 10-1(지식 수준의 답변)　10-6(평가수준의 답변) |
| 기타행위 | 11. 필기, 판서, 차트활용. OHP, PPT활용 등의 필기 및 시청각적 행위<br>12. 연습<br>13. 교사의 관리적 행위 : 동기유발, 수업목표 제시, 수업태도, 분위기 조성행위, 지시행위, 차트 등 수업 보조자료 제시 동작 등<br>14. 읽기 행동<br>15. 침묵 행위 |

수업을 직접 관찰하거나 녹화된 비디오를 틀고 3 또는 5초 단위로 동원되는 교수행동을 첵크리스트에 번호를 기입해 나가면 된다. 설명이 30초간 계속되었다면 5초 단위의 분석인 경우 2 2 2 2 2 2로 기록되고, 연습이 20초간 있었다면 11 11 11 11로 이어진다.

교사질문, 학생질문의 형태는 질문이 지식수준의 것이면 7-1, 설명-이해수준의 것이며 7-2 등 6가지가 있으며 답변 역시 8-1, 8-2…8-6 등 6가지가 있다.

추론 수준의 교사 질문이 10초간 있었다면 7-3 7-3이 기록되고, 이에 대한 학생답변이 10초간 있었다면 8-3 8-3으로  기록한다

과목에 따라 수업행태에 차이가 있으나 일반적으로 다양한 수업행태를 보이는 것이 바람직한 수업행태로 간주된다. 따라서 교수행동 평가검목표의 평점이 높고, 수업행태 분석 검목표 분석 결과가 교과목의 특성을 살리면서 다양성을 보이는 것이 양호한 교수 행동으로 평가될 것이다.

# - 참 고 문 헌 -


고형일(1988). "학교학습과 자성예언", 고형일 외, 학교학습 탐구. 서울:
　　　교육과학사. 181-213

김대현·왕경순·이경화·이은화(1999). 프로젝트 학습의 운영. 서울: 학지사.

김기수(1991). "Piaget의 인식론의 구조와 논리", 김용섭 교수 정년퇴임
　　　기념논문집. 강원대학교 교육학과.

김병성(1991). 학교의 사회심리학. 서울: 양서원

김순택(1981). 수업모형. 서울: 배영사

김억환 역(1984). 피아제 지적 발달론(H. Ginsberg & S. Opper, Piaget's theory of
　　　intellectual development). 서울: 성원사.

김영채(1998). 사고력: 이론, 개발과 수업. 서울: 교육과학사

김정규·정종진 역(1987). 학습심리학 입문(B. O'Connell, Aspects of learning).
　　　서울: 문음사.

김정휘 역(2006). 지능심리학(H. Gardner, M. L. Kornhaber., & W. K. Wake,
　　　Intelligence: Multiple perspectives. Wadsworth. Inc. 서울: 시그마프레스

김종서·김영찬(1983). 수업형태 분석. 서울: 배영사

김호권(1970). 완전학습의 원리. 서울: 배영사

김호권(1979). 교수과정의 분석. 서울: 교육출판사.

목영해(1998). 구성주의의 본질적 측면에 대한 몇 가지 고찰. 교육학 연구. 36(1),
　　　171-186.

박문태(1988). "학교학습과 이해의 과정," 고형일 외. 학교학습 탐구. 서울:
　　　교육과학사. 214, 242

박영신(1987). "성취동기에 대한 귀인이론적 해석의 타당성에 관한 인과분석",
　　　교육평가연구. 2(1), 37-76.

방선욱(2002). 구성주의적 교육관의 이론적 함의와 적용가능성 고찰,
　　　교육학연구. 40(3), 1-20.

신옥순·유혜령 역(1991). 유아를 위한 개방교육의 이론과 실제.
　　　서울: 창지사.

안범희(1977), "창의성의 성격적 요인에 관한 연구", 연세대학교 대학원 석사학위
　　　논문.

안범희 역(1985). 자아개념과 교육(W. W. Purky, Self-concept and school achievement). 서울: 문음사.

안범희(1989a). "우리나라 중등학교 교과교육의 현황과 과제", 교사교육논집 제3집, 강원대학교 교사교육원, 31-49.

안범희(1989b). "교육방법의 자율화와 다양화 방안의 모색" 백령교육학 제2집, 강원대학교 교육학과, 1-12.

안범희(1990). "통합적 교수행동 평가기준 개발을 위한 탐색적 연구", 교사교육논집 제4집, 강원대학교 교사교육원, 71-109.

안범희·김수천·이종각(1991). "통합적 교수행동 평가기준 개발 및 활용에 관한 연구", 교육연구 제1집, 강원대학교 교육연구소, 189-218.

안범희·박선영·최철용·이은주(1998). 교육심리학. 서울: 교육과학사

유기섭(1993). 교육심리학. 서울: 동문사.

윤기옥·송용의·김재복 역(1987). 수업모형(B. Joyce & M. Weill, Models of teaching). 서울: 형설출판사.

윤희준(1977). 인성심리 입문. 서울: 교육출판사

이군현(1990). 교육심리학. 서울 : 박영사.

이경화(2004). 창의성 계발과 교육. 서울: 학지사(A. J. Cropley. (2001). Creativity in education and learning.

이기숙(2001). 유아교육과정. 서울: 교문사.

이기우(1992). "학습전략 훈련과 상위인지가 아동의 독해 학습에 미치는 효과", 중앙대학교 대학원 박사학위논문.

이성호(1985). 교육과정 평가. 서울: 양서원.

이영만(2001). 통합교육과정. 서울: 학지사.

이영애 역(1989). 인지심리학(J. R. Anderson, Cognitive psychology and its implications). 서울: 을유문화사.

이인효·이나미·김양분·이혜영·양미경·강영택(1997). 열린교육현장연구. 한국교육개발원.

이화진(2000). 자기주도 학습 증진을 위한 교수-학습 방안 탐색: 구성주의적 시사. 황정규(편). 현대교육심리학의 쟁점과 전망. 서울: 교육과학사. 247-286.

임성택(1993). "교사효능감과 교사의 학생 통제관과의 관계 분석", 석사학위 논문, 강원대학교 대학원.

임형진(1984). "아동의 학업성적에 대한 교사의 원인귀속과 기대형성에 관한
　　　연구", 한양대학교 대학원 박사학위 논문.
이수원 외(1986). 심리학: 인간의 이해. 서울: 정민사.
장상호(1982). Piaget: 발생적 인식론과 교육. 서울: 교육과학사.
지옥정 역(1995). 프로젝트 접근법: 교사를 위한 실행지침서(S.C. Chard.(1994).
　　　The project approach: A second practical guide for teachers). 서울: 창지사,
지옥정(2000). 유아교육현장에서의 프로젝트 접근법. 서울: 창지사.
최정훈(1970). "교원 효율성 기준에 관한 연구", 교육논집 제3집, 연세대학교
　　　교육대학원.
최정훈(1992). 인본주의 심리학. 서울: 법문사.
한국열린교육협의회 편(1997). 열린교육입문. 서울: 교육과학사.
한종철(1986). 교육심리학. 서울: 양서원.
한충효(1989). 교육심리학의 구조탐구. 서울: 교육과학사.
허경철(1987). "수업의 효율성 제고를 위한 교사변인 탐색연구", 한국교육. 제14권
　　　2호, 250-253.
허 형(1988). "Piaget의 발생적 인식론과 후생학의 교육심리학적 시사",
　　　교육심리연구. 창간호,　151-176.
홍후조(2002). 학습의 실제성 증진과 프로젝트 학습-간접·가상경험과
　　　직접·실제경험의 효과적인 연계방법으로서 프로젝트 학습, 교육과정연구.
　　　20(1), 155-182.
황윤환(1995). 제 6차 교육과정과 구성주의적 교육. 교육학연구. 33(1), 237-252.


Abramson, L. Y., Seligman, M. E. P., & Teadale, J. D. (1978). Learned
　　　helplessness in humans: Critique and reformulation. Journal of Abnormal
　　　Psychology, 87, 49-74.
Allport, G. W. (1961). Pattern and growth in personality. NY: Holt, Rinehart &
　　　Winston.
Anderson, J. R. (1985). Cognitive psychology and its implications (2nd ed.). San
　　　Francisco, CA: W. H. Freeman and Company.
Andrew, G. R. & Debus, R. L. (1978). Persistence and the casual perception of
　　　failure: Modifying cognitive attributions. Journal of Educational Psychology,
　　　70, 154-166.

Ariely, D. & Wertenbroch, K. (2002). Procrastination deadlines, and performance: Self control by precommitment. Psychological Science, 13, 219-224.

Armor, D. (1976). Analysis of the school prefered reading program in selected Los Angeles minerity schools. Report No. R-2007-LAUSD, SantaMonica, CA: The Rand Corporation.

Ashton, P. (1984). Teacher efficcy: A motivational paradigm for effective teacher education, Journal of Teacher Education, 35(5), 28-32.

Ashton, P. & Webb. R. B. (1986). Making a difference: Teacher's sense of efficacy and student achievement. NY: Longman.

Atkinson, J. (1965). The mainsprings of achievement oriented activity. In J. D. Krumboltz (Ed.), Learning and the Educational Process. Skokie, Ill. : Rand McNally, 25-66.

Ausubel, D. P. (1968). Educational psychology: A Cognitive view. NY: Holt, Rinehart & Winston.

Ausubel, D. P. & Robinson F. G. (1969). School learning. NY: Holt, Rinehart & Winston.

Baker, L., & Brown, A. L. (1984). Metacognitive skills of reading. In D. Pearson. (Ed.), Handbook of reading research., NY: Longman.

Bandura, A. (1971). Psychological modeling : Conflicting theories. Chicago, Ill: Aldine-Atherton.

Bandura, A. (1977a). Social Learning Theory. Englewood Cliffs, NJ : Prentice-Hall.

Bandura, A. (1977b). Self-Efficacy : Toward a unifying theory of behavior change. Psychological Review, 84, 191-215.

Bandura, A. (1995). Exercise of personal and collective efficacy in changing societies. In A. Bandura (Ed.). Self efficacy in changing societies. NY: Cambridge.

Bandura, A., & Cervone, D. (1983). Self-evaluative and self-efficacy mechanisms governing the motivational effect of goal systems. Journal of Personality and Social Psychology, 8. 99-108

Barfield. v. & Burlingame, M. (1974). The pupil control ideology of teacher in selected schools. The Journal of Experiment Education. 42(4), 6-11.

Barron, F.( 1969). Creative person and creative process. NY: Holt, Rinehart & Winston.

Bar-Tar, D. & Bar-Zahor, Y. (1977). The relationship between perception of locus of control and academic achievement. Contemporary Educational Psychology. 2, 181-199.

Bellack, A. (1966). The Language of the classroom, NY: Teachers College Press.

Bennett. S. N. (1987). Recent research on teaching-learning processes in classroom setting. In E. D. Corte (Ed.), Learning & Instruction.  Oxford: Pergamon Press, 201-216.

Benton, S. L. Kiwra, K. A. Whitfill, J. M., & Dennison. R. (1993). Encoding and external-storage effects on writing process. Journal of educational Psychology. 85, 267-280.

Biddle, B. J., & Dunkin, M. J. (1987). Effects of teaching, In M. J. Dunkin (Ed.), The International Encyclopedia of Teaching and Teacher Education. Oxford : Pergamon Press,  119-123.

Bigge, M. L., & Shermis, S. S. (1999). Learning theories for teachers(6th ed.). NY: Addison Wesley Longman. Inc.

Biehler,  R. F. (1978). Psychology Applied to Teaching(3rd ed.). Boston, MA: Houghton Mifflin Co.

Bieher, R. F., & Snowman, J. (1990). Psychology applied to teaching(6th ed.). Boston, MA: Houghton Mifflin Co.

Blair, G. M., Jones, R. S., & Simpson, R. H. (1975). Educational Psychology. NY: Mcmillan. Co.

Bloom, B. S. (1964). Stability and change in human characteristics, NY: Macmillan Co.

Bloom, B. S. (1971). Mastery learning, In Mastery Learning: Theory and Practice. J . H. Block, (Ed.),  NY: Holt, Rinehart & Winston.

Bloom, B. S. (1976). Human characteristics and school learning. NY: McGraw-Hill.

Boyer, E. (1983). High school. NY: Harper and Row.

Brookover, W. B. et al., (1979). School social system and students achivement: Schools can make a difference. NY: Praeger.

Brophy, J. E (1988). On motivating student. In D. Berliner & B. Rosenshine. (Eds.), Talks to Teacher, NY: Random House., 201-245.

Brophy, J. E. & Evertson, C. (1981). Student characteristics and teaching. White Plains, NY : Longman.

Broudy, H. S. & Palmer, J. R. (1965). Exemplars of teaching method. Chicago, Ill : Rand McNally & Company.

Brown, A. L. (1978). Knowing when, where, and how to remember: A problem of metacognition. In. R. Graser (Ed.), Advances in instructional psychology. Hillsadale, NJ: Erlbaum.

Brown, H. D. (2006). Principle of language learning and teaching(5th ed.). NY: Longman.

Bruner, J. S. (1960). The Process of education. Cambridge: Harvard University Press.

Bruner, J. S. (1966). Toward a theory of instruction. Cambridge, MA: Havard University Press.

Bruner, J. S. (1973). The Relevance of education. NY: Norton.

Bruno, F. J. (1997). Human adjustment & personal growth. NY: John Wiley and Sons.

Carroll, J. B. (1963), A model of school learning. In Teachers College Record, 64, 723-33.

Ceci, S. J. (1991). How much does schooling influence general intelligence and its cognitive components? A reassessment of the evidence. Developmental Psychology. 27(5), 703-722.

Charters, W. W. (1923). Curriculum construction. NY: Macmillan.

C. Chard. (1994). The project approach: A second  practical guide for teachers. NY: Scholastic.

Collins, A. M. & Quillian, M. R. (1969). Retrieval time from semantic memory. Journal of Verbal Learning and Verbal Behavior. 8, 240-247.

Combs, A. W. (1969). Florida Studies in the Helping Professions, Social Sciences Monograph. 37, Gainesvill: University of Florida Press.

Combs, A. W. & Snygg, D. (1959). Individual behavior: A perceptual approach to behavior. NY: Harper & Row.

Combs, A. H. & Snygg, D. (1983). Perceptual psychology. NY: Harper & Row Publishers Co.

Cooper, H. M. & Good , T. (1983). Pygmalion grows up: Studies in the expectation communication process. NY: Longman.

Covington, M. Y. & Omelich, C. L.(1979). Effort: The double edged sword in school achivement. Journal of Educational Psychology, 71, 169-182.

Craik, F. I. M. & Lockhart, R. S. (1972). Levels of processing: A framework for memory research. Journal of Verbal Learning and Verbal Behavior, 11, 671-684.

Dembo, M. H. (1977). Teaching for learning. Santamonica, CA : Good Year Publishing Co.

Denham, C. H & Michael, J. J. (1981). Teacher sense of efficacy: A definition of the construct and a model for future research, Educational Research Quarterly. 6(1), 39-63.

DiStefano, J. J. (1969). Interpersonal perceptions of field-independent teachers and students, doctoral disertation, Cornell University.

Driscoll, M. P. (1994). Psychology for learning for instruction. Needham Heights, MA: Allyn & Bacon.

Dunkin, M. J. & Biddle, B. J. (1974). The Study of teaching. NY: Holt, Rinehart and Winston Co.

Dweck, C. S. (1975). The role of expectations and attributions in  the alleviation of learned helplessness. Journal of Personality and Social Psychology. 31, 674-685.

Dweck, C. S. & Repucci, N.D. (1973). Learned helplessness and reinforcement responsibility in children. Journal of Personality and Social Psychology. 25, 109-116.

Eccels, J.& Wigfield, A.(1985). Teacher expectations and student motication. In J. Dusek. (Ed.). Teacher expectancies. Hillsade, NJ : Erlbaum, 185-217

Entwistle, N. J. (1990). Cognitive style and learning, In R. M. Thomas. (Ed.), The Encyclopedia of human development and education theory, research, and studies. Oxford: Pergamon Press.

Estes, W. K. (1975). Handbook of learning and cognitive process. (Ed.). Vol. 1,

Hillsade, NJ : Erlbaum

Flanders, N. A. (1960). Teacher influence, pupil attitudes, and achievement. Final Report, Cooperative Research Project No. 397. University of Minnesota.

Flavell, J. H. (1979). Metacognition and cognitive monitoring: A new area of cognitive-developmental inquiry. American Psychologist. 34, 906-911.

Frederiksen, N. (1984). Implications of cognitive theory for instruction in problem solving. Review of Educational Research. 54, 363-407.

Gardiner, J. M. (1988). Functional aspects of recollective experience. Journal of Memory & Cognition. 16(4), 309-313.

Gardner, H. (1983). Frames of mind: Theories of multiple intelligences. NY: basic Books.

Gardner, H. (1993). Multiple intelligence: The theory in practice. NY: Basic Books.

Gardner, H. (1999). Intelligence reformed. NY: Basic Books.

Gardner, H. (2003). Multiple intelligence after twenty years. Paper presented at the American Educational Research Association. Chicago, Ill: April 21, 2003.

Gage, N. L. (1963). Handbook of research on teaching. Chicago, I11: Rand Mcnally.

Gage, N. L. & Berliner, D. C. (1984). Educational psychology (3rd ed.). Boston, MA: Houghton Mifflin Company.

Gagné, R. M. (1970). The Conditions of learning (2nd ed.), NY: Holt, Rinehart and Winston.

Gagné, R. M. (1977). The Conditions of learning (3rd ed.). NY: Holt, Rinehart and Winston.

Gagné, R. M. (1985). The Conditions of learning and theory of instruction (4rd ed.). NY: Holt, Rinehart and Winston.

Gangel, K.(1971). 24 Ways to improve your teaching. Wheaton, Ill: SP Publications. Inc.

Gardner, J. M. (1988). Functional aspects of recollective experience. Journal of Memory & Cognition. 16(4), 309-313.

Getzells, J. W. & Jackson, P. W.(1962). Creativity and intelligence. NY: John Willey.

Gibson, S. & Dembo, M. D. (1984). Teacher efficacy: A construct validation. Journal of Educational Psychology. 76, 459-482.

Gibby, R. G. Sr. & Gibby, R. G. Jr. (1967). The effects of stress resulting from academic failure. Journal of Clinical Psychology. 23, 35-37.

Glaser, R. (1977). Individual diversity and learning. NY: Holt, Rinehart and Winston..

Good, T. L. & Brophy, J. E. (1984). Looking in classrooms (3rd ed.). NY: Harper & Row.

Goodwin, W. L. & Klausmeier, H. J. (1975). Facilitating student learning. NY: Harper & Row.

Gordon, D. A. (1977). Children's beliefs in internal - external control and self esteem as related to academic achievement. Journal of Personality Assessment. 41, 383-386.

Grigorenko, E. L., Jarvin, L., & Sternberg, R. J. (2002). School based tests of the triarchic theory of intelligence: Three settings, three samples, three syllabi. Contemporary Educational Psychology. 27, 167-208.

Greenfield, P. M. (1997). You can't take it with you: Why abilities assessments don't cross cultures. American Psychologist. 52, 1115-11124.

Gronlund, N.E. (1981). Measurement and evaluation in teaching. NY: Macmillan Publishing Co.

Guilford, J. P. (1967). The nature of human intelligence. NY: McGraw-Hill.

Guilford, J. P. (1988). Some Changes in the structure of the intellect model. Educational and psychological Measurement. 48, 1-4.

Guilford, J. P. & Hoefner, R. (1971). The analysis of intelligence. NY: McGraw - Hill Book Co.

Guilford, J. P. & Merrifield, P. R. (1960). The structure of intellect model. University of Callifornia.

Gullo, D. (1988) An investigation of cognitive tempo and its effects on evaluating kindergarten children's academic and social competencies. Early Child Development and Care. 34, 201-215

Hamacheck, D. E. (Ed.). (1968). Human dynamics in psychology and education.. Boston, MA: Allyn and Bacon, Inc.

Hamacheck, Don. (1995). Psychology in teahing, learning, & growth (5th ed.). Boston, MA: Allyn and Bacon, Inc.

Hayes, J. R. (1989). The complete problem solver (2nd ed.). Hillsadle. NJ: Erlbaum.

Heider, F. (1964). The psychology of interpersonal relations. NY: John Wiley & Sons.

Helms-Lorenz, M., Van de Vijver, E. J. R., & Poortinga, Y. H. (2003). Cross-cultural differences in cognitive performance and Spearman's hypothesis: g or c? Intelligence. 31, 9-29.

Hergenhan, B. R.(1988). Psychology for learning(6th ed.). Belmont, CA : Wadsworth Publishing Co.

Highet, G. (1950). The art of teaching. NY: Random House, Inc.

Hilgard, E. R. & Bower, G. H. (1981). Theories of learning (5th ed.). Englewood Cliffs, NJ: Prentice-Hall. Inc.

Hjelly, L. A. & Ziegler. (1984). Personality (2nd ed.), NY: McGraw -Hill Book Co.

Hough, J. B. & Duncan, J. K. (1970). Teaching: Description and analysis. Addison-Wesley Publishing Co.

Houston, J. P. (1976). Fundamentals of learning. NY: Academic Press, Inc.

Houston, J. P. (1981). Fundamentals of learning and memory. NY: Academic Press.

Howe, M. J. A. (1980). Psychology of human learning. London: Heinemann.

Hulse, S. H., Egeth, H. & Deese, J.(1981). The psychology of learning. NY: McGraw-Hill.

Hurlock, E. B. (1956). Child Development. (3rd ed.), New York : McGraw-Hill Book Co.

Inhelder, B. & Sinclair H. (1969). Learning cognitive structure. In P. Mussen et al.(Eds.), Trends and Issues in Developmental Psychology. NY: Holt, Rinehart & Winston.

Jeffrey, D. B. (1974). A Comparison of the effects of external control and self-control on the modification and maintenance of weight, Journal of Abnormal Psychology. 83. 404-410.

Jensen, A. R. (1969). How Much can we be boost IQ and Scholastic achievement? Harvard Educational Review. 39, 1-123.

Jersild, A. T. (1950). Child Development and the curriculum. NY: Columbia University.

Joice, B. & Weil, M. (2000). Models of Teaching(6th. ed.), Needham Heights, MA : Allyn & Bacon.

Jonassen, D. H. & Grabowski, B. L. (1993). Handbook of individual differences. Hilsdale, NJ: Lawrence Erlbaum.

Kagan, J. (1971). Understanding children. NY: Harcourt Brace Jovanovich, Inc.

Kagan, J. & Robson, A. (1963). Influence of preference for analytic categorization upon concept acquisition. Child Development. 34, 433-442.

Katz, L. G. & S. C. Chard. (1989). Engaging children's minds: the Project approach.. Norwood, NJ: Ablex.

Keefe, J. (1989). Learning style: Theory and practice. Reston, VA: National Association of Secondary School Principals.

Keller , F. S. & Scherman, J. G. (1982). The PSI handbook : Essays on personalized instruction. Sawrence, CA: TRI Publication.

Keppel, G. & Underwood, B. J. (1962). Proactive inhibition in shortterm retention of single items. Journal of Verbal Learning and Verbal Behavior. 1962, 1, 153-161.

Kilpatrick, W. H. (1918). The project method. Teachers College Record. 19(4), 319-335.

King, A. (1992). Comparison of self-questioning, summarizing, and note taking. American Educational Research Journal.. 29, 303-323.

Kirby, J., Moore, P., & & Schofield, N. (1988). Verbal and visual learning styles. Contemporary Educatinal Psychology. 13, 169-184.

Klein, S. B. (1987). Learning : Principles and application. NY: Mcgraw-Hill.

Kolb, D. A. (1984). Experiential learning: Experience as a source of learning and development. Englewood Cliffs, NJ: Prentice-Hall.

Kryspin, W. J. & Feldhusen, J. F. (1974). Analyzing verbal classroom interaction. Mineapolis, Mi: Bungess Publishing Co.

Kukla, A. (1972). Attributional determinents of achievement related behavior.

Journal of Personality and Social Psychology. 21, 166-174.

Lamy, M. W. (1965). Relationship of self-perceptions of primary children to achievement in reading. In I. J. Gordon. (ed.) Human Development. Chicago, Ill. : Scott, Foresman & Co.

Lavatelli, C. S. (1973). Piaget's theory applied to an early childhood curriculum. NY: Columbia University.

Lee, J. M. (1972). Elementary education. Boston, MA.: Allyn and Bacon, Inc.

Lefrancois, G. R. (1988). Psychology for teaching(6th ed.). Belmont, CA: Wadsworth Publishing Co.

Luiten, A., & Ackerson, G. (1980). A meta-analysis of the effects of advance organizers on learning and retention. American Educational Research Journal. 17, 211-218.

MaQsud, M. (1983). Relationship of control to self esteem, academic achievement, and predication of prediction of performance among Nige an secondary school pupils. British Journal of Educational Psychology. 53, 215-221.

Marsh, H. W. & Shavelson, R. (1985). self- concept: Its multifaceted, hierarchical structure, Educational Psychologist. 20, 107-123.

Maslow, A. H. (1970). Motivation and personality (2nd Ed.). NY : Harper and Row Publishers.

McClelland, D. C. (1965). Toward a theory of motive acquisition. American Psychologist. 20, 321-333.

McCombs, B. J. (1988). Motivational skills training: Combining metacognitive, cognitive and affective learning strategies. In C. E. Weinstein, E. T. Goetz, & P. A. Alexander (Eds.). Learning & study strategies. San Diego, CA: Harcourt Brace Jovanovich.

Medley, D. M. (1987). Criteria for evaluating teaching. In M. J. Dunkin, (Ed.). The international encyclopedia teaching and teacher education. Oxford: Pergamon Press, 169-180.

Medway, F. J. & Vennio, G. R. (1982). The effects of effort feedback and Performance patterns on children's attrition and task persistence. Contemporary Educational Psychology. 7. 26-34.

Midgely, C. Feldlaufer, H. & Eccles, J. (1989). Change in teacher efficacy and student self and task related beliefs in mathematics during the transition to junior high school, Journal of Youth and Adolescence.

Morgan, C. T & King, R. A. (1971). Introduction to psychology (4th ed.). NY: McGraw-Hill.

Morris, C. G. (1988). Psychology: An introduction (6th ed.). Engle woods Cliffs, NJ: Prentice Hall.

Morris, Desmond. (1967). The naked ape: A zoologist's study of the human anima. NY: Dell Publishing.

Murry, H. A. (1962). Explorations in personality. NY: Science Editions.

Neisser. U. (1976). Cognition and reality: Principle and implications of cognitive psychology. San Francisco, CA: W. H. Freeman and Company.

Nettelbeck, T., & Young, R. (1996). Intelligence and savant syndrome: Is the whole greater than the sum of the fragments? Intelligence. 22, 49-67.

Neukrug. E. S., & Fawcett. R. C. (2006). Essentials of testing and assessment. Belmont, CA: Thomson.

Nisbett, R. E. (2003). The geography of thought: Why we think the way we do. NY: The Free Press.

Novak, J. D., & Gowin, D. B. (1984). Learning how to learn. Cambridge: Cambridge University Press.

O'Connel, B. (1973). Aspects of learning. London: George Allen & Unwin Ltd.

Ormrod, J. E. (2004). Human learning (4th. ed.), Upper Saddle River, NJ: Pearson Education, Inc.

Paivio, A. (1971). Imagery and verbal processes. NY: Holt, Rinehart & Winston.

Paivio, A. (1986). Mental representations. NY: Oxford University Press.

Paris, S. G., & Cunninngham, A. E. (1996). Children becoming students. In D. C. Berliner & R. C. Calkee (Eds.). Handbook of Educational Psychology. NY: Macmilan.

Pascarella, E. T. (1983). Interaction of internal attribution for effort and teacher response mode in reading instruction: A replication note. American Educational Research Journal. 20, 269-276.

Pask, G. (1976). Styles and strategies of learning. British Journal of Educational Psychology. 46, 128-148.

Piaget, J. (1966). Psychology of intelligence. Totowa, NJ: Littlefield, Adams & Co.

Piaget, J. (1964). Development and learning, In R. E. Ripple & V. N. Rockcastle (Eds.). Piaget rediscovered, NY: Cornell University, 7-20.

Piaget, J. (1970). Science of education and psychology of the child. NY: Orion Press.

Piaget, J. (1972). Psychology and epistemology. London: Penguin.

Piaget, J., & Inhelder, B. (1969). The psychology for the child. NY: Basic Books.

Prokasy, W. F. (1965). Classical conditioning: A symposium. NY: Appleton Century Crofts.

Purkey, W. W. (1970). Self concept and school achievements(안범희 역, 1985) 자아개념과 교육, 서울 : 문음사

Reichmann, S. W., & Grasha, A. F. (1974). A rational approach to developing and assessing the validity of a student learning styles instrumen.. Journal of Psychology. 87, 213-223.

Resnick, L. B. (1981). Instructional Psychology. Annual Review of Psychology. 32, 659-704.

Richardson, A. (1977). Verbalizer-visualizer: A cognitive style dimension. Journal of Mental Imagery. 1, 109-126.

Rieber, R. W. & Robinson, D. K. (2004). The essential Vygotsky (Eds.). NY: Kluwer Academic.

Rosenshine, B. V. (1979). Content, time, and direct instruction, In P. L. Peterson et al. (Eds.). Reserch on teaching, Berkeley, CA: McCutchan.

Rosenshine, B., & Meister, C. (1992). The use of scaffolds for teaching higher-level cognitive strategies. Educational Leadership. 49(7), 26-33.

Rosental, R & Jacobson, L. (1968). Pygmalion in the classroom. NY: Holt, Rinehart & Winston.

Rotter, J. B. (1966). Generalized expectancies for internal vs external Control of Reinforcement. Psychological Monographs. 80, 1-28.

Ryans, D. G. (1960). Characteristics of teacher. Washing, D. C.: American Council on Education.

Sarason, I. G. (1980). Introduction to the study of test anxiety, In I. G. Sarason

(Ed.). Test anxiety: Theory, research, and applications. Hillsdale, NJ: Erlbaum.

Schneider, W. & Pressley, M. (1989). Memory development between 2 and 20. NY: Springer-Verlag.

Schoenfeld, A. H. (1985). Mathematical problem-solving. NY: Academic Press.

Schunk, D. H., & J. Zimmerman. B. J. (Eds.). (1997). Self-regulated learning: From teaching to self-reflective practice. NY: Guilford Press.

Schunk, D. H. (1989). Self-efficacy and achievement behaviors. Educational Psychology Review. 1. 173-208

Schwarzer, R. (Ed.). (1992). Self-efficacy: Thought control of action. Washington, D. C.: Hemisphere.

Shulman, L. S.(1986). Paradigms and research programs in the study of teaching. In M. C. Wittrock, (Ed.), Handbook of research on teaching. NY: Macmillan Publishing Co. 3-36.

Sigel, I. E. & Brodzinsky, D. M. (1977). Individual differences: A perspective for understanding intellectual developments, In H. Hom. & P. Robinson (Eds.). Psychological processes in early edccation. NY: Academic Press.

Snowman, J. (1986). Learning tactics and strategies. In G. Phye., & T. Andre (Eds.). Cognitive classroom learning: Understanding, thinking, and problem solving. Orlando, Fl: Academic Press.

Smith, B. O. & Meux, M. O. (1962). A Study of the logic of teaching. University of Illinois.

Spilberger, C. D. & Smith, L. H. (1966). Anxiety(drive), stress, and serial position effects in serial verbal learning, Journal of Experimental Psychology. 72, 589-595.

Stalling, J & Kaskowitz, D. (1974). Follow through classroom observation evaluation 1972-73, Menlo Park, CA: Stanford Research Institute.

Sternberg, R. J. (1985). A triarchic theory of human intelligence. NY: Cambridge University Press.

Sternberg, R. J. (1996). Myths, countermyths, and truths about human intelligence. Educational Researcher. 25(2), 11-16.

Sternberg, R. J. (1999). A dialectical basis for understanding the study of cognition. In R. J. Sternberg (Ed.). The nature of cognition. 51-78,  Cambridge, MA: MIT Press.

Sternberg, R. J. (2006). Cognitive psychology (4th. ed.), Belmont, CA: Thomson Wadsworth.

Taylor, J. A. (1953). A personality scale of manifest anxiety. Journal of Abnormal and Social Psychology. 48, 285-290.

Terry, W. S. (2006). Learning and memory (3rd ed.). Boston, MA : Allyn & Bacon.

Thomas, R. M. (1990). Transfer of learning. In  R. M. Thomas (Ed.). The encyclopedia of human development and education theory, research, and studies. Oxford: Pergamon Press.

Thomas, R. M. (1996). Comparing theories of child development. Albany NY: Brooks and Cole Publishing Company.

Thomas, S. M. & Thomas, R. M. (1990). Memory. In  Thomas, R. M. (Ed.). The encyclopedia of human development and education theory, research, and studies. Oxford: Pergamon Press.

Tillema, H. (1982). Sequencing of text material in relation to information-processin strategies. British Journal of Educational Psychology. 32, 170-178.

Tolman, E. C. (1959). Principles of purpose behavior, In S. Koch, (Ed.), Psychology: A Study of a Science. Vol. 2. NY: McGraw -Hill.

Tomasello, M. (2001). The cultural origins of human cognition. Cambridge, MA: Harvard University Press.

Torrance, E. P. (1962). Guiding creative talent. Englwood Cliffs, NJ: Prentice-Hall.

Torrance, J. P. (1970). Creative learning and teaching. NY: Harper and Raw Publishers.

Torrance, J. P. (1992). A national climate for creativity and invention. Gifted Child Today. January-Feruary, 10-14.

Travers, J. F. (1970). Fundamentals of educational psychology. Scranton, PA: An Intext Publisher.

Trope, Y. (1979). Uncertainty-reducing properties of achievement tasks. Journal of Personality and Social Psychology. 37,  1505-1518.

Viney, A. W. & King, D. B. (2003). A history of psychology: idea and context.

Boston, MA: Allyn & Bacon.

Vygotsky, L. S. (1962, 1996). Thought and language. Cambridge, MA: MIT Press.

Wagner, R. K. (2000). Practical intelligence. In R. J. Sternberg (Ed.). Practical intelligence in everyday life. NY: Cambridge University Press

Wallas, G. (1975). The art of thought. In P. E. Vernon, Creativity. Baltimore: Penguin books Inc.

Wardsworth, B. J. (1972). Piaget's theory of cognitive development. NY: Psychological Corporation.

Wechsler, D. (1974). Manual for the Wechsler intelligence scale for children. NY: Psychological Corporation.

Weiner, B. (1970). New Conceptions in the study of achievement motivation In B. A. Masher (Ed.). Progress in Experimental Personalty Research, vol. 5, 67-109.

Weiner, B. (1972). Theories of motivation, Skokie, Ill. : Rand McNally.

Weiner, B. (1979). A Theory of Motivation for some classroom experiences. Journal of Educational Psychology. 71, 3-25.

Weiner, B., (1985). An attributional theory of achievement motivation and emotion, Psychological Review. 92(4), 548-573.

Weiner, B. & Kukla, A.(1970). An attributional analysis of achievement motivation, Journal of Personality & Social Psychology. 15, 1-15.

Weiner, B., Russel, D., & Lerman, D. (1979). The Cognition-emotion process in achievement related contexts. Journal of Personality and Social Psychology. 37, 1211-1220.

Weiner, B. (1980). Human motivation. NY: Holt-Rinehart, & Winston

Weinstein, C. E., & Mayer. R. E. (1986). The teaching of learning strategies. In M. C. Wittrock (Ed.). Handbook of research on teaching (3rd ed.). NY: Macmillan.

Wertsch, J. V.(1991). Voices of the mind: A sociocultural approach to mediated action. Cambridge, MA: Harvard University Press.

Wessells, M. G. (1982). Cognitive psychology. NY: Harper & Row Publishers.

Whimbey, A & Whimbey, L. (1975). Intelligence can be taught. NY: Dutton.

Wickens, D. D. (1970). Encoding categories of words: An empirical approach meaning. Psychological Review. 7. 1-15.

Witkin, H. A., & Goodenough, D. R. (1981). Cognitive styles: essence and origins:  Field dependence and field independence. NY: International University Press.

Witkin, H. A., Moore, C., Goodenough, D., & Cox, P. (1977). Field dependent and field independent cognitive styles and  their educational implications. Review of Educational Research. 47, 1-64

Witkin. H. A. (1977). Role  of the field - dependent and field independent cognitive style in academic evolution: A longitudinal study. Journal of Educational Psychology. 69,  197-211.

Wlodkowski, R. J. (1982). Motivation and teaching: A practical guide, Washington, D. C.: National Education Association Press.

Woolfolk, A. E.(1995). Educational psychology (6th ed.). Needham Heights, MA: Allyn & Bacon.

Woolfolk, A. E. & Hoy, W. (1990). Prospective teacher' sense of efficacy and beliefs about control, Journal of Educational Psychology. 82. (1). 81-89.

Yelon, S. L. & Weistein, G. W. (1977). A teacher's world. NY: Mcgraw - Hill Inc.

Yokol, L. (1997). The developmental context of notetaking: A qualitative examination of notetaking at the secondary level.
 paper presented at the annual meeting of the American Educational Research Association.

Zimmerman, B. J. (1998). Developing self-fufilling cycles of academic regulation: An analysis of exemplary instructional models. In D. H. Schunk & B. J. Zimmerman (Eds.). Self-regurated learning: From teaching to self-reflective practice. NY: Guilford Press. 1-19.

Zimmerman, B. J. & Bandura, A. (1994). Impact of self regulatory influences writing course attainment. American Educational Research Journal. 31, 845-862.

# 찾아보기 (인명)

# 찾아보기 (내용)

## 기타